罗马政制简史

李栋 著

商务印书馆
The Commercial Press

目 录

导 论 ·· 1
  一、为什么要写一本关于罗马政制史的小书 ················ 1
  二、研究进路与方法 ···································· 5
  三、罗马政制史的阶段划分 ····························· 13
  四、相关概念的说明 ··································· 19

第一章 从罗马建城到塞尔维改革：部落联盟下的政制 ········ 23
  一、罗马建城 ·· 23
  二、部落联盟下的军事民主政制 ························· 30
  三、伊特鲁里亚政制元素的引入 ························· 43

第二章 塞尔维改革：城邦国家政制的确立 ·················· 50
  一、无法被纳入罗马氏族部落中的平民阶层 ··············· 50
  二、塞尔维体制（百人团体制）的建立 ··················· 56
  三、塞尔维改革的历史意义 ····························· 62

第三章 从王政垮台到斗争结束：共和政制的确立 ············ 70
  一、王政的垮台与共和政制的初建 ······················· 72
  二、平民阶层与贵族阶层斗争的原因 ····················· 77

三、平民与贵族斗争推动下罗马共和政制的发展⋯⋯⋯⋯⋯⋯ 85
　　四、公元前367年《李锡尼—塞克斯图法》与共和政制的确立⋯⋯ 110

第四章　共和政制成熟时期的安排⋯⋯⋯⋯⋯⋯ 123
　　一、官制⋯⋯⋯⋯⋯⋯⋯⋯⋯⋯⋯⋯⋯⋯⋯⋯⋯⋯⋯⋯⋯ 124
　　二、元老院⋯⋯⋯⋯⋯⋯⋯⋯⋯⋯⋯⋯⋯⋯⋯⋯⋯⋯⋯⋯ 142
　　三、民众大会⋯⋯⋯⋯⋯⋯⋯⋯⋯⋯⋯⋯⋯⋯⋯⋯⋯⋯⋯ 157
　　四、罗马共和政制的实质与特点⋯⋯⋯⋯⋯⋯⋯⋯⋯⋯⋯ 169

第五章　共和政制的危机与应对⋯⋯⋯⋯⋯⋯⋯⋯ 181
　　一、危机的原因及表现⋯⋯⋯⋯⋯⋯⋯⋯⋯⋯⋯⋯⋯⋯⋯ 183
　　二、格拉古兄弟的改革尝试⋯⋯⋯⋯⋯⋯⋯⋯⋯⋯⋯⋯⋯ 205
　　三、马略、萨图尔尼诺和德鲁索的改革尝试⋯⋯⋯⋯⋯⋯ 225

第六章　苏拉和恺撒的政制改革⋯⋯⋯⋯⋯⋯⋯⋯ 238
　　一、苏拉政制改革的失败⋯⋯⋯⋯⋯⋯⋯⋯⋯⋯⋯⋯⋯⋯ 239
　　二、恺撒政制改革的成功⋯⋯⋯⋯⋯⋯⋯⋯⋯⋯⋯⋯⋯⋯ 260

第七章　共和政制的终结与元首制政制的建立⋯⋯ 279
　　一、共和政制的终结⋯⋯⋯⋯⋯⋯⋯⋯⋯⋯⋯⋯⋯⋯⋯⋯ 279
　　二、奥古斯都元首制的建立⋯⋯⋯⋯⋯⋯⋯⋯⋯⋯⋯⋯⋯ 284

第八章　元首制政制的设计⋯⋯⋯⋯⋯⋯⋯⋯⋯⋯ 300
　　一、共和政制的遗存⋯⋯⋯⋯⋯⋯⋯⋯⋯⋯⋯⋯⋯⋯⋯⋯ 301
　　二、元首⋯⋯⋯⋯⋯⋯⋯⋯⋯⋯⋯⋯⋯⋯⋯⋯⋯⋯⋯⋯⋯ 319

三、元首的官制 …………………………………………… 323

第九章　元首制的危机与君主专制的建立 ……………………… 345
　　一、元首制的危机 ………………………………………… 346
　　二、戴克里先君主专制的建立 …………………………… 356
　　三、戴克里先的政制改革 ………………………………… 362

第十章　君主专制的完善与变化 ………………………………… 376
　　一、君士坦丁对君主专制的完善 ………………………… 378
　　二、君士坦丁之后君主专制的变化 ……………………… 402

结　论 ……………………………………………………………… 422

参考文献 …………………………………………………………… 432

附　录 ……………………………………………………………… 443
　　一、奥古斯都至戴克里先的元首和君主概览（公元前 27—284）
　　　　………………………………………………………… 443
　　二、"四帝共治"时期的奥古斯都和凯撒（293—324）…… 448
　　三、君士坦丁王朝的君主（324—363）…………………… 449
　　四、瓦伦提尼安家族的君主（363—395）………………… 450
　　五、帝国分裂后的君主（395—476）……………………… 451

后　记 ……………………………………………………………… 452

导　论

一、为什么要写一本关于罗马政制史的小书

在西方,关于罗马政制史的研究可谓汗牛充栋。早在公元前 2 世纪中叶,目睹了第三次布匿战争的古希腊历史学家波利比乌斯(Polybius,公元前 204—前 122)就在《历史》(Historiae)一书中,对罗马政制进行了分析。① 公元 1 世纪前后的西塞罗②(Cicero,公元前 106—前 43)、

---

① 波利比乌斯,也译作"波里比阿",是希腊亚该亚同盟(Achaean League)的贵族。他在公元前 168 年皮德纳(Pydna)战役后,于公元前 167 年作为政治嫌疑犯被罗马人拘捕,后结识罗马贵族,撰写了一部从第一次布匿战争前夕直至公元前 146 年的罗马史著作。参见[古希腊]波利比乌斯:《罗马帝国的崛起》,翁嘉声译,广场出版 2012 年版,第 261—310 页;[英]A. E. 阿斯廷、F. W. 沃尔班克等编:《剑桥古代史·第 8 卷:罗马与地中海世界至公元前 133 年》,陈恒等译,中国社会科学出版社 2020 年版,第 4—8 页;[古希腊]波利比乌斯:《波利比乌斯论混合政体:〈通史〉第六卷全文移译》,杨之涵译,载《北大法律评论》第 19 卷第 1 辑,北京大学出版社 2019 年版,第 214—252 页。

② 公元前 1 世纪,当罗马共和政制遇到危机时,西塞罗借阐述自己的理想政制,对罗马共和国政制发展史进行了追溯,撰写了《论共和国》和《论法律》。参见[古罗马]西塞罗:《论共和国(附〈论法律〉)》,李寅译,译林出版社 2013 年版。其中的《论共和国》是西塞罗为借古讽今而创作的一系列对话,其虚构的谈话时间是公元前 129 年,人物是"小西庇阿"(Scipio Africanus Minor,公元前 185/184—前 129)及其圈子,其中最主要的是西庇阿、莱利乌斯(Gaius Laelius,公元前 140 年的执政官)、费卢斯(Lucius Furius Philus,公元前 136 年的执政官)等人。作为整部著作的《论共和国》曾经长期失传,只剩下一些零散的章节还在流传。1820 年,一个名为 Codex Vaticanus 5757(V) 的抄本在梵蒂冈图书馆被发现,其中包含了《论共和国》的残篇,篇幅约占原书的 1/4 到 1/3。在全书的 6 卷中,保存相对完整的是第 1 卷。该卷的 1.1.1—1.8.31 为全书的导言。从 1.9.14 开始,虚构的对话逐步展开,对话的内容从天文现象逐步转到对政制问题的讨论。1.22.35 以下是西庇阿主导下的关于"共和国"问题的讨论。参见夏洞奇:《何谓"共和国"——两种罗马的回答》,载《华东师范大学学报(哲学社会科学版)》2008 年第 1 期,第 89—90 页。

李维①(Livy,公元前59—17)以及与李维同时代的希腊人哈利卡纳索斯的狄奥尼修斯②(Dionysius of Halicarnassus,约公元前60—?)都在他们各自关于罗马史的著作中,讨论了有关罗马政制的问题。文艺复兴以后,马基雅维利(Machiavelli)、孟德斯鸠(Montesquieu)、卢梭(Rousseau)、伏尔泰(Voltaire)、邦雅曼·贡斯当(Benjamin Constant)等思想家也在各自的著作中,对罗马政制进行了专门的记载和评论。19世纪德国历史学家特奥多尔·蒙森(Theodor Mommsen,也译作狄奥多·蒙森)通过《罗马史》③

---

① 生活于恺撒(Gaius Julius Caesar)和奥古斯都(Gaius Octavius Augustus)时代的李维撰写了142卷关于古代罗马史的著作《建城以来史》(Ab urbe condita libri),记载了从埃涅阿斯(Aeneas)到达意大利至公元前9年的历史。但是,该巨著保留下来的只有35卷:前10卷叙述至公元前293年,第21卷到第45卷叙述从公元前218至公元前167年的罗马历史。参见[俄]科瓦略夫:《古代罗马史》,王以铸译,上海书店出版社2007年版,第19—21页;[意]马基雅维利:《论李维罗马史》,吕健忠译,商务印书馆2018年版,"中译序";[英]F. W. 沃尔班克、A. E. 阿斯廷等编:《剑桥古代史·第7卷:罗马的兴起至公元前220年》第2分册,胡玉娟、王大庆等译,中国社会科学出版社2020年版,第10—11页;蔡丽娟:《李维史学研究》,商务印书馆2014年版,第1章"李维生平与创作"。

② 希腊人哈利卡纳索斯的狄奥尼修斯是一名修辞学教师和文学批评家。公元前30年,他来到罗马,之后花了22年时间,用希腊语写就《罗马古事纪》(The Roman Antiquities)。该书讲述了罗马自起源至第一次布匿战争时期(公元前264—前241)的历史,计22卷。现今完全保留下来的是前10卷的全部内容和第11卷的部分内容,其他各卷只有残篇。学界一般认为,狄奥尼修斯关于古代罗马史的记载是校正李维著作的主要材料。参见[俄]科瓦略夫:《古代罗马史》,第21—22页;[英]F. W. 沃尔班克、A. E. 阿斯廷等编:《剑桥古代史·第7卷:罗马的兴起至公元前220年》第2分册,第4页。

③ 蒙森的《罗马史》共4卷6册,即第1、2、3、5卷和第1、2、3、4、5、8册。蒙森于1854年至1856年出版了前3卷,但没有撰写第4卷,而于1885年直接出版了第5卷,并将该卷改名为《从恺撒到戴克里先时期的罗马行省史》(The Provinces of the Roman Empire: From Caesar to Diocletian)。尽管蒙森直到1903年11月1日去世时都没有撰写第4卷,但是1980年亚历山大·德芒特(Alexander Denmandt)教授偶然发现一部完整而详细地记录1863年至1886年蒙森讲授"罗马帝国史"的课堂笔记。德芒特在对其进行整理的基础上,于1992年以《罗马皇帝史》(Römische Kaisergeschichte)为名将其出版,该书在一定意义上等同于蒙森《罗马史》第4卷的内容。后来,1996年克莱尔·克罗吉塞(Clare Krojzl)将其译为英文版《罗马皇帝史》(A History of Rome under the Emperors)出版。我国的李稼年先生翻译了前5册。参见冯定雄:《特奥多尔·蒙森与罗马史研究》,载《史学月刊》2011年第6期,(转下页)

(Römische Geschichte)和《罗马国家法》①(Römisches Staatsrecht),更是将罗马政制史的研究推向了巅峰。而后,随着1972年意大利学者弗朗切斯科·德·马尔蒂诺(Francesco de Martino)6卷本《罗马政制史》(Storia Della Costituzione Romana)的出版,这一主题的研究在西方已达到极致。②

然而,与西方形成鲜明比对的是,国内对于这一主题的研究似乎并不深入。尽管国内世界史学科对这一主题多有涉及,撰写出《古代罗马史》③《罗马史纲要》④《罗马社会经济研究》⑤和《罗马—拜占庭经济史》⑥等著作,但囿于专业方面的原因,罗马政制史的相关内容与经济史、社会史、军事史等内容并列在一起,统一包裹在通史之中,未能专门化地呈现出来。既有的一些涉及罗马政制史的著作和教材,也因为受到特定历史时段⑦、特

(接上页)第17—22页。此外,还有一个对蒙森《罗马史》第1、2、3卷的"抽译本"。参见[德]狄奥多·蒙森:《罗马史:从起源、汉尼拔到恺撒》,孟祥森译,太白文艺出版社2018年版。

① 1871年至1888年蒙森出版了3卷本《罗马国家法》。该书又分成5个分卷。第1卷为"政务官"(Magistraturen),1871年出版;第2卷为"单一政务官"(Die einzelnen Magistraturen),1874—1875年出版;第3卷为"市民与元老院"(Bürgerschaft und Senat),1887—1888年出版。

② 关于罗马政制史研究的介绍,参见徐国栋:《为罗马公法的存在及其价值申辩——代序》,载徐国栋:《罗马公法要论》,北京大学出版社2014年版,第2—5页;[意]皮浪杰罗·卡塔拉诺:《对罗马公法的运用:从卢梭的〈社会契约论〉到德·马尔蒂诺的〈罗马政制史〉》,薛军译,载[意]弗朗切斯科·德·马尔蒂诺:《罗马政制史》第1卷,薛军译,北京大学出版社2009年版,第1—11页。

③ 李雅书、杨共乐:《古代罗马史》,北京师范大学出版社2010年版。
④ 杨共乐:《罗马史纲要》,商务印书馆2015年版。
⑤ 杨共乐:《罗马社会经济研究》,北京师范大学出版社2010年版。
⑥ 厉以宁:《罗马—拜占庭经济史》上册,商务印书馆2015年版。
⑦ 根据笔者的掌握,这些研究有但不限于陈可风:《罗马共和宪政研究》,法律出版社2004年版;王振霞:《公元3世纪罗马政治与体制变革研究》,社会科学文献出版社2014年版;何立波:《罗马帝国元首制研究——以弗拉维王朝为中心》,首都经济贸易大学出版社2016年版;何立波:《从奥古斯都到戴克里先:罗马元首制的形成与嬗变》,首都经济贸易大学出版社2020年版;张晓校:《戴克里先研究》,中国社会科学出版社2020年版;等等。

殊群体①和写作体例②等方面的限制,未能在整体上对罗马政制发展的历史有更为全面和详细的介绍。

与此同时,西方学者的相关研究由于已经发展到一个比较高的程度,③其内容已走向"史学化",④即他们的研究更加细致、微观,研究中充斥着各种观点的争鸣与碰撞。对于国内初学者而言,这些"史学化"色彩较浓的研究作品使他们很难清晰地把握其梗概,从各种学术争议之中迅速整理出一条清晰的主线。

因此,为了凸显罗马政制史的专业性和系统性,方便法学学习者迅速进入该领域,笔者尝试按照自己的阅读和理解,在结合上述各种研究的基础上,不揣冒昧撰写《罗马政制简史》一书。需要说明的是,在国外,尤其是在意大利,"罗马政制史"大体上属于罗马公法的范畴,一般会放在"罗马法史"这门课程里,与创制法的渊源问题和私法、刑法、诉讼法的基本发展脉络一起讲授。⑤

---

① 根据笔者的掌握,这些研究有但不限于胡玉娟:《古罗马早期平民问题研究》,北京师范大学出版社2002年版;张晓校:《罗马近卫军史纲》,中国社会科学出版社2019年版;杨俊明:《古罗马政体与官制史》,湖南师范大学出版社1998年版;罗三洋:《罗马的黑人皇帝》,台海出版社2016年版;等等。

② 根据笔者的掌握,这些研究有但不限于徐国栋:《罗马公法要论》,北京大学出版社2014年版;薛军:《罗马公法》,载高鸿钧、李红海主编:《新编外国法制史》上册,清华大学出版社2015年版,第171—203页。

③ 有关西方罗马研究史概况,详见刘津瑜:《罗马史研究入门》,北京大学出版社2020年版,第107—159页。

④ 参见薛军:《罗马学派与罗马法研究范式的转变》,载[意]马里奥·塔拉曼卡主编:《罗马法史纲》上卷,周杰译,北京大学出版社2019年版。

⑤ 关于国外罗马法教学的相关情况,参见徐国栋:《中外罗马法教学比较中的罗马法史课程》,载徐国栋:《罗马法与现代意识形态》,北京大学出版社2008年版,第403—404页。

二、研究进路与方法

罗马政制史是一个"富矿",其在西方政治法律文明发展进程中意义重大。有论者指出:

> 无论是共和还是帝制,罗马都是西方大规模政治体在观念、制度、法律上的政治源流。英国革命时的"大洋国"蓝图有着罗马共和国的影子;法国革命时期的罗伯斯庇尔们有着罗马共和英雄的影子;美国参议院与总统制有着元老院和首席执政官的影子。直到 20 世纪,美国右翼学界还在争论,建国原则到底遵循罗马式古典共和,还是启蒙运动的民主自然权利。在西方政治文明中,罗马的魅影从未消失过。①

罗马的政制设计不仅深刻影响了近代资产阶级国家的立宪运动,也对社会主义国家的政治实践产生了影响。② 然而,应该如何看待和解释罗马政制这一千多年的历史?对这一问题的回答,似乎在近代以后成了一张"普罗透斯的脸",观察者可以根据自己的预设结果,让罗马政制史呈现出极不相同的面貌。

冷战时期,为了争夺各自意识形态的历史基础,社会主义阵营和资本主义阵营对罗马政制史的解读各异。例如,伟大革命导师列宁就对

---

① 潘岳:《秦汉与罗马》,载《国家人文历史》2020 年第 18 期,第 16 页。
② 关于罗马政制与 18 世纪以后欧洲现代宪政之间的关联性研究,参见[意]阿尔多·贝特鲁奇:《罗马宪法与欧洲现代宪政》,徐国栋译,载徐国栋主编:《罗马法与拉丁法族——贝特鲁奇教授在华法学传习录》,中国政法大学出版社 2014 年版,第 125—130 页。

罗马政制中的平民保民官予以格外的关注;而资产阶级自由主义者蒙森却更认同官员、民众大会与元老院三种权力的均衡,忽略平民保民官。① 即便是在资产阶级内部,各派对于罗马政制史的解读也极不统一。秉持自由主义立场的蒙森,就是在反对卢梭对于罗马政制史解读的基础上"挽救罗马公法"的。② 因此,这些先入为主的主观倾向和立场,不仅再一次印证了"一切历史都是思想史"(科林伍德语)和"一切历史都是当代史"(克罗齐语)的论断,而且也必然决定了其对于罗马政制史解读的局限性。例如,正是由于坚持自由主义的价值立场,蒙森在解读罗马政制时,对符合其价值立场的罗马共和政制着墨过多,但对于背离其立场的帝制时代却论述不够。③

另外,对于罗马政制史的既有研究都有意无意地从单一视角出发,解读各个视角之于罗马政制史的特殊关系与意义。尽管这样的研究十分必要,且结论也往往非常具有说服力,但是,整体视角的缺失,直接导致罗马政制史研究"碎片化"倾向的出现。尽管也有论者注意到此问题,主张应多维度地、整体地研究罗马政制史,但已有的研究在方法上无非就是用一个更大的框架,将前述"碎片化"的研究"拼接"起来,根本无法具体指明罗马政制变迁与各种"碎片化"维度之间复杂的关系。例如,既有研究无法说明在不同时段究竟是某一个维度还是多个维度促使了政制的变迁,以及为什么是这样,而不是其他。

有鉴于此,为了避免立场先行以及解释"碎片化"或"拼接化"的问题,笔者尝试以德国社会学家尼可拉斯·卢曼(Niklas Luhmann,也译作

---

① 参见[意]皮浪杰罗·卡塔拉诺:《对罗马公法的运用:从卢梭的〈社会契约论〉到德·马尔蒂诺的〈罗马政制史〉》,第3—9页。
② 参见[意]皮浪杰罗·卡塔拉诺:《对罗马公法的运用:从卢梭的〈社会契约论〉到德·马尔蒂诺的〈罗马政制史〉》,第4—5页。
③ 参见薛军:《罗马公法》,第181页。

鲁曼)的"自创生"系统论(theory of autopoiesitic system)为分析的理论框架,对罗马政制史进行分析,力图得出新的认知。

卢曼是20世纪德国最伟大的社会学家之一,是"自创生"社会系统论的创立者,在德国被誉为"社会学学界的黑格尔"。① 卢曼著作等身,据他自己的说法,其一生研究作品大致分为三类:一是系统理论的"导论"部分,二是社会诸系统的"各论",三是对现代社会之重要功能的整体性分析。其中,"导论"部分的代表性作品是卢曼1984年出版的《社会系统》(Social Systems)一书;"各论"部分的作品主要包括《社会的经济》(1988)、《社会的科学》(1990)、《社会中的法》(1993)、《社会的艺术》(1995)以及《社会的社会》(1997);第三部分则是他就政治系统、宗教系统、教育系统等议题所做的研究。②

就卢曼的理论贡献来说,他在其师帕森斯(Talcott Parsons)的基础上,将系统论发扬光大。③ 对此,有论者有着很好的总结:

> 鲁曼的重要性可以从几方面观察,作为一个社会学家,鲁曼将系统论发扬光大,使得他的理论作为一般系统理论的开展,佐证了系统理论解释一切的企图心。此外,他也改写了功能论对于社会的分析,建立了一个不同于帕森斯的功能论新典范。更重要的是,鲁曼作为一个深具原创性的思想家,毫不犹豫地尝试挥别"古老欧洲的传统",以为现代社会找到适合自己的概念与理论。而且,由

---

① 参见顾忠华:《引介卢曼——一位二十一世纪的社会学理论家》,载[德]Georg Kneer、Armin Nassechi:《卢曼社会系统理论导引》,鲁贵显译,巨流图书公司1998年版,第4页。
② 参见顾忠华:《引介卢曼——一位二十一世纪的社会学理论家》,第5页。
③ 关于卢曼的"自创生"系统论的生成谱系的介绍,详见[德]贡塔·托伊布纳:《法律:一个自创生系统》,张骐译,北京大学出版社2004年版,"译者序言",第6—10页。

于他运用系统理论来分析各个功能系统,因此与各该系统内的理论有了对话的可能,这使得他的理论能够超出社会学的领域,对其他学科产生深远的影响。①

系统论作为一种跨学科的典范,在自然科学和社会科学领域广受重视与运用。卢曼的"自创生"系统论之所以重要,是因为他用一种带有普遍解释力的理论,从对经验的现象学描述出发,以旁观者的视角解释具有高度复杂性和功能分化的社会。简单地讲,卢曼的"自创生"系统论大致包括如下一些内容:

首先,卢曼的"自创生"系统论是一个"差异理论",②是一个建立在"系统/环境"区分的理论。根据一般系统理论,系统(system)是相互作用的多元素的复合体。整个世界是由各种系统构成的,社会系统是各种系统中的一个,而社会系统又是由经济、科学、法律、艺术、政治、宗教、教育等多种功能子系统构成的。与"系统"相对的概念是"环境","一个系统之外的一切与它相关联的事物构成的集合,称为该系统的环境"③。需要说明的是,"系统"是化约现实复杂性的结果,是一种透过结构的化约形成的秩序;而"环境"则是某一"系统"与其他未被化约的复杂性,因区分而产生的存在。"系统/环境"这个差异的整体才是世界,"环境"作为"系统"的对立面是不能取消的。因此,"区分并且标

---

① 张嘉尹:《法的社会学观察:〈社会中的法〉导论》,载[德]尼可拉斯·鲁曼:《社会中的法》,李君韬译,五南图书出版股份有限公司2009年版,第7页。
② 我们可以把卢曼理论进路的特征标示为"差异理论"(Differenztheorie):理论不是从统一、全体性、或者如主体、精神、法则、进步等(理性)原则,而是从区别出发的。参见[德]Georg Kneer、Armin Nassechi:《卢曼社会系统理论导引》,鲁贵显译,巨流图书公司1998年版,第136—137页。
③ [德]贡塔·托伊布纳:《法律:一个自创生系统》,"译者序言",第11页。

示"①就成为在世界中寻找、划定系统与环境的边界。

其次,卢曼的"自创生"系统论是一个建立在"观察与运作"基础上的区分。相对于传统知识论中"知识与经验"的区分,它既包含承载"观察"的"一阶观察",也包括体现"运作"的"二阶观察"(Beobachtung zweiter Ordnung)。"系统"为了化约环境的复杂性,形成一个具有"自我指涉"(Selbstreferenz)性的存在,需要通过"观察",亦即"区分并且标示",产生一组二元对立的价值界限,界分自己与外在"环境"的边界。这种区分彼此界限的观察,就是"一阶观察"。通过"一阶观察",便会产生一个"系统"。但在实践中,这个以"一阶观察"为运作依据的区分,始终无法同时标示出两面,在进行观察的瞬间,可以同时观察自己,即"每一个观察都使用了自己的区别来当作自己的盲点(blinder fleck)"②。于是,对观察系统进行再观察(或称"自我观察")的"二阶观察"不仅显得必要,而且无法避免。因为通过"一阶观察"而形成的"系统",始终会与外部的"环境"发生"沟通"(Kommunikation)。在"沟通"这一运行过程中,外部"环境"会让观察者看到通过"一阶观察"所无法看到的"盲点",同时产生反思,甚至提供修正"一阶观察"的可能。③

---

① "区别与标示"是一个运作的两个要素:一个区别(例如:女人或男人、法或不法、越位或不越位、意识形态或科学、当下这个花瓶或花瓶之外世界的其他事物)被选出,并且区别所有造成的两面其中一面被标示出来(即女人、法、越位、意识形态、这个花瓶)。参见[德]Georg Kneer、Armin Nassechi:《卢曼社会系统理论导引》,第120页。
② [德]Georg Kneer、Armin Nassechi:《卢曼社会系统理论导引》,第126页。
③ 对此,有论者指出:"如果我们由一阶观察进入二阶观察,也就是说,去观察别的观察者如何进行观察的话,那这种观察就会彻底改变我们对于世界、存在、实在的理解。在一阶观察层次上,世界是表现为单一脉络的(monokontextural)。'脉络'(kontextur)这个概念实在标出一个作为基础的区别所能观察到的一切。单一脉络世界始终是二值的,也就是说,一切所呈现的不是正值,就是负值,第三种可能性被排除在外——tertium non datur(第三者不被给出)。但这并不是说,在人们之间存在着共识以选择区别中的正值或负 (转下页)

再次，卢曼的"自创生"系统论在处理"系统"与"环境"之间的关系，沟通"一阶观察"与"二阶观察"关系问题上，没有采用"因果律"，而是提出了"偶连性"（Kontingent）的观点。"偶连性"用卢曼的话讲就是"若某事物既不是必然的，也不是不可能的"①。申言之，"偶连性"意味着是对两个事物之间必然性和不可能性的双重否定。换言之，两事物之间的关系既是偶然性的，又是关联性的。这即是说，"系统"与外部"环境"或者说不同"系统"之间是"偶连性"存在的。每个"系统"在"一阶观察"下，用"区分并且标示"的方式，从复杂环境中分化出自己的"封闭系统"。与此同时，每个"封闭系统"又在"二阶观察"下，不断受到外部"环境"或其他"系统"的"激扰"（Irritation）。当这种"激扰"足够大时，便会对"封闭系统"产生"共振"，"偶连性"变成"必然性"，"封闭系统"就会发生改变；如果"激扰"没有引发"共振"，那么，尽管外部"环境"或其他"系统"会对那个"封闭系统"发生关联，但这种关联并不必然是一种"输入/输出"关系，进而引发改变。对此，有论者总结道：

（接上页）值。所以，一阶观察也免除不了争议与歧见。这些观察者始终是停留在一个层次，始终是在一个脉络之中，并因此是在一个由区别所撑开的世界之内。这个情形会随着进入二阶观察而有所改变。一位对另一个观察者 B 进行观察的观察者 A 可以借由自己特有的区别，来对于带引 B 进行观察的区别——而不是 A 自己的特有的首要区别——加以表示并进而观察。因而，二阶的观察者可以观察到：被观察的系统 B 无法看到他所无法看到的事物。对于另一位观察者进行观察能让我们知道，每一个观察都受限于盲点。所以二阶的观察者能够知道，'每一个观察运作都是特有的盲目与认识的结合，所以也知道两者的组合是他自己特有的组合，而且能够知道，正是对于某些事物的盲目开启了对于某些事物的认识，又，没有盲目就没有对某些事物的认识'。我们就以这种方式在二阶观察层次上进到了一个多脉络的（polykontextural）世界。多脉络性（polykontexturalität）是指，存在着许多区别、许多不同的脉络，它们无法被一个阿基米德式的观察点安排在一起并且相互比较。这是说，每一个观察都可以被另一个观察加以观察和批判——这个陈述也适用于这个'另一个观察'。所以，没有关于事物的绝对'正确'的看法。所被宣称的一切都是由观察者宣称的，而这位观察者必须忍受被批评以及在自己的盲点上被启蒙。每一个观察都是偶连性的建构，也就是说，在另一个区别下所做出的建构可能有另一种结果。"［德］Georg Kneer、Armin Nassechi:《卢曼社会系统理论导引》，第 103—104 页。

① 转引自［德］Georg Kneer、Armin Nassechi:《卢曼社会系统理论导引》，第 147 页。

与系统/环境关系不同,系统际关系涉及两个自创生系统。二者之间界限清晰,各自构成运作封闭的循环网络,拥有不同"频率"。因此,系统际关系具有高度选择性,绝非点对点的输入/输出关系。尤其在功能分化的现代社会中,各种功能系统都自我再生产,符码、纲要、程序等结构限制,导致其相互关联唯有在"共振"这种例外情况下发生。①

卢曼提出的"偶连性"概念,一方面解释了为何有时外部"环境"会对某一"封闭系统"产生影响,有时却不会;另一方面也解释了为何是某种外部"环境"或"系统"对这一"封闭系统"产生影响,而其他的"环境"或"系统"却不会。

　　最后,卢曼的"自创生"系统论是建立在功能分化(Funktionale Differenzierung)社会基础上而存在的。卢曼认为,为了化约复杂的"环境",形成具有一定秩序意义的"系统",古往今来,依照先后顺序,存在三种"社会分化"的历史类型:片段式分化(Segmentäre Differenzierung)、阶层式分化(Stratifikatorische Differenzierung)和功能式分化(Funktionale Differenzierung)。片段式分化主要发生在"古老时代的全社会",其分化原则是将全社会系统分为几个相同且平等的部分。"每一个次系统将全社会内的环境仅仅视为等同的或类似的系统之堆积。因此,整个系统只有少许复杂程度的行动可能性。"②随着社会环境复杂性的增长,当这种横向的"平等"分割方式不足以应对环境复杂性的提升时,阶层式分化就出现了。阶层式分化出现于从古代部落社会进入较复杂的社会

---

①　陆宇峰:《"自创生"系统论法学:一种理解现代法律的新思路》,载《政法论坛》2014年第4期,第167页。

②　转引自[德]Georg Kneer、Armin Nassechi:《卢曼社会系统理论导引》,第158页。

群体之时。阶层式分化重要的分割原则是,按照"上/下"分层的方式区分,将全社会纵向地分化为不等同的阶层(Schichte)。由于层级化社会不能很好地解决社会复杂性提升带来的问题,在16世纪末至19世纪中叶,社会分化方式再次发生改变,新的社会分化方式不是横向、同质的分割,也不是纵向、异质的分层,而是以横向、异质的功能分化为新原则。在功能式分化阶段,整个社会被分化成经济、政治、法律、宗教、科学、艺术等功能"不等"、地位"相等"、彼此无法相互取代的各种子系统。每个子系统经由各自独特的"二元符码"(Binärer code)与其他系统区分开来,①同时,需要通过"纲要"(Programm)补充符码的内容,并考虑外在事物。要言之,"符码化"(Codierung)负责子系统运作上的封闭性,而"纲要化"(Programmierung)则要系统向外在的意义开放。全社会的子系统是通过"纲要"来决定要给出"符码"的这一个值或另一个值。②总之,"纲要就是运作选择的正确性的既予条件。它们一方面使得某些对功能系统所提出的特定要求的具体化(或者'运作化')成为可能,另一方面却正因此而在某个范围内将自己维持为可变的"。正是通过纲要,"系统可以对结构加以改变而没有丧失掉它透过符码所确立的同一性"③。

概而言之,卢曼所谓的"自创生"系统论实际上讲的就是,在功能分化的社会,一方面,每个社会子系统依据各自独特的"二元符码",形成

---

① 这里的"符码","特指诸现代功能系统固有的首要区分,由一组对称的价值构成。政治系统的符码为有权/无权;经济系统为有支付能力/无支付能力、拥有/不拥有;教育系统为能学到知识/不能学到知识;传媒系统为有用信息/无用信息;医疗系统为健康/不健康;法律系统为合法/不合法"。参见陆宇峰:《"自创生"系统论法学:一种理解现代法律的新思路》,第160页。
② 参见[德]Georg Kneer、Armin Nassechi:《卢曼社会系统理论导引》,第158—182页。
③ 转引自鲁楠、陆宇峰:《卢曼社会系统论视野中的法律自治》,载《清华法学》2008年第2期,第57页。

自我指涉的子系统,封闭运行;另一方面,"系统"在与"环境"的沟通中,以"认知开放"的方式,受到其他子系统的各种"激扰",并在达到"共振"状态下,通过改变系统"纲要"的方式,在遵守系统"二元符码"的原则下,实现"自创生"(亦称"自我再制")。① 因此,卢曼"自创生"系统论的关键就在于建立在"封闭运行"基础上的系统,将自己与环境区分开来,不受其他系统运作逻辑决定之直接影响;同时,在"认知开放"的状态下,从环境中获取能量与信息,对其他系统的"激扰"做出反应。"封闭运行"与"认知开放"既维系了稳定,又关照了灵活,不仅不矛盾,反而相得益彰。

三、 罗马政制史的阶段划分

按照统治政体的不同,学界一般将罗马政制史划分为三大时段,即王政时期、共和时期和帝政时期。② 为了进一步展现罗马政制史的发展变化,不同学者会在这三大时段的基础上进一步细分,其中最典型的代表应是蒙森在《罗马史》中的划分。具体而言,他将帝政时期之前的罗马政制史划分为五个阶段:(1)自罗马建城至罗马王政的废除;(2)自罗马废除王政至意大利统一;(3)自统一意大利至征服迦太基和希腊诸

---

① 对于"自创生"系统如何具体展现,晚年的卢曼在《社会中的法》一书中在借鉴达尔文"变异—选择—稳定化"图示的基础上,将其发展为"变异—选择—再稳定"的表达:(1)变异,系统中某元素基于自创生而产生变异,这种变异是相对于系统的固有模式而言;(2)选择,系统会对变异所致的新可能进行选择,这既是巩固系统结构之必需,又是启动演化的前提;(3)再稳定,系统接纳了获得选择的变异并再次稳定于系统之内,系统的结构做出了有限制的改变,这里实现了系统统一性的维持,也为下一变异的启动奠定了基础。详见[德]尼可拉斯·鲁曼:《社会中的法》,李君韬译,五南图书出版股份有限公司2009年版,第278页。

② 参见刘津瑜:《罗马史研究入门》,第1页。

国;(4)革命;(5)军人君主制的建立。① 这五个阶段再加上帝政时期罗马的"元首制"时期和"君主专制"时期,大体上罗马政制史可以进一步细分为上述七个时段。

与大体上坚持三大时段划分相对的是,有论者也认为,上述分期法"不是社会经济的因素,而是上层建筑的因素",不仅无法"全面地阐明罗马历史发展的内在规律",而且也"不能说明三个时期之间的必然联系";同时,上述区分还"很容易混淆各个社会的性质";主张"确定分期的基础不应是政治形式的更替,因为政治形式本身就是上层建筑的一部分,是派生的因素,而应当是生产关系的发展和所有制形式的变革"。② 因此,主张将罗马政制史划分为如下四个阶段。(1)罗马古代社会(即公民社会)的形成和发展时期。这一时期又可具体分为两个阶段:第一阶段是罗马公民国家的形成阶段,其时间大致从公元前8世纪中叶到公元前6世纪中叶;第二阶段是古代国家的完善和发展阶段,其时间相当于公元前6世纪中叶到公元前2世纪中后叶。(2)古代社会的衰落和奴隶制社会的建立期。这一时期相当于公元前2世纪中后叶到公元1世纪中叶。(3)罗马奴隶制社会的完善和发展期。这一时期相当于公元前1世纪中叶到公元2世纪末叶。(4)罗马奴隶制社会的衰落和瓦解期。这一时期相当于公元3世纪初叶到5世纪中叶。③

很显然,上述两种划分,一种更加注重所谓"上层建筑"的因素,另一种则更关注"经济基础"的考量。客观地讲,无论是更加注重政治、军事等因素的"上层建筑"方向的分析,还是更加关注罗马社会内部生产

---

① 参见[德]特奥多尔·蒙森:《罗马史》第1卷、第2卷、第3卷、第4卷、第5卷,李稼年译,商务印书馆2017年版。
② 杨共乐:《罗马史纲要》,第1—2页。
③ 参见杨共乐:《罗马史纲要》,第2—4页。

方式转变的"经济基础"方向的思考,实际上都对罗马政制史的阶段划分具有重要意义。很难讲这些划分中哪一种是对的,哪一种是不对的。因此,从不同的角度和立场来看,这些划分无疑都在不同层面和程度上深化了对于罗马政制史变迁的认知。

但是,换一个角度来看,这些不同角度和层面的分析,同时使我们无法得到在整体意义上属于"罗马政制史"自己的阶段划分。在很大程度上,我们在不经意间将罗马政制史的阶段划分,变相地转换为政治、经济、军事、文化、宗教等划分的"附属物",并在此过程中将某一方面的因素过度提升,形成所谓的"历史发展规律",将罗马政制与这些因素做了简单化、绝对化处理。因此,一种既能体现罗马政制史自身发展阶段,又能综合考虑罗马社会其他因素对于不同时期罗马政制影响的阶段划分,有待进一步探索。

根据前述卢曼三种"社会分化"历史类型的记述,我们认为,罗马政制史的第一个阶段应该是罗马建城到塞尔维改革之前这段时间,即罗马"军事民主制"或"拉丁—萨宾王时期",对应卢曼所说的片段式分化阶段。在这一阶段,罗马社会依据居民来源的不同,被均质化地划分为"拉姆涅""蒂提"和"鲁切勒"三大氏族部落。罗马城基于部落联盟而形成,属于以氏族社会为基础的部落联盟体制。此时的罗马政制没有从部落联盟体制中独立分化出来。受到原始民主遗风的影响,[①]"王"没有获得凌驾于社会之上的权力,元老议事会、库里亚民众大会这样的氏族组织机构分享着罗马部落联盟的公共权力。氏族部落既是政治组织,也是军事组织,还是经济组织,罗马政制消融于部落联盟体制之中。

---

① 关于原始民主遗风对于罗马政制影响的论述,参见程汉大:《西方宪政史论》,中国政法大学出版社2015年版,第108—114页。

罗马政制史的第二个阶段应该是从塞尔维·图流斯（Servius Tullius，公元前579—前534年在位）改革所确立的城邦国家体制开始，一直持续到公元前367年《李锡尼—塞克斯图法》（Leges Liciniae Sextiae）的颁布这段时间。[①] 这一阶段是罗马从"军事民主制"向"共和政制"的过渡时期，大体上属于卢曼理论中的阶层式分化阶段。申言之，随着罗马与周边城邦之间的战争爆发，既有氏族部落建制无法满足不断增加的外来人加入罗马的需要，在这些游离于各个部落和库里亚之外的外来人，以及因战斗战术变化而引发兵制改革所需要的外部"激扰"下，罗马经塞尔维·图流斯改革，社会发生了分化。塞尔维·图流斯改革所创立的"百人团体制"不再是以氏族组织为单位，而是以财产等级制为基础，罗马由此告别氏族社会，开始进入城邦国家。然而，在城邦国家建立伊始，罗马社会明显地被分化为平民和贵族两大阶层，两大阶层围绕着政治权利平等、罗马公地分配、债务奴役以及相互通婚等问题展开了激烈的斗争。这种阶层式分化所表现出来的斗争，成为罗马政制逐渐独立分化的"激扰"动力。罗马在这一时期不仅出现或建立起非战争时期的"独裁官"、平民保民官、平民部落大会、《十二表法》以及稳定化的执政官等制度，而且罗马政制也在这一时期从整体上分化出来，成为共和国成熟时期一套稳固的存在。这里需要说明的是，罗马的政制系统应属于法律系统（Rechtssystem）之内部组成，大体上属于罗马公法的部分，与罗马私法相对。从时间上来看，笔者认为，罗马公法的分化时间

[①] 当然，也有论者认为，应将这一时间的下限定在公元前287年《霍尔滕西法》的颁布。笔者认为，公元前367年《李锡尼—塞克斯图法》的颁布更具里程碑意义，因为通过该法罗马共和国至少在法律上解决了平民阶层与贵族阶层围绕"政治—经济"两大方面，涉及政治权利平等、罗马公地分配和债务奴役三大问题的斗争。至于《霍尔滕西法》所实现的平民民众大会对于全体罗马公民的法律效力问题，不过是这一里程碑式的法案出台后的自然延续。

甚至要早于罗马私法。①

由此,罗马政制史进入第三个阶段,即"混合政制"或"成熟的共和政制",大体是从公元前367年《李锡尼—塞克斯图法》的颁布到公元前2世纪30年代罗马初步完成军事扩张、格拉古兄弟改革之前,时间跨度为200多年。由于这一时期罗马政制已经独立分化出来,与政治、军事、经济、宗教等系统相并列,因而已经初步进入到卢曼所说的功能式分化阶段。在这一阶段,罗马共和政制中官制、元老院和各类民众大会等核心要素基本发展成熟,并在制度上以法律或"宪法惯例"的形式存在,成为罗马社会十分重要且不容忽视的"子系统"。

功能式分化阶段的罗马政制按照法律系统"合法/不合法"特有的"二元符码"封闭运行,但是罗马政制的发展不可能遵循一成不变的线索,相反会出现各种非计划性状况。"系统"与"环境"的偶连性关系,决定了罗马政制在"封闭运行"的基础上,同样无法避免"认知开放",它会受到外部"环境"或其他"子系统"的各种"激扰"。实际上,罗马政制史的第四个阶段,即从公元前2世纪30年代罗马初步完成军事扩张到公元前23年屋大维创立"元首制"的"共和政制崩溃"时期,就属于这一"激扰"阶段。这一时期,因为军事扩张,罗马社会的"军事系统"对社会其他"子系统"产生了"激扰",例如,军事扩张引发在"经济系统"中出现奴隶制经济,并引发罗马生产方式发生改变;军事扩张使得罗马

---

① 卢曼也认为,在罗马法时代,罗马私法已经出现分化,自成"系统"。他说道:"唯有在罗马民法这一独一无二的情况中,才在这个基础上达到了概念的抽象化,这些概念的抽象化,使法律在其自我指涉的概念性中,得以独立于直观的事物的构成状态,并借此方式而使演化成为可能。唯有与此衔接,才能迈向一种无论在小亚细亚的法律文化,或者在雅典都无法寻得的发展:也就是一种使法律专家、法学家的特殊角色得以分化出来的发展倾向。这样的分出倾向,首先是在罗马的贵族当中获得成就,也就是不需要以具有特定官职,或者以具有角色关联的所得基础作为前提。"[德]尼可拉斯·鲁曼:《社会中的法》,第295页。

出现大量外邦人,使得"政治系统"(Polititsches System)出现了如何协调"公民与非公民矛盾""罗马与行省"的新问题。与此同时,其他系统的变化也构成了对于"军事系统"的外在"激扰","军事系统"就会在自己的"符码化"和"纲要化"下发生改变。例如,在"经济系统"中,土地私有制的确立直接导致无产者人数急剧增加,其结果是对以财产等级为标准、实行"兵民合一制"的罗马军队造成了毁灭性的打击。于是,马略对共和国的军事制度进行了改革,用"募兵制"代替了"征兵制"。同时,奴隶制生产方式的使用,保证了罗马可以征召大量自由人,展开大规模的对外军事行动。同样,这一"军事系统"的改变又构成了对于"法律系统"的"激扰",于是,在共和国后期出现了政治军事强人对于罗马政制的破坏现象。因此,罗马政制就是基于"系统/环境"之间的相互"激扰",进而导致原有的"共和政制"或"混合政制"已经无法适应和维系罗马社会的客观实际,必须做出改变。

罗马政制史的第五个阶段,即"元首制"时期,从公元前23年奥古斯都确立"元首制"开始,到公元284年戴克里先(Diocletianus, 284—305年在位)创立"君主专制"为止。奥古斯都开创的"元首制"在本质上是一种"寓共和制于君主制形态",是对共和制和君主制的一种融合。奥古斯都之所以在表面上无法彻底抛弃"共和政制"的传统,很大程度上是因为罗马政制已经成为罗马社会一个独立分化的"子系统"。奥古斯都所主导的"政治系统"即便要通过权力对罗马政制进行改造,也必须在一定程度上遵循系统"封闭运行"的原则,按照罗马政制固有的"符码"和"纲要"的要求进行转化。从公元前27年起,奥古斯都所保留的"元首准可权""行省总督式的指挥权"和"平民保民官权力"这些实质性的、契合于"君主制"的权力,无一不是原先罗马共和政制中的制度存在,这些权力都可在罗马政制系统中找到对应的表达。即便是"元首"这个新出现的政制存在,罗马也通过公元69年底的《韦斯巴芗谕令权法》(Lex de Imperio Vespasiani),用法律系统独有的"符码"和"纲要",将奥古斯都以来各种具有"宪制惯例"性的做法确立了下来。

  罗马政制史的第六个阶段开始于公元284年戴克里先在罗马建立"君主专制"。与前述罗马政制史的第四个阶段相类似,此一阶段的罗马帝国的政制系统再次受到外部"环境"或其他"子系统"的"激扰",罗马政制系统的"纲要"再次发生变化。例如,"政治系统"中行省地位,尤其是东部行省地位的提升,使得以罗马和意大利为中心的行政区划设置面临困难;"军事系统"中蛮族的军事压力,使得单一的中央权力无法实现对广袤帝国的治理;"经济系统"中奴隶来源的枯竭,导致奴隶制经济或生产方式难以为继。罗马政制系统经过"变异—选择—再稳定"的过程,以"君主专制"作为回应社会其他系统"激扰"的选择。尽管在很多地方以"君主专制"为特征的罗马政制,仍受制于法律系统固有的"符码"和"纲要",但是"君主专制"的制度形态必然会弱化"法律系统"自主化的空间,使罗马原先分化出的"政制系统"倒退回与"政治系统"相混合的未分化状态,并最终蜕化为"政治系统"的附庸。这一趋势在后来的西罗马帝国体现得极为明显,而东罗马帝国由于其在政治、经济、军事等方面相对的优势,得以勉强维系其统治。

四、 相关概念的说明

  这里需要强调的是,本书书名使用的是《罗马政制简史》,而不是

《罗马宪法简史》①或《罗马宪政简史》。之所以如此,主要考虑的是,从时间上讲,"宪法"或"宪政"是近代以来才明确提出且有具体内涵的概念。按照学界通常说法,这对概念更多是近代以来在传统"政制"的概念之中,加入了自由、平等的权利理念之后才得以形成的。近代立宪主义的兴起以及古今之别的分水岭就在于"自由(权利)"而非"义务"成为近代政制设计的出发点和要义。因此,在经历氏族部落联盟、城邦国家和帝制国家的古代罗马,由于其在"政制"中并未明确提出或自觉提出"自由(权利)"的主张,故而很难称之为"罗马宪政"。②

与之相反的是,由于古往今来不同时代、不同国家都有或多或少涉及一国之组织原则和制度结构的"政制"存在,因而"政制"这一概念较之"宪法"或"宪政"概念更具有经验性和描述性色彩,更加适用于对不同时空下历史存在的整理和介绍,不易产生歧义。③ 对此,苏力也指出:"constitution 仍被理解为国家构成的基本制度和实践,而不是或至少主要不是一套比其他法律更高的法",如果将"constitution"理解成"宪法/宪章/约法,以及宪法律/宪政的视角和话语",其"真实功能,往往只是至少也更多是在遮蔽和切割、然后掩埋、最后遗忘那些对于这些国家构成更实在的人和事,一些对一个国家更具决定意义的内外部力量及其互动",因此,"从宪制也即国家构成的视角切入",才能帮助我们更好地

---

① 当然,按照徐国栋教授对于 constitution 的梳理和理解,是可以将其翻译为《古代罗马宪法史》的。参见徐国栋:《罗马混合宪法的希腊起源及其演进》,载徐国栋:《罗马公法要论》,北京大学出版社 2014 年版,第 3—27 页;徐国栋:《论西塞罗的 De Re publica 的汉译书名——是〈论宪法〉还是〈论国家〉或〈论共和国〉?》,载徐国栋:《罗马的第三次征服:罗马法规则对现代公私法的影响》,中国法制出版社 2016 年版,第 445—463 页。

② 尽管有论者在论著中使用了诸如"罗马宪政""罗马共和宪政"的表达,但其本意更多是在说古罗马有类似于"权力分立""法律至上"等近代宪政的元素,而不是将其直接等同。参见程汉大:《西方宪政史论》,中国政法大学出版社 2015 年版。

③ 参见李忠夏:《宪法变迁与宪法教义学:迈向功能分化社会的宪法观》,法律出版社 2018 年版,第 1—2 页。

理解中国。①

与此同时,波利比乌斯提醒我们,对于罗马"政制"的把握,不能仅从规范性角度进行考察,还应该关注规范背后的文化、伦理性因素。对此,他指出:

> 在我看来,每一个国家都有两个根本性的东西,而这两个根本性的东西决定了一个国家的政体和原理是否是值得追求的。对于这两个根本性的东西,我指的是习俗(ethe)和法律(nomoi)。那种值得追求的政体会让公民的私人生活充满正义和有序,国家的公共生活也会充满文明与正义,而那种不值得追求的政体则会产生完全相反的效果。②

这再次表明,古典时代有关"政制"的概念不同于我们今天对于"政制"的理解。它不仅与现代"政制"一样关注政治制度的稳定与秩序问题,而且更关注"政制"对于城邦德行培养的重要意义以及与宗教信仰之间的关联。对此,有论者指出:

> 对古典政体概念的分析,就不能仅限于政治制度和运作过程的形式分析,还要包含对道德习俗乃至一种普遍的生活方式的理解。只有放弃形式主义的思考模式,看到任何一种政治结构背后的社会文化背景差异,我们才能对任何一种政体制度有更全面的

---

① 参见苏力:《大国宪制:历史中国的制度构成》,北京大学出版社2018年版,第31—33页。
② [古希腊]波利比乌斯:《波利比乌斯论混合政体:〈通史〉第六卷全文移译》,第244页。

把握,从而不致为任何普世主义的主张的幻觉所迷惑。①

法国学者库朗热(Fustel de Coulanges)说道:

> 今人之所以误解古代政制,正是因为我们往往把这些政制当作某种抽象概念来研究,而忽略了这些政制的产生背景与必然状况,尤其是忽略了人类的精神与信仰状况。须知这些政制恰恰为此而设。②

因此,基于上述这种"古今之别",使用"罗马政制史",而非"罗马宪政史"或"罗马宪法史",似乎更为恰当。

---

① 孔元:《混合政体与罗马帝国的崛起——对波利比乌斯〈历史〉的一种解读》,载强世功主编:《政治与法律评论》第7辑,法律出版社2016年版,第5—6页。
② [法]库朗热:《古代城邦——古希腊罗马祭祀、权利和政制研究》,谭立铸等译,华东师范大学出版社2006年版,第370页。

第一章 从罗马建城到塞尔维改革：
部落联盟下的政制

罗马政制史的第一个阶段，本书将其划定为公元前753年罗马建城到王政时期第六代王塞尔维·图流斯改革。因为这一时期罗马在社会发展阶段上，属于从"原始社会开始瓦解并向国家过渡的时期"①，其政制在性质上属于部落联盟下的政制，亦被称为"军事民主制"②。

一、罗马建城

一切古代民族和城邦起源的历史都是和各种略带神话色彩的传说混在一起，古代罗马也是如此。古典史学家的历史记载当中，夹杂了很多罗马起源的神话，其中到底有多少是真实的，一直没有人能够分辨清楚。既然如此，罗马早期政制史的研究能否依据这些亦真亦假的记载展开，确实成为一个问题。对于罗马早期历史研究中的这一现象，李维的观点具有启发意义。他认为：

---

① 施治生、郭方编：《古代民主与共和制度》，中国社会科学出版社2007年版，第41页。
② 军事民主制是美国学者摩尔根（Lewis Henry Morgan）在其著作《古代社会》（Ancient Society）中提出的一种学说，其主要观点是把军事民主制看作是氏族社会向国家发展过程中的重要环节。后来恩格斯（Friedrich Engels）在《家庭、私有制和国家的起源》一书中坚持了这一观点，并得到学界大部分学者的认同。参见施治生：《从王政到共和国——兼论罗马城市国家的形成过程》，载《世界历史》1987年第4期，第57页。

> 关于建城以前时代的传说以及关于罗马城本身的创建的传说都充满了诗意的神话,它们不是建筑在可靠的史料之上的。但我建议既不要全部肯定它,也不要全部否定它。①

蒙森也借用古希腊伟大历史学家修昔底德(Thucydides)的话,表达了可以利用既有史料进行研究的观点,他说道:

> 远古之事因日久年深已无法详加查考;可是,据我在审核时确认为大体可靠的证据看来,我相信,无论就战争或其他方面而言,它们都是微不足道的。②

一般认为,导致罗马之起源的民众共同体,来源于公元前10世纪之前定居在拉齐奥地区印欧人(Indo-European)的一个支系,并在时间上早于古意大利人。③ 按照古代罗马人的说法,罗马城产生于公元前753年("瓦罗纪元"),④即第6次奥林匹克祭典的第3年。

他们的传统叙事是,特洛伊被"木马屠城"后,特洛伊王的女婿埃涅阿斯(Aeneas)带着自己的父亲和儿子阿斯卡纽斯(Ascanius)逃到了意大利台伯河南岸的拉丁姆(Latium,即今天的拉齐奥)附近。此地的王

---

① Livy. 1, 1.
② [德]特奥多尔·蒙森:《罗马史》第1卷,李稼年译,商务印书馆2017年版,"卷首语"。
③ 参见[意]弗朗切斯科·德·马尔蒂诺:《罗马政制史》第1卷,薛军译,北京大学出版社2009年版,第1页;李思达:《用虚构神话和传说掩盖住真相:后世创造出的早期罗马建城史》,载《国家人文历史》2020年第18期,第53—55页。
④ 如今通说的公元前753年是西塞罗的朋友阿提库斯(Alticus)提出来的,瓦罗(Varrone,公元前116—前27)将这一说法推广。关于罗马建城之日的讨论,详见李雅书、杨共乐:《古代罗马史》,第16—17页。

第一章　从罗马建城到塞尔维改革：部落联盟下的政制　　25

拉提努斯（Latinus）不仅友善地接待了他们，而且还把女儿拉维妮娅（Lavinia）嫁给了埃涅阿斯。埃涅阿斯死后，其子阿斯卡纽斯继承了王位，并且后来在罗马这个地方建造了一个名为阿尔巴·隆加（Alba Longa）的新城。过了大约 400 年的时间，阿尔巴·隆加的国王努米托尔（Numitor）的王位被弟弟阿穆利乌斯（Amulius）篡夺，其女儿瑞亚·西尔维娅（Rhea Silvia）被送去维斯塔神庙做贞女。然而，战神马尔斯（Mars）却使西尔维娅怀孕，生下孪生兄弟罗慕洛（Romolus，公元前 753—前 715 年在位）和雷莫（Remus）。阿穆利乌斯得知后，处死了西尔维娅，并将两兄弟装在篮子里扔进台伯河，试图淹死他们。战神马尔斯派来母狼将婴儿救下，带进山洞哺养。后来牧羊人福斯图鲁斯（Faustulus）在帕拉丁山（Palatinus）上发现了这两名婴儿，并抚养他们长大。两兄弟长大后合力杀死了阿穆利乌斯，恢复了外公努米托尔的王位，并另在罗马建立了新城。哥哥罗慕洛在帕拉丁山，弟弟雷莫在阿文庭山（Aventinus），后来弟弟因为越界，触犯了宗教禁忌，被哥哥杀死。① 于是罗慕洛统一了罗马城，定名"ROMA"。② 据说，该名字的首字母"R"是为了纪念自己的弟弟雷莫，"O"是自己名字的第二个字母，"M"代表父亲战神马尔

---

① 还有一种说法认为，罗慕洛和雷莫分别去寻找吉兆以确定谁应该成为"王"。雷莫登上了阿文庭山，看见了 6 只秃鹫，而罗慕洛登上帕拉丁山，看见了 12 只秃鹫，这使罗慕洛占据了上风。参见［古罗马］西塞罗：《论共和国（附〈论法律〉）》，第 51 页下注。

② 相似记载参见［古罗马］尤特罗庇乌斯：《罗马国史大纲》，谢品巍译，上海人民出版社 2011 年版，第 1 页；［古罗马］西塞罗：《论共和国（附〈论法律〉）》，第 49—53 页；［俄］科瓦略夫：《古代罗马史》，第 50—51 页；［日］盐野七生：《罗马人的故事 I：罗马不是一天建成的》，计丽屏译，中信出版社 2015 年版，第 16—19 页；［德］乌维·维瑟尔：《欧洲法律史》，刘国良译，中央编译出版社 2016 年版，第 71—74 页；刘津瑜：《罗马史研究入门》，第 4—5 页；黄美珍：《法律帝国的崛起：罗马人的法律智慧》，北京大学出版社 2019 年版，第 4—13 页；李思达：《用虚构神话和传说掩盖住真相：后世创造出的早期罗马建城史》，第 55—57 页。

斯,而"A"则是母亲西尔维娅名字里最后一个字母。①

罗马建城的传说形成于公元前3世纪下半叶,②尽管这一传说并不是真实的,③但是人们还是习惯于把罗慕洛统一罗马城之后至公元前509年"高傲者"塔克文(Tarquinius Superbus,公元前534—前509年在位)被驱逐这段时间称为古代罗马的"王政时期"。这期间存在7个"王"(rex),他们分别是:罗慕洛、努马·彭皮流斯(Numa Pompilius,公元前715—前673年在位)、图路斯·荷斯提流斯(Tullus Hostilius,公元前673—前642年在位)、安库斯·马尔西乌斯(Ancus Marcius,公元前640—前616年在位)、塔克文·普里斯库斯(Tarquinius Priscus,公元前616—前579年在位)、塞尔维·图流斯和"高傲者"塔克文。④

按照学界的一般观点,罗马王政时期大体上以公元前616年为界分为两段:约公元前8世纪至前7世纪的拉丁—萨宾王时期(亦称"拉丁君主制时期")和约公元前6世纪的伊特鲁里亚王时期(亦称"伊特鲁里亚君主制时期")。两个时期的主要区别在于:前一时期的"王"大体上是氏族部落或部落联盟的首领,而后一时期"王"的权力有明显加强

---

① 参见[德]乌维·维瑟尔:《欧洲法律史》,第75页;古罗马尤里安(Giuliano)皇帝的档案官尤特罗庇乌斯(Eutropius)则认为,罗慕洛是用自己名字命名罗马的。参见[古罗马]尤特罗庇乌斯:《罗马国史大纲》,第1页。

② 参见[英]F. W. 沃尔班克、A. E. 阿斯廷等编:《剑桥古代史·第7卷:罗马的兴起至公元前220年》第2分册,第62—69页。

③ 如蒙森就认为:"一群从阿尔巴逃出来的人在阿尔巴诸侯的两个儿子罗慕洛和雷穆斯率领下建立罗马城的故事,不过是太古稗史上的一种天真尝试,想借此说明该城起于条件如此不利之地的奇事,而且还想把罗马的起源与拉丁姆的一般首府联系起来。这些故事自命为历史,其实只是不甚聪明的粗糙解释,历史的首要任务恰恰在于排斥它们。"[德]特奥多尔·蒙森:《罗马史》第1卷,第53—54页。

④ 需要说明的是,王政时期罗马诸王的在位时间来自传承或传说故事,其中有些判断可能具有历史价值。参见[英]安东尼·艾福瑞特:《罗马的崛起:帝国的建立》,翁嘉声译,中信出版社2019年版,第415页。

的趋势。①

一般认为,罗慕洛通过部落联盟的方式,首先将自己所在的帕拉丁山及其周围与定居在奎里纳尔山(Quirinale)由提图斯·塔奇欧(Tito Tazio)统治的萨宾人(Sabini)结成政治共同体。② 对于这一部落联盟的事件,狄奥尼修斯这样记载道:

> 罗慕洛与塔提乌斯(提图斯·塔奇欧——引者注)应同为罗马人的国王,享有同等权力和尊贵,城市的名字应根据其创建者被称为罗马,而公民作为个人按从前的名称叫罗马人,但是全体人民应按照塔提乌斯所在城市被叫作奎里斯特③。全体萨宾人只要愿意住在罗马,便可以同罗马一道举行共同的祭祀,并被分配到部落和库里亚中。④

这一举动不仅开启了罗马以开放的态度同化异邦的先河,而且形成了"两王共治"的传统,为日后罗马官制中的同僚制以及帝国时代的共治打下基础。后来,这个共同体又联合了位于艾斯奎里山(Esquilino)和西里欧山(Celio)、来自伊特鲁里亚人或阿尔巴人的一部分人。对此,蒙

---

① 参见施治生:《王政时代与罗马王权》,载施治生、刘欣如主编:《古代王权与专制主义》,中国社会科学出版社1993年版,第114页;徐国栋:《奎利蒂法研究》,载徐国栋:《罗马法与现代意识形态》,北京大学出版社2008年版,第51页。
② 为了证明两大部落联合的真实性,有论者指出,"卢波卡利亚节"(或称"驱狼节")中参加赛跑的青年男子分成两组:一组叫昆齐阿,另一组叫费边。前者是拉丁著名氏族,后者是萨宾著名氏族。另外,罗马还有一种古老的宗教习俗,即每年3月和10月举行"萨利舞",这是一种同战争有关的带有巫术性的舞蹈。舞蹈者也分为两组:一组是帕拉丁"萨利",一组是奎里纳尔"萨利"。参见杨俊明:《古罗马政体和官制史》,第3—4页。
③ 关于"奎里斯特"的其他含义,详见徐国栋:《奎利蒂法研究》,第53—54页。
④ Dionysius of Halicarnassus, *Roman Antiquities*, 2, 46, 2-3. 转引自胡玉娟:《古罗马早期平民问题研究》,第42页;另见[古罗马]西塞罗:《论共和国(附〈论法律〉)》,第54页。

森也指出：

> 以后的罗马城就是从这些聚居地发展出来的。当然绝对谈不上像传说中原来假定的那种建城：罗马不是一朝一夕建成的。①

于是，最初的罗马依据其居民来源的不同，分为三个大的氏族部落，亦称"特里布斯"(Tribus)，分别是：(1)主要由拉姆丁人构成的"拉姆涅"(Ramnes)；(2)由萨宾人构成的"蒂提"(Tities)；(3)由伊特鲁里亚(Etruria)人或阿尔巴人构成的"鲁切勒"(Luceres)。②

根据瓦罗的观点，这些部落的出现基于对罗马领土的区域划分。"帕拉丁山的原始村落与奎里纳尔山和埃斯奎里山的那些原始村落联系起来的是一种联盟性质的关系。"③罗马的"七丘节"(Septimontium)也与罗马"七丘"(Septem Montes)中这三座和三大氏族部落相关联的山，有着特殊的联系。④但是，它们不是一种简单的区域划分，而是一次面向全体市民的分配。由它们产生了相关的军事小分队，即每个部落提供1 000个士兵和100名骑兵(celeres)。⑤对于罗马这种部落联合的形成方式，英国学者莫米利亚诺(A. D. Momigliano)指出：

---

① ［德］特奥多尔·蒙森：《罗马史》第1卷，第53页。
② 参见［意］马里奥·塔拉曼卡主编：《罗马法史纲》上卷，周杰译，北京大学出版社2019年版，第20—22页。当然，也有学者认为，"鲁切勒"是由多个种族来源的人构成的，这一部落的存在为后来罗马平民与贵族的斗争埋下了伏笔。参见徐国栋：《奎里蒂法研究》，第55—56页。
③ ［意］弗朗切斯科·德·马尔蒂诺：《罗马政制史》第1卷，第47页。
④ 关于"七丘节"与"七丘"之间的具体联系与区别，详见［英］F. W. 沃尔班克、A. E. 阿斯廷等编：《剑桥古代史·第7卷：罗马的兴起至公元前220年》第2分册，第92页。
⑤ 参见［意］弗朗切斯科·德·马尔蒂诺：《罗马政制史》第1卷，第85页。

罗马城的公民们一直拥有这样一种明确意识,即他们属于一个规模相对较小的拉丁民族,这个民族是以独特的语言、圣所和联盟体制为自身特征的。①

因此,我们可以认为,建城后的罗马是一个不同部落的混合体,处于开放状态,"它可以吸收非血缘成员,至少这种成员与血缘成员之间的血亲关系是虚拟的"②。在建城之初的拉丁—萨宾王时期,罗马就常常把被征服和兼并的邻近部落民众迁入罗马,接受他们为罗马公民,并将其中的显要人物补充至元老院。例如,狄奥尼修斯记载:

> 他们把那些想要移居罗马的凯列尼斯人和安提那特斯人及其妻子、孩子一起带回国,允许他们保留份地,不拿走他们的财物。国王立即把他们登记到各部落和库里亚中,总数不少于三千。③

但是无论如何,建城之初的罗马是氏族体制,而不是城邦体制。"事实上,城邦体制是拉丁人所不熟悉的,并且一般来说,意大利人也不熟悉。它不源自于印欧人,因为印欧人根本不知道城市(polis)为何物。城邦是长期历史发展的结果。"④

---

① [英]F. W. 沃尔班克、A. E. 阿斯廷等编:《剑桥古代史·第7卷:罗马的兴起至公元前220年》第2分册,第64页。
② 徐国栋:《家庭、国家和方法论:现代学者对摩尔根、恩格斯——对〈古代社会〉〈家庭、私有制和国家的起源〉之批评百年综述》,载徐国栋:《罗马法与现代意识形态》,北京大学出版社2008年版,第28页。
③ Dionysius of Halicarnassus, *Roman Antiquities*, 2, 35, 5-6. 转引自胡玉娟:《古罗马早期平民问题研究》,第43页。
④ [意]弗朗切斯科·德·马尔蒂诺:《罗马政制史》第1卷,第43—44页。

二、部落联盟下的军事民主政制

由于建城后的罗马属于部落联盟,"生活在一种以氏族、胞族和部落为基础,并从他们当中发展起来的军事民主制之下"①,因此,其政制符合军事民主政制所共有"人民大会、酋长议事会和军事首领"的一面。② 在王政初期的罗马政制具体包括:(1)"王"(rex);(2)"老人",即元老们(patres)的议事会;(3)共同体全体成员的大会。③ 此外,祭司团体也属于这一时期的政制组成。对此,马尔蒂诺指出:

> 导致由罗马市民组成的城邦产生的共同体,最初是一种氏族联盟,这种联盟是以拉丁民族特有的方式建立的。事实上,最古老的罗马政制的机构与拉丁同盟的那些机构相类似。拉丁同盟的最高机构是一个独裁者,拥有宗教和军事方面的权力,有一个由组成联盟的氏族首领所组成的大会和一支共同的军队。大会拥有对涉及共同利益的事项,特别是对国际事件,也即与其他民族缔约、结盟、宣战作出决定的权力。同样的,古罗马有一个王作为首领,他的权力是宗教和军事性的;有一个元老院,它拥有广泛的权力,特别是对外政策方面,并总是掌握着最高权力。④

---

① 施治生、郭方编:《古代民主与共和制度》,第38页。
② 参见施治生、郭方编:《古代民主与共和制度》,第35—36页。
③ 参见[意]马里奥·塔拉曼卡主编:《罗马法史纲》上卷,第22页。
④ [意]弗朗切斯科·德·马尔蒂诺:《罗马政制史》第1卷,第31—32页。

1. 库里亚民众大会

根据传统叙述,建城后的罗马共同体分为"拉姆涅""蒂提"和"鲁切勒"三个氏族部落。这三个氏族部落都被分为10个库里亚(Curia,也称"胞族"①),并依照30位"被绑架、曾呼吁订立和平协定的萨宾女人的名字命名"②。这30个库里亚又各自包含10个氏族(gens)。按照库朗热的说法,"氏族不是诸多家族的集合,而只是同一个家族。它可以有一支,亦可有数支,但无论如何,他们仍是一家一姓"③。因此,部落联盟下的罗马是由300个氏族构成的。需要强调的是,罗马这一时期的三个氏族部落,"它们不构成三个独立的、相互区分开来的群体,而是一个单一共同体内部的三个组成部分"④。

部落联盟下的罗马社会组织大体分为部落、库里亚、氏族、宗族和家庭五个层次。由于部落没有自己的自治机构,没有议事会、首领等,谈不上是一种政治组织。⑤ 因此,在部落联盟时期,罗马权力重心在于库里亚民众大会。对此,蒙森指出:

> 每一个这种"责任区"(库里亚民众大会——引者注)都是真正的协作单位,它的成员至少要集会,举办共同的节庆;节庆各由一位特设的负责人(curio)管理,并且自有祭司(flamen curialis);毫无疑义,征兵和课税也按区办理;法庭开庭审判时,公民也分区集会,分区表决。⑥

---

① 参见[德]恩格斯:《家庭、私有制和国家的起源》,人民出版社2003年版,第130页。
② [古罗马]西塞罗:《论共和国(附〈论法律〉)》,第54—55页。
③ [法]库朗热:《古代城邦——古希腊罗马祭祀、权利和政制研究》,第98页。
④ [意]弗朗切斯科·德·马尔蒂诺:《罗马政制史》第1卷,第3页。
⑤ 参见徐国栋:《奎里蒂法研究》,第56—57页。
⑥ [德]特奥多尔·蒙森:《罗马史》第1卷,第75页。

库朗热也指出:

> 每胞族有自己的族长,罗马人名之曰 Curion,……他的要务就是主持祭礼的举行。在起初,他的权限或许更大。胞族有自己的全体大会和议会,可发布命令。与家庭相似,它有自己的神、自己的祭祀、自己的祭司、自己的司法系统及管理部门。这是一个照家庭样式建立起来的小社会。①

尽管学界并不赞同将此库里亚民众大会的开始时间定在罗慕洛时期,但同样也否定其出现时间晚于伊特鲁里亚王朝时期的说法。② 按照西塞罗的说法,大会不仅开始于罗马第 2 任"王"努马·彭皮流斯,而且"王"的权力还需要大会通过《关于谕令权的库里亚法》(Lex curiata de imperio)予以确认和授权。文载:

> 由于努马·庞皮留斯(努马·彭皮流斯——引者注)在这些方面享有很高的声誉,国人撇开了自己的公民,而是根据元老院的推荐从外面引进了一个国王,邀请库里斯的一个萨宾人来统治罗马。当他来到罗马,尽管人们已经召集了选举区大会来推选他为国王,但还需要由同一个机构通过一项法律正式确认他的王权。③

与下面提及的元老院相比,库里亚民众大会最大的特点在于:它不仅包含氏族和家庭的首领,还包括各个氏族内部的每个个人,体现出一

---

① [法]库朗热:《古代城邦——古希腊罗马祭祀、权利和政制研究》,第 109 页。
② 参见[意]弗朗切斯科·德·马尔蒂诺:《罗马政制史》第 1 卷,第 81 页。
③ [古罗马]西塞罗:《论共和国(附〈论法律〉)》,第 58—59 页。

种统一性的色彩。依据《关于谕令权的库里亚法》,库里亚民众大会有权甄选和决定"王"、①宣布战争、通过或否决法案、进行重要的审判以及各氏族内部涉及身份确认、遗嘱继承等。② 30 个库里亚,每个库里亚 1 票,过半数即可通过决定。③ 从总体上看,库里亚民众大会的权力呈现出"被动性"特点:它既不能提议任何涉及公共的措施,也不能修改这些提议方案。

这里需要说明的是,对于罗马人来说,"lex"首先不是我们理解的那样,是"王"对于所有氏族成员发布的命令。蒙森提醒我们,这一词语意为"约束",应将它理解为:"国家的各权力代表以说明和反驳的方式所缔结的契约。"④古罗马语法学家奥卢斯·革利乌斯(Aulus Gellius,约 125—180)在《阿提卡之夜》(*Noctes Atticae*)中曾记载:"lex"是人民或者平民应行政官的请求所颁布的通用法令。⑤

此外,库里亚民众大会还与这一时期的军事体制密切相关,即李维所说的"库里亚民众大会'决定军事问题'"⑥。申言之,库里亚虽然不能直接等同于军队,但却是军队构成的基础。前已述及,罗马建城后,三大氏族部落分为 30 个库里亚,30 个库里亚又细分为 300 个氏族。罗

---

① 有论者反对这一观点,认为"古罗马历史学家关于国王由民众会议选举的观点是不正确的。他可能通过一种预兆来被确定,而民众会议的职能仅仅是以欢呼声拥戴这个新的统治者,而不是选出他"。参见[英]H. F. 乔治维茨、巴里·尼古拉斯:《罗马法研究历史导论》,薛军译,商务印书馆 2013 年版,第 24 页。

② 参见[意]马里奥·塔拉曼卡主编:《罗马法史纲》上卷,第 54—55 页。

③ 参见[俄]科瓦略夫:《古代罗马史》,第 67 页。当然,有论者反对这种说法,认为这一时期库里亚民众大会很难说有什么真正纯粹意义上的投票,大会或许是通过赞成或者反对的呼声来表达意见的。参见[意]马里奥·塔拉曼卡主编:《罗马法史纲》上卷,第 54 页。

④ [德]特奥多尔·蒙森:《罗马史》第 1 卷,第 79—80 页。另见[英]迈克尔·格兰特:《罗马史》,王乃新、郝际陶译,上海人民出版社 2011 年版,第 22 页。

⑤ 参见[古罗马]奥卢斯·革利乌斯:《阿提卡之夜》第 6—10 卷,周维明、虞争鸣等译,中国法制出版社 2018 年版,第 187 页。

⑥ 转引自[意]弗朗切斯科·德·马尔蒂诺:《罗马政制史》第 1 卷,第 93—94 页。

马3 000人的步兵军团是在每个氏族提供步兵10人之基础上形成的,300人的骑兵是每个库里亚提供10个骑兵之基础上形成的。①

2. 元老院

除去这30个库里亚以外,从罗慕洛开始,他就在氏族部落中选出100个受人爱戴的"长老"或称"父老"(patres),组成元老院(senatus)。② 后来,该人数随着加盟氏族而不断增加。这一时期作为"王"的咨询机构,新元老的成员是由国王任命的。

元老院的职权主要是批准库里亚民众大会的一切决议和任命新"王"。前一项权力涉及"元老院准可权"。这项权力可能是"对民众大会的审议决议所做的一项正式的批准"。③ 此外,元老院还有一种"摄政"权。在"王"死后、新"王"产生前的这一"虚位"时期,由元老院里某几位经授权的成员"摄政",代行"王"的权力。④ 拉丁君主时期,除第1任"王"罗慕洛以外,几乎所有的"王"都是经过元老院"摄政"后选出的。对此,有论者描述了这一制度的具体运作。文载:

> 实际上,这种权力被分配给了一个由十名元老组成的团体,他们是由贵族议事会选出来的,以便代表全体民众。这种权力被集体归于十名贵族,指挥权的标志被连续地单独赋予各人,每人五天。当神旨同意,实际上是政治条件成熟的时候,新王的任命就会由摄政中的一位来完成。⑤

---

① 参见[意]特奥多尔·蒙森:《罗马史》第1卷,第73—74页。
② Livy. 1, 8.
③ 当然,对于这一权力在此时是否存在,学界是有争议的。参见[意]马里奥·塔拉曼卡主编:《罗马法史纲》上卷,第57—58页。
④ 参见[意]马里奥·塔拉曼卡主编:《罗马法史纲》上卷,第57页。
⑤ [意]马里奥·塔拉曼卡主编:《罗马法史纲》上卷,第26页。

这里需要强调的是,元老院摄政并不意味着元老院是"王"权力的来源,其摄政的原因只是为了推举新"王"。因为新"王"的权力不仅需要通过举行就职仪式以获得神的批准,还要通过《关于谕令权的库里亚法》予以确认。元老院之所以有推举的权力,主要是因为元老们属于贵族,而贵族在这一时期是垄断宗教特权的。此外,前文提到的元老院对库里亚民众大会所享有的"准可权"大概也是基于同样的宗教原因。①

与后来共和国时期不同的是,王政时代早期元老院成员的资格是原初性和封闭性的,直接与部落联盟体制结合在一起。"王"虽然有选择元老的权力,但并不存在一种选择元老的客观标准,其更多是对既有以氏族为基础的部落联盟的一种认可。对此,有论者指出:

> 在这里,王真正的选择明显是以每一位被指定的人在各个氏族内部所占据的地位以及他于众多氏族所具有的分量为前提条件的。因此,至少在某些情形下,这种选择不过就是对氏族结构背景中的客观情况和客观存在的力量关系做出纯粹形式上的批准罢了。②

3. "王"

部落联盟下罗马的"王"并不是神的替身,而更多的是氏族部落共同意志的代表,但他"还是处在古代罗马的政制和政治生活的中心位置"③。

---

① 参见施治生:《王政时代与罗马王权》,第116页。
② [意]马里奥·塔拉曼卡主编:《罗马法史纲》上卷,第58页。
③ [意]马里奥·塔拉曼卡主编:《罗马法史纲》上卷,第24页。

罗马这时的"王"是单一制的,①虽然终身任职,但不能世袭,需要通过选举产生。对于这一时期"王"的具体产生过程,有论者描述道:

> 王去世后,元老院便宣布摄政,由若干贵族元老组成的委员会代理政事,并任命一名贵族元老担任摄政王,负责领导委员会和推荐新王人选。五天之后由他指定新的摄政王并移交权力,依次轮流,直至选出新王为止。② 新王候选人由摄政王提名(第一位摄制王无权提名),但须征得元老院同意,然后提交库里亚大会表决,通过后还须获得元老院批准(auctoritas patrum),才由摄政王宣布为王。最后,新王的就职仪式带有神秘的宗教色彩,须在其任职后第一个集会日清晨,由贵族担任的占卜师进行占卜,审察征兆,也就是说经过神的准许,才能获得公事占卜权(public auspicium),尔后又要召集库里亚大会,通过《库里亚授权法》(Lex Curiata de Imperio),才被赋予最高统制权,登基执政。③

"在联盟性质的君主制之下,王的权力在实质上是一个联盟的首领所拥有的那些权力。"④王权的核心主要在于军事权力、宗教权力以及刑事司法权。对此,有论者指出:

---

① 前述关于罗慕洛和提图斯·塔奇欧两王共同执政的说法,这在意大利学者格罗索(Giuseppe Grosso)看来完全是种杜撰。他指出:"罗莫洛和蒂托·塔齐奥(Tito Tazio)的传说暗示存在过两王统治的过渡时期,这可能同罗马城的扩大、'山'与'丘'的联合有关,但是,这也可能只是一种试图把后来成为共和国执政官制度特点的那种两人执政制加以提前的杜撰。"[意]朱塞佩·格罗索:《罗马法史》,黄风译,中国政法大学出版社2018年版,第25页。
② 例如,罗慕洛"升天"后,元老院经过1年的摄政,才选出努马为新"王"。Livy. 1, 17.
③ 施治生:《王政时代与罗马王权》,第115—116页。
④ [意]弗朗切斯科·德·马尔蒂诺:《罗马政制史》第1卷,第79页。

从一开始在王的身上就共同存在着两个领域的权力:一方面,他表现为一位统帅(ductor),是共同体的军事指挥者,以其职能来确保武装起来的人民(populus)和城邦的团结;另一方面,他又是市民生活的最高调控者,是共同体的法官和管理者。不过,把这两个领域联合在一起的机会则是由王最崇高的宗教职能所构成的:他是众神和凡人之间的沟通协调者,而我们还要补充强调的一点是,这似乎才是这一角色最根本的方面。①

"王"在宗教上的权力,在努马在位期间表现得极为明显。对此,有论者这样评价他:

> 他深信宗教,在他身上表现出来的更多是教士的成分而不是战士的气质,他一丝不苟地遵守一切祭祀的礼节,对家庭及城邦的宗教组织忠贞不渝。②

努马不仅根据月亮的盈亏制定了罗马的历法,③而且确立了"政教分离"原则。一方面,他规定一些宗教性质的官职,如鸟卜官(auspicia)通过民众选举产生;另一方面,他规定在罗马实行"多神主义"。前者意味着僧侣团体与世俗官员一样,都来源于氏族共同体;后者则意味着宗教在罗马"不是指导原则,它只是精神寄托"④。对此,意大利学者贝特鲁

---

① [意]马里奥·塔拉曼卡主编:《罗马法史纲》上卷,第24页。
② [法]库朗热:《古代城邦——古希腊罗马祭祀、权利和政制研究》,第235页。
③ 努马把一年分成12个月,规定总天数为355天,余下天数每隔20年做一次调整。努马创立的历法延续了650年,后来直到恺撒重新修正历法,才将一年的总天数定为365天。参见[日]盐野七生:《罗马人的故事Ⅰ:罗马不是一天建成的》,第36页。
④ [日]盐野七生:《罗马人的故事Ⅰ:罗马不是一天建成的》,第42页。

奇(Aldo Petrucci)指出：

> 宗教的这种地位并未阻止公法和宪法的发展，以我们现代人的眼光看，这两者在整体上是世俗的。①

显然，罗马的宗教与其他宗教有很大的不同，"罗马没有真正的教义，没有圣书，也几乎没有我们所谓的信仰体系"②。更为重要的是，罗马"多神主义"原则使得宗教不能统一价值观，于是，法律才有了凝聚共识的可能。对于古代罗马的这一特点，盐野七生总结道：

> 向宗教寻求纠正人类行为准则的是犹太人。向哲学寻求纠正人类行为准则的是希腊人。向法律寻求纠正人类行为准则的是罗马人。就在这一点上，这三个民族的特点可见一斑。③

至于"王"是否在这一时期享有立法权，学界多有争议。但有论者从公元1世纪中叶史学家普鲁塔克(Mestrius Plutarchus)以及公元2世纪罗马法学家彭波尼(Pomponius)的相关论述中找到了"王"有立法权的证据。④

对于"王"的权力，蒙森将其与家族家长的权力进行比较，认为两者

---

① ［意］阿尔多·贝特鲁奇：《宗教和宗教规范对罗马法的影响》，徐国栋译，载徐国栋编：《罗马法与拉丁法族——贝特鲁奇教授在华法学传习录》，中国政法大学出版社2014年版，第5页。
② ［英］玛丽·比尔德：《罗马元老院与人民：一部古罗马史》，王晨译，民主与建设出版社2018年版，第94页。
③ ［日］盐野七生：《罗马人的故事Ⅰ：罗马不是一天建成的》，第43页。
④ 详见徐国栋：《奎里蒂法研究》，第69—70页。同时，徐国栋教授在《周枏先生的〈罗马法原论〉错误举要——以上册为中心》一文中，详细列举了罗马王政时期前5位"王"颁布的法律。详见徐国栋：《周枏先生的〈罗马法原论〉错误举要——以上册为中心》，载徐国栋：《罗马法与现代意识形态》，北京大学出版社2008年版，第363—365页。

具有相似性,并对其权力具体内容进行了概括。他指出:

> 那时他才有全权在民社中发号施令,一如家长在家庭中那样,并且也一如家长,实行终身统治。他同民社神祇来往,征询神意,平息神怒(auspicia publica),指派男女祭司。他用民社名义与异邦所缔结的条约对全体人民具有约束力,可是在其他情况中,民社成员绝无信守同非该民社的成员所订协约的义务。他的"谕令"(imperium),无论在平时或在战时,总是雷厉风行,所以,他每次因公出现,便有"扈从"(lictores,因荷有束棒,即 licere)手持斧钺和笞鞭随处在前开路。他擅自有权向国民讲演,保管公库锁钥的也是他。他一如家父有惩戒之权和审案之权。对于扰乱秩序的人,他处以刑罚,尤其是对于犯兵役罪的人,他必予以鞭笞。他对一切私法和刑事案件一概开庭审理;他可以独断决定生死,一如决定自由权那样,以致他可以将一个公民判给另一个公民,充当奴仆。或下令将此人卖身成为不折不扣的奴隶,驱逐出境。在判处死刑以后,他有权允许诉诸民众请求宽恕,可是他没有必须这样做的义务。他遣使百姓征战,而且他统率军队;但他遇有火警照常必会亲临火场。①

此外,罗马王政时期的"王",随着城邦事务的增多,其综合军事、民政和司法方面的权力需要一些辅助官员协助行使。在军事权力方面,在很久以前,在"王"的身边就有一位民团长官②,在"王"分身乏术时,

---

① [德]特奥多尔·蒙森:《罗马史》第 1 卷,第 70—71 页。
② 薛军教授将其翻译为"人民长官"。该官职可能是共和国时期独裁官的前身。但马尔蒂诺教授并不认同此说法。参见[意]弗朗切斯科·德·马尔蒂诺:《罗马政制史》第 1 卷,第 99—100 页。

成为罗马最高军事指挥官。在这一官职旁边次要的位置则是骑兵长官,拥有骑兵分队的指挥权。在民政方面,当"王"由于战争离开城市时,任命的市政长官就是这类辅助官员。在司法领域,"王"在提出一案之后,可以将此后处理和判决此案之事交给他的代表,此代表通常选自元老院。后来的特命代表、审判叛逆(duoriri perduellionis)的两名委员会以及后来的常任代表,即"凶手缉捕使"(qualstores parricdii)。①

4. 祭司团体

按照库朗热的说法,宗教之于古代社会至关重要,宗教观念是社会发生与组织的力量。② 因此,除了上述惯常为我们所熟识的三大政制存在以外,祭司团体也是王政时期氏族联盟中一个不容忽视的政制存在。尽管我们不能认为这一团体是"王"的辅助机构,但有些祭司团体却与"王"关系紧密。因为前文已经提到,"王"在形式上就是罗马的最高祭司。按照祭司团体是否与"王"存在紧密关系,是否需要经过"王"任命为标准,这一时期罗马的祭司团体大致可分为两大类:(1)不需要经过"王"任命的大祭司团、战和事务祭司团、占卜祭司团和守护西比利圣书的圣事两人团③;(2)需要经过"王"任命的弗拉明祭司团、撒利祭司团和维斯塔贞女祭司团。

王政时期大祭司团由5人组成,以最高大祭司为首,他们的任命是通过原有成员对新成员的补选进行的,终身任职。他们的职责主要是

---

① 参见[德]特奥多尔·蒙森:《罗马史》第1卷,第152页。
② 对此,他指出:"让我们注意一下人类的进程。起初只有家庭,它们各自为政,这时候他们只知有家神。在家之上复有胞族,信胞族之神。后是部落,及部落之神。最末才是城邦,及城邦的保护神。这就是信仰的等级和社会的等级。"[法]库朗热:《古代城邦——古希腊罗马祭祀、权利和政制研究》,第121页。
③ 该祭司团体主要守护用希腊语编写的神谕书,该书初为库玛(Cuma)的阿波罗女祭司所宣告,后引入罗马并存入卡皮托山的朱庇特神庙。罗马人如遇有重大事情,则会去询问。参见陈可风:《罗马共和宪政研究》,第31页下注。

"看护国家的最高仪式、历法、法律活动和法律诉讼的程式、风俗习惯";同时,"在司法领域以及在公法与私法的解释领域的职权是垄断的";此外,最高大祭司对从事祭司的官员还享有裁判权,"对祭司和维斯塔女祭司们行使裁判权,享受免税待遇并且不用服兵役"。① 更为重要的是,由于大祭司团的存在早于城邦乃至"王",所以构成了对于"王"的一种限制。对此,马尔蒂诺指出:

> 大祭司是一种古罗马特有的制度,它是在为我们所不知的氏族时期的先例的基础上产生的,它们作为保护贵族的政治和宗教利益的机构,与君主相对抗,并且从君主那里分割出了领导国家的基本职能。祭司团体的最严格的贵族垄断性质,在共和国时期仍然保持了很长一段时间,祭司长剥夺王的宗教权力,从而使圣王沦为一种纯粹形式上的地位,没有实际的权力实质,甚至于将其驱逐出市场上的王官的事实,很清楚地证明了这个团体最初的职能是什么。②

古罗马传统文献认为与最初"王"一起产生的还有战和事务祭司团体,它由 20 名终身任职的祭司组成,其任命也是通过补选方式进行的。这个祭司团体"负责 Iupiter Feretrius、Iupiter Lapis 和罗马边界之神 Terminus 的祭祀仪式,以及所有的国际法上的行为,特别是宣战和缔约"③。这类祭司在拉丁民族中十分普遍,通过一种相当古老的仪式,每次从战和事务祭司中选出一位战和事务祭司长,由他负责同另一民族

---

① [意]弗朗切斯科·德·马尔蒂诺:《罗马政制史》第 1 卷,第 103—104 页。
② [意]弗朗切斯科·德·马尔蒂诺:《罗马政制史》第 1 卷,第 103—104 页。
③ [意]弗朗切斯科·德·马尔蒂诺:《罗马政制史》第 1 卷,第 106 页。

的战和事务祭司会晤,签订两个共同体之间的条约。①

占卜官团体之所以属于祭司团体,主要是因为他们的占卜行为由祭司负责,而负责鸟卜的则是民选官员。占卜官团体最初由3人组成,他们是占卜知识的保管者。他们的占卜行为会对"王"的行为产生影响。例如,传统文献提道:"罗慕路斯就是一个出色的占卜者(optimus augur),但是努马必须得到一位占卜官的帮助,而一位占卜官 Atto Navio 的反对,则迫使塔克文·普里斯科中止他的改革。"②

与前述大祭司团、战和事务祭司团及占卜祭司团这些和罗马政制存在紧密关联的祭祀团体相比,弗拉明祭司团、撒利祭司团和维斯塔贞女祭司团不仅是由"王"任命,在某种程度上可以被视为"王"的辅佐者,而且其主要工作内容与政制关联不大。弗拉明祭司团由3位主祭司和12名较低级别的祭司构成。3位主祭司分别是朱庇特祭司、战神祭司和罗马祭司。撒利祭司主要是侍奉战神马尔斯的,在每年3月和8月的战神节上担任重要角色。维斯塔贞女祭司的使命主要是看护长明不熄的圣火。

按照恩格斯的说法,氏族体制是先于城邦体制或国家而存在的。氏族是由较小团体的联合体所组成的,这些小团体通过神话传说中的同一祖宗的纽带联系起来。申言之,这时的罗马氏族体制至少包括如下一些制度:(1)氏族成员的相互继承权,财产仍保留在氏族以内;(2)拥有共同的墓地;(3)拥有共同的宗教节日;(4)氏族内部不得通婚;(5)共同的地产;(6)同氏族人有相互保护和援助的义务;(7)使用氏族名称的权利;(8)接纳外人入族的权利;(9)选举和罢免酋长的权

---

① 参见[意]马里奥·塔拉曼卡主编:《罗马法史纲》上卷,第31—32页。
② [意]弗朗切斯科·德·马尔蒂诺:《罗马政制史》第1卷,第105页。

利。① 由此可见,氏族是一个封闭的组织形式,一个人不可能加入两个氏族,离开氏族的成员相对于该氏族来说就是一个外人。

对此,马尔蒂诺提醒我们,这是拉丁君主制时期氏族特性的一面。与此同时,我们还应注意这一时期还有统一性的特征,其表现就是上文提到的库里亚民众大会。他说道:

> 这种属于民众整体而不只是属于官员统一体的法律体制,是我们必须强调的最为显著的统一性的事实。它向我们表明,村落的共同体变得更紧密,并且开始产生出一种更为精致的国家体制。单个氏族的问题,不再是参与联盟的团体的特殊的内部问题,而是在整个共同体的层面上具有重要意义,这个共同体开始充当家庭和氏族的构成发生变化时的法官。②

但是,这种统一性的特征在拉丁—萨宾王时期表现得还不甚明显,但随着伊特鲁里亚王朝的到来,这种统一性则得到了加强。

三、 伊特鲁里亚政制元素的引入

有一种流行的观点认为,罗马城是随着伊特鲁里亚人③统治的出现才建立的。传统文献不仅记载了伊特鲁里亚王在罗马的统治,还保留

---

① 参见[德]恩格斯:《家庭、私有制和国家的起源》,第124—126页。
② [意]弗朗切斯科·德·马尔蒂诺:《罗马政制史》第1卷,第83—84页。
③ 伊特鲁里亚人自称"拉斯人"(Ras),在公元前10世纪左右,在意大利中部托斯卡纳地区创造了他们的文化。有关伊特鲁里亚人的讨论,参见[德]特奥多尔·蒙森:《罗马史》第1卷,第120—128页。

了罗马起源于伊特鲁里亚的信息。当然,许多西方学者也通过大量的研究进行了反驳。① 因为前述很多有关罗马政制的名词确实来源于印欧语系的拉丁人,"比如:rex(王)、tribus(部落)、curia(库里亚)以及僧侣团体的名词 pontifices(祭司)、augures(占卜官)、flamines(大祭司)"②。但是,无论反驳者找出多少不同的历史证据,对于这一时期罗马的政制而言,伊特鲁里亚政制对其产生的深刻影响,是不容置疑的。甚至在马尔蒂诺看来,罗马"由于埃特鲁斯(伊特鲁里亚——引者注)人,城邦体制才取代了古老的村落联盟体制"③。

传统文献几乎一致地指出,罗马王政时期一个突出的变化节点是,拉丁—萨宾人出身的前4个"王"和具有伊特鲁里亚人血统的后3个"王"是截然分开的。④ 按照传统历史的叙事,伊特鲁里亚人进入罗马是在罗马第4位"王"安库斯·马尔西乌斯在位时期。一个叫作卢库莫(Lucumo 或 Lucumon)的伊特鲁里亚贵族因自己的父亲来自希腊的科林斯,不具有纯正的伊特鲁里亚血统,无法在政治上有所突破,所以带着一家老小和全部财产来到罗马,并改名塔克文·普里斯库斯。⑤ 在安库斯·马尔西乌斯死后,他通过演说和竞选,成为罗马第5位"王"。

无论这个传统叙事是否真实,一个可以肯定的事实是,这一时期罗马部落联盟并不是完全封闭的,它不仅以开放性的姿态迎接外来人,而且该时期氏族贵族并未完全操控罗马的政制。对此,有论者指出:

---

① 有关支持和反对的相关研究,详见[意]弗朗切斯科·德·马尔蒂诺:《罗马政制史》第1卷,第68—69页下注。
② [意]朱塞佩·格罗索:《罗马法史》,第23页。
③ [意]弗朗切斯科·德·马尔蒂诺:《罗马政制史》第1卷,第69页。
④ 当然,也有学者认为塞尔维·图流斯是拉丁血统。参见[英]迈克尔·格兰特:《罗马史》,第27页。
⑤ 参见[俄]科瓦略夫:《古代罗马史》,第56—57页。

第一章 从罗马建城到塞尔维改革:部落联盟下的政制

三三两两抵达罗马的那些小型氏族开创了比被它们抛在身后的那些氏族更好的生活条件,并不是所有人都成了边缘人或者穷人。也有一些重要的个体只是希望获得某种社会晋升,他们也是被约公元前7世纪末的罗马所开放出来的那些机遇给吸引过来的。其实,李维就提到一个伟大人物的到来,即未来的塔克文王。当追溯其当时行为的动力时,他注定会在历史上被反复提起,塔克文迁徙至罗马是因为"在那个新的氏族当中,富贵都是全新的,并且所根据的是个人的价值,一个勇敢而勤劳的人是会找到属于他的位置的"。①

伊特鲁里亚元素的引入,使得罗马自罗慕洛以来的军事民主政制一方面发生了某些中断,如在塔克文·普里斯库斯之后,罗马"王"的继位充满了阴谋和暴力的因素。罗马第7位"王"塞尔维·图流斯没有经过库里亚民众大会选举,只通过了元老院决议,而第8位"王""高傲者"塔克文不仅没有得到库里亚民众大会的支持,也没有得到元老院的认可。② 因此,在伊特鲁里亚王朝之后,罗马氏族体制的"王"位继承制度,即经过元老院摄政推举新"王"的制度被破坏,代之以具有某种"世袭制"萌芽的做法。伊特鲁里亚王朝的3位"王"从"元老贵族手中攫取了指定或推荐王位继承之权,而王室成员或许取得了王位继承的优先权"③。

因此,从政权组织形式上讲,伊特鲁里亚王朝具有了某些君主制的

---

① [意]马里奥·塔拉曼卡主编:《罗马法史纲》上卷,第70页。
② 按照李维的说法,塞尔维·图流斯的统治是"首次未受命于人民,以元老们的意愿统治"(Livy. 1, 41);"高傲者"塔克文"既未通过人民的命令,也未通过元老们的批准进行统治"(Livy. 1, 49)。
③ 施治生:《王政时代与罗马王权》,第119页。

色彩。如李维就曾这样描述"高傲者"塔克文带有君主制色彩的作为:

> 为王者中他第一个抛弃了由祖辈传下来的凡事皆与元老院协商的规则,而是以与家人咨询管理国家;他只是由他自己,不经人民和元老院赞同,随心所欲地与任何邻族进行或终止战争、建立和平、签订条约或建立同盟关系。①

但是,由于罗马王政初期政制惯性的影响,军事民主政制的很多元素在伊特鲁里亚王朝时期不仅保留了下来,与君主制相互纠缠在一起,而且由于以元老院为代表的贵族氏族力量相对强大,伊特鲁里亚王朝时期的君主制政制表现得并不典型,出现了权力下移的现象。因此,我们不应将此种君主制同后来专制君主的绝对权力相提并论,或将两者混为一谈。② 伊特鲁里亚王朝短暂且不典型的君主制政制很快于公元前509年被终结。

另一方面,伊特鲁里亚王朝君主制政制中一些特有的做法被引入罗马。其中最为重要的当是"治权"(Imperium③)的观念。它表现为最高的指挥权力,对于这种权力,臣民必须服从。治权中最突出的是军事指挥权。这种"治权"与之前拉丁"王"那种温和的权力相比,是一种残暴的、绝对的、无约束的、能够任意裁断臣民生死的权力,代表着城邦的统一性。④ 有学者认为,"治权"在来源上与希腊那种"世俗化"特点不

---

① Livy. 1, 49.
② 关于两种君主制的不同,详见杨俊明:《古罗马政体与官制史》,第28—32页。
③ 对于此词,徐国栋教授将其翻译为"谕令权"。参见徐国栋:《奎里蒂法研究》,第68页。
④ 参见[意]弗朗切斯科·德·马尔蒂诺:《罗马政制史》第1卷,第89—90页。

同,它在"本质上具有宗教性","诸神才是这一权力的真正来源"。① 在这种"治权"观念下,"王"不再是氏族联盟的首领,而是一个城市、一个统一城邦的最高官员。对此,有论者指出:

> 埃特鲁斯(伊特鲁里亚——引者注)君王制时期的《关于谕令权的库里亚法》(Lex curiata de imperio),使长官们在代表30个库里亚的侍从官在场下被授予权力,由此人们承认了长官的最高地位并约束自己服从其谕令权。这一法律标志着罗马宪法的根本变革,由长官行使的统一的中央权力从此凌驾于氏族联邦大会之上。②

于是,这一"治权"的一些外在表现也从伊特鲁里亚被引入罗马。它们表现为:"王"坐在象牙御座上,带着王权的标记,这些标记包括红色长袍、紫边、黄金桂冠、带有朱庇特之鹰图案的象牙权杖以及12名手持束棒(fasces)和斧头的侍从官。对于它的真实性,考古学家已经从塔克文·普里斯库斯的侍从官韦杜罗尼亚(Vetulonia)的坟墓中得到了印证。③ 此外,"古罗马达官贵族的宽外袍、元老院和骑士们的指环、军人的勋章、军队统帅的斗篷、考究的宽外袍、凯旋者的四马双轮战车、着色的掌状宽外袍,所有这些突出表现了治权的高贵,象牙坐凳以及许多公共仪式的标志,全都同样是埃特鲁斯式的"④。

---

① [法]菲利普·内莫:《罗马法与帝国的遗产——古罗马政治思想史讲稿》,张竝译,华东师范大学出版社2011年版,第42页。
② 徐国栋:《奎里蒂法研究》,第89页;另见[意]弗朗切斯科·德·马尔蒂诺:《罗马政制史》第1卷,第117—119页。
③ 参见[意]朱塞佩·格罗索:《罗马法史》,第36页。
④ [意]弗朗切斯科·德·马尔蒂诺:《罗马政制史》第1卷,第69页。

前已述及,拉丁人主导的部落联盟有其统一性的一面,但并不彻底。然而,在塔克文·普里斯库斯之后,罗马政制所引入的伊特鲁里亚元素推进了这一进程。对此,马尔蒂诺指出:

> 迄今为止所进行的思考允许我们确认这一观点,即在一个城邦建立之前,有一个由拉丁人或拉丁人—萨宾人村落的联盟所建立的一种原始政治体制的缓慢形成时期。这种联系的纽带具有联盟通常具有的特征,其形式则是君主制的形式。因此,必须认为存在一种双重君主制形态,一个是较古老的,是在城邦逐渐形成时期出现的,带有明显的拉丁—萨宾民族的烙印;另一个则是较晚近的,是城邦已经建立时期的君主制,而后一种形态是在埃特鲁斯(伊特鲁里亚——引者注)的影响之下形成的。①

塔克文·普里斯库斯将小氏族的族长吸收进元老院,使这一机构的人数增加到300人,"原来的成员为'伟大家族的长老',称自己招进来的成员为'次等家族的长老'"②。按照李维的说法,这些增加的"小氏族"成了"王"可靠的派系,③"旨在限制氏族对市民共同体的统治",增强统一性的一面。④ 虽然元老院的基本职能在伊特鲁里亚王朝时期大体得到延续,但拉丁君主制时期元老院的"摄政"在这种统一性趋势的作用下,在拉丁—萨宾王时期最后一位"王"安库斯·马尔西乌斯去世后,也不存在了。⑤ 后来,随着伊特鲁里亚政制元素的引入,具有高度统一性

---

① [意]弗朗切斯科·德·马尔蒂诺:《罗马政制史》第1卷,第46页。
② [古罗马]西塞罗:《论共和国(附〈论法律〉)》,第63—64页。
③ Livy. 1, 35.
④ 参见[意]马里奥·塔拉曼卡主编:《罗马法史纲》上卷,第74页。
⑤ 参见[意]弗朗切斯科·德·马尔蒂诺:《罗马政制史》第1卷,第108—109页。

的城邦体制逐渐取代了之前的氏族体制,罗马国家产生。

因此,我们必须认识到罗马王政时期的政制并不是单一的,它是由来自拉丁—萨宾人联合而成的军事民主政制和受伊特鲁里亚元素影响的君主制政制共同构成的。前者体现氏族体制,主要凸显氏族特殊性的一面;后者则体现城邦体制,主要凸显城邦统一性的一面,具有"王制或称原始君主制国家"的色彩。① 而这种结合在王政时期,主要是由塔克文·普里斯库斯的女婿塞尔维·图流斯完成的。

---

① 参见施治生:《从王政到共和国——兼论罗马城市国家的形成过程》,第63页。

第二章　塞尔维改革：城邦国家政制的确立

按照已有研究的说法,城邦是"具有中央权力的、以超越血缘关系的自由个人为基本构成分子的、由长官加以治理的具有共同的法的国家"①。这意味着城邦是超越氏族而存在的,它应是公民的共同体,而非氏族的联合体。"这一进程中必须付出的代价就是取消氏族、库里亚和部落的统治权,把这些权力授给新的选民。"②而促使罗马从氏族体制完成向城邦体制转变的,就是罗马第 6 位"王"塞尔维·图流斯所创立的塞尔维体制或称百人团体制。

一、无法被纳入罗马氏族部落中的平民阶层

尽管平民的起源问题及其随后的历史是整个罗马时代最为模糊、复杂的问题之一,李维、狄奥尼修斯、维科(Vico)、尼布尔(Niebuhr)和蒙森等众多历史学家都对这一问题有着不同的解读,③但学界一般认可 19 世纪德国史学家尼布尔的观点,即平民出现在第 3 位"王"图路斯·

---

① 徐国栋:《奎里蒂法研究》,第 84 页。
② 汪洋:《罗马法上的土地制度——对罗马土地立法及土地归属与利用的历史考察》,中国法制出版社 2012 年版,第 19 页。
③ 参见胡玉娟:《古罗马早期平民问题研究》,第 1—32 页;徐国栋:《〈十二表法〉研究》,商务印书馆 2019 年版,第 28—30 页。

第二章 塞尔维改革:城邦国家政制的确立　　51

荷斯提流斯和第 4 位"王"安库斯·马尔西乌斯在位时期。①

据文献记载,图路斯·荷斯提流斯在打败阿尔巴人之后,虽一定程度上延续了罗慕洛"接纳敌人为公民"的传统,将阿尔巴人分配到罗马已有部落和库里亚之中,但是与罗慕洛所强调的完全平等地接受外来人传统不同的是,图路斯·荷斯提流斯则将他们作为不平等成员束缚在其中。据李维记载,在安库斯·马尔西乌斯统治时期,他又从拉丁地区掳回数千人,并将他们安置在穆西亚(Murcia)神庙附近,②打破了罗马社会中外来人口与罗马本地人口的平衡比例,使外来人在人数上占据上风。③

于是,既有氏族部落建制与不断增加的外来人之间的矛盾逐渐凸显。因为既有三大部族的规模是有限的,当越来越多的外来人无法并入其中时,这些游离于各个部落和库里亚之外的外来人就构成了平民的重要来源之一。对此,有论者认为:

> 简单说来,这才是平民的起源:一个新的农民实体出现在城市的门口,而在那里,被组织在三十个市民库里亚中的氏族却筑起了堡垒。④

此外,原先在图路斯·荷斯提流斯和安库斯·马尔西乌斯两王统治时期被并入三大部落和库里亚、受庇护的被保护人[也被称为"门客"⑤

---

① Niebuhr, *The Lectures on the History of Rome*, 48. 转引自胡玉娟:《古罗马早期平民问题研究》,第 44 页。
② Livy. 1, 33.
③ 参见胡玉娟:《古罗马早期平民问题研究》,第 45—46 页。
④ [意]马里奥·塔拉曼卡主编:《罗马法史纲》上卷,第 62 页。
⑤ 有关门客的说法以及门客与平民之间的关系,参见[意]朱塞佩·格罗索:《罗马法史》,第 14 页;[意]弗朗切斯科·德·马尔蒂诺:《罗马政制史》第 1 卷,第 27—30 页;[俄]科瓦略夫:《古代罗马史》,第 63—64 页。

(clientes)]中的部分人出于种种原因,摆脱了氏族内庇主(patricii)的控制,脱离了原氏族,成为平民。① 对此,蒙森也说道:

> 在罗马民社中,一向除公民外,还有受保护人,因为他们是个别公民家族的依附者,他们称之为门客(clientes),又因为他们没有政治权利,所以贬称为平民(plebes,源于 pleo,plenus)。②

因此,我们可以笼统地说,平民就是后来在罗马无法被纳入三大氏族部落,③又不认为是奴隶的那部分自由人。他们主要包括如下两大类人:(1)无法被并入三大氏族部落的外来人;(2)从氏族部落中脱离出来的被保护人。对此,马尔蒂诺也说道:

> 平民不属于那些结成原始村落的联盟关系的最初的氏族共同体。平民的形成是后来的事情。当出现了单独的农民家庭,这些家庭或者是从最初的团体中脱离出来的,或者是从外地移民而来的,由于没有许多牲畜,便通过占用小面积的可耕地来从事农业,这时,平民便逐渐形成了。④

当然,按照库朗热的说法,平民阶层主要是那些丧失宗教的人。具

---

① 参见[意]马里奥·塔拉曼卡主编:《罗马法史纲》上卷,第 63—64 页。
② [德]特奥多尔·蒙森:《罗马史》第 1 卷,第 90 页。
③ 根据古典作家记载,最初平民是包括在氏族和库里亚组织之内的,如罗慕洛、图路斯和安库斯都将所征服部落居民编入库里亚,使他们成为罗马公民,但到伊特鲁里亚王朝之后,情况发生了变化,原有的三个氏族部落组织开始接纳外来移民。参见施治生、徐建新主编:《古代国家的等级制度》,中国社会科学出版社 2003 年版,第 320—321 页。
④ [意]弗朗切斯科·德·马尔蒂诺:《罗马政制史》第 1 卷,第 59 页。

体包括如下几种情况:(1)一些家庭"在智力上不足以创立自己的神,制定自己的祭祀,发明曲礼及颂歌";(2)某些家庭本来有宗教,"但或出于对礼节的疏忽和遗忘,或因罪过而被禁止走进祭坛,于是失落了本有的宗教";(3)"被保护人只参与主人的祭祀,而不知有其他的祭祀,这样他一旦被逐出主人家,或自行脱离主人,也就没了宗教";(4)"未行婚礼而生的,及由奸情而生的,都无家庭宗教可言"。①

可以推断的是,最迟至塞尔维·图流斯继位前,平民阶层已经在罗马出现,并日益成为一股不容忽视的力量。但是,由于他们是外来人,与自罗慕洛时代以来充斥在三大氏族部落和30个库里亚的罗马公民相比,既无血缘上的关系,也无地域上的关联,更无宗教上的联系,②因此并没有公民权(亦称"市民权")。最为明显的例证就是,安库斯·马尔西乌斯时期被安置在阿文庭山的外来人,由于没有公民权,只能对他们居住的土地享有占有权。据记载,因为他们后来进行了斗争,元老院才于公元前456年通过一项由平民保民官伊其利乌斯(L. Icilius)提出的《关于将阿文庭山上的土地收归国有的伊其利法》(Lex Icilia de Aventino publicando)③,该法授予了他们土地。④

由于不具备公民权,平民在其他一些方面也与氏族成员存在不同。

---

① [法]库朗热:《古代城邦——古希腊罗马祭祀、权利和政制研究》,第224页。
② 平民一般都被安排在郊外。如安置平民的阿文庭山,始终未被纳入神圣城址的保护圈内。
③ 罗马的法律命名表达的一般规则是:Lex+提起人氏族名的阴性+de+法律内容描述。如果提起的是两个人,格式则变为:Lex+提起人甲的氏族名的阴性+提起人乙的氏族名的阴性+de+法律内容描述;如果提起人为两个执政官,则资格较老的排在前面。当然,有些罗马法律的"法律内容的描述短语"是后人所加的,而且由于历史记载散佚等原因,现代学者记载的罗马法律名称并不是每个都具有上述全部要素。参见齐云:《罗马的法律中译名的诸问题研究》,载徐国栋主编:《罗马法与现代民法》第8卷,厦门大学出版社2014年版,第75—76页。
④ 关于该法的详细内容,参见汪洋:《罗马法上的土地制度——对罗马土地立法及土地归属与利用的历史考察》,第59—63页。

首先,平民在罗马公地分配上与氏族成员地位不对等。罗马建城后,自罗慕洛分配每位市民 2 尤格(iugera)土地作为世袭地产开始,出现私有土地。罗马早期的土地类型除去建城以前就存在并逐渐衰落的氏族集体土地之外,大体上可以分为:(1)分给氏族成员的私有土地,即分配地;(2)集体占有的罗马公地。① 王政初期,罗马第 3 位"王"图路斯·荷斯提流斯还把大片罗马公地分配给无地平民,后来塞尔维·图流斯也试图把贵族元老多占的罗马公地分给无地平民,却因他惨遭杀害而未果。可见,这一时期的罗马平民顶多有获得分配地的权利,但几乎没有权利占有罗马公地。② 这也是后来共和国时期平民阶层抗争的主要原因之一。据意大利学者塞劳(Serra)的研究,在公元前 367 年之前,只有贵族阶层才能占据罗马公地,这是根据两项从未得到立法机关正式批准,但一直以来都被践行的古老习惯法规则确认的。③

其次,平民没有参加库里亚民众大会和元老院的权利。④ 前已述及,库里亚民众大会的基础是氏族成员,因而无法进入氏族的平民,在

---

① 参见汪洋:《罗马法上的土地制度——对罗马土地立法及土地归属与利用的历史考察》,第 15—16 页。
② 参见[意]阿尔多·贝特鲁奇:《罗马自起源到共和国末期的土地法制概览》,徐国栋译,载徐国栋编:《罗马法与拉丁法族——贝特鲁奇教授在华法学传习录》,中国政法大学出版社 2014 年版,第 246—247 页。
③ 这两项习惯法规则是:(1)"每个人可以根据自身耕种能力的大小占据相关面积的公地";(2)"每个人可以根据其目前以及未来所预期的耕种能力的大小而占据相关面积的土地"。这两条规则意味着,贵族占有罗马公地,并不是因为平民地位低下,而是因为他们贫穷,没有经济实力提供耕种土地所需要的耕种工具。参见[意]菲利齐亚诺·塞劳:《经济与社会中的罗马私法》第 1 卷,那不勒斯出版社,第 300 页。转引自汪洋:《罗马共和国李其尼·塞斯蒂亚法研究——公元前 4—3 世纪罗马公地利用模式诸类型》,载《比较法研究》2012 年第 3 期,第 36—37 页。
④ 对于平民能否参加库里亚民众大会,学术界是存在争议的。例如,英国学者拉斯特就认为,没有任何史料证明只有贵族才能参加库里亚民众大会,平民被排斥于库里亚民众大会之外。详见拉斯特:《塞尔维乌斯改革》,载《罗马研究杂志》1945 年。转引自施治生、徐建新主编:《古代国家的等级制度》,第 314—315 页。

理论上自然是无法享有这一权利的。对于人员准入门槛更高的元老院,更是如此。对此,马尔蒂诺指出:

> 原始的村落共同体的这两个机构都只限于贵族参加,这就意味着,人民还只是由那些属于大的氏族团体的人所组成。平民,他们是没有氏族的人,尚不属于人民的组成部分。①

按照库朗热的说法,"氏族是这样的一个团体,它的组织完全是贵族性质的"②。

最后,平民在宗教生活中不能分享罗马公民集体的宗教信仰,不能被选举担任罗马僧侣团体。对此,李维说:"平民不能取得吉兆,仿佛他们被永生的天神所憎恨一样。"③

此外,需要注意的是,与贵族来自古老氏族这一同质化背景相对的是,平民阶层缺乏这种同质性,即不属于任何氏族团体中的平民,他们"既有较富的地主和商人家庭,也有较贫穷的雇农,他们占大多数,最后有处在中间地位的平民,他们主要由小商人和小手工业者构成"④。

因此,在塞尔维·图流斯改革前,越来越多且起到重要作用的平民在罗马政制中仅仅是不享有公民权的自由人,并未被真正地纳入罗马城邦政制中。这再一次说明,塞尔维改革前的罗马政制,其封闭性的军事民主制色彩仍旧浓厚,氏族体制在罗马还未彻底解体。

---

① [意]弗朗切斯科·德·马尔蒂诺:《罗马政制史》第1卷,第84页。
② [法]库朗热:《古代城邦——古希腊罗马祭祀、权利和政制研究》,第90页。
③ Livy. 4, 6.
④ [意]阿尔多·贝特鲁奇:《罗马自起源到共和国末期的土地法制概览》,第239页。

二、塞尔维体制(百人团体制)的建立

或许是为了对抗罗马城原先的拉丁—萨宾人,从具有伊特鲁里亚血统的塔克文·普里斯库斯开始,伊特鲁里亚王朝似乎在对待平民的问题上一直比较积极。① 这一倾向在塞尔维·图流斯统治时期达到了顶点。他通过改革不仅推动了平民的公民化进程,而且初步实现了罗马由部落联盟的氏族体制向城邦国家体制的转变。

塞尔维·图流斯改革的原因,除去上文提及的血统和平民人数逐渐增多以外,经济和军事方面的变化同样不容忽视。对此,英国学者莫米利亚诺指出:

> 塞尔维乌斯(塞尔维——引者注)改革的目的可能是想使重装步兵战法在罗马成为定制,同时缓解新兴世袭贵族同贵族圈子之外的富人们之间的紧张关系。他也可能通过在适度范围内准许外邦人参军,从而找到一种授予他们公民权的方式。②

就经济方面的原因来说,平民尽管在身份上"低贱",但并不意味着他们都是穷人。实际上很多有钱的外来人囿于平民的身份限制,无法参与罗马城邦的政制,这构成了后来共和国时期平民阶层抗争贵族阶

---

① 据狄奥尼修斯的记载,其实早在塔克文·普里斯库斯统治时期,他就制定了一个部落改革计划,后因遭到占卜官维纳乌斯(Nevius)的反对,才未获成功。参见 Dionysius of Halicarnassus, *Roman Antiquities*, 4, 71, 1。转引自胡玉娟:《古罗马早期平民问题研究》,第80—81页。

② [英]F. W. 沃尔班克、A. E. 阿斯廷等编:《剑桥古代史·第7卷:罗马的兴起至公元前220年》第2分册,第116页。

层的主要动因。同时,因为平民人数众多,对于罗马城邦而言,把他们排除于税收体系之外显然是极为不利的。实际上,据狄奥尼修斯的记载,塞尔维·图流斯改革就是在对全罗马进行人口和财产调查的基础上进行的。①

就军事方面的原因而言,一方面,按照原先三大氏族部落时期的兵制,每个部落只能提供1 000名步兵和100名骑兵,这样的人数在罗慕洛时期或许足够了,但随着城邦的扩大和对外战争的增多,原先的兵制显然需要改变。对此,有论者指出:

> 埃特鲁利亚(伊特鲁里亚——引者注)王政时期的特征是战争绵延不断,并最后以罗马获得所有拉丁城市的霸主地位而告终。然而,这种旷日持久的战争需要为数众多的男子应征入伍。肩负着沉重兵役负担的贵族并不能满足这一需要,因此,埃特鲁利亚诸王不得不招收平民中最富有的人来弥补战争造成的兵源不足。②

另一方面,战争中战斗战术的变化也是塞尔维·图流斯下决心改革的重要原因。原先的战斗是建立在"各氏族首领(principes)的个人武艺"基础上,具有贵族"英雄式"特点。然而随着"重装步兵"在战争中大规模的运用,这就需要更大数量的市民,装备全套盔甲,否则"这种个人武艺在抵挡整齐列队而无甚间隙的武装士兵们坚固的盾牌和胸甲时,是注定会被击碎的"③。对于上述军事原因引发罗马政制变化的分析,美

---

① 参见 Dionysius of Halicarnassus, *Roman Antiquities*, 4, 15, 6。转引自胡玉娟:《古罗马早期平民问题研究》,第79—80页。
② [法]雷蒙·布洛克:《罗马的起源》,张泽乾译,商务印书馆1998年版,第67页。
③ [意]马里奥·塔拉曼卡主编:《罗马法史纲》上卷,第76页。

国学者弗兰克(Tenney Frank)指出:

> 那种在《荷马史诗》里大加渲染的个人英雄主义和单独作战的古老方式已经过时了。在北部,埃特鲁斯坎人已经将希腊的甲胄和重装军队引进意大利;在南部,希腊殖民者正在给他们邻近的意大利部落成员传授新知识;罗马贵族逐渐地放弃古老的自我防御方式,开始组建稳固的军团,当然军团中平民力量必不可少。然而,平民参军的结果却促使他们逐渐意识到,这是他们增进财富、要求政治权力的一个机遇。①

在上述诸多原因的促使下,塞尔维·图流斯开启了罗马早期政制史上最为重要的改革。

首先,塞尔维·图流斯在城区用山头命名,分为"苏布拉区"(Suburana)、"埃斯奎里区"(Esquilina)、"帕拉丁区"(Palatina)和"奎里尔诺区"(Collina)4个地域部落,代替过去"拉姆涅"、"蒂提"和"鲁切勒"3个血缘部落;在乡村设立了16到26个地域部落,②并规定居住在4个城区部落的居民不能到别处居住,也不能在别处登记。这意味着城市部落成员不再以出生氏族为依据,而开始以地域居住为标准。③ 就这样,在罗马城区生活的平民与原部落氏族成员一起,被正式地编入罗马城区部落之中。对此,有论者指出:

---

① [美]腾尼·弗兰克:《罗马帝国主义》,宫秀华译,上海三联书店2012年版,第6页。
② 参见[俄]科瓦略夫:《古代罗马史》,第69页。
③ 参见[意]弗朗切斯科·德·马尔蒂诺:《罗马政制史》第1卷,第193页。

第二章 塞尔维改革:城邦国家政制的确立

新的部落的存在仅是为了政治目的,并作为征税的一个依据;与库里亚不同的是,它们没有任何自治和祭祀(sacra)。①

其次,塞尔维·图流斯在前述财产调查的基础上,以财产为标准将罗马城所有的自由人编入到具有"军事—政治—经济"三重色彩,涉及兵制、政治权利以及税收的6级百人团体制(centuria,也称为"森都里亚")之中,分享不同的权利与义务。②

第1级:财产在10万阿斯③(assi)以上者。这一阶层的人编成80个百人团(由40个老年百人团和40个青年百人团组成④)。他们应自备如下武器:头盔、圆盾、胸甲、胫甲、矛、剑等。另外从最富有的人中组织18个骑兵百人团。

第2级:财产在7.5万至10万阿斯之间者,组织20个百人团(由10个老年百人团和10个青年百人团组成)。武装除盾为椭圆,无胸甲外,其余同第1等级。

第3级:财产在5万至7.5万阿斯之间者,组织20个百人团(由10个老年百人团和10个青年百人团组成)。武装除减少胫甲

---

① [英]H. F. 乔治维茨、巴里·尼古拉斯:《罗马法研究历史导论》,第26页。
② 当然,有论者认为,阿斯是公元前4世纪才通用的,在塞尔维·图流斯时代不可能作为划分等级的依据,其划分的依据应当是土地。申言之,第一等级财产数应当是20尤格的土地,第二等级是15尤格,第三等级是10尤格,第四等级是5或2.5尤格,第五等级是2尤格。以此为标准,百人团体制应是5个等级。参见周长龄:《法律的起源》,中国人民公安大学出版社1997年版,第250页。
③ 阿斯是一种铜钱,最初为1磅重,是最早的货币单位。需要说明的是,李维记载此处财产标准的单位用的是"阿斯",波利比乌斯用的是"小银币",而狄奥尼修斯则用的是"米纳币"(mine)。
④ 青年百人团登记的是18岁以上、45岁或46岁以下的市民;而老年百人团登记的是45岁以上、60岁以下的市民。

外,其余同第 2 等级。

第 4 级:财产在 2.5 万至 5 万阿斯之间者,组织 20 个百人团(由 10 个老年百人团和 10 个青年百人团组成)。主要武器有矛和标枪。

第 5 级:财产在 1.1 万至 2.5 万阿斯之间者,组织 30 个百人团(由 15 个老年百人团和 15 个青年百人团组成)。主要武器有投石索和石块。

第 6 级:财产在 1.1 万阿斯以下者,又称无产者级(capite censi),组成 1 个百人团。

此外,还包括 2 个被纳入第 1 等级的木匠(fabri tignarii)和铜匠(aerarii)组成的百人团,2 个吹笛手(tibicines)和号兵(cornicines)组成的百人团。总共 193 个百人团。①

至于塞尔维·图流斯为何以财富为标准,库朗热认为是出于人的精神本性。古代罗马刚刚从一种极不平等的制度中解放出来,不可能立即达到一种完全平等的境界,区别社会阶层的标准就只有财富了。②

显而易见的是,在军事方面,经过改革,如果每个百人团按 60 人计算,③其步兵加骑兵的总数约在 12 000 人,远远超过了三大氏族部落时

---

① 参见 Livy. 1, 43;[英]F. W. 沃尔班克、A. E. 阿斯廷等编:《剑桥古代史·第 7 卷:罗马的兴起至公元前 220 年》第 2 分册,第 178 页;[意]弗朗切斯科·德·马尔蒂诺:《罗马政制史》第 1 卷,第 126—127 页;[俄]科瓦略夫:《古代罗马史》,第 69—70 页;[意]马里奥·塔拉曼卡主编:《罗马法史纲》上卷,第 77—78 页;[意]朱塞佩·格罗索:《罗马法史》,第 49 页;杨共乐:《罗马史纲要》,第 58—59 页。

② 参见[法]库朗热:《古代城邦——古希腊罗马祭祀、权利和政制研究》,第 301—302 页。

③ 据研究,百人团的编制不是 100 人,而是 60 人。参见[英]F. W. 沃尔班克、A. E. 阿斯廷等编:《剑桥古代史·第 7 卷:罗马的兴起至公元前 220 年》第 2 分册,第 117 页。

期的人数,①并且前3个等级武器装备的提升,可以适应"重武装战术"的要求。在政治权利方面,百人团体制既是军事单位,也是政治单位。百人团成员都可以以各自所在的百人团为单位,参与百人团民众大会,进行投票。当然,百人团民众大会实行的不是一人一票制,而是按百人团进行投票,每个百人团一票,票数过半数,即超过97票,就可通过议决事项。显然,半数通过的规定,意味着百人团中只要第1级80个百人团加上该级别内18个骑兵百人团,即可达到98票,超过半数,使得决议通过,无需再经过其他等级投票。对此,李维评价道:

> 这种制度投票权不是平等地授予每一个人,而是根据等级加以确定,因而,虽然没有一个人被排除在投票之外,但整个权力都掌握在富人手中。②

尽管如此,但从另外一个角度看,平民正是通过这样一种方式进入罗马城邦政治生活的,他们在名义上与原先的部落氏族成员一样享有参政权。此外,就税收方面而论,百人团体制建立后,税收的依据不再是按人头摊派,而是依据财产调查的清单,"其目的在于按比例分配和平时期和战争时期的税负"③。于是,塞尔维·图流斯建立了一个"军制=选举制=税制"的全新体制。

---

① 但更为可靠的数字是,罗马经过塞尔维改革后,直至公元前5世纪末,其步兵总数在6 000人左右。参见[英]F. W. 沃尔班克、A. E. 阿斯廷等编:《剑桥古代史·第7卷:罗马的兴起至公元前220年》第2分册,第177页。
② Livy. 4, 6.
③ [意]弗朗切斯科·德·马尔蒂诺:《罗马政制史》第1卷,第127页。

最后，塞尔维·图流斯还将之前平民无法获得的罗马公地分给平民。一方面，根据李维的记载，他将从敌人处得来的土地，以人头(man by man)为标准，分给平民。① 另一方面，根据狄奥尼修斯的记载，他还曾下令罗马贵族退还罗马公地，不分身份，充分分配。文载：

> 他公布一项王室法令，命令那些正在享用公有地，并把土地据为己有的人们在指定日期内退还占地，要求那些没有份地的公民向他报名登记。②

这项改革不仅在身份上再次确认平民在城邦中的主体性地位，而且试图用具体分配土地的方式，让部分平民摆脱其与原部落氏族的经济依附关系，实现经济独立。

三、塞尔维改革的历史意义

百人团体制的建立给僵化的罗马氏族体制带来了沉重的打击。重武装军队的建立超越了古代氏族的战争模式。兵役是针对整个城邦国家的，而不再仅针对氏族部落，更重要的是，它向所有拥有一定财产的人开放。这个事实从根本上动摇了氏族体制的根基。

与此同时，我们必须认识到早期罗马政制最显著的特征是："军事服务与政治服务之间的密切联系；它们是同一结构的不同方面。"③基于

---

① Livy. 1, 46.
② Dionysius of Halicarnassus, *Roman Antiquities*, 4, 10, 2-3. 转引自胡玉娟:《古罗马早期平民问题研究》，第 83 页。
③ [意]弗朗切斯科·德·马尔蒂诺:《罗马政制史》第 1 卷，第 143 页。

兵役而建立的百人团体制,在政治方面创设了一种完全不同于氏族体制的民众大会——百人团民众大会。这个民众大会的基础不再以氏族为单位,而以财产等级制为基础,于是,之前那些不能参加库里亚民众大会的平民有了参与政治的机会。后来,发展的历史事实是:"旧的库里亚会议的最重要的职权都转归百人团会议了;这些职权包括宣战、官吏的选举、审判等等。库里亚会议虽然继续存在,但是它们的重要性不如先前了。"①

这里需要说明的是,尽管在百人团民众大会出现后,库里亚民众大会的地位下降了,但是依据前述《关于谕令权的库里亚法》的规定,百人团民众大会在选举出官员以及"王"之后,仍需要得到库里亚民众大会的确认。对此,有论者指出:

> 实际上,在百人团民众会议选举出共和国时代的官员们之后,必须经由最古老的库里亚民众大会(或者是由它们那徒有其表的外壳)在它们的命令中对此加以确认。这就是由"权力约法"所提出来的程序。根据大部分历史学家的观点,在库里亚民众大会确实还是一个实际有效的政治和宪制实体的时候,这种程序在涉及王的任命时必须放在最后启动。②

当然,有很多论者认为,塞尔维·图流斯的改革并不那么成功,因为无论在军事还是政治方面,平民在百人团体制中都显得那么无关紧要,塞尔维体制不能看作是民主的。对此,李维、狄奥尼修斯以及西塞

---

① [俄]科瓦略夫:《古代罗马史》,第70页。
② [意]马里奥·塔拉曼卡主编:《罗马法史纲》上卷,第25页。

罗都有所评论,如生活在共和国后期的西塞罗就指出:

> 他让各个等级享有的权利不一样,使得表决的结果不依赖于普通人,而是依赖于富人。他促成这样一条原则的确立,那是一个国家应该永远坚持的,即不让大部分人获得大部分权力。……骑士百人团以及六个表决权,加上第一等级,再加上关系到城邦最高利益而给予木工的一个百人团,一共是89个百人团,只要从104个百人团中——因为只剩这么多——能再过来8个百人团,那么人们的总的实力便确定了,余下的大多数组成96个百人团,他们便得接受表决结果了,使他们不可能再那样傲慢,那样强大,那样构成威胁。在这方面,塞尔维乌斯很讲究用词和名称,他称富人为"纳税公民"(assiduus),由"阿斯"和"给予"二字组合而成,对那些家产不足1500铜币或者除了人丁外没有任何财产的人,则称他们为"有子女者"(proletarius),表明从他们那里可期待的只有"后代"(proles),即国家的人丁维系。但是这96个百人团中的每一个登记在册的人数几乎超过第一等级的总和。就这样,一方面谁也没有失去表决权,另一方面只有那些特别关心国家处于良好状态的人才在表决中起最大作用。①

尽管从事实的角度来看,上述西塞罗等人的分析是客观且有道理的,但是,如果我们换一种角度来看待塞尔维改革,便能观察出其对罗马早期政制发展所具有的特殊意义。

---

① Cicero, *De Republica*, 2, 39—40. 转引自胡玉娟:《古罗马早期平民问题研究》,第87—88页。另见[古罗马]西塞罗:《论共和国(附〈论法律〉)》,第66—67页。

首先,从表面上看,此时罗马城邦的富人似乎主导了罗马的军事与政治,但是,同样应看到,他们为此所承担的义务也是对等的。前3个等级的重装步兵市民以及最为富有的骑兵市民不仅要在城邦战争中自备这些武器装备,而且他们在战争中所扮演的角色也极具风险。与之相对的是,按照塞尔维体制的要求,第6等级的无产者平时免除兵役,只有在城邦生死存亡之际,无产者才可以组成1个百人团。① 因此,本着权利与义务相统一的原则,让那些为城邦贡献更多力量的人在事实上获得更多的权利,抑或说承担更多的责任,实际上并没有太大的不妥。

其次,尽管塞尔维·图流斯改革无法让平民真正实现与富人平等的政治权利,但是,他毕竟为平民进入公民大会打开了缺口。他将平民拉入罗马政制之中,推进了平民的公民化进程。这一点是毋庸置疑的。对此,莫米利亚诺指出:

> 早期的森都里亚大会未能阻止贵族的崛起,如果贵族们是财富的主要持有者的话,那么森都里亚大会还很可能对他们有利。但更加完善的百人队体系也有助于为贵族和富有平民提供一个彼此会面的场所和相互妥协的基础。②

因此,经过塞尔维·图流斯改革,原先在罗马城邦中属于自由民的平民们,变成罗马社会的不完全公民。③ 尽管不完全,但却属于公民。

---

① 按照日本学者盐野七生的统计,500年间,罗马第6等级的百人团只征用过1次。参见[日]盐野七生:《罗马人的故事Ⅰ:罗马不是一天建成的》,第57页。
② [英]F. W. 沃尔班克、A. E. 阿斯廷等编:《剑桥古代史·第7卷:罗马的兴起至公元前220年》第2分册,第118—119页。
③ 参见徐国栋:《〈十二表法〉研究》,第35页。

最后,塞尔维·图流斯改革在一定程度上打击了以元老院为代表的氏族贵族势力。王政时期,由于"王"是库里亚民众大会选出的,且为终身制,因而随着统治时间的延长,"王"与以元老院为代表的氏族贵族集团必然会产生矛盾,毕竟"王"不可能总是愿意听从他们的建议和意见。实际上,"王"与以元老院为代表的氏族贵族的矛盾不仅在伊特鲁里亚王朝存在,而且在前4位"王"统治时期也存在。据库朗热的记载,罗慕洛、图路斯都是被元老院谋害而死。① 客观地讲,塞尔维·图流斯提升平民政治地位的做法,在一定意义上可以换取平民的支持,强化王权。对此,库朗热说道:

> 平民的人数大增。贵族与君主之间的斗争也增加了平民的重要性。王室及平民阶层早已觉得他们有着共同的敌人。君主的野心就是要脱离妨碍他们行使权力的古代政府原则。而平民的心愿,就是要摧毁他们置于宗教和政治团体以外的事物。于是他们之间产生了默契,那就是君主保护平民,平民拥戴君主。②

例如,塞尔维·图流斯把平民拉进城邦军队之中,而不是将他们置于原先的部落库里亚之中,不仅抑制了贵族军事实力的增长,而且提升了"王"的军事威望。但是,他也因为这些亲民的举动,得罪了氏族贵族。后来,他在元老院遭受指控,并被女婿"高傲者"塔克文所利用,因而殒命。据李维记载,这些指控是:

---

① 参见[法]库朗热:《古代城邦——古希腊罗马祭祀、权利和政制研究》,第235页。
② [法]库朗热:《古代城邦——古希腊罗马祭祀、权利和政制研究》,第270页。

第二章 塞尔维改革:城邦国家政制的确立

> 他自己出身卑贱,用卑鄙的手段加冕,他与自己出身的下流社会中人交朋友;他厌恶他自己无法企及的高贵地位,他剥夺富人的财富,并将其赠予游民。①

对于塞尔维·图流斯改革的历史意义,伟大导师恩格斯曾有过非常经典的评价:

> 这样,在罗马也是在所谓王政废除之前,以个人血缘关系为基础的古代社会制度就已经被炸毁了,代之而起的是一个新的、以地区划分和财产差别为基础的真正的国家制度。……而罗马共和国的全部历史也就在这个制度的范围内演变,这里包括,共和国的贵族与平民为了担任官职以及分享国有土地而进行种种斗争。②

一方面,这段话点明了塞尔维·图流斯改革所创立的百人团体制是一种城邦国家体制,它超越了以氏族为基础的氏族体制。城邦国家体制与氏族体制的差别在于:

> 城邦是一个具有高度统一性的共同体,它超越了古代氏族的最高的自决权,因此在法律上,城邦是建立在一种中央集权的基础上,这种中央权力越强大,就越需要去抑制单个团体的本位主义。③

---

① Livy. 1, 47.
② [德]恩格斯:《家庭、私有制和国家的起源》,第133—134页。当然,徐国栋教授认为,按照恩格斯的国家标准,罗马在第2任"王"努马时期,已经具备国家的要件。参见徐国栋:《奎里蒂法研究》,第95页。
③ [意]弗朗切斯科·德·马尔蒂诺:《罗马政制史》第1卷,第71页。

另一方面,它预示了经过这场改革之后,罗马政制的矛盾和发展方向不再是氏族体制与城邦体制的对立,而转变为城邦国家体制中平民阶层与贵族阶层的斗争。因此,可以说,塞尔维体制或百人团体制在某种意义上创造了统一的"贵族—平民国家"。

因此,有论者称罗马有两次建城:罗慕洛创建了罗马城,而塞尔维·图流斯则缔造了罗马城邦(国家)。罗马获得城邦属性后,"共同体不再仅由古老的氏族集团组成,而且也由大量处在氏族之外的个人组成,因此,新国家的社会基础不再是氏族,而是在长官统治下的家族和所有的属于某个氏族或不属于某个氏族的市民(civis),他们是构成人民(populus)之一分子的个人"①。

最后需要强调的是,尽管塞尔维·图流斯改革在早期罗马政制史上具有里程碑式的意义,但是,我们同样应注意到这场改革并非是以"革命"的方式在荡涤原有一切制度的基础上进行的。相反,原先氏族体制下的诸多军事民主政制的元素,在很大程度上被保留下来。例如,平民虽在法律上有参加百人团民众大会的权利,但部分平民却在客观上被剥夺了表决权。对于原先贫穷的平民而言,他们在塞尔维·图流斯改革前后的境遇并没有发生太大改变。按照恩格斯的说法:"公共权力在这里体现在服兵役的公民身上,它不仅被用来反对奴隶,而且被用来反对不许服兵役和不允许有武装的无产者。"②

实际上,罗马政制的任何一次变化都不是在既有理论模式的指导下,通过"照着食谱做布丁"的方式完成的。罗马各统治者的改革是在一种相互博弈、不断拉锯的状态下进行的。我们很难用一条线将旧体

---

① 徐国栋:《奎里蒂法研究》,第 89 页。
② [德]恩格斯:《家庭、私有制和国家的起源》,第 134 页。

制与新体制截然地分开来。当塞尔维·图流斯的统治被"高傲者"塔克文推翻后,他的很多改革举措被废止,塞尔维体制出现了一定程度上的倒退,①而在"高傲者"塔克文被放逐后,这一体制又得以恢复。对于罗马早期政制的这一特点,马尔蒂诺给出了经典的总结:

> 我们到现在为止所展开的论述,使得我们能够理解这种转变不是突然发生的,这两种政制也不能用其中的一个来反对另一个,仿佛二者具有明确的轮廓、截然不同的模式。我们已经看到,在强调共同体的统一的性质并且具有城邦性质的制度安排在埃特鲁斯(伊特鲁里亚——引者注)城市里,氏族国家的因素仍然留存了下来,这些因素没有突然消失,而是经过了与氏族同样的渐进性的政治退化。我们现在也不能排除,塔尔奎尼体制的倒台和氏族寡头统治的胜利减缓了城市统一化运动的步伐。②

---

① 参见胡玉娟:《古罗马早期平民问题研究》,第89—91页。
② [意]弗朗切斯科·德·马尔蒂诺:《罗马政制史》第1卷,第121页。

第三章 从王政垮台到斗争结束：
共和政制的确立

一般认为，伊特鲁里亚王朝的结束拉开了罗马共和国的序幕。从公元前509年到公元前23年，是罗马共和国时期。① 但是，在这长达近500年的时间里，罗马共和国的政制并非一成不变，呈现出静止状态。② 在笔者看来，罗马政制史的第二个时期，应该是从塞尔维·图流斯改革所确立的城邦国家体制开始，一直持续到公元前367年颁布《李锡尼—塞克斯图法》③（Leges④ Liciniae Sextiae）。

---

① 当代学者确定古代罗马的纪年主要根据的是刻在位于古罗马市场遗址中的奥古斯都凯旋门石壁上残存的碑文。该碑文称为《卡皮托利（Capitolini）版执政官年鉴》，记载了从共和制初建直到公元前300年执政官的名录。根据该年鉴的推算，罗马共和元年应是公元前509年。参见［意］马里奥·塔拉曼卡主编：《罗马法史纲》上卷，第92页。

② 如学者哈瑞特·弗拉沃（Harriet Flower）在《罗马共和国》（*Roman Republics*）一书中，就将罗马共和国细分为13个阶段：（1）公元前509年至公元前494年的前共和国时期（pre-republic）；（2）公元前494年至公元前451/450年的共和国雏形期（proto-republic）；（3）公元前450年至公元前367年的共和国一期（Republic 1，共和国体制试验阶段）；（4）公元前366年至公元前300年的共和国二期（Republic 2，贵族与平民的共和国）；（5）公元前300年至公元前180年的共和国三期（Republic 3，显贵的共和国）；（6）公元前180年至公元前139年的共和国四期（Republic 4，显贵的共和国）；（7）公元前139年至公元前88年的共和国五期（Republic 5，显贵的共和国）；（8）公元前88年至公元前81年的共和国过渡期；（9）公元前81年至公元前60年的共和国六期（Republic 6，苏拉的共和国）；（10）公元前59年至公元前53年的三头政治时期；（11）公元前52年至公元前49年的过渡期；（12）公元前49年至公元前44年的恺撒独裁时期；（13）公元前43年至公元前33年的后三巨头时期。See Harriet Flower, *Roman Republics*, Princeton University Press, 2010.

③ 该法也被翻译为《关于土地规模的李其纽斯和绥克斯求斯法》（Lex Licinia Sextia de modo agrorum）。参见齐云、徐国栋：《罗马的法律与元老院决议大全》，第211页。

④ 这里需要说明的是，根据格罗索的说法，在罗马政制史中"leges"主要指 （转下页）

之所以这么界定,主要是因为城邦国家体制建立后,罗马政制的矛盾主要表现在贵族阶层与平民阶层之间。两个阶层在这一时期的斗争,不仅主导了共和国早期的历史,而且建构了这一时期的罗马政制。公元前367年《李锡尼—塞克斯图法》的颁布,在大体上不仅协调了两个阶层的矛盾,而且也使罗马共和政制的核心要素基本确立下来。对此,马尔蒂诺总结道:

> 在共和国的最初几个世纪里,贵族和平民这两个阶级之间激烈的内部斗争构成城邦历史的主导,这两个阶级似乎是两个拥有自己体制的相互区分的共同体,在它们之间进行了长期的斗争,直到最终建立一个统一的共同体。这一冲突的历史就是罗马政制发展的历史。①

因此,公元前509年王政的垮台意味着自伊特鲁里亚君主制开启的王制或称原始君主制政制结束,罗马的国家形态发生了改变,变为西塞罗笔下与君主制、贵族制和民主制相并列的第四种政制——共和制。②

这里需要说明的是,"共和国"(res publica)一词在西塞罗之前用法极其复杂。它的直接含义是"公共之物",但也可以指"公共活动""公共事务""公共利益""社会"等(作为公共活动的主要场所以及公共利

(接上页)涉的是某一集体单方面制定的规范,也可以是针对社会斗争中的另一方,如平民据以保障自己护民官不受侵犯的《神圣约法》(Leges sacratae);"lex"则主要指的是民决法律,代表着提出建议的执法官与民众大会之间典型的双边协议。参见[意]朱塞佩·格罗索:《罗马法史》,第86页;另见[英]H. F. 乔治维茨、巴里·尼古拉斯:《罗马法研究历史导论》,第112页。

① [意]弗朗切斯科·德·马尔蒂诺:《罗马政制史》第1卷,第48页。
② 参见[古罗马]西塞罗:《论共和国(附〈论法律〉)》,第29—31页。

益的主要受益者)和"共同体"(由公民 civitas 或人民 populus 组成)。西塞罗第一次用该词对应柏拉图和亚里士多德笔下的"政制"(politeia)一词,①使其与国家形态发生具体的关联。② 同时,"共和国"这一称谓也意味着这一时代支撑罗马社会的统治原则由过去的宗教逐渐变为了"公众的利益"。③

一、 王政的垮台与共和政制的初建

传统文献记载:由于王政时期最后一位"王"——"高傲者"塔克文之子塞克斯图斯(Sextus)凌辱了王室成员卢修斯·塔克文·科拉提努斯(Lucius Tarquinius Collatinus)的妻子卢克蕾西娅(Lucrezia),作为军队首领的贵族卢修斯·尤尼乌斯·布鲁图斯(Lucius Junius Brutus)等人推翻并放逐了"高傲者"塔克文和他的儿子们。④ 或许是因为"高傲者"塔克文在位期间带有专制性质的统治让氏族贵族和平民都无法忍受,⑤抑或

---

① 西塞罗对于"共和国"的定义,笔者比较国内各种译本,认为夏洞奇教授翻译得最为准确、精当,故转引如下:"共和国乃人民之公器,但人民不是人们某种随意聚合的集合体,而是许多人基于法之共识与利之共享而结合起来的集合体。这种联合的首要原因不在于人的软弱性,而在于人的某种天生的聚合性。要知道,人类不好单一和孤独,而是在它产生于世后,即使万物丰裕,也不……"(De re publica 1.25.39)参见夏洞奇:《何谓"共和国"——两种罗马的回答》,第 90 页。
② 参见郑戈:《共和主义宪制的西塞罗表述》,载《中国法律评论》2015 年第 2 期,第 197 页。
③ 参见[法]库朗热:《古代城邦——古希腊罗马祭祀、权利和政制研究》,第 297—298 页。
④ 参见[俄]科瓦略夫:《古代罗马史》,第 73—74 页。
⑤ 英国学者德拉蒙德(A. Drummond)认为:"罗马人推翻高傲者塔克文,并不是因为他是一个埃特鲁里亚人,而是因为他是一个僭主。从那以后,罗马人一直有仇视国王的观念,但在罗马的历史传统上却没有留下任何像仇视国王那样的对埃特鲁里亚人的偏见。"[英]F. W. 沃尔班克、A. E. 阿斯廷等编:《剑桥古代史·第 7 卷:罗马的兴起至公元前 220 年》第 2 分册,第 284 页。

是因为拉丁—萨宾贵族反对伊特鲁里亚人统治,①罗马民众再也不愿忍受"王"的统治。于是,百人团民众大会选举出卢修斯·尤尼乌斯·布鲁图斯和卢修斯·塔克文·科拉提努斯,担任任期1年的首领,起初叫"praetor"(执法官、裁判官),②后来称"consule"(执政官),③从此开始了共和政制的纪元。④

与传统文献记载相对立的是,很多历史学家对上述传统文献所描述的从王政到共和制的过渡,都持一种相当怀疑的态度,因为其中包含着很多荒谬和自相矛盾的说法。事实上,伊特鲁里亚王朝在罗马的倒台,在时间上与伊特鲁里亚的衰落存在对应关系。蒙森甚至指出,此时的其他拉丁民族也出现了"终身在位的人后来无不被每年一任的统治者所取代"这种类似于希腊的体制改革。⑤

根据史学家的记载,公元前6世纪下半叶,库玛(Cuma)的希腊人由于担心伊特鲁里亚的扩张,在阿里奇亚城(Aricia)打败了伊特鲁里亚王波塞纳(Porsenna)的儿子阿伦斯(Arunte),并支持了拉丁人反抗伊特鲁里亚的统治。⑥ 罗马贵族恰恰利用了伊特鲁里亚实力受损的机会举

---

① 有一种观点认为,罗马在王政后期产生的国家不是罗马人自己的国家,而是伊特鲁里亚殖民者的国家;在赶走伊特鲁里亚殖民者的过程中,罗马人建成了共和国。但这种观点遭到了反对。参见施治生:《从王政到共和国——兼论罗马城市国家的形成过程》,第60—61页。

② 古罗马史学家卡西乌斯·狄奥在《罗马史》中指出,直到公元前5世纪中叶之后,才开始使用"执政官"之名,之前只提到行政长官。参见施治生:《从王政到共和国——兼论罗马城市国家的形成过程》,第63页。

③ 参见[英]F. W. 沃尔班克、A. E. 阿斯廷等编:《剑桥古代史·第7卷:罗马的兴起至公元前220年》第2分册,第185页。关于两个名称的学术争议和讨论,参见陈可风:《罗马共和宪政研究》,第37—39页。

④ 参见[意]马里奥·塔拉曼卡主编:《罗马法史纲》上卷,第86页;[意]朱塞佩·格罗索:《罗马法史》,第38—39页。

⑤ 参见[德]特奥多尔·蒙森:《罗马史》第2卷,第248页。

⑥ 参见[意]弗朗切斯科·德·马尔蒂诺:《罗马政制史》第1卷,第162页;[俄]科瓦略夫:《古代罗马史》,第76—77页;[英]安德鲁·林托特:《罗马共和国政制》,晏绍祥译,商务印书馆2014年版,第44页;[英]迈克尔·格兰特:《罗马史》,第32—33页。

行起义,竭力恢复罗马被伊特鲁里亚王朝所扼杀的军事民主制。对于罗马贵族而言,颠覆掉塞尔维·图流斯确保城邦团结的那套军事和政治上的安排,似乎已无可能,他们"唯一的可能性只是去打击宪制中的一个组成成分:王"①。

于是,反对传统文献记载的历史学家认为:"共和国是通过王权的发展而缓慢建立起来的,这种发展每次只是抽空王权的一点最重要的属性,直到使古代的王变成为一个单纯的祭司,即圣王(rex sacrorum)。"②对此,有论者说道:

> 与其说是一场迅速而暴力的危机、一种突如其来且暴风骤雨式的改变,不如把共和制政体的产生想象成是一个极为平缓进程的结果,如同是王的那些军事辅佐者们缓慢造就的杰作:削弱王的权威并将其限制在仅具有某种纯宗教地位。③

实际上,早期执政官就具体的权力和职能而言,与王政时代的统治者没有太大的区别。他们享有充分的军事指挥权,行使司法裁判权,管理公共财政,维持公共秩序,举行人口调查,遴选元老院成员,也许还任命刑事审判官,负责许愿、赛会和其他宗教活动。④

然而,马尔蒂诺教授提醒我们,对于上述两种解释,都应加以拒绝。他认为:

---

① [意]马里奥·塔拉曼卡主编:《罗马法史纲》上卷,第90页。
② 转引自[意]弗朗切斯科·德·马尔蒂诺:《罗马政制史》第1卷,第161页。
③ [意]马里奥·塔拉曼卡主编:《罗马法史纲》上卷,第87页。
④ 参见[英]F. W. 沃尔班克、A. E. 阿斯廷等编:《剑桥古代史·第7卷:罗马的兴起至公元前220年》第2分册,第204页。

第三章 从王政垮台到斗争结束:共和政制的确立

如现在我们将看到的,事实的真相,就在于体制的不稳定,在于它的以习惯的方式形成,二者都是由斗争中的社会力量的存在所决定的,这些社会力量导致,根据偶然发生的和变化不定的需要,来任命不同的官员,直到达到一种最终的稳定的政制安排。①

因此,我们说罗马共和政制的建立是一个漫长的过程,共和政制的所有制度因素不是通过一场改革突然就建立起来的。一种最终稳定的政制安排是不断试错、不断反复的结果,其间充满了各种变量和不确定因素。

对此,马尔蒂诺举例说:我们惯常认为,公元前509年罗马共和政制取代王政的标志就是两名任期1年的执政官取代终身制的"王",在整个共和国时期,作为共和国政制标志的执政官是始终存在的。实际上,如果翻检罗马共和国早期的历史,就会发现事实并非如此。

一方面,在王政倒台之后,一个人民长官②取代了"王",并任命一个拥有治权的骑兵长官作为下级同僚。后来,由于阶级斗争,任命了三个或者更多的裁判官或军团长官,③而其中享有最高指挥权的被称为"最高裁判官",④一位地位较低、留守罗马城的被称为"都市行政长

---

① [意]弗朗切斯科·德·马尔蒂诺:《罗马政制史》第1卷,第162页。
② 有论者将其翻译为"武装重兵长官",或认为这一官职是"独裁官"(dictator)的前身。参见 P. De Francisci, *Primordia Ciivitatis*, Roma, 1979, pp. 752-753。转引自陈可风:《罗马共和宪政研究》,第39页。李稼年先生在蒙森的《罗马史》中将它翻译为"陆军统领"或"独裁官"。参见[德]特奥多尔·蒙森:《罗马史》第2卷,第255页。
③ 根据马尔蒂诺的说法,裁判官和军团长官区别在于,前者应由贵族担任,而后者可以是平民。参见[意]弗朗切斯科·德·马尔蒂诺:《罗马政制史》第1卷,第186页。
④ 这一官职享有最高指挥权的证据是在卡匹托尔神庙发现的一行铭文,上面写着"他作为最高领袖(qui praetor maximus sit)应在9月13日钉钉于此"。参见[英]F. W. 沃尔班克、A. E. 阿斯廷等编:《剑桥古代史·第7卷:罗马的兴起至公元前220年》第2分册,第202页。

官"。都市行政长官构成了公元前367年裁判官这一正式官职的前身。① 这些事实既解释了为何很多史料在记述共和建立初期,未将执政官称为"consules",而使用"praetor",②也说明王政垮台、共和初建是一个长期、复杂的过程,不存在执政官直接接替"王"的完美过渡。③ 对此,有论者指出:

> 王政倾覆后,罗马在一段时间内处于内忧外患、动乱纷争的状态中,国家最高官职的设置似乎不可能通过突变的方式产生,而是经过渐进的发展过程;行政长官原为王的副将,在王被废黜后留任并掌握国家大权特别是军事指挥权,起初此职可能有高低之分,后来则被具有同等权力的执政官所取代。④

另一方面,即便共和国初建时期就存在2位执政官,但实际上执政官制度在公元前452年就中断了。在公元前451年至前450年,这一官职被十人立法委员会所取代。之后,执政官制度在公元前449年曾被短暂地恢复,但由于贵族和平民之间的斗争以及一系列外部事件,这一制度时常受到干扰。从公元前444年至前368年,干脆不再任命执政官,执政官的权力由"具有执政官权力的军团长官"所行使。直到公元

---

① 参见[意]弗朗切斯科·德·马尔蒂诺:《罗马政制史》第1卷,第177—186页。
② 例如,在公元前451年的《十二表法》中第三表第5条就出现了praetor的拉丁文表达。而这一官职的正式设立是《李锡尼—塞克斯图法》颁布之后的公元前366年。参见徐国栋:《〈十二表法〉研究》,第4页。
③ 马尔蒂诺对此有不同的解读,认为执政官有多种名称,可以通过职能的多样性和这个官职的特性来解释:称其为"praetor",是因为他们是军事指挥官;称其为"iudices",是因为他们是城邦管理者;称其为"consule",是因为他们是同僚制的官员。参见[意]弗朗切斯科·德·马尔蒂诺:《罗马政制史》第1卷,第304页。
④ 施治生、郭方编:《古代民主与共和制度》,第179—180页。

前367年《李锡尼—塞克斯图法》实现了平民与贵族之间明确的政治平等,承认2位执政官中有1位可以是平民,共和国的执政官制度最终才稳定下来。

因此,上述例证再一次说明罗马共和政制的确立并不是一蹴而就的。虽然公元前509年王政垮台,但共和政制的真正确立历经很长时间,王政时代的政制设置在共和政制初期依然存在。对此,蒙森感叹道:

> 显然,甚至由君主制改变为共和制以后,罗马国家的情况尽可能照旧保持。如果一场国体的变动能够是保守性的,那么,这一次就是如此;构成国家的成分竟无一真正为革命所推翻。这一点足以昭示全部运动的性质。①

二、 平民阶层与贵族阶层斗争的原因

前已述及,罗马共和政制很大程度上是氏族贵族为反对伊特鲁里亚王朝略带君主制色彩的统治而建立的,因此,随着"王"被放逐以及2名任期1年的执政官出现,原先罗马城邦政制中"王"与氏族贵族的矛盾消失了。"王权覆灭的结果,是使氏族制度重新复兴。"②按照罗马政制的规定,执政官1年任期结束后,自动进入元老院。于是,原先罗马王政时期"王"、元老院、民众大会三足鼎立的状态,变成了执政官和元

---

① [德]特奥多尔·蒙森:《罗马史》第2卷,第260页。
② [法]库朗热:《古代城邦——古希腊罗马祭祀、权利和政制研究》,第251页。

老院与民众大会之间的二元对抗。因此,罗马共和早期政制的主要矛盾也就转变为以执政官和元老院为代表的贵族阶层与民众大会中平民阶层之间的矛盾。对此,马尔蒂诺说道:

> 布鲁图斯(Bruto)的革命没有使他们获得一种真正的、摆脱贵族统治的自由,因为这次革命只限于以两个任职期限为一年的贵族官员取代了任职终身的王;因此,是贵族,而不是平民,从王的专制暴政下解放出来。①

科瓦略夫也指出:

> 如果早在公元前6世纪的时候,我们便能够确认到等级斗争的某些模糊痕迹的话(所谓"塞维乌斯·图利乌斯改革"),那么,在国王政权垮台和贵族共和国形成以后,这一斗争当然便激烈地尖锐化起来了。现在两个等级已没有表现为作为部落民主制的残余的宗法君主制度的任何"缓冲物",而是面对面地对立了。而如果说,反埃特鲁里亚征服者的暴政的斗争能够暂时使贵族和平民团结到一起的话,那末现在这个有团结作用的因素已经不复存在了。贵族公开地掌握了政权,而他们也势必利用这个政权来服务于自己的狭隘等级利益。正是现在,早在王政时代开始的、贵族的"闭塞过程"完成了,这也就是说,贵族最后从"罗马人民"变成了特权的贵族集团。②

---

① [意]弗朗切斯科·德·马尔蒂诺:《罗马政制史》第1卷,第58页。
② [俄]科瓦略夫:《古代罗马史》,第83页。

第三章 从王政垮台到斗争结束：共和政制的确立

与前述平民起源问题存在诸多争议相比，古代罗马贵族阶层的起源相对简单。"贵族"的拉丁语形式是"patricius"，其词根"pater"，含义为"父亲""元老"，本意是"拥有土地的人"。① 从时间上讲，罗马贵族阶层的形成早于平民阶层。罗慕洛担任"王"时，就让拉姆丁人和萨宾人中的氏族长老管理氏族公共事务，他们成为罗马最初的贵族。因此，"贵族的权力起源于氏族贵族对公共事务的管理权"②。

罗马贵族除了最早三大氏族部落的贵族以外，还包括迁徙而来的其他氏族贵族以及战败部落中被罗马城邦接受的氏族贵族。基于这样的起源，王政后期至共和国早期，罗马贵族实际上控制的是元老院和上层阶级，也就是重武装步兵和部分骑兵。③ 此外，由于祭司团体和法律秘而不宣的传统，作为祭司团体封闭性来源主体的贵族，实际上也垄断着宗教权力和法律权力。与此同时，贵族对于宗教权力的垄断反过来又进一步强化了贵族对于罗马政制的掌控。对此，德拉蒙德指出：

> 事实上，罗马国家的特殊性之一在于没有独立的祭司阶层。祭司职位是终身的，不得参与政治活动，但这些职位也被贵族牢牢掌握，而且后来至少那些负责对重要宗教事务进行裁决的祭司，尤其是大祭司和占卜祭司，通常由活跃的政治家担任。更何况，重要的祭司团体明显是由一批能够胜任者组成的，对于最重要的宗教

---

① 徐国栋：《〈十二表法〉研究》，第33页。此外，库朗热认为，在宗教的层面上，"pater"可以称呼各种神，而在法律层面上，凡有自主之权而管理一家者都可以称为"pater"。所以，他说："pater指的不是父性的特征，而是权力、威信与尊贵。"[法]库朗热：《古代城邦——古希腊罗马祭祀、权利和政制研究》，第79页。

② 胡玉娟：《古罗马等级制度中的显贵》，载《世界历史》2002年第3期，第88页。

③ 参见[意]弗朗切斯科·德·马尔蒂诺：《罗马政制史》第1卷，第56页下注。

事务的关注和最终决定都由元老院管理,而且许多最重要的宗教活动由官员们主持。因此,不存在宗教上的权力和利益的永久分裂,贵族可能能够利用其宗教优势地位,不但提高其地位,而且加强其对政权的掌控。①

平民阶层与贵族阶层之间的矛盾之所以会成为共和国早期的主要矛盾,②很大程度上是因为两大阶层在政治、经济中的地位不平等。徐国栋教授将平民对于平等的诉求总结为:"1. 实现法律上的平等,消除平民参与国家政治和社会生活的障碍,尤其是担任国家公职的障碍和与贵族通婚的障碍;2. 取消贵族的经济特权,允许平民参加对公地的分配,并废除债务奴隶制。"③

首先是政治方面的不平等。前已述及,罗马经过塞尔维·图流斯改革,尽管理论上平民可以通过百人团民众大会参与城邦政治,但是,实际上他们的表决权被富有的前 3 个等级所操控。换言之,塞尔维·图流斯虽然通过改革将平民拉入城邦,但是这些平民还没有在事实上真正地成为罗马的公民。罗马在本质上是贵族体制或贵族寡头体制。对此,马尔蒂诺指出:

关于贵族性质的共和国的起源,我们已经描述了它的基本轮

---

① [英]F. W. 沃尔班克、A. E. 阿斯廷等编:《剑桥古代史·第 7 卷:罗马的兴起至公元前 220 年》第 2 分册,第 197 页。
② 英国学者 H. F. 乔洛维茨和巴里·尼古拉斯认为,平民与贵族的分化与对抗"直到共和国早期才进一步加重。因为除罗慕路斯和两个埃特鲁斯塔克文之外,所有国王拥有的都是后来的平民的名字,并且平民的姓名也出现在公元前 487 年以前的执政官中"。参见[英]H. F. 乔治维茨、巴里·尼古拉斯:《罗马法研究历史导论》,第 12 页。
③ 徐国栋:《〈十二表法〉研究》,第 35—36 页。

廓,这个贵族共和国由少数氏族统治,氏族的成员轮流担任官员和祭司,并把持了公共生活。他们构成一个封闭的贵族阶层,建立在氏族的基础上,平民没有办法进入这个阶层。①

这种贵族寡头式的政制在共和国建立之初亦是如此。有论者甚至将共和初期的罗马政制直接定性为贵族制。② 对此,西塞罗说道:

> 虽然人民自由了,但并不能决定什么事;大部分事情都是根据习惯和先例通过元老院的权威得以决定。执政官的权力虽然在时间上限制在一年以内,但本质和合法性上和以前国王并无二致。并且(也许是维护贵族统治权力最为重要的一个因素)一个毫不动摇的原则就是民众的集体决定未经元老院权威的认可便无效。同一时期,实行首任执政官制度后大约十年,提图斯·拉尔基乌斯被任命为独裁官。这被认为是一种新的权力形式,与君权模式十分相似。不过,人民一致同意,所有权力牢牢控制在贵族公民的手中;在那些时期,卓越的战功由那些行使最高权力的骁勇之士建立,无论是独裁官抑或是执政官。③

在这个由贵族所把持的政制中,贵族垄断了城邦的统治,平民阶层不仅不能担任或被选举为包括执政官、独裁官、骑兵长官在内的享有治权的任何官职,而且不能与贵族通婚,也没有诉讼权利,或了解私法规范确

---

① [意]弗朗切斯科·德·马尔蒂诺:《罗马政制史》第1卷,第187页。
② 参见[德]特奥多尔·蒙森:《罗马史》第2卷,第265页;施治生、郭方编:《古代民主与共和制度》,第11页。
③ [古罗马]西塞罗:《论共和国(附〈论法律〉)》,第74页。

切内容的权利。对于共和国初期贵族阶层这种封闭性的倾向,德拉蒙德指出:

> 贵族在王政时代充其量只能从众多角逐王位的竞争中选择一位登基为王,而现在他们拥有保持集体执政权力的既得利益,并且自然成为一个封闭的等级,将任何具有威胁性的破坏者排除在外。①

蒙森甚至认为,分担纳税和服役责任的平民,其实际政治法律地位与外邦人无异:

> 平民阶级迄今一直是客民,他们须分担纳税和服役的责任,可是在法律看来,实际只是被收容的外国人,他们的范围与真正的外国人之间似乎不必划分明确的界限。②

其次是经济方面的不平等。平民主要围绕允许取得罗马公地和债务奴役两大问题进行斗争。

前面提到,平民几乎无权占有罗马公地。因此,对于罗马公地的占有给予贵族一种压倒性的经济优势。随着时间的推移,平民愈发无法容忍这种优势。因为平民依照法律只能享有极少的私有土地,这些土地开始时还勉强能够满足一个小而节俭的平民家庭的生活需求,但随着家庭人口增长以及战争所导致的军事负担(需要自行提供武器装备)

---

① [英]F. W. 沃尔班克、A. E. 阿斯廷等编:《剑桥古代史·第 7 卷:罗马的兴起至公元前 220 年》第 2 分册,第 223 页。
② [德]特奥多尔·蒙森:《罗马史》第 2 卷,第 260—261 页。

加重,①土地就变得完全不够用了。让平民更难接受的是,当罗马城邦通过持续的扩张战争赢得新的土地时,在战时做出巨大经济牺牲并被要求承担战争重担的平民,却无法阻止这些土地全部落入贵族之手。因此,鉴于罗马公地问题之于平民与贵族斗争的重要性,马尔蒂诺指出:"在共和国头几个世纪的罗马政制史同时又是为了土地的公平分配而进行阶级斗争的历史。"②

与罗马公地分配问题直接相关的是债务奴役(nexum)问题。③ 按照李维的说法,债务是共和国初期十分突出的问题,整个平民阶层似乎突然陷入了债务奴役之中。为此,他还记录了当时一个沦为债务奴隶的老兵在罗马广场上的控诉:

> 当我在萨宾战争中服役时,我的收成被敌人偷袭破坏,我的茅舍被焚毁。每件我拥有的东西都被抢走,包括我的牛。当我无能为力的时候,却被要求缴税,结果是我欠了债。借贷利息加重了我的负担,我丧失我父亲和祖父之前所拥有的,然后我又失去我自己的财产。灾厄散播有如传染病,感染了我所拥有的一切。即使我的身体也无法豁免,因为我最终被债主抓去,沦为奴隶,不,比这还

---

① 共和国早期罗马进行的战争主要有:(1)公元前509年至前508年,反对"高傲者"塔克文复辟,抵挡伊特鲁里亚王波塞纳的进攻;(2)公元前505年至前495年,抵抗罗马东北部萨宾部落的入侵;(3)公元前483年至前474年,同维爱(Veio)城邦的第一次战争;(4)公元前494年至前396年,为抵御来自南部山地的伏尔西(Volsci)人和埃魁(Aequi)人的频繁侵扰而进行战争。参见[英]F. W. 沃尔班克、A. E. 阿斯廷等编:《剑桥古代史·第7卷:罗马的兴起至公元前220年》第2分册,第305—329页。

② [意]弗朗切斯科·德·马尔蒂诺:《罗马政制史》第1卷,第190页。

③ 参见[英]F. W. 沃尔班克、A. E. 阿斯廷等编:《剑桥古代史·第7卷:罗马的兴起至公元前220年》第2分册,第362页。

糟,我被拖到了监狱和刑房中。①

实际上,这位老兵的抱怨反映出罗马平民债务奴役问题的几个成因,即战争对于田地的破坏、沉重的兵役负担、贵族对于罗马公地的垄断以及法律对于债务奴役严酷的规定。② 这里需要说明的是,按照英国学者康奈尔(T. J. Cornell)的说法,债务奴役和后来《十二表法》所规定的债务奴隶(nexi)是有区别的。按照《十二表法》的规定,债务奴隶的命运是或者被杀,或者被当作奴隶卖到"台伯河对岸的外邦"③。而债务奴役则是:

> 欠债者自愿与债主达成妥协的结果,他把自己放在了债主的支配之下,以避免由于无力还债而遭到判决所造成的极端后果。④

这里需要强调的是,上述平民阶层与贵族阶层围绕政治、经济两大方面,涉及政治权利平等、罗马公地分配和债务奴役三大问题的斗争是可以具体细分的。申言之,尽管平民阶层在与贵族阶层斗争过程中,常常表现得十分统一,但是在平民当中,实际上还存在着至少两种不同的社会阶层:一种是经济上强势的群体,即平民中的那部分有钱人,他们是贵族潜在的竞争者,目标在于争取政治平等;⑤另一种则是经济上比

---

① Livy. 2, 23.
② 按照当时法律的规定,"如果债务人没有在规定日期偿还,该债务能够直接通过被称为拘禁(manus iniectio)的程序直接对他的人身进行强制执行,而无需事先获得判决"。参见[英]H. F. 乔治维茨、巴里·尼古拉斯:《罗马法研究历史导论》,第215页。
③ 徐国栋:《〈十二表法〉研究》,第18页。
④ [英]F. W. 沃尔班克、A. E. 阿斯廷等编:《剑桥古代史·第7卷:罗马的兴起至公元前220年》第2分册,第360页。
⑤ 参见[俄]科瓦略夫:《古代罗马史》,第85页。

较弱势的群体,他们处于百人团体制的边缘,目标主要是经济方面的,即改善其经济地位,争取获得罗马公地,避免陷入债务奴役。"在此,不同的诉求相交汇,而且引申出了几乎相互对立的逻辑,一边要求政治平等,另一边至少也具备相同的势力,而且时间上或许还更长些,则要求分配公共土地给不富裕的人并免除其债务。"①

三、 平民与贵族斗争推动下罗马共和政制的发展

前已述及,罗马共和政制的建立是一个漫长的过程,共和政制的许多制度因素是在不断试错、反复中实现的,而推动这些制度因素不断丰富、发展的力量则是平民阶层与贵族阶层之间的斗争。

(一) 非战争时期独裁官的出现

按照传统的说法,阶级斗争的第一次大规模爆发发生于公元前494年。② 但在此之前,平民与贵族的斗争还对罗马共和政制中非战争时期独裁官的产生起到了一定作用。根据马尔蒂诺的研究,独裁官的历史大致以《十二表法》制定时期为界,分成两阶段:在前一阶段,独裁官即人民长官(亦称"陆军统领"),与其较低级别的同僚骑兵长官一样,是军事性质的长官;③在后一阶段,由于对最高官员权力进行了限制,独裁官变成了共和政制中一个任期有限制的非常设官职。④ 因此,早期的独

---

① [意]马里奥·塔拉曼卡主编:《罗马法史纲》上卷,第99页。
② 参见[俄]科瓦略夫:《古代罗马史》,第85页;[英]F. W. 沃尔班克、A. E. 阿斯廷等编:《剑桥古代史·第7卷:罗马的兴起至公元前220年》第2分册,第228—245页。
③ 参见[德]特奥多尔·蒙森:《罗马史》第2卷,第255—256页。
④ 参见[意]弗朗切斯科·德·马尔蒂诺:《罗马政制史》第1卷,第206—207页。

裁官都是基于军事需要，在战时设立的。① 根据李维的记载，T. 拉奇乌斯·弗拉乌斯（T. Larcius Flavus）要么在公元前501年，要么在公元前498年同时担任过执政官和战争时期的独裁官。②

然而，公元前495年，平民阶层的债务奴役问题，直接导致罗马设置了非战争时期的独裁官。对此，林托特（Andrew Lintott）教授指出："在其初期，人民的不满导致了独裁官的产生，它的创建，与稍早以前恐吓平民的事务联系在一起。"③他认为，这一事件构成了公元前494年平民第一次撤离运动的基础。④

据记载，公元前495年，罗马遭到沃尔西人入侵，战事危急。虽然国家积极征兵，但有当兵义务的人不肯应征。于是，执政官普布利乌斯·塞尔维利乌斯（Publius Servilius）发布通告：

> 任何人不得捆缚罗马市民，从而使他不可能登记参加执政官招募的军队，任何人不得占有或出售正在军营服役的人的财产，不得扣留其儿孙。⑤

于是，平民响应号召参加战争，罗马获得了战争的胜利。当平民要求上述通告成为法律时，另一位贵族出身的执政官阿庇尤斯·克劳狄乌斯

---

① 关于独裁官的起源问题，有论者认为它要么来源于王政时代国王不能领兵出征时任命的军事统帅，要么来源于拉丁同盟中统帅（dictator或dicator）这一官衔。参见［英］F. W. 沃尔班克、A. E. 阿斯廷等编：《剑桥古代史》第7卷：罗马的兴起至公元前220年》第2分册，第207页。
② Livy. 2, 18. 对此，西塞罗也说："实行首任执政官制度后大约十年，提图斯·拉尔基乌斯被任命为独裁官。"［古罗马］西塞罗：《论共和国（附〈论法律〉)》，第74页。
③ ［英］安德鲁·林托特：《罗马共和国政制》，第45页。
④ 参见［英］安德鲁·林托特：《罗马共和国政制》，第45页。
⑤ Livy. 2, 24.

(Appius Claudius)则拒绝同意此请求。因为按照罗马共和政制中同僚制的传统,执政官相互之间拥有否决权,即同僚否决权,能够阻止同僚进行某个特定的公共行为。① 于是,平民再次群情激昂,他们拒绝响应执政官的号召,不再出征抗敌,而是固守阿文庭山和埃斯奎里山,进行罗马历史上最早的"罢工"活动。

面对"罢工"活动,以贵族为代表的元老院内部出现了斗争派和妥协派。在两派僵持不下的情况下,公元前494年元老院做出裁决,决定按照公元前501年对萨宾人战争中推选独裁官的先例,在非战争时期也推选独裁官,将平时两位执政官共享的权力合二为一,以6个月为限,以此渡过危机。

于是,罗马共和国时期第一位非战争时期的独裁官在平民阶层抗议贵族阶层的背景下产生了。这位非战争时期推选的独裁官就是贵族阶层妥协派的代表人物——与平民相处极为融洽的马尼乌斯·瓦莱利乌斯·马克西姆斯(Manius Valerius Maximus)。在马尼乌斯的号召下,平民放弃了"罢工",又加入军团之中,取得了胜利。②

(二) 平民保民官及其平民部落大会的产生

任期结束后,马尼乌斯卸任独裁官,并提出一项旨在禁止剥夺欠债人自由的提案。但贵族利用自身在百人团民众大会中的投票权,否决了这一提案。平民阶层认为自己的正当权利遭到了否决,并意识到他们在百人团民众大会上并无发言权,在政治上根本无法真正与贵族阶层相抗衡。于是,他们于公元前494年离开罗马,到阿尼奥河(Anio)对

---

① 参见[意]弗朗切斯科·德·马尔蒂诺:《罗马政制史》第1卷,第175页。
② 参见[日]盐野七生:《罗马人的故事Ⅰ:罗马不是一天建成的》,第121—122页;[德]特奥多尔·蒙森:《罗马史》第2卷,第271—272页。

岸的"圣山"(Monte Sacro),也有论者认为他们去的是当时尚处于城市边界之外的阿文庭山,①展开了罗马共和国历史上第一次有组织的平民撤离运动。②

平民在其领导人盖尤·西奇纽斯·贝鲁图斯(Gaius Sicinius Belutus)的带领下,在那里建筑了营地,安静地待了十几天。城市里的人们开始惊慌起来,他们不仅害怕罗马失去了军事力量的大部分,而且更害怕平民在罗马之外再建一个城邦。于是,贵族不得不派人出城与平民谈判,并做出妥协。据说罗马贵族派去谈判的是曾于公元前503年担任过执政官的阿格里帕·麦涅尼乌斯(Agrippa Menenius)。此人讲了一个寓言故事,将贵族与平民的彼此依赖比作身体各部分的协调共存关系,从而使平民相信和解是必要的。③ 一般文献记载的谈判结果是:

> 允许平民选出自己的官吏,即人民的(平民的)保民官,他们是神圣不可侵犯的。人民保民官的义务和权利就在于,保卫平民不受贵族高级官吏们的横暴势力的侵犯。④

李维将其记载为:

> 平民拥有自己的神圣行政长官,其职责为帮助平民抵抗执政

---

① Livy. 2,32.
② 有论者认为,第一次撤离运动的记载是有问题的。参见[英]F. W. 沃尔班克、A. E. 阿斯廷等编:《剑桥古代史·第7卷:罗马的兴起至公元前220年》第2分册,第233页。
③ 参见[英]F. W. 沃尔班克、A. E. 阿斯廷等编:《剑桥古代史·第7卷:罗马的兴起至公元前220年》第2分册,第229页。
④ [俄]科瓦略夫:《古代罗马史》,第85页。

第三章 从王政垮台到斗争结束:共和政制的确立

官的权力,任何贵族都不得担任此职务。①

这样,平民保民官就成为罗马共和政制的重要组成部分。② 据记载,公元前493年,库里亚民众大会选举出最初的2名平民保民官,③公元前471年则增加到4名。④

与此同时,李维还记载了平民们在"圣山"上创设了两名平民护民官,并且通过了一项《神圣约法》。⑤《神圣约法》强调平民保民官的人身不可侵犯性,他们的权力被赋予神圣的特性。这项权力的具体内容是:

> 在神圣不可侵犯性的掩护下,保民官受到保护,对冒犯他们或者阻碍他们行使权力的人实行宗教性的制裁。这些人将被宣布为献祭给平民的神(sacertas),每个人都能杀死他们而不受到惩罚。⑥

需要说明的是,这里的《神圣约法》应当被认为是平民与贵族之间达成的一项协议,并非平民阶层单方面做出的。马尔蒂诺认为,平民的撤离运动给"贵族制的城邦提出了一个具有威胁性的进退两难的困境:要么

---

① Livy. 2, 33.
② 当然,也有很多学者认为,平民保民官产生于公元前494年是不可信的,因为这次事件显然是模仿公元前449年罗马平民第二次撤离运动的。参见[俄]科瓦略夫:《古代罗马史》,第85—87页;[意]朱塞佩·格罗索:《罗马法史》,第58—59页。
③ 参见[英]F. W. 沃尔班克、A. E. 阿斯廷等编:《剑桥古代史·第7卷:罗马的兴起至公元前220年》第2分册,第213页。
④ 关于平民保民官人数的讨论,参见[意]弗朗切斯科·德·马尔蒂诺:《罗马政制史》第1卷,第250—252页。
⑤ Livy. 2, 33.
⑥ [意]弗朗切斯科·德·马尔蒂诺:《罗马政制史》第1卷,第195页。

建立一个新的城邦政制,在其中从法律上承认平民的政治组织,有自己的机构和权利,要么打破城邦的统一。这种两难困境在前一种意义上得到解决"①。实际上,《神圣约法》中对若侵犯保民官则被"献祭给神"的制裁规定,说明了该项刑罚为包括贵族阶层在内的整个城邦共同体所适用,其前提是必须得到贵族阶层的认可。更为重要的是,贵族阶层虽然没有授予所有平民不可侵犯的权利,只是将这种权利授予了平民保民官,但是,平民对此已经非常满足了,因为"护民官似一个活的祭坛,平民可以躲避于其中"②。

公元前494年以后,平民与贵族之间的斗争仍在继续,③这促成了公元前471年平民部落大会(也称"平民大会")的产生。公元前473年,一个同贵族坚决斗争的平民保民官格涅乌斯·盖努基乌斯被人杀害,平民对此感到十分震惊。④ 于是,平民保民官普布利流斯·沃勒罗(Publilius Volerone)在与贵族经过激烈斗争后,制定了一项创设平民部落大会的决议,并规定日后平民保民官从该大会而不是从库里亚民众大会中选举产生。⑤ 据记载,公元前471年,平民部落大会第一次选举了4名平民保民官。马尔蒂诺认为,在塞尔维·图流斯改革后,罗马城区被分为4个部落,因此,这4名保民官应该是和这4个城区部落相对应的。⑥

---

① [意]弗朗切斯科·德·马尔蒂诺:《罗马政制史》,第1卷,第254页。
② [法]库朗热:《古代城邦——古希腊罗马祭祀、权利和政制研究》,第278页。
③ 关于这一时期平民与贵族的斗争,详见[俄]科瓦略夫:《古代罗马史》,第88—89页。
④ 参见[德]特奥多尔·蒙森:《罗马史》第2卷,第280页。
⑤ Livy. 2, 56.
⑥ 参见[意]弗朗切斯科·德·马尔蒂诺:《罗马政制史》第1卷,第252页。但是,德拉蒙德却反对这样的观点,认为"保民官们从未代表过罗马城里的不同街区"。参见[英]F. W. 沃尔班克、A. E. 阿斯廷等编:《剑桥古代史·第7卷:罗马的兴起至公元前220年》第2分册,第234页。

平民阶层在争取到自己的"自治实体"——平民部落大会的同时，他们还在阿文庭山上建筑了自己所崇拜的谷物女神切列斯（Ceres）的神庙，并选举产生了管理该神庙的平民官职——营造官。与平民保民官一样，平民营造官也具有人身不可侵犯性。①

（三）十人立法委员会的政制尝试与《十二表法》的制定

通过斗争赢得了"自治实体"和本阶层独立选举出的"代表"后，平民阶层把与贵族阶层斗争的下一个目标定为制定一部确定、统一的法律。对此，马尔蒂诺精辟地指出：

> 平民组织成一个独立自主的共同体，任命自己的首领，成功地进行一些经济方面的重要斗争。古代氏族体制在城邦政制面前让步了，一支城邦的军队是建立在财产调查的基础上而不再是在氏族的基础上存在，并且相应地组成了百人团大会。但是，一个统一的城邦如果没有确定性的法律和一部共同的法律，就会陷入无秩序，受制于首领的专断和党派激情。必须继续推进城邦统一化的运动；对这一运动，平民如今构成决定性的力量。②

平民之所以把斗争的目标放在制定统一、公开的法律上，是因为在古代罗马人的观念里，法律是从属于宗教的。法律的条文与宗教一样"都秘而不宣，不许外邦人和城邦的平民知道"。贵族之所以单独地保存法律，并不是因为可以增加自己的权力，"而是因为法律就它的起源与性

---

① 关于平民营造官的具体职责，详见［意］朱塞佩·格罗索：《罗马法史》，第59—60页。
② ［意］弗朗切斯科·德·马尔蒂诺：《罗马政制史》第1卷，第226页。

质而言,一直被认为是秘密,若非成为家庭宗教或城邦宗教的成员,不得习知这一秘密"①。

在贵族与平民斗争最严重的一个时期,②即公元前462年,平民保民官盖尤·特伦蒂尼·阿尔萨(Gaius Terentillus Arsa)趁着执政官在外与伏尔西人(Volsci)作战,向元老院针对执政官治权的擅断问题提出控告,要求创设"有关执政官治权的法律起草五人委员会"③。这个建议后因贵族的激烈反对和其他平民保民官的不太热心而落空。这一提案在一年后又被提出,并成为之后五年中贵族与平民、执政官与保民官之间激烈冲突的焦点。经过斗争,贵族先是同意平民保民官人数于公元前457年增至10人,以换取平民不再坚持上述那个提议。④ 后来,元老院于公元前456年又颁布了将阿文庭山分给贫穷平民建造房屋的《将阿文庭山上的土地收归国有的伊其利法》。⑤

公元前454年,平民保民官决定抛弃之前的提议,向元老院提出了一种新的且友好的解决方案,即"决定停止两阶层间的斗争,建立由贵族和平民共同组成的立法委员会,颁布对双方均有益并且使双方拥有平等的自由权的法律规范"⑥。这是一个有利于平民的方案,贵族显然不会同意这么轻易地与平民"平起平坐"。贵族在"不失友好"地接受

---

① [法]库朗热:《古代城邦——古希腊罗马祭祀、权利和政制研究》,第179页。
② 据学者塞劳(Serra)研究,自公元前486年执政官维谢里努斯(Sp. Cassius Viscellinus)提出《卡修斯土地法》(Lex Cassia agraria)以来,平民要求分配罗马公地的"平民土地运动"持续30年之久。详见汪洋:《罗马法上的土地制度——对罗马土地立法及土地归属与利用的历史考察》,第57—58页;另见齐云、徐国栋:《罗马的法律与元老院决议大全》,第183页。
③ Livy. 3, 9.
④ 参见[德]特奥多尔·蒙森:《罗马史》第2卷,第282页。
⑤ 参见[意]弗朗切斯科·德·马尔蒂诺:《罗马政制史》第1卷,第222—223页;汪洋:《罗马法上的土地制度——对罗马土地立法及土地归属与利用的历史考察》,第59—62页;齐云、徐国栋:《保民官立法撮要》,第25页。
⑥ Livy. 3, 31.

立法建议的基础上,提出立法者应该只能由贵族担任的意见。同时,贵族决定派出一个由元老组成的三人团去希腊考察法律,考察期间,平民与贵族停止斗争。① 关于考察团的使命,李维记载道:"罗马派遣他们到希腊去是为了抄写著名的梭伦法典,以及调查希腊各国的状况、法律、立法过程。"②

需要说明的是,根据盐野七生的说法,公元前453年至公元前452年间,此三人团的考察结论对后来罗马政制的构建起到了影响。一方面,考察团认为斯巴达式的封闭社会具有危害性,但雅典一味要求权利的民主激进派过于超前,也有不足。因此,考察团认识到,未来罗马政制应远离选举的机构,可以从长远的角度制定一贯的政策;要避免雅典贵族、平民交替执政的方式,所以要采取"补血"这种拉拢新兴势力的方式;未来罗马不应采用雅典那种平民主导的民主政制,而应实施既有经验又有能力的开放式寡头政制。另一方面,考察团认识到,进攻是最好的防守,建立同盟不仅是国家强大之基,还可以避免平民势力过分膨胀。总之,考察团在考察了希腊,尤其是亲历了雅典政制鼎盛的伯利克里时代之后,却意外地得出了否定性答案。当然,这恰是罗马政制的与众不同之处。对此,盐野七生也感叹道:"考察一个正处于鼎盛期的国家,却不学习他们的优点,不是一般人所能做到的。"③

考察团归来后,平民护民官们再次提出"开始起草法律"的要求。

---

① 据记载,这三位考察团成员分别是:(1)公元前474年的执政官奥鲁斯·曼流斯·乌尔索内(Aulus Manlius Vulsone);(2)公元前500年的执政官塞尔维尤斯·苏尔毕求斯·卡麦里努斯·科尔努图斯(Servius Sulpicius Camerinus Cornutus);(3)公元前466年的执政官斯普流斯·波斯都缪斯·阿尔布斯·雷吉伦塞(Spurius Postumius Albus Regillense)。参见徐国栋:《〈十二表法〉研究》,第45—46页。
② Livy. 3, 31. 关于此次考察的详细情况及记载,参见徐国栋:《〈十二表法〉研究》,第40—45页。
③ [日]盐野七生:《罗马人的故事Ⅰ:罗马不是一天建成的》,第115页。

作为贵族与平民阶级再次妥协的产物,十人立法委员会(decemiviri legibus scribundis)于公元前451年设立,十位委员分别是:当年的两位执政官阿庇尤斯·克劳狄乌斯(Appius Claudius)和提图斯·杰努求斯·奥古里努斯(Titus Genucius Augurinus),前一年的一位执政官,前述三位去希腊考察的使团成员以及四位德高望重者。① 十人立法委员会的成员全部由贵族担任,但妥协的条件是元老院不得废除之前通过的《将阿文庭山上的土地收归国有的伊其利法》和《神圣约法》。

十人立法委员会是罗马共和国早期政制的一次新的尝试。该立法委员会成立后,拥有全部的军事和民政大权,包括执政官在内的所有的正常官职都被中止,申诉(provocatio)制度被取消,平民护民官和营造官也中止了选举。对此,李维说道:

> 罗马建城第三百零二年(公元前451年——引者注)再次改变了国家政制,国家权力转移了,由执政官转给十人立法委员会,就像以前由国王转给了执政官那样。这一改变由于存在时间不很长,因而不是很有名。②

十人立法委员会的领导权由阿庇尤斯·克劳狄乌斯掌握,但平民对此似乎毫无异议。究其原因,或许是平民阶层对于法律公开化、统一化和平等化的强烈渴望。对此,有论者指出:

> 十人委员会是两个阶级之间某种协议的产物,即使文献中没

---

① 参见[意]弗朗切斯科·德·马尔蒂诺:《罗马政制史》第1卷,第223页;徐国栋:《〈十二表法〉研究》,第45—46页。
② Livy. 3, 33.

第三章　从王政垮台到斗争结束:共和政制的确立

有明确这样说,但一样可以接受的一种信息是:法律的法典化主要为平民所期盼(尽管并非仅仅是他们),他们为此目标已经奔走斗争多年。①

同时,部分贵族也感到有必要对统治权加以限制,进而制定一部成文法。因此,可以说,十人立法委员会和《十二表法》的制定"是平民和一部分贵族之间建立政治联合的结果"②。

当然,十人立法委员会也是相当尽职的。他们尽其智力所能,实现了不论高低贵贱,法律面前人人平等。他们于公元前451年拟定了十表法律,将其提交公众评议和讨论,并在各种修改意见的基础上,将其交由百人团民众大会表决,最终获得通过。③ 后来,有人故意散布流言,说该法还缺少两表,于是,公元前450年,罗马又选举了第二个十人立法委员会,据说其中包括了5位平民。④ 值得注意的是,这也是早期罗马共和政制中平民阶层首次进入统治阶层的实例。同年,该委员会又制定了两表法律,其中包含了贵族与平民之间禁止通婚的规定。⑤ 因此,这两表也被称为"不公正的表板"。⑥

公元前449年,新执政官瓦勒里·波提托(L. Valerius Potitus)和奥拉兹·巴尔巴多(M. Orazius Barbatus)将刻在铜板上的《十二表法》公

---

① ［意］马里奥·塔拉曼卡主编:《罗马法史纲》上卷,第110页。
② ［意］弗朗切斯科·德·马尔蒂诺:《罗马政制史》第1卷,第226页。
③ 参见［意］弗朗切斯科·德·马尔蒂诺:《罗马政制史》第1卷,第224页。
④ 有关第二个十人立法委员会的具体成员及其中的五位平民的情况。参见徐国栋:《〈十二表法〉研究》,第46—47页。
⑤ 需要说明的是,这项禁止平民与贵族通婚的法令,标志着贵族从共和时代起对外停止吸收新的成分,对内以禁止通婚的方式来防止贵族和平民的混合,进一步发展成为一个完全封闭的等级。参见施治生、徐建新主编:《古代国家的等级制度》,第319页。
⑥ 例如,西塞罗就对后两表法律,尤其是平民与贵族不得通婚的规定,提出了批判。参见［古罗马］西塞罗:《论共和国(附〈论法律〉)》,第77页。

之于众。该法被罗马人誉为"一切公法和私法的渊源"①。《十二表法》颁布的意义在于:(1)法律不再被视为不可变动且不可讨论的存在;(2)从前从属于宗教,且只有贵族祭司才能掌握的法律,现在为贵族与平民共有之物;(3)立法者不再代表宗教传统,转而代表民众意见,人的意志可以改变它。②

(四)十人立法委员会的倒台与《瓦勒里和奥拉兹法》的制定

传统的历史叙事认为,公元前450年,阿庇尤斯·克劳狄乌斯领导的第二个十人立法委员会实行专制统治,"它增加了插有斧头的束棒,到处制造恐惧,声称希望将自己转变为十人王,它在元老院和民众中扼杀一切要求自由的呼声,并且也反对平民"③。公元前449年,十人立法委员会的权力期限届满,但他们不打算交权。同时,反对他们的平民领袖卢奇乌斯·西奇乌斯(L. Siccio)被杀以及平民少女"维尔吉尼娅(Virginia)事件"④等在"高傲者"塔克文倒台时似曾相识的历史重演,并在罗马政制史上引发了再一次的"革命"。平民也因此进行了第二次撤离运动。⑤ 此后,十人立法委员会被元老院取缔,阿庇尤斯·克劳狄乌斯因被指控而自杀,原先政制的一些做法又被恢复,瓦勒里和奥拉兹

---

① Livy. 3, 34.
② 参见[法]库朗热:《古代城邦——古希腊罗马祭祀、权利和政制研究》,第288—289页。
③ [意]朱塞佩·格罗索:《罗马法史》,第63—64页。
④ 关于此事件的详细内容,参见[英]安东尼·艾福瑞特:《罗马的崛起:帝国的建立》,第113—115页。
⑤ 关于罗马平民的第二次撤离运动,详见徐国栋:《论平民的五次撤离与消极权的产生》,载徐国栋:《罗马公法要论》,北京大学出版社2014年版,第35—37页。

成为当年的执政官,十名平民保民官也再次出现在罗马政制之中。①

然而,这样的历史叙事遭到了后世学者的强烈质疑,因为人们无法理解,为何阿庇尤斯·克劳狄乌斯领导第一个十人立法委员会以公正的方式进行治理,并得到平民的爱戴,而时隔一年,他领导的第二个十人立法委员会却立刻变成了一个令人讨厌的专制政府,甚至要推翻共和国,以王权取而代之。事实上,蒙森就对第二个十人立法委员会的历史叙事给予了否定,认为它们是伪造的。② 于是,有论者建议:"最简单的解决办法似乎是扔掉所有关于第二个十人立法委员会的叙述,而停留于第一个十人立法委员会的叙述的历史真实性。"③

但是,马尔蒂诺认为这是一种简单粗暴的解决办法,因为它未能考虑编年史作者在《官员名录》中对第二个十人立法委员会的真实记录。他认为正确的解释应该是,第二个十人立法委员会在任职期间没有进行任何立法活动,它并非一个立法性质的委员会,而是一个由两大阶级组成的雅典执政官式的官职机构。④ 之所以如此,是因为在十人立法委员会中,平民和以阿庇尤斯·克劳狄乌斯为代表的部分贵族已经形成某种联合,而这种联合违背了其他贵族的利益。于是,公元前449年,以瓦勒里和奥拉兹家族为代表的贵族势力破坏了平民与克劳狄乌斯领

---

① 需要注意的是,有一种观点认为,平民保民官是因此事件而于公元前449年设立的。如瓦罗(《论拉丁语》5.81)就认为,"平民保民官"这一术语源于"克鲁斯图迈里乌姆(Crustumerium)撤离运动"期间从军队指挥官中最初挑选出这批官吏时采用的称呼。详见[英]F. W. 沃尔班克、A. E. 阿斯廷等编:《剑桥古代史·第7卷:罗马的兴起至公元前220年》第2分册,第247页。

② 参见[德]特奥多尔·蒙森:《罗马史》第2卷,第286页。另外,科瓦略夫也指出:"关于维尔吉尼娅的那一段故事是显明的'各民族中间流行的情节',许多细节都是捏造出来的。"[俄]科瓦略夫:《古代罗马史》,第91页。

③ [意]弗朗切斯科·德·马尔蒂诺:《罗马政制史》第1卷,第228页。

④ 参见[意]弗朗切斯科·德·马尔蒂诺:《罗马政制史》第1卷,第230页。

导的派别之间先前建立起来的联盟,并通过编造"似曾相识"的性丑闻故事,极力丑化克劳狄乌斯及其领导的第二个十人立法委员会。实际上,《十二表法》中后两表侵害平民利益的规定并不是由第二个十人立法委员会制定的,包含了通婚禁令的那些不平等的法律也是后来的执政官所制定的。① 对此,马尔蒂诺明确指出:

> 事实上,无论如何,这些表是通过那些可能复辟了共和政体的人公布的,因此批准它们的责任终究应归于推翻十人立法委员会的那一派。如果就连敌视克劳迪的编年史传统叙述也不能否认关于瓦勒里和奥拉兹参加了《十二表法》的最终颁布的记载,那么推定 Diodoro 的说法可信,并且最后两个表的法律是在十人立法委员会倒台之后增补的,这是合乎逻辑的。②

因此,公元前449年瓦勒里和奥拉兹推翻的十人立法委员会是一种平民与贵族联合、带有民主制色彩的政制,而他们所恢复的是之前那种贵族占据主导、具有压迫性的贵族制。例如,两位执政官推翻十人立法委员会之后,规定平民永远被排除在官职之外,只勉强对平民官员给予承认。罗马共和政制史上的十人立法委员会就这样结束了。对此,李维感叹道:

> 十人委员会在枝繁叶茂的开始之后,很快被证明是一棵不会

---

① 例如,古罗马史学家狄奥多鲁斯就认为:"瓦勒里乌斯与荷拉提乌斯仅仅编撰了最后两表,并将全部十二表拿出来公开展示而已。"参见[英]F. W. 沃尔班克、A. E. 阿斯廷等编:《剑桥古代史·第7卷:罗马的兴起至公元前220年》第2分册,第247页。
② [意]弗朗切斯科·德·马尔蒂诺:《罗马政制史》第1卷,第228—229页。类似的说法,亦可参见[意]朱塞佩·格罗索:《罗马法史》,第69页。

第三章 从王政垮台到斗争结束:共和政制的确立

结果的树木,都是木头,没有果实,所以它无法延续下去。①

结局也许并不如李维说的那么悲观,毕竟十人立法委员会制定了前十表法典。如果考虑到法典中某些对于平民权利的规定,那么这个委员会的存在在罗马政制史或法制史上显然是具有意义的。

当然,我们也必须认识到,十人立法委员会的短暂插曲代表了根除贵族制政体原则的一种尝试,是将各阶级统一于城邦之中的诸多尝试之一。这再一次说明了罗马共和政制的确立不是一蹴而就的,其间充满了反复与曲折。

尽管十人立法委员会的垮台是贵族制政制复辟的结果,但是这并不意味着复辟统治可以无视过往平民阶层的抗争。于是,我们看到瓦勒里和奥拉兹这两位执政官在十人立法委员会倒台后,立刻颁布了《十二表法》,同时还颁布了有利于平民、被视为共和国政制之基础的三部法律。这三部法律被统称为《瓦勒里和奥拉兹法》②(Leggi Valerie Orazie)。

第一部是《有关平民会决议的瓦勒里法》(Lex de Plebiscitis)。它承认平民部落大会的决议对全体人民都有约束力。当然,大部分学者都认为这部法律是对之后公元前 339 年《关于元老院批准的普布利流斯·菲罗法》(Lex Publilia Philonis de auctoritate patrum),甚至是公元前 287 年《霍尔滕西法》(Lex Hortensia)"不令人信服的提前"③。因为按照传统的观点,平民部落大会的决议对全体罗马人民真正具有约束力,

---

① Livy. 3, 33, 2.转引自[英]安东尼·艾福瑞特:《罗马的崛起:帝国的建立》,第112页。
② 需要说明的是,该法也被翻译为《瓦雷流斯和奥拉求斯法》,参见齐云、徐国栋:《罗马的法律与元老院决议大全》,第233—234页。
③ [意]马里奥·塔拉曼卡主编:《罗马法史纲》上卷,第112页;另见[意]朱塞佩·格罗索:《罗马法史》,第70页。

是从后两部法律开始的。那么,这里《有关平民会决议的瓦勒里法》应当指的是全体罗马人民对平民部落大会选举的平民们的官员予以认可。对此,有论者指出:

> 据此,平民大众(或者更恰当地说是某些平民家族)在城市生活中更为明显地承担了新的经济、军事,因此也有政治上的职能角色,这也就相应地决定了在长期的相互对立的历史进程结束之际,把平民阶级的官职与制度吸收到了共和国的体制范围里来,以免其具有一种革命性的特征。①

同时,这部法律也构成了《瓦勒里和奥拉兹法》中第二部法律的一个预备性条款。

第二部法律是上文提到的《有关保民官权力的瓦勒里法》(Lex de tribunicia potestate)。该法再一次确认了前述公元前 493 年《神圣约法》中平民保民官具有人身不可侵犯性的规定。实际上,之所以这里再次确认此规定,很大程度上是因为该规定后来在实践中对贵族们并没有约束力,而以法律的形式进行确认则是为了改变这一现象。② 这部法律与前述第一部法律一样,都体现为共同体对于平民阶层的某种承认。对此,有论者指出:

> 自此,一种由平民约誓(iusiurandum plebis)规定的从根本上具有革命性的制裁手段,转变为整个共同体批准通过的对平民领袖

---

① [意]马里奥·塔拉曼卡主编:《罗马法史纲》上卷,第 112 页。
② 李维曾对比了公元前 493 年《神圣约法》和公元前 449 年《有关保民官权力的瓦勒里法》的内容,详见[意]朱塞佩·格罗索:《罗马法史》,第 56—58 页。

第三章　从王政垮台到斗争结束：共和政制的确立

的人身加以法律——宗教性保护的手段。①

第三部是有关申诉制度的法律。由于在十人立法委员会期间申诉制度被取消了，该法实际上是在恢复"向人民申诉制度"(provocatio ad populum)这一宪制保障，将献祭作为惩罚手段，来禁止创设任何可以免受申诉制度约束的官职。② 罗马公法学者这样评价"向人民申诉制度"：

> 这种制度是共和国政制的支柱之一，因官员以强制方式行使治权而受到惩治的市民能够要求在民众大会面前创设一种常设的程序，以此免死或者逃脱通常会被处以死刑的惩治。不过，文献中对此的评估与近来所支持的那种假设并不相符，根据该假说，申诉制度最初是随着两大阶级斗争的兴起而由平民对抗贵族的一种防御性武器手段所构成的，只是表现得更像是贵族阶级为了自己的利益而引入的一种救济手段，为的是防止他们的官员可能出现的滥权：理论上这种救济也向平民开放，但在共和国最早的时候，他们在实践中却很难能够用得上，因为当时贵族们垄断了权力。③

需要说明的是，传统编年史书的文献中保留了三个有关申诉制度的《瓦勒里法》：第一个是公元前509年的《瓦勒里法》(Lex Valeria)，这是由执政官瓦勒里·布布里科拉(P. Valerius Publicola)于共和国建立

---

① ［意］马里奥·塔拉曼卡主编：《罗马法史纲》上卷，第113页。
② 参见［意］马里奥·塔拉曼卡主编：《罗马法史纲》上卷，第113页。
③ ［意］马里奥·塔拉曼卡主编：《罗马法史纲》上卷，第103页。

当年提议并在百人团民众大会获得通过的法律,该法规定"任何官员都不得鞭笞及处死一位向人民申诉的市民";第二个是公元前449年的《瓦勒里和奥拉兹法》,由执政官瓦勒里·波提托和奥拉兹·巴尔巴多在十人立法委员会倒台之后提出,旨在禁止未来创设出任何可以免于申诉制度约束的其他官职;第三个是公元前300年的《瓦勒里法》,该法被记在瓦勒里·科尔沃(M. Valerius Corve)名下,其内容与公元前509年的那部法律相似。但据李维所说,它获得"一种更加强有力的批准方式",因为它会宣告官员不顾申诉制度而鞭笞并处死一位市民的行为违反该法令,因而该官员"应受到惩罚"。①

许多学者认为,这三部法律中只有公元前300年那部《瓦勒里法》是真实的,其他两部可能是编年史作者们的年代前置。② 但是,考虑到公元前449年《瓦勒里和奥拉兹法》与另外两部规定内容有所不同,以及同年颁布的《十二表法》中也有"处公民死刑的判决,非经百人团大会不得为之"③的相关规定,再加上公元前454年《阿特里·塔尔佩法》(Lex Ateria Tarpeia)和公元前452年《梅内尼·塞斯蒂法》(Lex Menenia Sextia)确立了"官员们能够处以罚金且数量是不受向人民申诉约束的最大限额"的规定,④我们有理由认为公元前449年的《瓦勒里和奥拉兹法》不是空穴来风的。

由对公元前449年《瓦勒里和奥拉兹法》所包含的这三部法律的内容介绍可知,平民选举的官员的人身、平民部落大会的部分决议以及平

---

① [意]马里奥·塔拉曼卡主编:《罗马法史纲》上卷,第104页。
② 参见[意]弗朗切斯科·德·马尔蒂诺:《罗马政制史》第1卷,第233页。
③ 关于该条的详细内容,参见徐国栋:《〈十二表法〉研究》,第263—264页。
④ 这两部法律进一步限制了官员们的强制性权力,规定他们能够根据其权力开出罚金的最大限额是30头公牛加2头绵羊(约合3 020阿斯铸印金币),超过这一限额就可授予向人民申诉的权利。参见[意]马里奥·塔拉曼卡主编:《罗马法史纲》上卷,第108页。

民涉及生命的申诉权利都不同程度地得到了城邦国家的认可和保护,城邦国家越来越倾向于用制度或者法律的形式接纳平民阶层,将他们逐渐吸收到城邦共同体的体制当中。对此,马尔蒂诺指出:

> 很明显,瓦勒里法的妥协和对平民组织的承认具有重要的意义。公元前449年,贵族不再能够将一种压制性的权力强加于平民,因为平民的政治和经济力量开始变得明显。①

蒙森也评论道:

> 这场斗争原为取消保民官权力才开始进行的,结局却再次明确承认了他的权力:他不但能受理含冤人的上诉而取消个别官府的文书,而且能斟酌情形取消国家任何机关的决策。人们以最神圣的誓约和宗教所能呈献的敬畏心,也同样以正式的法律,来保障保民官的人身安全,以及他的同僚任期永不中断,其人数永无缺额。自此以后,罗马不再有人试图裁撤这种官职。②

(五) 平民追求最高官职的努力与相关政制的构建

平民在制度上和法律上获得一定程度的承认后,将斗争的下一个目标放在了那些为贵族所把持的最高官职上。于是,在罗马共和国政制史上,平民再一次利用其惯常的撤离手段,以分裂城邦共同体为威胁,换取贵族阶层的妥协。

---

① [意]弗朗切斯科·德·马尔蒂诺:《罗马政制史》第1卷,第236页。
② [德]特奥多尔·蒙森:《罗马史》第2卷,第287页。

针对平民的第三次撤离运动,公元前445年平民护民官盖尤·卡努勒亚(Gaius Canuleius)提议,废除贵族与平民不得通婚且在《十二表法》中被重申的这一法令。贵族们经过激烈的讨论才勉强同意了此提议,但作为"对价",平民必须放弃担任城市最高官职的要求。于是,公元前445年,这部标志着平民阶层获得根本性胜利之一的公共法律(lex publica)——《关于贵族和平民结婚的卡努勒亚法》(Lex Canuleia de conubio Partum et plebis)出台了。①

需要注意的是,这部法律不是像惯常那样以执政官的名字命名,而首次在罗马政制史上使用了平民保民官的名字。这一不同寻常的改变一方面表明此时平民阶层的力量在罗马政制中日益强大,另一方面也说明公元前449年《有关平民会决议的瓦勒里法》规定的平民部落大会决议的效力只限于全体罗马人民对该大会选举出的平民官员予以认可,而非该大会做出的所有决议。如若不然,平民们大可通过平民部落大会的决议废除禁令,根本无需理会贵族们的意见。

《关于贵族和平民结婚的卡努勒亚法》的意义不仅在于原先分属贵族氏族和平民家庭的成员之间的婚姻获得了合法性,更为重要的是与贵族结婚的平民及其子女获得了原先只有贵族成员才能参与的氏族祭圣活动以及担任公共鸟卜官的资格,打破了"罗马原住的宗教和平民宗教之间存在着的某种不可通约性"②。因此,该法实际上为之后平民阶层在罗马行使"治权"扫除了法律—宗教方面的障碍,为他们成为罗马城邦国家的完全公民开辟了道路。

根据李维的记载,当平民保民官盖尤·卡努勒亚提出法案时,其他

---

① 关于罗马平民的第三次撤离运动,详见徐国栋:《论平民的五次撤离与消极权的产生》,第37—38页。

② [意]马里奥·塔拉曼卡主编:《罗马法史纲》上卷,第114页。

保民官也曾试图推进另一项改革,即要求执政官可以从平民中挑选。贵族并未同意这项争夺城邦最高官职的要求,但是迫于压力,双方达成一项替代性解决方案,即不任命执政官,而是将执政官的治权授予军团长,因而"行使执政官权力的军团长"亦被称为"军团长官"。① 他们可以同时从贵族和平民中挑选。于是,在公元前444年的《执政官年鉴》上,3名"行使执政官权力的军团长"的名字取代了2名执政官。② 蒙森曾经提出为何贵族会同意平民担任"行使执政官权力的军团长"的疑问。他说道:

> 问题很明显,贵族现今不得不放弃其独占最高长官之权,又不得在此事上让步,他们仍不肯给平民以最高长官的名义,仍用这种奇怪的方式把执政官职位让给平民,这对于他们究有何益?③

对此,他的解释是:如果让平民担任了最高官职——执政官,则意味着平民出身的他们也可以获得与执政官权力相关联的荣誉(如祖荫之权和凯旋荣典),同时也意味着他们获得了在元老院辩论的权力;而仅允许平民担任"行使执政官权力的军团长"之职,不许其居执政官之位,则可以巧妙地规避这一点。④

当然,从公元前444年到前367年,"行使执政官权力的军团长"的数量一直不确定:起初是2—3名,晚些时候是2—4名,最后是2—6名。

---

① 有论者将其翻译为"军事保民官"。参见杨俊明:《古罗马政体与官制史》,第107—110页。
② 参见[意]朱塞佩·格罗索:《罗马法史》,第71页。
③ [德]特奥多尔·蒙森:《罗马史》第2卷,第290页。
④ 参见[德]特奥多尔·蒙森:《罗马史》第2卷,第290—291页。

最后一个6名成员的集体被记载于公元前367年。① 不过,有学者提醒我们:

> 即使在集体成员达到三名、四名或者六名的时候,他们中的两位仍然拥有更多更大的权威,并且常常被这类文献称之为"执政官"。换言之,就是通常选出两名"执政官",如有必要,则并置其他官员,它们亦拥有"执政官权力"。②

这即是说,在公元前444年至前367年这段时间,罗马政制的最高官职出现了"行使执政官权力的军团长"和执政官轮流执政的现象。当那一年只有2名最高官员时,这2名最高官员就是执政官;当出现了3名、4名或者6名最高官员时,其中有2名仍属于执政官,且拥有更大权威,而其他的则属于"行使执政官权力的军团长"。

造成这一现象的原因有两方面。③ 一是军事方面,即对外战事增多,因此需要更多享有"治权"的军事指挥官。有学者甚至认为:"一直到高卢战争之前,在战争年代选举军团长官,在和平年代则选举执政官。"④二是行政管理方面,即极其复杂的城邦管理工作使2名执政官无法应对,战争期间尤其如此,因此在2名执政官之下将"治权"赋予一些从属于他们的官员,实属无奈。⑤

需要说明的是,尽管公元前444年罗马政制中出现的"行使执政官

---

① 参见[意]马里奥·塔拉曼卡主编:《罗马法史纲》上卷,第135—136页。
② [意]马里奥·塔拉曼卡主编:《罗马法史纲》上卷,第136页。
③ 参见[英]F. W. 沃尔班克、A. E. 阿斯廷等编:《剑桥古代史·第7卷:罗马的兴起至公元前220年》第2分册,第209—210页。
④ 转引自[意]弗朗切斯科·德·马尔蒂诺:《罗马政制史》第1卷,第237页。
⑤ 参见[意]弗朗切斯科·德·马尔蒂诺:《罗马政制史》第1卷,第241页。

权力的军团长"是平民阶层以制度允许的方式进入城邦最高官职的途径,意义重大,但颇为奇怪的是,在长达近 80 年的时间里,平民只在公元前 444 年(1 名)、公元前 422 年(1 名)、公元前 399 年(5 名)、公元前 396 年(5 名)、公元前 388 年(1 名)、公元前 383 年(1 名)和公元前 379 年(3 或 5 名)担任过这一官职,总共也不超过 20 人。① 究其原因,或许是在于"行使执政官权力的军团长"是在百人团民众大会中选出的,② 平民此时在此会议中实际上仍未取得支配性地位。因此可以说,平民们试图通过"行使执政官权力的军团长"来实现担任城邦最高官职的努力并不成功。

平民与贵族争夺城邦最高官职的斗争,在一定程度上也催生了罗马政制中监察官(censore)的设置。已经同意选举平民担任"行使执政官权力的军团长"的贵族们为了将更多的城邦最高官职保留在本阶层手中,在选举军团长官的第二年,即公元前 443 年,任命了 2 名最早的监察官——L. 帕庇琉斯·穆吉拉努斯(L. Papirius Mugillanus)和 L. 塞姆普洛纽斯·阿特拉提努斯(L. Sempronius Atratinus)。③

除了因为贵族试图增加贵族官员数量的原因以外,分担执政官繁重的工作任务、配合百人团体制、编制市民名册以及对市民进行财产调查也是监察官产生的重要原因。对此,马尔蒂诺指出:

> 这样做的原因在于,已经有很多年没有进行财产调查了,执

---

① 公元前 444 至前 367 年"行使执政官权力的军团长"情况一览表,参见杨共乐:《罗马史纲要》,第 78—79 页。
② 参见[俄]科瓦略夫:《古代罗马史》,第 99 页。
③ 根据德拉蒙德的说法,首任监察官应为公元前 435 年的 C. 弗琉斯·帕奇路斯·福苏斯和 M. 格伽纽斯·马凯里努斯。参见[英]F. W. 沃尔班克、A. E. 阿斯廷等编:《剑桥古代史·第 7 卷:罗马的兴起至公元前 220 年》第 2 分册,第 212 页。

政官也没能致力于此,因为与许多民族的战争非常紧迫。此外,财产调查似乎不是与执政官身份相称的工作,而需要一个合适的官员,可能给他分配一些誊写人(scribi),让他负责管理和看护一些铜表,以及给予他财产调查程式仲裁(arbitrium formulae censendi)。①

与马尔蒂诺观点相类似的是,有论者认为,从起源上看,监察官是为分担军团长官的部分职责而产生的。该观点认为:

> 在十人委员会之后,很明显的是,他们在有其他职权的同时不能身兼如此重大的责任。因此,创设了新的"监察官"这一官职(从原则上,每五年选举一次;但实际上间隔期总是在变化)。不过,出现了一种情况:同一任务角色,有时候被文献认定为是监察官,有时又是军团长官。由此,一些人认为,他们也是被当作军团长官一样选举出来的,只是后来才承担起了特殊的使命,即监察官的权力[现代人因此称之为具有监察官权力的军团长官(tribuni militum censorial potestae)]。②

总之,无论监察官的起源是什么,都与平民追求最高官职的努力密不可分,这一点是毋庸置疑的。

监察官的人数最初是2个,任职年限最初是5年,因为人口登记大约每5年进行一次。然而,实际上他们并不是在整个5年期间都任职,

---

① [意]弗朗切斯科·德·马尔蒂诺:《罗马政制史》第1卷,第244页。
② [意]马里奥·塔拉曼卡主编:《罗马法史纲》上卷,第137页。

而只是在登记工作和随后进行的宗教仪式结束之前任职。公元前434年的《关于监察官的艾米流斯法》(Lex Aemilia de censura)将其最长任期确定为18个月。①

监察官最初的职责是相对简单的,但随着监察官获得了将不够条件的市民排除于骑士百人团甚至百人团体制之外的权力,其官职本身的尊严和威信得以迅速提升。② 这一权威使人们经常委托他们对罗马市民的名誉进行评判,并将此记录在"监察官评注"(nota censoria)之中。大约在公元前312年颁布的《关于挑选元老的奥维纽斯法》(Lex Oivina de senatus lectione),亦称《奥维纽斯平民会决议》,赋予了监察官从各个阶层中选拔元老院成员的权力。③ 此外,监察官还负有管理国有财产和公共工程的权力。

在这些职责中,公民调查对于罗马政制的实现和操作具有基础性意义。这是因为,公民调查是罗马人确认自身身份并被承认为公民、被赋予相应政治权利和承担义务的唯一合法方式。申言之,一个罗马人无论是通过出身还是授予的方式获得公民权,都必须在监察官进行公民调查时登记。监察官调查登记的结果是罗马对公民划分登记、征兵和征税的重要依据。

---

① 该法也称《关于监察官权力的百人团法》(Lex centuriata de bello indicendo),有人认为该法颁布于公元前366年。参见齐云、徐国栋:《罗马的法律与元老院决议大全》,第184页。

② 例如,第一等级的公民可能会被贬至第五等级,骑士可能会被夺走公共的马匹,某人可能会被某部落驱逐等。参见[匈]埃米尔·赖希:《希腊—罗马典制》,曹明、苏婉儿译,上海三联书店2020年版,第108—109页。

③ 参见[意]朱塞佩·格罗索:《罗马法史》,第133页。

四、公元前 367 年《李锡尼—塞克斯图法》与共和政制的确立

自公元前 5 世纪起,在平民与贵族斗争的推动下,罗马共和政制得以不断丰富和发展。经过近一个世纪的斗争,平民阶层不仅拥有了自己的"自治实体"和官员,而且逐渐在法律上获得了与贵族阶层平等的地位,并在十人立法委员会和"行使执政官权力的军团长"这两个时期中的部分时间里"担任"过城邦最高官员。然而截至公元前 4 世纪初,平民关于罗马公地的要求仍被贵族拒绝,在最高官员任职上的平等还未彻底地实现。平民阶层距离成为完全意义上的罗马公民"还差最后一公里"。

(一)《李锡尼—塞克斯图法》的制定与内容

在经过公元前 5 世纪中叶激烈的斗争后,平民与贵族通过各种政制的设计,在政治方面达成了一定程度上的妥协。由于持续 10 年之久的第三次维爱战争(公元前 405—前 396)胜利,①公元前 393 年平民获得了每人 7 尤格的罗马公地,经济方面的矛盾也趋于缓和。② 然而,两阶层的平衡状态被公元前 390 年高卢人的入侵打破。高卢人对于罗马城的焚烧与掠夺以及后来 300 千克金块的赎金,引发了新的经济危机,

---

① 据英国学者康奈尔考,经过公元前 396 年维爱战争后,罗马的领土面积从公元前 509 年的大约 822 平方千米,增加到约 1 582 平方千米。参见[英]F. W. 沃尔班克、A. E. 阿斯廷等编:《剑桥古代史·第 7 卷:罗马的兴起至公元前 220 年》第 2 分册,第 340 页。

② Livy. 5, 30.

平民负债问题再一次凸显出来。① 最典型的表现就是公元前 385 年马尔库斯·曼里乌斯·卡皮托林(Marcus Manlius Capitolinus)领导的平民债务人的运动。② 在经济债务问题的推动下,平民阶层再一次将他们争夺城邦最高官职的斗争目标拿了出来。对此,李维记载道:

> 要求变革的借口显然是债务重负,平民们认为除了努力将平民阶层的成员推向拥有最高权力的官职,没有其他途径可以解决他们的这些不平等问题。③

传统历史叙事认为,这场"平民革命"的主要领导者是两位平民护民官:盖尤·李锡尼·斯托洛内(Gaius Licinius Stolo)和卢齐奥·塞克斯图·拉特兰诺(Lucius Sextius Lateranus)。盖尤·李锡尼·斯托洛内是贵族法比奥·安布斯托(M. Fabio Ambusto)的女婿。按照李维的说法,公元前 376 年至前 367 年的改革源于法比奥·安布斯托的指导和建议。④ 公元前 376 年,平民保民官李锡尼和塞克斯图率先提出法律草案,要求减轻债务,将土地占有限制在 500 尤格,取消"行使执政官权力的军团长",任命执政官,并允许一个平民担任最高官职。⑤

这些提案尤其是允许平民担任执政官的内容触及贵族们的底线,因此遭到贵族的反对而未被通过。贵族们甚至动用一些手段来收买其

---

① 参见[英]F. W. 沃尔班克、A. E. 阿斯廷等编:《剑桥古代史·第 7 卷:罗马的兴起至公元前 220 年》第 2 分册,第 362 页。
② 参见[俄]科瓦略夫:《古代罗马史》,第 102—103 页。
③ Livy. 5, 35.
④ Livy. 6, 34.
⑤ Livy. 6, 34. 此提案更为详细版本的内容,参见[德]特奥多尔·蒙森:《罗马史》第 2 卷,第 295—296 页。

他平民保民官,让他们运用手中的否决权否决提案。而李锡尼和塞克斯图反过来又对百人团民众大会提出否决,阻止任命城邦的官员。于是,从公元前375年至前371年,罗马出现了5年被李维称为"官职的荒芜"的"无政府主义时期"。公元前367年,贵族出身的弗里奥·卡米卢斯(Furio Camillo)再次当选独裁官,情势迫使平民保民官的提案被接受,百人团民众大会选举了平民出身的卢齐奥·塞克斯图·拉特兰诺担任首位执政官。但是,元老院拒绝准可百人团民众大会的决议。为此,独裁官卡米卢斯通过一个补充的妥协,即任命一个保留给贵族出身的享有"治权"且主要行使司法权的裁判官,换取了元老们的"准可"。与此同时,在这一年,贵族们也仿照平民营造官的设置,创设了专属于贵族的新官职——贵族营造官。贵族营造官与平民营造官平起平坐,职责相同。经过长达10年的斗争,《李锡尼—塞克斯图法》于公元前367年出台。

关于公元前367《李锡尼—塞克斯图法》的内容,主要包括前面提及的平民阶层与贵族阶层斗争的政治、经济两大方面,涉及政治权利平等、罗马公地分配和债务奴役三大问题。①

《李锡尼—塞克斯图法》第一条是涉及"债务法案"的规定。根据李维的记载:

> 第一条法案是关于债务,要求从债务总数中除去已作为利息给付的部分,其余的平均分成三年付清……所有这些内容,不经过

---

① 当然,康奈尔认为李维著作中关于《李锡尼—塞克斯图法》的叙述都是混乱和错误的。参见[英]F. W.沃尔班克、A. E.阿斯廷等编:《剑桥古代史·第7卷:罗马的兴起至公元前220年》第2分册,第366—367页。

巨大的斗争是不可能实现的。①

该条实际上表达了三层意思：第一，取消债务人理应支付的利息；第二，如果债务人已经支付了部分利息，这部分已经支付的利息抵作本金，从中扣除；第三，剩余未偿部分可分三年还清。很明显，这一条款主要解决的是减轻债务人借贷高额的利息问题，而对债务奴役问题并没有太多涉及。在该法案的影响下，公元前357年，罗马把借贷的最高利息限定为1/12，10年以后即公元前347年又把原有利率减半。公元前344年，通过延期偿付令。② 公元前342年，在平民第四次撤离运动的影响下，平民保民官路克尤斯·格努奇乌斯（Lucius Genucius）提出《关于放债的格努奇乌斯法》（Lex Genucia de feneratione），禁止放债，违者以公犯论，受破廉耻的宣告。③ 公元前326年，《佩铁里乌斯和帕披里乌斯法》（Lex Poetelia Paoiria）彻底取消了罗马的债务奴役制。④ 对此，康奈尔指出：

> 《波提利乌斯法》（《佩铁里乌斯和帕披里乌斯法》——引者注）标志着一个长期的社会转型过程的结束。到这个时候，平民对土地的渴求已经由于征服活动和新地区的殖民而基本得到了满足。由于成功的军事活动、广泛的土地分配和殖民计划而促成的经济条件的改善，必将意味着平民已经逐步从沦为债奴的命运中解放出来。很可能到了第二次萨莫奈战争（公元前327—前304

---

① Livy. 6, 35.
② 杨共乐：《罗马史纲要》，第80页。
③ 参见徐国栋：《论平民的五次撤离与消极权的产生》，第38—40页。
④ 参见[俄]科瓦略夫：《古代罗马史》，第106—107页。

年)开始的时候,"债务奴役"已经成为一个过去时代的遗迹。①

《李锡尼—塞克斯图法》第二条是涉及"土地法案"的规定,亦称《关于土地界限的李锡尼法》。关于"土地法案"的内容,古罗马时代的李维、阿庇安(Appian)、瓦罗、普鲁塔克以及革利乌斯均在其著作中有所记载。②纵观这些记载,大致可知"土地法案"主要涉及两方面内容:一方面是将罗马国家内个人能够占有罗马公地的最高限额设定为500尤格;另一方面是设定土地占有人在土地上进行放牧的牲畜数量以100头牛或500头羊为限。该法案不仅明确限制了贵族们对于罗马公地的占有数量以及使用限额,而且为平民阶层占有罗马公地创造了条件,甚至"第一次允许平民占有公地"③。同时,该法案的颁布意味着自此以后"公地占有利用的模式不再由'习俗'(mores)来调整,而改由'制定法'(leges)规制"④。当然,对于"土地法案"的局限性,英国学者康奈尔评价道:

> 它(土地法案——引者注)并没有建立起一种以国家的名义收

---

① [英]F. W. 沃尔班克、A. E. 阿斯廷等编:《剑桥古代史·第7卷:罗马的兴起至公元前220年》第2分册,第365页。
② 参见 Livy. 6, 35;[古罗马]阿庇安:《罗马史:内战史》,谢德风译,商务印书馆1976年版,第8页;[古罗马]M. T. 瓦罗:《论农业》,王家绶译,商务印书馆1981年版,第22页;[古希腊]普鲁塔克:《希腊罗马名人传》,席代岳译,吉林出版集团有限责任公司2013年版,第1477页;[古罗马]奥卢斯·革利乌斯:《阿提卡之夜》第6—10卷,周维明等译,中国法制出版社2018年版,第14页。
③ [意]缇比莱托:《公地占有与至格拉古时期的限制土地规模的法律》。转引自汪洋:《罗马共和国李其尼·塞斯蒂亚法研究——公元前4—3世纪罗马公地利用模式诸类型》,第43页。
④ 汪洋:《罗马共和国李其尼·塞斯蒂亚法研究——公元前4—3世纪罗马公地利用模式诸类型》,第45页。

回这些多出部分的制度,也没有包含任何把公有地分配给平民的措施。它所关心的仅仅是占有权(possessio)问题,在这方面,它与提比略·格拉古的农业法不同,前者只对后者提供了部分参考作用。①

《李锡尼—塞克斯图法》第三条是涉及平民担任最高官职"政治法案"的规定。对此,李维在《罗马史》中用三个片段记载:

> 第三条法案规定不再举行民众选举军政官,从平民中选举两位执政官中的一位;所有这些内容,不经过巨大的斗争是不可能实现的。②
> 尖锐的斗争迫使独裁官和元老院屈服,接受了保民官的提案;尽管贵族反对,但仍然召开了选举执政官的民会,第一次选举了来自平民的卢齐奥·塞克斯图为执政官。不过斗争并没有就此结束。③
> 最后在独裁官的调停下,终于以这样的条件平息了纷争。贵族向平民让步,同意选举平民执政官,平民向贵族让步,同意从贵族中选举一个裁判官,主持城里的裁判事宜。就这样,经过长时间的斗争,两个阶层终于又恢复了和睦。④

显而易见的是,"政治法案"不仅取消了"行使执政官权力的军团长"制

---

① [英]F. W. 沃尔班克、A. E. 阿斯廷等编:《剑桥古代史·第7卷:罗马的兴起至公元前220年》第2分册,第359页。
② Livy. 6, 35.
③ Livy. 6, 42.
④ Livy. 6, 42.

度,恢复并稳定了共和国初期的执政官制度,而且实现了平民追求最高官职的最终目标。① 对此,马尔蒂诺指出:

> 因此,我们认为,大约在公元前 367 年,达到了罗马政制的一种新安排,不再选举军团长官代替最高官员,也不恢复古代的独任的官员或者不平等同僚制;最高的治权被授予两个叫做"执政官"的官员,……因此,最高的官职变成同僚制的,这样就能够保证平民获得担任城邦最高职务的法律能力。②

当然,康奈尔认为,"政治法案"并没有真正实现平民担任最高官职的目标。因为在公元前 355 年和公元前 343 年之间的很多年中,两位执政官都是贵族。而在公元前 342 年之后的近两个世纪里,两大阶层才真正实现了对于执政官官职的共享。因此,他认为:

> 公元前 367 年的法案不过就是恢复了执政官,从而取代了拥有执政官权力的军政官。……《李锡尼—绥克斯图法》的目标就是行政改革,由六个享有执政官权的军政官组成的不做区分的团体被由五个拥有各自不同职权的行政官员组成的更为复杂的制度所取代:他们是两位执政官,一位大法官(裁判官——引者注),两位

---

① 这里需要注意的是,根据狄奥多鲁斯的记载,实际上在公元前 449 年瓦勒里和奥拉兹推翻十人立法委员会时,贵族和平民之间就达成了一个执政官向平民开放的协议,但这个协议直到公元前 367 年才被通过。参见[英]F. W. 沃尔班克、A. E. 阿斯廷等编:《剑桥古代史·第 7 卷:罗马的兴起至公元前 220 年》第 2 分册,第 247 页。
② [意]弗朗切斯科·德·马尔蒂诺:《罗马政制史》第 1 卷,第 286 页。

牙座市政官(curule aediles,也称"贵族营造官"——引者注)。①

公元前366年,卢齐奥·塞克斯图·拉特兰诺成为第一位平民执政官,同时,也是第一个在其政治生涯担任过平民的和贵族的两种官职的罗马人。对于他的当选,蒙森评论道:"此人一当选,无论在事实上和法律上,氏族贵族即不再属于罗马政治制度范围。"②

(二)罗马共和政制的确立

随着公元前367年《李锡尼—塞克斯图法》的颁布,一个半世纪以来平民与贵族之间的斗争似乎达成了一种和解。对此,蒙森记载了一段贵族出身的独裁官弗里奥·卡米卢斯建立"和睦圣殿"的史实予以说明:

> 这几条法律通过之后,诸氏族的前列战士马尔库斯·弗里乌斯·卡米卢斯,在卡皮托尔山麓,在一块高出旧日公民齐集聚会之地,即会场的所在地,也就是元老院昔日时常集会的高坛上,建立起和睦圣殿。于是人们欣然相信,这个既成事实使他看出这业已迁延过久的争吵将告结束。这个宿将兼老政治家的最后公事,他那长久的光荣生涯应有的结局,便是以宗教的方式把人民的新和睦供献于神。他并不完全错误,自此以后,氏族中较有远见的人显然认为,他们独有的政治特权从此失落,乃安于与平民巨室共掌

---

① [英]F. W. 沃尔班克、A. E. 阿斯廷等编:《剑桥古代史·第7卷:罗马的兴起至公元前220年》第2分册,第370页。
② [德]特奥多尔·蒙森:《罗马史》第2卷,第297页。

国政。①

平民阶层通过他们特有的斗争方式,在经济、政治和社会等领域获得了与贵族平等的地位,逐渐实现了由不完全公民到完全公民的转变。有论者概括了这一艰难的过程:②

> 可以说,在公元前367年,被定义为"平民革命"的这一漫长的历史进程达到了顶峰。最初相对于罗马原始社会,平民们是外来人或者边缘人,被迫仅能召集属于自己的、有别于人民(populus)大会的那种大会,选举自己的代表来对抗共和国的执法官;晚些时候,他们随着塞尔维·图里乌王的改革而成为军队的一分子,而到公元前5世纪时则已经成为军队的基本组成部分。十人委员会的立法限制了官员们的专断,之后不久,平民保民官也被贵族们承认为是神圣不可侵犯的(sacro sancti);在婚姻关系上的《卡努勒亚平民会决议》则确定了两大阶级在民事和宗教层面上的平等,并接纳平民担任军团长官,它最终开启了平民走向执政官职位和政治平等权利的大道。③

更为重要的是,在平民与贵族的对抗、博弈和妥协过程中,罗马共和政制得以不断地丰富、完善和巩固。因此,罗马共和政制不是由抽象的和理论化的原则建构出来的,相反,平民与贵族关系的相互纠缠和角

---

① [德]特奥多尔·蒙森:《罗马史》第2卷,第297页。
② 对于这一过程的总结,亦可参见向东:《共和罗马与人民民主专政》,载何勤华主编:《外国法制史研究》,法律出版社2017年版,第420—422页。
③ [意]马里奥·塔拉曼卡主编:《罗马法史纲》上卷,第144—145页。

力构成了其背后的真正动力。对此,林托特指出:

> 罗马共和国政制……重大的发展源自贵族和平民的冲突,冲突虽然不是完全非暴力的,但至少没有重大的暴力活动。可是,最终的结果,我们可以公正地把它看作对立力量妥协的结果。①

《李锡尼—塞克斯图法》中的"政治法案"规定允许平民担任最高官职,意味着自此以后,几乎所有罗马政制中的官职都不应向平民们关闭。公元前356年,有1个平民当上独裁官,1个平民当上骑兵长官;公元前351年,有1个平民担任了监察官。公元前342年《格努奇乌斯法》(Lex Genucia)允许从平民中选举2位执政官,②并规定一个人在同一时候不能担任一个以上的官职,或者是在10年中两次担任同一官职。公元前337年,有1个平民担任了原先只有贵族才能担任的裁判官。公元前312年的《奥维纽斯平民会决议》(Plebiscito Ovinio)意味着代表贵族阶层利益的元老院也开始同意吸纳"各个阶层最优分子"进入元老院。不久以后,就连贵族们坚守的"最后堡垒"——大祭司和占卜官,也通过公元前300年的《奥古尔纽斯法》(Lex Ogulnia)向平民开放,4位平民被添加到4位现存的大祭司职位中,还有5位平民被添加到4位现存的占卜官职位当中。③ 到最后,贵族们只剩下一些几乎不具政治

---

① [英]安德鲁·林托特:《罗马共和国政制》,第52—53页。
② 康奈尔认为,从公元前342年开始,主管执政官选举的官员会要求每个百人队选出1个贵族和1个平民。公元前367年的法律使平民担任年度执政官之一成为可能,而公元前342年的法律则使之成为必须。参见[英]F. W. 沃尔班克、A. E. 阿斯廷等编:《剑桥古代史·第7卷:罗马的兴起至公元前220年》第2分册,第368—369页。
③ 参见[英]F. W. 沃尔班克、A. E. 阿斯廷等编:《剑桥古代史·第7卷:罗马的兴起至公元前220年》第2分册,第376页;[德]特奥多尔·蒙森:《罗马史》第2卷,第299页。

重要性的神职,即"圣王"、撒利舞神团体、朱庇特祭司、战神祭司和罗马祭司。① 对此,库朗热说道:"贵族一败涂地,直到失去他们的宗教特权,从此他们与平民无异,贵族最终成了一个名称及怀念而已。"②

不仅在官职上平民阶层与贵族阶层实现了平等,而且其在罗马政制中的地位也于《李锡尼—塞克斯图法》之后有所提升。公元前339年,独裁官普布利流斯·菲罗(Publilius Philonis)提议的数项法律获百人团民众大会通过。首先,《关于设立平民监察官的普布利流斯·菲罗法》(Lex Publilia Philonis de censore plebeio creando)规定,在2名监察官中应当至少有1人出身于平民。③ 其次,《关于设立平民会决议的普布利流斯·菲罗法》(Lex Publilia Philonis de plebiscitis)取消了元老院对平民部落大会决议的否决权,并要求长官将平民会做出的决定提交百人团民众大会通过。这一规定为后来平民部落大会决议效力的扩大化打下了基础。最后,《关于元老院批准的普布利流斯·菲罗法》将原先可以在事后推翻一项民众决议的"元老院准可权",降低为一种事先对任何有待人民表决的提案进行技术性审查的权力,即审查提案是否存在宗教上的问题。因为从词源上看,"auctoritas"这个词与占卜有关,意味着宗教上的"权威"。④

真正赋予平民部落大会决议对所有罗马市民具有约束力的法律是公元前287年的《霍尔滕西法》(Lex Hortensia)。该法是平民要求将征服的萨宾人的土地进行分配,随即撤离到加尼克罗(Gianicolo)山上进

---

① 参见[意]马里奥·塔拉曼卡主编:《罗马法史纲》上卷,第217—218页。
② [法]库朗热:《古代城邦——古希腊罗马祭祀、权利和政制研究》,第287页。
③ 参见齐云、徐国栋:《罗马的法律与元老院决议大全》,第224页。
④ 参见[英]F. W. 沃尔班克、A. E. 阿斯廷等编:《剑桥古代史·第7卷:罗马的兴起至公元前220年》第2分册,第375—376页。

行斗争,由独裁官霍尔滕西(Q. Hortensius)在说服平民之后制定的。①该法的颁布意味着平民部落大会的决议与百人团民众大会的决议具有同等效力,平民部落大会也获得立法权,"罗马人在立法过程中对平民的意愿有了更多的认可和尊重"②。对于公元前449年《有关平民会决议的瓦勒里法》、公元前339年《普布利流斯·菲罗法》和公元前287年《霍尔滕西法》这三部罗马共和国历史上涉及平民表决的法律及平民确切的法律地位问题,康奈尔给出了总结性的意见:

> 公元前449年的法律不情愿地承认了这一基本的原则,即平民大会可以通过法律,但却以某种方式又限制其自由地使用这种权利,例如,平民表决制定的法律必须得到元老院的认可,或者还要诉诸以后的人民大会的一个投票表决。如果这种观点成立的话,那么,这些所谓的限制在公元前339年的法律中就被部分地取消了,而到了公元前287年则被完全地消除了。③

至此,随着公元前287年《霍尔滕西法》的颁布,中后期的罗马共和国在理论上至少有"三个最高立法机关"。④

于是,我们看到自公元前367年《李锡尼—塞克斯图法》颁布开始,共和政制的各个构成元素基本稳固下来,平民与贵族之间的对抗日渐

---

① 公元前287年《霍尔滕西法》的出台是平民第五次撤离运动,也是最后一次撤离运动的成果。详见[意]弗朗切斯科·德·马尔蒂诺:《罗马政制史》第2卷,薛军译,北京大学出版社2014年版,第122页;徐国栋:《论平民的五次撤离与消极权的产生》,第39—40页。
② [德]克劳斯·布林格曼:《罗马共和国史:自建城至奥古斯都时代》,刘智译,华东师范大学出版社2014年版,第55页。
③ [英]F. W. 沃尔班克、A. E. 阿斯廷等编:《剑桥古代史·第7卷:罗马的兴起至公元前220年》第2分册,第374页。
④ 参见[英]H. F. 乔治维茨、巴里·尼古拉斯:《罗马法研究历史导论》,第32页。

平缓。平民被吸纳进城邦国家,参与国家的治理,"打破了罗马早期共和政制的封闭、贵族主义的特权政府,使得罗马国家的统治真正开始向开放式政府转变"①。因此,罗马共和国早期贵族制色彩的政制加入了民主制因素,一种被称为"共和政制"的特殊国家形式在罗马诞生。对此,有论者指出:

> 从罗马历史来看,初建的共和国就其性质来说属于贵族国家,所实行的是贵族政治,与梭伦改革以前的雅典政体相类似。后来经过平民反对贵族的长期斗争,才在贵族制中逐渐掺和民主制因素,这两者结合起来才形成了共和政制。②

可以说,共和国政制的明确安排是由《李锡尼—塞克斯图法》所确立的。③

---

① [意]弗朗切斯科·德·马尔蒂诺:《罗马政制史》第1卷,第365页。
② 施治生、郭方编:《古代民主与共和制度》,第11页。
③ 参见[意]马里奥·塔拉曼卡主编:《罗马法史纲》上卷,第122页。

第四章　共和政制成熟时期的安排

经过平民与贵族的斗争，罗马共和国在初期的贵族制之上，加入了民主制因素，建立了具有混合政制特点的共和政制，罗马城邦国家在政治、经济和社会力量的平衡中得到了稳固和发展。"这种平衡促使各种力量在一种运作于公元前4世纪末期、整个公元前3世纪和公元前2世纪前半叶并且以其功能的有机性著称的制度中相互混合。"①这一混合状态被公元前2世纪中叶的希腊历史学家波利比乌斯称为"平衡政制"，其意指罗马共和中的执政官代表着国王政治，元老院代表着贵族政治，而人民的权利则代表着民主的政治。② 实际上，在罗马时代，罗马城邦包括附属邦、政府敕令、军旗、钱币及公共建筑上都会刻印着"SPQR"（Senatus Populus Que Romanus）这四个字母，它意为"罗马、元老院及人民"，是罗马共和时代权力的来源及国家主权的象征。③ 大体说来，成熟的共和政制安排涉及官制、元老院和代表人民的民众大会。

因此，笔者认为罗马政制史的第三个阶段，即混合政制或成熟的共和政制（亦称"古典罗马共和政治"），大体应该是从公元前367年《李锡尼—塞克斯图法》的颁布，④到公元2世纪30年代罗马初步完成军事

---

① ［意］朱塞佩·格罗索：《罗马法史》，第117页。
② ［古希腊］波利比乌斯：《罗马帝国的崛起》，第271页。
③ ［德］乌维·维瑟尔：《欧洲法律史》，第81—82页。
④ 当然，有论者认为罗马共和国时期平民与贵族的斗争结束的标志应该是公元前286年的《霍尔滕西法》的颁布。参见徐国栋：《论平民的五次撤离与消极权的产生》，第64页。

扩张、格拉古兄弟改革之前,经过了大约 200 年的时间。西塞罗在其《论共和国》中也表达了类似的观点。他说:"提比略·格拉古之死,以及甚至在这之前他任保民官时的整个政策,却将一个统一的民族分裂成了两个阵营。"①

一、官制

按照一般传统的分类,罗马共和政制的官职以常设性为标准,可分为正常官职和非常官职。前者主要包括执政官、裁判官、监察官、平民保民官、财务官(亦称"财政官")②、敌对行为两人审委会③以及贵族和平民的营造官(亦称"市政官")④;后者主要包括独裁官及他们

---

① [古罗马]西塞罗:《论共和国(附〈论法律〉)》,第 23 页。另见乌特琴柯:《罗马共和国倾覆前夕的政治思想斗争》,莫斯科,1952 年,第 175 页。转引自施治生、郭方编:《古代民主与共和制度》,第 11 页。

② 财务官或许来源于王政时期的杀人罪审判官,最初职能与镇压罪犯有关。塔西佗还把财务官的选举制度的引进归于公元前 447 年,最初有 2 名。公元前 421 年增加到 4 名,至公元前 409 年,平民第一次获任该官职,其职权范围扩大到财政管理,并由部落民众大会选出。参见[意]弗朗切斯科·德·马尔蒂诺:《罗马政制史》,第 1 卷,第 212—214 页。但是,德拉蒙德似乎并不认可这样的看法。他不仅认为杀人罪审判官与财务官没有关系,而且认为塔西佗记载的第一位当选的财务官瓦莱利乌斯(Valerius),很可能是公元前 449 年的执政官。参见[英]F. W. 沃尔班克、A. E. 阿斯廷等编:《剑桥古代史·第 7 卷:罗马的兴起至公元前 220 年》第 2 分册,第 210—211 页。公元前 3 世纪以后,财务官的基本职权在诉讼程序和财务方面。详见[意]弗朗切斯科·德·马尔蒂诺:《罗马政制史》第 2 卷,第 204—208 页。

③ 敌对行为两人审委会也源于王政时期"王"的辅助官员。共和国初期,它与财务官一样,作为执政官委任者而存在。两个官职的区别在于,两人审委会是由某一个案件任命的,而财务官则是由一整类案件任命的。该官职最初由民众会议个案任命,后来随着平民保民官的出现,该官职逐渐衰落。参见[意]弗朗切斯科·德·马尔蒂诺:《罗马政制史》第 1 卷,第 214—216 页。

④ 根据公元前 367 年《李锡尼—塞克斯图法》时期平民与贵族之间达成的协议,平民和贵族各享有 2 名营造官。最初,2 名营造官是保留给平民的,但另 2 个营造官隔年分别由贵族和平民担任。很可能在公元前 216 年,贵族担任的营造官被称为"贵族营造官"。平民营造官由平民会议选举,贵族营造官则由部落民众大会选举,执政官主持。贵族 (转下页)

第四章　共和政制成熟时期的安排

的骑兵长官、十人立法委员会委员、享有执政官权力的军团长等。由于罗马共和政制在公元前 367 年以后趋于稳定，许多上述非常官职在这之后实际上已经不复存在，因此这样的分类对于我们介绍成熟的共和政制意义不大。

于是，这里我们采取另外一种对于官职的分类方法，即以是否享有"治权"（也称"谕令权"）为标准。① 以此为据，成熟的共和政制下，享有"治权"的官职只有执政官②、裁判官、独裁官、监察官，其他包括平民保民官在内的官职都是不享有"治权"的。

当然，还有一种以是否有资格坐象牙凳为标准来区分高级执法官和下级执法官的分类方法。③ 前面享有"治权"的官职都属于高级执法官，另外还包括监察官④、贵族营造官等。

总体而言，共和国官制在整体上具有选举制、任期制、同僚制、任期

（接上页）人立营造官属城邦官员，地位等级排在裁判官之后、财务官之前，依靠对市场的控制享有一定的司法权，享有象牙凳的待遇和外部仪仗。而平民营造官则不具有相同的地位，没有与贵族营造官相同的标记。他们的职权有区别，但也有一定的交叉。详见［意］弗朗切斯科·德·马尔蒂诺：《罗马政制史》第 2 卷，第 199—204 页。

① 关于"治权"的详细含义，参见［意］朱塞佩·格罗索：《罗马法史》，第 119—120 页。

② 对于常设的普通官职来说通常是 1 年，对于独裁官来说是 6 个月，对于监察官来说是 18 个月。常设官员的任期是自动确定的，而非常设官员则需要有关官员主动辞职。如果要延长任期，则需要一个元老院决议和一个平民会决议。参见［意］弗朗切斯科·德·马尔蒂诺：《罗马政制史》第 2 卷，第 186—187 页。

③ 参见［意］朱塞佩·格罗索：《罗马法史》，第 118 页。

④ 按照英国学者德拉蒙德的说法，监察官之所以不享有"治权"，主要是因为他的权力是从最高官职权力中分割出来的。他指出："在监察官制度中，常规的国家首脑的某些职能被分割出来，同时赋予这个新官职相应的特权和权力：监察官只能出于人口调查的目的才能召集民众；他既不能立法，也不能监督选举；他通常无权指挥军队，因此没有按照后世半专业术语所说的'治权'；他既没有生杀予夺的权力，也没有刀斧手侍卫。然而，他的确拥有为举行人口调查仪式而进行占卜的最高权力（后世的说法），并且被授予象牙圆椅和只有较高级别的官员才能穿的镶紫色绲边的拖迦长袍礼服（toga praetexta）。"［英］F. W. 沃尔班克、A. E. 阿斯廷等编：《剑桥古代史·第 7 卷：罗马的兴起至公元前 220 年》第 2 分册，第 203 页。

结束后追责制和无偿性的基本特点。① 同时,按照蒙森的说法,共和国官制随着平民与贵族的对抗,逐渐呈现一种被削弱的趋势,"罗马长官的地位这样日益彻底而又日益明确地有所变化,由专制君主变为受有约束的受托者和承办人"②。因此,罗马官制权力还具有"保留在民众那里"的特征,即"这个城市的政务官(magistracies)当然被视为每个公民天然的保护者"。③

(一) 执政官

公元前367年以后,两位执政官是共和国政制中最高的官职和元老院统治的执行工具。他们既可以是平民,也可以是贵族,但必须经过百人团民众大会选出。选举执政官的民众大会应该由"执政官,或者由独裁官,或者由摄政来主持,而从未由较低级别的裁判官(praetor minor)主持"④。任职期间,如果有一名执政官死亡或辞职,另一名执政官须主持选举,填补空缺。如果两名执政官死亡,元老院就需要任命摄政(interex),由摄政主持执政官选举。⑤

执政官拥有名年权,就是以自己名字命名年号的权力。年度是用执政官的名字以下列的方式来表示的——"某人与某人担任执政官时期",例如"L. Pisone A. Gabino consulibus"(在L.披索和A.伽比尼乌斯担任执政官的时期)。⑥ 执政官的任职期限是1年,在公元前233至前217年之间,其任职开始时间被确定为每年的3月15日,任职到期则

---

① 参见[意]朱塞佩·格罗索:《罗马法史》,第121—124页。
② [德]特奥多尔·蒙森:《罗马史》第2卷,第311页。
③ [匈]埃米尔·赖希:《希腊—罗马典制》,第102页。
④ [意]弗朗切斯科·德·马尔蒂诺:《罗马政制史》第1卷,第304页。
⑤ 参见陈可风:《罗马共和宪政研究》,第69页。
⑥ 参见[俄]科瓦略夫:《古代罗马史》,第123—124页。

自动离任。

在城邦里,执政官穿着镶边的长袍,即镶有紫红色边的白色长袍;在战时,则穿军人斗篷,即紫红色短外套;只有在卡匹托尔山上举行胜利官员游行仪式的行列中,才能在城内使用披风和军事仪仗。拥有象牙凳,享有12个侍从,是执政官"治权"的外部标记。这些侍从在每一位执政官执行自己的职责时伴随着他并手持束棒。在城界之外,束棒中间则插着斧头。此外,执政官有一批从属人员,一般被称为"随从",包括信使、传令官、文书,这些人任期1年,并有薪酬。①

作为名年官员、最高民事和军事权力的拥有者,两位执政官集体行使最高权力以及他们的高级"治权"。从原则上讲,他们两位中的任何一位都拥有全部的权力并能够自主行使。但是如果一位执政官行使了否决权,那么他的同僚即另一位执政官提出或者实现的任何倡议都可能被阻止或者废止。② 也就是说,他们在一切重要的民政事务上必须共同行动。这种"同僚制"是罗马共和政制的主要特征之一。一方面,它被理解为公元前367年贵族与平民妥协的结果,"是由于各阶级实现政治上的平等而被扩展到最高官职之中的"③。另一方面,从历史上看,"对同僚制的理解应该从确认城邦统一体反对古代的氏族间联盟的多元化体制的精神中来寻求"④。

但是对于要求单独领导的某些行动(例如,在大会中担任主席)来说,问题是用抽签的办法或者用和平协议的办法来解决的。如果需要进行战争的话,那么一位执政官便要到战场去,另一位则留在城里。如

---

① 参见[意]弗朗切斯科·德·马尔蒂诺:《罗马政制史》第1卷,第305页。
② 参见[意]马里奥·塔拉曼卡主编:《罗马法史纲》上卷,第148—149页。
③ [意]弗朗切斯科·德·马尔蒂诺:《罗马政制史》第1卷,第306页。
④ [意]弗朗切斯科·德·马尔蒂诺:《罗马政制史》第1卷,第307页。

果两位执政官的军团都必须上前线,他们则用抽签、协议或者元老院裁决的方式来分配他们军事行动的地区。当他们共同出征时,则每日更迭,轮流担任统帅。①

执政官的职权是极为广泛的,其权力除受"向人民申诉制度"的限制外,理论上基本不受其他限制。正是由于受到"向人民申诉制度"的深刻影响,执政官职权大体上可分为受限制的"城内治权"和不受限制的"军事治权"。前者在城内行使,后者则可在城外行使。

关于城内治权,即执政官民事治理权力,其基本表现形式是代表元老院和人民行事权以及与之相联系的立法提案权。具体来说,执政官具有召集元老院和百人团民众大会的权力,可担任它们的主席,在会上提出建议和法案,领导官吏的选举,并执行它们的决议。对于公元前367年以后执政官所享有的司法权,学界是存在争议的,但大致的情况是:执政官在刑事司法权方面还享有一定空间,但其民事裁判权则转移给新设立的裁判官。②

作为军事治权的拥有者,执政官有权指挥军队,并在战争中对其职务履行完全责任。此外,他常常根据元老院的决议进行征兵,任命一部分军团长官,如有必要,还可课加军税,为公共利益使用战利品。需要说明的是,执政官的军事治权是不受"向人民申诉制度"和平民保民官否决权限制的,但是只能在城墙界限之外行使,并且只能针对军事事务和敌人。③

需要注意的是,通过第一次布匿战争,罗马建立了第一个行省,即西西里。随后,罗马行省不断增加,执政官的治权出现了地域上的限

---

① 参见[俄]科瓦略夫:《古代罗马史》,第124页。
② 详见[意]弗朗切斯科·德·马尔蒂诺:《罗马政制史》第1卷,第314—315页。
③ 参见[意]马里奥·塔拉曼卡主编:《罗马法史纲》上卷,第150—151页。

制,因为行省的治理权一般被赋予其他官员,特别是裁判官,或其他一些代理官员。

此外,每位执政官在 1 年任期结束后,都要对这一年其行使权力的情况进行答辩。如果他被发现在任期内有违法行为,将会受到追诉。

(二) 裁判官

前已述及,裁判官直接源于共和初建时期留守罗马城的都市行政长官。作为正式官职的裁判官是公元前 367 年贵族与平民妥协后设置的专属于贵族的、"主持城里裁判事宜的"、享有"治权"的高级官职。对此,马尔蒂诺指出:

> 公元前 367 年的改革之后,原来不对等同僚制中处于较低地位的长官(praetor minor),变成了一个执掌司法权的官员,他虽然继续享有一种位阶较低的治权,但掌握审判权(ius dicere)作为其特有的权力。[①]

直到公元前 337 年,平民出身的、已经担任过执政官和独裁官的普布利流斯·菲罗充任裁判官,打破了这一官职的贵族垄断。作为执政官较低级的同僚,裁判官也是百人团民众大会选举出的另一位"执政官",任期 1 年,享有与执政官几乎相同的仪仗和"治权"标志。对于裁判官,马尔蒂诺指出:

> 他还是执政官的一个级别较低的同僚,拥有一种治权,这种治

---

① [意]弗朗切斯科·德·马尔蒂诺:《罗马政制史》第 2 卷,第 193 页。

权如果不从等级的角度看,在性质上与执政官的治权没什么不同……他有名年权,有相同的占卜权(iisdem auspiciis),因此是在并非由裁判官,而是由一个高级官员,通常是执政官主持的民众会议上任命的。由于他有治权和占卜权,他能进行所有的管理行为;实际上,我们已经看到他多次在罗马城外行使军事指挥权,至于他在城内是否常常参与管理和统治,这取决于拥有较大治权的执政官存在与否。当他们不在的时候,或者在特别的情况下,裁判官也在城内行使一般性的管理权。①

正是由于裁判官是执政官较低级别的同僚,所以当更高级别的两位执政官不同意裁判官的决定或行为时,可以行使执政官的否决权,废止其决定或行为,而不适用上述两位执政官之间的同僚否决权。因此,有论者认为:"裁判官是唯一一个拥有治权却并不具有集体同僚性特点的常设性官职。"②

需要说明的是,尽管一般认为裁判官从一开始就在民事司法领域拥有特定的司法裁判权,但是这一官职同时在罗马共和国时期还享有军事、政治甚至宗教等多种权力。因此,"praetor"在中文里虽被翻译为"裁判官",给人一种专职于司法的感觉,但根据这一官职实际所拥有的职能,将其理解为"次执政官"或"副执政官"③或许更为准确。④ 对此,

---

① [意]弗朗切斯科・德・马尔蒂诺:《罗马政制史》第1卷,第319页。
② [意]马里奥・塔拉曼卡主编:《罗马法史纲》上卷,第153页。
③ 在国内,晏绍祥教授将其翻译为"副执政官",参见[英]安德鲁・林托特:《罗马共和国政制》,第133页。王以铸先生将其翻译为"行政长官",参见[俄]科瓦略夫:《古代罗马史》,第124—125页。计丽屏在《罗马人的故事》中将其翻译为"法务官",参见[日]盐野七生:《罗马人的故事Ⅰ:罗马不是一天建成的》,第158页。
④ 参见徐国栋:《罗马官职的一身多任问题——Praetor 的实与名研究》,载徐国栋:《罗马公法要论》,北京大学出版社2014年版,第121—136页。

马尔蒂诺将裁判官理解为:

> 裁判官不是作为特别行使司法权的官员而被设立的,而是最高官职团体的一个成员,尽管是较低级别的成员,他被特别地授予了司法权,因此并没有剥夺他的指挥权的所有其他属性。①

起初,裁判官只有 1 人。从公元前 242 年起,随着公元前 3 世纪地中海商圈贸易的发展,这一官职变成 2 人。一个称"城市裁判官"②(也称"内事裁判官"),负责罗马市民之间的诉讼;另一个称"其他城市的裁判官"(也称"外事裁判官"),负责外邦人之间或市民与外邦人之间的诉讼。后来,随着罗马共和国对外战争的胜利,为了管理新设立的行省,公元前 227 年又增设 2 名裁判官治理西西里岛和撒丁岛。公元前 198 年,裁判官数量增加到 6 个,并且由于公元前 192 年《关于裁判官的贝比尤斯法》(Lex Baebia de praetoribus)的规定,每年 4 个和 6 个交替出现。③ 直到公元前 179 年废除《关于裁判官的贝比尤斯法》,裁判官的数量才固定为 6 个,并一直保持到苏拉改革前。④ 后来苏拉(Lucius Cornelius Sulla)在公元前 81 年通过《关于裁判官的科尔内流斯法》(Lex Cornelia de praetoribus),将这一人数又增至 8 人。

---

① [意]弗朗切斯科·德·马尔蒂诺:《罗马政制史》第 1 卷,第 319 页。
② 马尔蒂诺指出,公元前 242 年有一项平民会决议,该决议由平民保民官普莱多利(M. Plaetorius)提议制定,规定内事裁判官应由 2 名侍从官协助,并行使其审判职权直到日落为止。这条规定很明显旨在为平民提供方便,它强调了已经对裁判官施加的驻跸在罗马城内的义务,"城市裁判官"的称号得名于此。参见[意]弗朗切斯科·德·马尔蒂诺:《罗马政制史》第 2 卷,第 195 页。
③ 《关于裁判官的贝比尤斯法》大约颁布于公元前 192 年,由平民出身的执政官塔姆菲鲁斯(M. Baebius Tamphilus)提起。参见齐云、徐国栋:《罗马的法律与元老院决议大全》,第 180 页。
④ 参见[意]弗朗切斯科·德·马尔蒂诺:《罗马政制史》第 2 卷,第 195 页。

需要说明的是，裁判官都有相同的级别，其中处于首要地位的是内事裁判官，而名年权属于外事裁判官。两种裁判官都在罗马履职，但不必承担不离开罗马的义务。①

由于被赋予军事治权，裁判官经常被元老院授权在城外指挥军队。在行使军事指挥权过程中，由6名带利斧的侍从官相伴（在城内则是2名），其权力范围与上述执政官军事治权大致相同。

此外，在城市里，他有召集人民议事和元老院议事、主持百人团民众大会、任命低级别官员的权力。与执政官相同的是，他也享有立法提案权，甚至是涉及宣战这样重大的事项。

但是，裁判官最主要的职权是管理与罗马市民有关的司法工作。②简单地说，在私人之间的诉讼活动中，裁判官在法律审阶段确定争议问题的法律性质，并且准备好相应的诉讼程式，然后把当事人交给承审员。承审员在事实审阶段，将根据他对于案件事实的调查结果，判断是否能够适用裁判。此外，每年新就任的裁判官在正式履职前，都会把所有的救济方式编排成一个目录，并以告示的形式张贴于罗马广场等大型公共场所。这些裁判官发布的告示构成了除罗马市民法之外罗马私法的另一重要渊源。

（三）独裁官

独裁官是罗马共和官制中享有最高治权或者最高权力的非常官职。前已述及，公元前494年基于平民与贵族的斗争，罗马产生了非战争时期独裁官"magister populi"，后来称为"dictator"。之所以发生了变

---

① 参见［意］弗朗切斯科·德·马尔蒂诺：《罗马政制史》第2卷，第197页。
② 参见［意］弗朗切斯科·德·马尔蒂诺：《罗马政制史》第1卷，第321—325页；［意］马里奥·塔拉曼卡主编：《罗马法史纲》上卷，第152—153页。

化,马尔蒂诺认为是因为:

> 很可能,独裁官是那些"说话"(dictat)的人,也就是那些不与别人商量就作出决定的人;这个词语的意义可能要从与同僚制的裁判官的对比中予以解释。①

根据不同的情况,独裁官可分为全权的独裁官和权力受限的独裁官。

全权的独裁官是在城邦处于特别危急情况下任命的,尤其是为了应对战争或制止动乱。在独裁官身上,集体性消失了,城内治权和军事治权的区分消失了,其强制权不受"向人民申诉制度"的限制,平民保民官的否决权也对他失去了效力。对于此官职的产生原因和特点,彭波尼在其《教科书》(单卷本)中说道:

> 由于后来民众的增多,频频爆发战争,其中由邻国发动的是非常残酷的,最后认为当情形需要时,设立一个具有最高治权的执法官:这样就产生了独裁官,针对独裁官没有向人民提起申诉的权利,而且独裁官被赋予了可以对(罗马市民)处以死刑的权力。因为这个执法官行使最高的治权,所以他享有这个权力超过6个月是不符合神法的。②

另外,在独裁官行使权力期间,另一位执政官只能根据独裁官的同意或

---

① [意]弗朗切斯科·德·马尔蒂诺:《罗马政制史》第1卷,第327页。
② D.1,2,2,18.

在其指导下采取行动。换言之,另一位执政官的权力实际上已被中止。

除全权的独裁官外,权力受限的独裁官只是为履行宗教性或民事性的特殊任务而任命的。① 比如,钉钉仪式,为的是完成一种晦涩难懂的目的;组织安排节目或安排庆典,为的是组织特别节日或者执行隆重的特殊仪式;召集民众会议,为的是在执政官缺位而又不能求助于摄政制度的情况下召集民众选举大会。②

此外,独裁官在公元前 217 年以前不是由百人团民众大会选举产生的,而是由执政官中的一人根据元老院的提议或者与之达成的协议来任命的。③ 当然,无论何种类型的独裁官,在其行使治权的过程中所遇到的唯一一种坚决的限制就是其任职期限的短暂性,即仅限于任命这一官职所指向的目标得以实现所需的必要时间,如军事战争的结束、民众叛乱被镇压或终止、宗教仪式的完成、庆典的进行、节日庆祝等。不管什么情况,都不得超过 6 个月,且不可留任。一旦超过该期限,独裁官必须退职。并且,与其他民选执法官不同的是,独裁官离职时无须对其所作所为负责,也不用核查为从事军事任务而拨付给他的经费总额。④

显而易见的是,独裁官所行使的治权是一种比执政官更高的治权,不受罗马共和国时期其他官职那种同僚制的限制。它在本质上是由 1 人来承担通常 2 位执政官所享有的全部统治权。这种特殊性可以用独裁官的侍从人数加以证明。多数时候,有 24 位手持插有利斧束棒的侍

---

① 参见[意]朱塞佩·格罗索:《罗马法史》,第 131—132 页。
② [意]马里奥·塔拉曼卡主编:《罗马法史纲》上卷,第 192—193 页。
③ 有论者认为公元前 217 年举行的人民投票选举独裁官是异常现象。参见[英]安德鲁·林托特:《罗马共和国政制》,第 137 页;[意]弗朗切斯科·德·马尔蒂诺:《罗马政制史》第 2 卷,第 226—227 页。
④ 参见[意]马里奥·塔拉曼卡主编:《罗马法史纲》上卷,第 194—195 页。

第四章 共和政制成熟时期的安排

从官伴其左右，即使在城内也是如此。同时这也说明，在独裁官身上，城内治权和军事治权之间的那种根本性区别消失了。有论者对独裁官的权力进行了描述：

> 独裁官就其权势而言是与君主制同等的，所不同的只是独裁官除非在将要出征作战时，不得骑马，并且除非经特别投票授权外不得从公款中支取任何费用。他可以像战争中一样，在国内审判并处死人民，这不仅限于平民，也包括骑士和元老院元老。不管何人，甚至保民官也无权对他提出控告，或对他采取敌视行动，对他的行为也无权上诉。①

同时，独裁官的最高治权还表现在，其被任命后可以立刻自行指定1名骑兵长官。作为独裁官的直接下属，②骑兵长官经过授权可以代替行使独裁官的权力，③但只能享有6个带着束棒侍从官的官仪，级别与裁判官相同。对于骑兵长官这一附属于独裁官的官职，马尔蒂诺认为：

> 如果骑兵长官拥有治权和束棒，就不能认为他只是一个助手，一个下属官员，就像执政官任命的那些官员一样；他是独裁官的一个同僚，一个较低级别的同僚。因此，这个官职可以被认定为是同僚制的而不是单一任职的，即使它建立在一种不平等同僚制的基

---

① 左纳拉斯：《罗马法史纲要》第7卷，第13章。转引自林志纯主编：《世界史资料丛刊·上古史部分·罗马共和国时期》（上），杨共乐选译，商务印书馆1997年版，第60页。
② 关于独裁官与骑兵长官之间的关系问题，参见［英］安德鲁·林托特：《罗马共和国政制》，第139—140页。
③ 关于骑兵长官在何种情况下需要接受独裁官的任命，参见［意］弗朗切斯科·德·马尔蒂诺：《罗马政制史》第1卷，第338页。

础之上。①

据记载,罗马共和国最后一位全权独裁官是坎尼(Canne)会战后于公元前216年上任的马可·尤尼乌斯·贝拉(M. Giunius Pera);而最后一位限权独裁官则是若干年以后的盖尤·塞尔维利乌斯·杰米劳斯(Gaius Servilius Geminus),他主持了百人团民众大会选举。公元前202年,"政府为处理市内事务任命一个独裁官","此职在形式上虽未取消,在实际上却归于废弃"。② 公元前2世纪,该官职几乎被完全废止了,直到公元前82年苏拉使之复活,但其职责内容异化为"全面的且极为罕见的镇压职能"。恺撒在公元前49年、公元前48至前47年、公元前44年历任4届独裁官之后,罗马再也没有恢复过独裁官制度。③ 后来,安东尼(Marcus Antonio)通过公元前44年批准了《关于永久废除独裁制的安东尼法》(Lex Antonia de dictatura in perpetuum tollenda),该法在形式上将这一官职永久废除。④ 因此,独裁官制度在罗马政制史上只存在于共和国时期,"而且只存在了约284—290年的时间"⑤。

(四) 平民保民官

关于平民保民官,前面已具体介绍了这一官职是如何通过"革命的方法"进入共和宪制之中的。但吊诡的是,与其他贵族所把持的官职纷纷被平民"篡夺",官职实现两阶层平等化趋势形成强烈反差的是,平民

---

① [意]弗朗切斯科·德·马尔蒂诺:《罗马政制史》第1卷,第208页。
② [德]特奥多尔·蒙森:《罗马史》第3卷,第806页。
③ 罗马共和国独裁官名录,参见 T. R. S. Broughton, *Magistrates of the Roman Republic*. 转引自李雅书、杨共乐:《古代罗马史》,第284—286页。
④ 参见[意]马里奥·塔拉曼卡主编:《罗马法史纲》上卷,第196页。
⑤ 徐国栋:《罗马共和混合宪法诸元论》,载徐国栋:《罗马公法要论》,北京大学出版社2014年版,第60页。

第四章 共和政制成熟时期的安排

保民官这一官职直到共和国末期始终被平民阶层"狭隘地"把持着。并且,尽管这一官职在共和国政制中逐渐获得了"全国的"性质,但选举它的不是通常的百人团民众大会,而是专属于平民的平民部落大会。

之所以如此,是因为平民保民官始终作为平民利益的捍卫者和保证人而存在,发挥着一种政治制约的作用。对此,马尔蒂诺指出:

> 他(平民保民官——引者注)的首要职责是"给予帮助以对抗执政官"(auxilii latio adversus consules),即保护平民不受最高官员的治权的侵害。这种"帮助"(auxilium)不是权利,而是平民的力量的表现;它意味着在保民官予以保护的罗马市民的身后是整个平民共同体。这是保民官权力的政治基础。①

再加上由于平民保民官并不享有罗马官职中各种高级执法官所拥有的那种"治权",因而,这一平民属性的官职在整体上构成了对罗马享有"治权"官制的监督,是罗马共和政制中"民主制的一个特殊监督机构"②。

前已述及,公元前449年,随着十人立法委员会的垮台和执政官制度的恢复,平民保民官也恢复了每年选举10人的设置。平民保民官任期1年,可以连选连任。任何1位平民保民官都有权召集平民部落大会,领导其中的工作,提出政治性审议或者规范性审议活动。只有在选举新平民保民官时,平民部落大会的召集才不是由单个保民官完成的,而是要根据全部在任保民官的集体告示,并从他们当中抽签指定一人主持选举。③

---

① [意]弗朗切斯科·德·马尔蒂诺:《罗马政制史》第1卷,第264页。
② [俄]科瓦略夫:《古代罗马史》,第126页。
③ 参见[意]马里奥·塔拉曼卡主编:《罗马法史纲》上卷,第216页。

当然,平民保民官除了拥有前述《神圣约法》所规定的"人身不可侵犯性"的权力以外,他们手中最为重要的权力就是否决权。对于这一权力的含义,蒙森说道:

> 一长官发出命令,若蒙其影响的市民自以为受了损害,经他提出,保民官即可及时亲自提出抗议,取消该命令;同样,对于官吏向公民大会提出的每一动议均可斟酌情形予以阻止或取消,这就是干预权,或所谓保民官否决权。①

平民保民官利用其手中这一罗马政制中最为特殊的权力,可对抗城邦机构中的任何一种行为,包括能够禁止招募军队和征税、法律提案、选举、执行元老院决议,甚至还能禁止召开百人团民众大会。② 但是,马尔蒂诺认为,平民保民官这一权力的范围并不是恒定的,不是一种从一开始就完全定型的法律权力,它取决于平民每次运动中的力量以及贵族们的妥协程度。③ 但需要注意的是,平民保民官不能反对一项已经由百人团民众大会批准的决定,因为这可能会侵犯罗马人民的最高尊严。④

同时,平民保民官要行使上述这种在城邦宪制中具有颠覆性的权力,必须获得其他保民官们的同意,遵守全体一致原则。这一点与执政官之间的同僚否决权几乎是相同的。这反映出罗马共和政制的一个特点,即公共机构的选举或者各种民众大会的选举似乎遵循的是少数服从多数的民主制原则,但在行使统治权方面则按照全体一致的集中制

---

① [德]特奥多尔・蒙森:《罗马史》第 2 卷,第 273 页。
② 参见徐国栋:《罗马共和混合宪法诸元论》,第 55—56 页。
③ 参见[意]弗朗切斯科・德・马尔蒂诺:《罗马政制史》第 1 卷,第 264—267 页。
④ 参见[意]弗朗切斯科・德・马尔蒂诺:《罗马政制史》第 2 卷,第 214 页。

原则。平民保民官虽然没有官员的标志,没有侍从官,不享有"治权",①但在这一点上却遵从了贵族们设置官职的原则。因此,罗马共和政制这一特征不仅明显区别于雅典的民主政制,而且保证了城邦各种决策的统一性,是后来罗马在共和国中后期崛起的重要原因。对此,马尔蒂诺指出:

> 这种体制对于现代人来说似乎很独特;它远比我们的体制更适合于允许一种深刻的政治和社会革命以相当和平的方式完成。事实上,至少直到危机时代以前,共和国一直基于这个原则,繁荣发展并战胜各种性质的残酷而危险的战争。这个事实表明,终究还是妥协加强了城邦的力量而不是逐渐削弱城邦的力量。②

此外,平民保民官的这种否决权还可以影响审判领域。在民事程序中,他们可以利用否决权让裁判官的指令无效,但这种权力不能针对事实审阶段承审员做出的具有约束力的判决。不仅如此,为了保护保

---

① 普鲁塔克曾经对平民保民官不享有"治权"的原因做出过解释。他说道:"为什么其他官员都穿镶紫边长袍,而保民官不穿呢?因为保民官根本算不上是政府官员。保民官没有侍从,他不坐在象牙椅子上处理事务,也不像所有其他官员那样在年初就职,而且当一位独裁官选出时他也不因而终止其职责。独裁官将其他每种职务都转到自己手中,唯有保民官独存,因为他们并不是政府官员,而是居于另一种地位……而保民官也与之一样,它是对政府官员的牵制力量。这职位与其说是一种官职,倒不如说是反对官职的。因为他的权势和力量在于限制官吏的权力,取消过多的权威……由于保民官源起于人民,因此有很强的民众性。保民官不能使自己傲然于众人之上,而必须在外表、服装以及生活举止上与普通公民一致……他不应以外貌取胜,也不应使人望而生畏不敢接近,对群众不应严峻,而应勤勤恳恳地为他们谋取福利,并使他们乐于和他打交道。因此,习惯上,他的家门不应关闭,而应昼夜开放作为需要者的避难所。他的外表越谦卑,其权威就越大。人们认为他甚至应像一座神坛乐于解除群众的困苦,让群众接近。人们通过给予荣誉,使他的人身变得神圣而不可侵犯。"[古希腊]普鲁塔克:《罗马诸问题》,第81章。转引自林志纯主编:《世界史资料丛刊·上古史部分·罗马共和国时期》(上),第50—51页。
② [意]弗朗切斯科·德·马尔蒂诺:《罗马政制史》第1卷,第269页。

民官自己的人身不受侵犯,以及同否决权相关联的是,他们被承认具有一种概括性的强制权,实际上就是开出罚金、指令扣押财产、逮捕任何市民、将其投入监狱以及做出不可上诉的死刑判决。① 此外,平民保民官还拥有对任何犯有带公共性质罪行的市民提出起诉的权力。② 当然,同样需要注意的是,平民保民官上述权力的行使只限于城内,在城外只及于1罗马里(约1.5千米)的地方,且不及于独裁官的行动。③

尽管平民保民官在历史上一直以平民阶层代言人和保护人身份出现,但随着公元前367年平民与贵族"共存协议"(modus vivendi)所达成的妥协,平民保民官在共和国后期出现了背离其阶级属性、官僚化的倾向。这一倾向在公元前2世纪中期或者末期(一说是公元前149年,一说是公元前102年)《关于平民保民官主持元老院的阿梯纽斯法》(Lex Atinia de tribunes plebis in senatum legendis)规定前平民保民官有权进入元老院并成为元老院成员之后,表现得尤为明显。④ 元老院或者统治阶层里的各种集团和派别,经常引诱或腐蚀部分平民保民官运用手中的同僚否决权,限制保民官权力的行使。李维甚至将他们称为"贵族的奴仆"⑤。对此,有论者指出:

> 因此,在更晚一些的阶段里,平民保民官在各种斗争的主角之间交替轮换站队,而共和国的衰亡就肇始于这些暴戾、凶恶而残酷

---

① 参见[意]马里奥·塔拉曼卡主编:《罗马法史纲》上卷,第212页;[意]弗朗切斯科·德·马尔蒂诺:《罗马政制史》第1卷,第270—276页;徐国栋:《罗马共和混合宪法诸元论》,第56—57页。
② 参见徐国栋:《罗马共和混合宪法诸元论》,第57页。
③ [俄]科瓦略夫:《古代罗马史》,第127页。
④ 参见[意]弗朗切斯科·德·马尔蒂诺:《罗马政制史》第2卷,第210页。
⑤ Livy. 10, 37.

的斗争,并且被撕裂。通常,他们仍然是民众的利益、期望和美好理想的代言人和保卫者,但有时候(至少他们当中的一些人)也是元老院、新的贵族阶层或者其中某些派别的个别头面人物的令人生畏的工具,有意用来掩人耳目对权力进行充满野心且肆无忌惮的行使,这些人利用他们来对付被统治阶层的反抗,使之失败、受到削弱并使其势力受到限制,以此来打击新贵们(nobilitas)或者那些真正具有民众基础和倾向的反对集团。①

蒙森也指出:

> 贵族阶级空前强大,完全支配着保民官,所以我们不见有保民官全体反对元老院的形迹,偶然有单独的保民官做绝望的反抗举动,政府不难把他压倒,通常是以保民官压制保民官。②

正是由于平民保民官的"堕落",加之两阶层的矛盾在共和国后期已经可以忽略不计,平民保民官在政治上必然地丧失了革命性的特征,被降格到一种并无实权的地地道道官职的形象。对此,康奈尔指出:

> 结果就是平民运动失去了其身份特征,不再作为一个独立的有组织的运动而存在。其组织机构被合并到国家的结构中。保民官和市政官真正成为了低级的行政长官,向贵族之外的所有人开放,越来越被年轻的贵族把持,他们把这些官职视为通向执政官的

---

① [意]马里奥·塔拉曼卡主编:《罗马法史纲》上卷,第208页。
② [德]特奥多尔·蒙森:《罗马史》第2卷,第313页。

阶梯。由于这些平民职位不再与贵族官员存在任职资格上的区别，所以担任这些官职的人也就并不把他们自己视作必要为平民大会谋福利的人。①

西塞罗甚至在《论法律》中认为，平民保民官的诞生对于罗马共和政制而言，"是一件大灾难"，并用格拉古兄弟的实例进行了说明。②

到了苏拉时代，公元前82年的《关于平民保民官的科尔内流斯法》（Lex Cornelia de tribunes plebis）对平民保民官权力施加了种种限制，平民保民官变成了"被掏空的脆弱面具"。尽管苏拉之后，平民保民官的权力又有所恢复，但已是明日黄花。

二、元老院

前已述及，罗马共和政制取代王政时期政制的一个突出背景就是以贵族为代表的元老院战胜了伊特鲁里亚王朝的"王"，结束了王政后期短暂的王制。因此，共和政制建立的最大背景就是贵族政治的统治，而作为贵族政治统治载体的元老院自然构成了罗马共和政制的核心。对此，英国学者斯塔夫利（E. S. Staveley）说道：

> 罗马以一座城市国家为基础逐渐壮大，开始是成为意大利的强权，随后是成为地中海世界的强权，这一过程乃一系列旷日持久的大规模战争，战争所需的不仅有罗马行政执行官员所拥有的技

---

① ［英］F. W. 沃尔班克、A. E. 阿斯廷等编：《剑桥古代史·第7卷：罗马的兴起至公元前220年》第2分册，第373—374页。
② 参见［古罗马］西塞罗：《论共和国（附〈论法律〉）》，第219—224页。

巧和经验,还有某种决策的连贯性和稳定性,对此,依靠年度选举行政官员所支撑的罗马政府系统非常难以胜任。正因为如此,相当沉重的职责负担遂落到一个实体身上,它虽然没有法律权威,却具有某种程度的永久性,这便是元老院。①

(一) 从贵族元老院到新贵的元老院

元老院是共和国从王政时期继承下来的遗产,同时代表着贵族这一共和国建立的主导性力量。因此,共和初期的元老院显然是贵族属性的,平民不能进入元老院。对此,格罗索指出:

> 早期的家父们(patres)的元老院,作为氏族的体现,在埃特鲁斯王政垮台之后,自然重新取得显赫的地位,成为典型的贵族制度。②

当然,重新获得主权的贵族们显然不能再回到王政时代,因为共和国已深受百人团体制的影响,城邦国家体制已经取代了氏族联盟体制,部落长老们此时也得服从于城邦国家统一的权力。尽管根据李维的记载,共和国初期由于缺乏足够的元老,某些平民出身的骑士阶层通过增补进入了元老院,③但这一观点遭到了包括马尔蒂诺在内的许多学者的反对,他们坚持认为共和国初期元老院只属于贵族。④

---

① [英]F. W. 沃尔班克、A. E. 阿斯廷等编:《剑桥古代史·第 7 卷:罗马的兴起至公元前 220 年》第 2 分册,第 490 页。
② [意]朱塞佩·格罗索:《罗马法史》,第 139 页。
③ Livy. 2,1.
④ [意]弗朗切斯科·德·马尔蒂诺:《罗马政制史》第 1 卷,第 197 页。

后来，随着平民阶层与贵族阶层的斗争，罗马共和政制由封闭走向开放，平民阶层通过公元前 312 年颁布的《奥维纽斯平民会决议》获得了进入元老院的机会。监察官每 5 年可以从前任高级官职中挑选进入元老院的人选。元老院成员一般都是终身任职，除非因受道德审判或者相关的监察官记过而被宣布撤职。前述《奥维纽斯平民会决议》赋予监察官在"各个阶层最优分子"中挑选元老院成员的权力，这里的"最优分子"一般在实践中会具体表现为：

> 在曾被选为执法官的那些阶级里面，首先会被招进该会议组织的人是拥有象牙宝座权力的人（qui curuli sella sederunt），即前监察官、前独裁官、前执政官、前裁判官和前军团长官（这虽然并没有为文献所明确证实），以及前贵族市政官。至少经过一段时间之后，也扩展到了前平民市政官和前平民保民官（首次获得承认的当选正是在公元前 216 年），以及前财政官（从苏拉时代开始）。如有必要的话，为了使既定名额满员（plenum），最后还会把目光投向在这五年里因巨大的事业而享有盛誉、拥有崇高威望的市民。①

前已述及，随着公元前 367 年平民能够担任最高官职以后，平民在元老院中所占比例逐渐提高。据统计：

> 公元前 5 世纪，195 名牙座官员（享有"治权"的高级官员——引者注）全部出自贵族氏族。到了公元前 4 世纪，虽然牙座官中仍

---

① ［意］马里奥·塔拉曼卡主编：《罗马法史纲》上卷，第 228 页。另见［意］弗朗切斯科·德·马尔蒂诺：《罗马政制史》第 2 卷，第 155—156 页；［意］朱塞佩·格罗索：《罗马法史》，第 140—141 页。

有110名为贵族,但已有43个牙座官为平民。公元前3世纪,高级官吏中贵族成分下降,平民成分上升的速度更快。例如,从公元前312—216年,贵族牙座官只有73名,平民牙座官75名,超过了贵族。①

于是,平民在元老院中的人数逐渐增多,并占据优势。有研究者统计,公元前4世纪,可能有130名贵族元老院成员和65名平民元老院成员。② 到了公元前179年,平民在元老院中几乎占了3/4。③ 于是,共和政制早期的贵族元老院在公元前3世纪以后逐渐转变为"贵族—平民"元老院。

但是,需要注意的是,这些进入元老院的平民,已经与公元前367年以前那些与贵族对抗的平民有很大的不同。这些后来进入元老院中的平民与贵族结合在一起,被冠以一个新的称谓——"新贵"。④ 对于共和国之后平民阶层的这一变化过程,有论者总结道:

> "罗马平民"是一个发展变化的概念。最初,平民是从属于城邦的无公民权的自由人。自王政后期起,平民逐渐向公民集团靠拢。公元前494—287年,是平民争取平等公民权利的最活跃时期,经过同贵族的漫长斗争,平民终于获得了法律上的平等地位,

---

① H. H. Scullard, *Roman Politics 220-150 B. C. Connecticut*, Greenwood Press, 1973, p.9. 转引自胡玉娟:《古罗马早期平民问题研究》,第136页。
② 转引自[意]弗朗切斯科·德·马尔蒂诺:《罗马政制史》第1卷,第352页下注。
③ 杨共乐:《罗马史纲要》,第130页。
④ 马尔蒂诺指出,原先的氏族贵族与平民出生的显贵的区别在于:前者作为贵族没有必要担任某种官职;此外,贵族阶级总是有其古代的氏族组织,而平民显贵不是氏族性质的,只是世袭的。参见[意]弗朗切斯科·德·马尔蒂诺:《罗马政制史》第2卷,第119页。

从而转变为享有公民权的自由人。在这一过程中,平民内部发生了分化。自李锡尼乌斯—绥克斯图改革以后(公元前366年),部分平民领袖从平民中分化出来,迅速上升到城邦统治阶级中,那些肯与平民合作的贵族们一起形成显贵统治集团。①

康奈尔也指出:

> 已经爬上贵族城堡的平民领袖们,在他们上去之后就把梯子收了起来。对于这个过程,全社会的人都很清楚。《李锡尼—绥克斯图法》的成果就是一个贵族平民联合的显贵政治(即所谓nobilitas)的出现。②

这些新贵中的平民主要是平民阶层中一些原本就富裕的平民。之所以说他们富裕,是因为罗马共和官制具有无偿性的特点。贫穷的平民一般没有足够的经济实力支撑他们充任高级官职。此外,那些与贵族氏族存在婚姻联盟的平民和一些出身于贵族氏族门客或者解放自由人的平民,也构成了平民出身的新贵的重要来源。这些新贵中的平民也像之前克劳迪(Claudius)、科尔内流斯(Cornelius)、瓦勒里(Valerius)等贵族大氏族一样,在公元前2世纪以后,形成了至少30个平民氏族。

于是,成熟共和政制之后的元老院成员逐渐被这些新贵所充任,呈

---

① 胡玉娟:《古罗马早期平民问题研究》,第133页。需要注意的是,对于此阶层,胡玉娟教授将其翻译为"显贵"。
② [英]F. W. 沃尔班克、A. E. 阿斯廷等编:《剑桥古代史·第7卷:罗马的兴起至公元前220年》第2分册,第373页。

现出一种贵族与平民相混合的特点。他们无论在经济上还是政治上都是显赫的人。正是因为元老院成员这种显赫的特质,其主导下的罗马共和政制在中后期依旧是贵族式的,甚至到最后逐渐演变为从属于少数几个世家大族的寡头政制。① 对此,马尔蒂诺总结道:

> 取代原先的权力,其他的权力逐渐确定下来,以保护新贵族的政治和经济利益;元老院的统治赖以依据的最广泛的社会基础恰恰要求一种新的会议安排,……不消说,贵族和平民相结合的共和国的政体完全不是民主政体,也不是基于人民主权的原则。②

蒙森也认为:

> 非贵族的富豪家门早已自平民阶级析出,与贵族阶级联合,共享元老院的权力,共行与平民阶级不同而且常常与之反对的政策。……两个途径都使新鲜血液流进罗马统治阶级,可是政府本身仍是贵族政府。③

英国学者康奈尔就此还认为,古典共和制时期罗马政制并不像波利比

---

① 安德森(Perry Anderson)指出:"在共和国内部,贵族的特权并没有从根本上被动摇。富人的财阀统治只是扩大了世袭的贵族阶层,他们运用广泛的'被保护人'体系保护着城市人群中恭顺的追随者,在百人队大会中有大量的贿赂现象,以保证年度执政官的选举。因此,罗马共和国通过合成的宪法,保持着寡头统治,进入了历史上的古典时代。"[英]佩里·安德森:《从古代到封建主义的过渡》,郭方、刘健译,上海人民出版社2016年版,第34页。
② [意]弗朗切斯科·德·马尔蒂诺:《罗马政制史》第1卷,第353页。
③ [德]特奥多尔·蒙森:《罗马史》第2卷,第304—305页。

乌斯概括的那样是混合政制,而是一种寡头政制。① 他指出:

> 尽管波里比阿提出了罗马国家的政府包括了君主制、贵族制和民主制因素的一种均衡的混合,但对于现代的观察者来说,古典共和国时期政治体制的独特之处还是其强烈的寡头政体的特征。政治权力集中在一个富有的土地所有者阶级手中,他们垄断了行政长官的位置并占据了元老院。贵族阶层是一个仅仅局限在上层阶级的狭隘的政治精英阶层,由贵族和拥有荣耀职位的平民领袖组成。卸任的公职人员在元老院中占据了主导地位,掌控着国家政策。他们把他们的贵族出身传递给他们的后代,这些后代因而可以得到更好的机会来轮流充任荣耀官职。②

因此,元老院在《奥维纽斯平民会决议》之后地位的提升,不仅使"元老院从行政长官的权力中解放了出来",也破坏了公元前4世纪早期"已经表现得十分明显的初步建立起来的民主制度"。③

(二) 元老院的内部等级与决议

尽管根据公元前312年《奥维纽斯平民会决议》,"各个阶层最优分子"都有可能进入元老院,但他们之间的地位是不平等的。换言之,元老院内部是分等级的。元老们的等级顺序依次是:最老的贵族监察官

---

① 持此观点者还有格尔泽尔(Gelzer)、莫泽尔(Münzer)以及塞姆(Syme)等。详见晏绍祥:《显贵还是人民——20世纪初以来有关罗马共和国政治生活特点的争论》,载晏绍祥:《希腊城邦民主与罗马共和政治》,人民出版社2018年版,第265—273页。
② [英]F. W. 沃尔班克、A. E. 阿斯廷等编:《剑桥古代史·第7卷:罗马的兴起至公元前220年》第2分册,第431—432页。
③ 参见[英]F. W. 沃尔班克、A. E. 阿斯廷等编:《剑桥古代史·第7卷:罗马的兴起至公元前220年》第2分册,第434页。

元老(即前监察官)、其他监察官元老、执政官元老、裁判官元老、营造司元老、护民官元老、基层执法官元老。① 其中,最老的贵族监察官元老是由最年长的贵族担任,拥有"首席元老"的头衔,担任元老院官方代言人一职,拥有首先发表意见的权力。元老院中的这种等级制不仅表面上代表着各种不同出身元老的荣誉和尊严,而且会在元老院议事中左右结果。实践中,主持会议的执法官也会按照上述元老院等级顺序进行表决。同时,作为被咨询者的首席元老、其他监察官元老、执政官元老,经常在元老院会议中通过提出意见的方式来影响会议的讨论。那些非贵族的元老们就限于进行投票,而从来不要求他们表达自己的意见,被称为"不表态元老"。②

与元老院内部的等级相关联的是元老院会议的召集规则、议事程序以及审议结果。对此,有论者将其详细地表述为:

> 元老院集会是私下进行的,但保持大门敞开,从日出到日落,位于一个封闭的举行仪式的地点(templum),要么是在城界之内,要么是在城界之外(多数时候是在奥斯蒂亚库里亚,保民官在被允许入内之前会被安排在门庭处)。会议的时间和地点是由具有代表元老院行事权的执法官决定,由他召集大会并主持大会,一般还要确定日程。元老们通过告示或者吏役(apparitores)收到通知,必须参加会议,否则会蒙受执法官的强制。会议以主持人的鸟卜仪式以及他或者另外一位执法官的发言(relatio)为开始,以主持人评判讨论已经充分进行并将提案付诸表决为终结,如果该提案被多

---

① [意]朱塞佩·格罗索:《罗马法史》,第141页。
② 参见[意]马里奥·塔拉曼卡主编:《罗马法史纲》上卷,第230页。

数通过,则构成元老院审议结果(裁定"deceretum"、元老院决议"senatus consultum")。法律或者元老院本身有权就特定问题事项提起一项适格的表决。这种表决一般是以针锋相对的方式(per discessionem)进行,即划分到不同的大厅里去:按照某种方式认识该问题的所有人必须走向(pedibusire)发表了他们所赞同的观点的那个人所在的区域,而其他人则进入相对立的区域。……元老院决议文本是由一名主报告人(relator)和他挑选出来的元老委员会起草的(此外,要指出会议主持人、开会地点和时间、哪位官员的发言和被交代表决的意见),该文本被保存在农神金库(aerarium Saturni)里,由城市财政官掌握。至少在最古老的年代里,还有一个副本由平民市政官保管在谷神神庙里面。①

从中可以推断的是,元老院会议的召集时间以及所议具体内容很多时候取决于"代表元老院行事权的执法官",即执政官、裁判官或处于相同等级的非常官职,后来的平民保民官也拥有此权力。② 元老院会议在开会后即转入"秘密会议",通常在奥斯蒂亚(Hostilia)库里亚进行,有时在朱庇特神庙或其他神庙中举行;也有时在城外集会,比如在贝罗娜(Bellona)神庙或者阿波罗(Apollo)神庙。③ 之前担任过享有"治权"的高级官员的元老的发言和态度很大程度上能够左右会议。④

至于元老院决议,从理论上讲,它没有直接的强制效力,没有法律上的和政制上的方法迫使官员与市民服从这些决议。对此,有论者

---

① [意]马里奥·塔拉曼卡主编:《罗马法史纲》上卷,第230—231页。
② 参见[德]特奥多尔·蒙森:《罗马史》第2卷,第312页。
③ 参见[意]朱塞佩·格罗索:《罗马法史》,第144页。
④ 参见[英]安德鲁·林托特:《罗马共和国政制》,第97—109页。

指出：

> 关于元老院决议的法律效力的争论得以解决的时间应该介于大约公元 1 世纪末到公元 2 世纪初之间,而在整个共和国时代都未曾承认它具有创造市民法的适当资格。①

但是在实践中,如果官员不服从,监察官可以用其手中道德风纪评价的权力对其进行处罚。此外,元老院还可能在不服从的官员任职结束后,对其提出叛国或叛逆罪的诉讼。因此,实践中元老院决议是具有很强效力的。之所以出现理论与实践的反差,主要是因为元老院在罗马共和政制中是没有"治权"的。对此,马尔蒂诺指出：

> 使元老院会议不能直接强制要求遵守它自身的决议的原因在于,它没有治权,因为当寡头统治政府使官员成为其自身意志的执行工具时,这种最大的权力被授予给这些官员了。但是,除了很少的冲突情形外,官员总是被认为从属于元老院,并且是元老院所认可的政治方针的执行者。②

(三) 元老院的权力

除去召开一般意义的元老院会议以外,事实上元老院的权力也与其内部存在的等级相关联。具体来说,有一些权力只能由上文提及的贵族元老行使,如摄政制度和准可制度,而其他大部分权力则由贵族元

---

① [意]马里奥·塔拉曼卡主编:《罗马法史纲》上卷,第 235 页。
② [意]弗朗切斯科·德·马尔蒂诺:《罗马政制史》第 1 卷,第 360 页。

老与其他元老一起行使。对此,马尔蒂诺总结道:

> 这种权力的行使属于元老,也就是元老院的贵族成员,因此,当元老院唯一由贵族成员组成时,它属于所有成员,当元老院也允许平民参加时,它则属于贵族成员。①

专属于贵族元老们行使的"摄政制度"是一项古制。与王政时期的"王"死亡或者"逃遁"的情况一样,在共和国时期,一旦2位执政官基于某种原因缺位而又未任命继任者,为了保证鸟卜仪式的延续性,该权力会回转至元老院贵族手中。在摄政期间,他们每人轮流行使5天国家临时元首之职权,直到新的选举重建了政制秩序,由最后一位"摄政者"向民选的执政官转移"治权"和鸟卜权。元老院贵族在摄政期间除了暂时掌管权力外,还得为政制的重建做些工作:

> 元老院自行开会;任命(proditio)首位摄政;五日后由首位摄政任命其继任者(以后如有必要,则照此方式由第二任摄政任命第三任摄政);召集当值摄政安排的民众大会并当然地由他来主持该大会;由人民大会选举执政官;最后的行动是所有这些程序的目的之所在,即由最后一任摄政对人民选举出来的执法官加以委任(creatio)。②

罗马共和国中期以后,由于出现了执政官的同僚制和提前选举的做法,

---

① [意]弗朗切斯科·德·马尔蒂诺:《罗马政制史》第1卷,第202页。
② [意]马里奥·塔拉曼卡主编:《罗马法史纲》上卷,第219—220页。

元老院很少使用此项权力。

专属于元老院贵族的另一项权力是"元老院准可制度"。这项制度是共和国初期以元老院为代表的贵族推翻王政,获得支配性权力,大获全胜的体现。它在最初意味着无论是库里亚民众大会的决议,还是百人团民众大会的决议,在表决之后,都要将决议送回元老院,请求获得元老们的认可和批准。① 因此,"元老院准可制度"在本质上是罗马贵族统治阶级的一项特权,是对人民权利的一种实质限制,是罗马共和早期政制中贵族制或者寡头制色彩的体现。对此,马尔蒂诺指出:

> 根据我们的看法,准可是寡头统治政体大获全胜的时代,也就是在王政倒台不久,贵族元老院最高权力的表现。它是一种贵族的权力工具,旨在阻止通过不受欢迎的决议或选举不受欢迎的官员;从历史的角度看,它向我们表达了一种古老观念的遗迹,这种观念认为人民的大会是具有不完全的法律能力的机构。②

然而,随着后来平民阶层的抗争以及在罗马共和政制中地位的提升,"元老院准可制度"也逐渐失去了效力。前述公元前339年颁布的《关于元老院批准的普布利流斯·菲罗法》确立了立法提案的新要求,即"将向人民的规范性审议结果授予许可,放在表决之前进行,即在对人民大会的法律提案进行投票表决之前,而不是之后"③。这样一来,在法律创制方面,贵族元老们不能再以投票的方式来否定库里亚民众大

---

① 共和国初期不需要经过元老院准可的事项有平民部落大会的决议、圣王和大祭司的占卜、在库里亚民众大会做出的遗嘱、宣布放弃家祭、自权人的收养等等。参见[意]弗朗切斯科·德·马尔蒂诺:《罗马政制史》第1卷,第203页。
② [意]弗朗切斯科·德·马尔蒂诺:《罗马政制史》第1卷,第205页。
③ [意]马里奥·塔拉曼卡主编:《罗马法史纲》上卷,第226—227页。

会或百人团民众大会决议的法律,而转变为一种预先性意见,因此他们也就丧失了对于民众大会相当程度的制约力。对此,李维评价道:这样就可以说,在他们那个时代,该制度通常还是有效的,"仍然是现在还在使用的权利",但"实质已掏空"。① 后来,"元老院准可制度"进一步萎缩。公元前 3 世纪左右颁布的《关于元老院准可的梅尼亚法》(Lex Manlia de partum auctoritate),使上述"预先准可"扩展到选举执法官领域。②

除去上述贵族元老们行使的这两项特殊的权力以外,他们与其他元老共同行使的权力涉及宗教、财政、军队征兵、战争以及对意大利和行省的管理等。需要说明的是,这些权力不仅没有一个明确的界定,而且随着公元前 3 世纪以后罗马对外军事的扩张,表现得越来越重要。对此,马尔蒂诺指出:

> 和在所有公法领域中一样,在这个领域,元老院的权力也是通过习惯逐渐确定下来的,并且伴随国家管理不断增长的需要而逐渐扩大。当罗马在意大利扩张时,比征服地中海时期更甚,似乎越来越明显地看到元老院是一个最高的管理机构。③

在宗教方面,元老院担任着与国家的政治利益密切相关的宗教活动的最高领导。元老院可以请求祭司团颁布法令,并以元老院决议的方式使之得到执行。元老院控制着对新神的承认或对外国宗教崇拜的

---

① 转引自[意]马里奥·塔拉曼卡主编:《罗马法史纲》上卷,第 227 页。
② 有人认为这一法律制定于公元前 3 世纪初,有人则认为制定于公元前 3 世纪末,总之是在公元前 292 年至前 219 年之间。参见[意]马里奥·塔拉曼卡主编:《罗马法史纲》上卷,第 227 页。
③ [意]弗朗切斯科·德·马尔蒂诺:《罗马政制史》第 2 卷,第 158 页。

第四章　共和政制成熟时期的安排

禁止。此外,他们还能宣布特别的节日,批准庙宇与神圣地方的献祭仪式、献祭品和官员任圣职的仪式,并决定恢复失效的宗教行为。①

在财政管理方面,元老院大约5年编制一次预算,规定税收的性质和数额,监督租税的包收,主持钱币的铸造。②

元老院全部显赫的权力都表现在对战争的最高领导和对军事"治权"的控制上。征兵、士兵退役或者继续服役必须由元老院批准。元老院有权限定军队的活动领域,有权将这些军队通过抽签分配给军事指挥官。在战争期间,元老院可以通过他们的特使干预最高军事指挥官,并能够对不服从者采取间接的强制措施。通过凯旋仪式、小凯旋或者隆重的公共祷告仪式对战胜的将军给予奖赏的权力也属于元老院。③

此外,元老院还有权建立拉丁或罗马殖民地,以及负责所有涉及宣战、缔结和约与盟约、派驻和接受使节等外交事务。④ 元老院之所以在外交活动中享有广泛权力,主要是因为民选官员职务上的年限无法确保"国际关系的稳定性及其政治导向",因而,需要将外交权力交由一个高级别、高稳定性、有能力主管国家关系的机构。⑤

在刑事司法领域元老院是否享有自己的管辖权?这个问题是存在争议的。但是可以肯定的是,针对比较严重的罪行,尤其是涉及政治的罪行,元老院可以进行特别的预审,并催促主管部门采取措施迅速将罪犯定罪。

---

①　参见[意]弗朗切斯科·德·马尔蒂诺:《罗马政制史》第1卷,第355—356页;[英]H. F. 乔治维茨、巴里·尼古拉斯:《罗马法研究历史导论》,第54页。
②　参见[俄]科瓦略夫:《古代罗马史》,第117页;[意]弗朗切斯科·德·马尔蒂诺:《罗马政制史》第2卷,第71—180、1581页;[英]H. F. 乔治维茨、巴里·尼古拉斯:《罗马法研究历史导论》,第47—52页。
③　参见[意]弗朗切斯科·德·马尔蒂诺:《罗马政制史》第1卷,第357页。
④　参见[英]H. F. 乔治维茨、巴里·尼古拉斯:《罗马法研究历史导论》,第52—54页。
⑤　参见[意]弗朗切斯科·德·马尔蒂诺:《罗马政制史》第2卷,第163页。

当然,与王政时期作为咨询机构的元老院相关联的是,共和国时期元老院依然继承了这一咨询的功能。这一功能具体表现为,执法官在将一项提案提交民众大会表决前,按照"宪法惯例",他们通常会把此提案提交到元老院进行适当的辩论,并根据元老院辩论的意见对提案进行修改。如果某一位执法官不顾这一"宪法惯例",直接将提案提交表决,那么,元老院通常能够找到一位平民保民官否定他的行动。①

此外,特别需要注意的是,到了共和国后期,元老院颁布通过《元老院紧急决议法》(Lex senatus consultum ultimum),亦称《关于保卫共和国的元老院的命令》(Senatus consultum de re publica defendenda),创造了一种新的权力:"当它认为共和国的安全面临来自内部公民的暴力威胁时,它可以督促执政官或其他在职官员采取任何必要措施,以反击这一威胁。共和国被委托给官员们,他们受命保卫它,确保它不受到伤害。"②有论者结合恺撒的《内战记》和西塞罗的《为拉比利乌辩护》《反腓力辞》《反喀提林》,以及普鲁塔克在《西塞罗传》《盖尤·格拉古传》中的记载,将"元老院紧急决议"的含义总结为:

> "元老院紧急决议"往往由元老院或者掌握最高行政权的长官作出,针对的对象往往是某些具有违法行为的个人或者群体,而这种违法行为通常是危害国家安全的行为;被宣告为公敌者通常被撤销公职剥夺罗马市民资格、没收财产,乃至可以由任何人在任何地点以任何方式击杀。③

---

① 参见[英]H. F. 乔治维茨、巴里·尼古拉斯:《罗马法研究历史导论》,第43页。
② [英]安德鲁·林托特:《罗马共和国政制》,第112页;另见[英]H. F. 乔治维茨、巴里·尼古拉斯:《罗马法研究历史导论》,第46—47页。
③ 向东:《共和罗马与人民民主专政》,第432页。

这项权力可以使元老院越过民众大会来打击异己，因此是对罗马共和政制的一种破坏。历史上格拉古兄弟、喀提林（Catilina，公元前108—前62）、恺撒都曾被元老院动用此权力打击。当然在法理上，元老院的这项权力只是一种号召，以督促执政官及其他执法官履行职权，不具有强制性，如公元前133年，当时的执政官普布利乌斯·穆齐·斯凯沃拉（Publius Mucius Scevola）就拒绝了元老院的这项权力。根据徐国栋教授的研究，"元老院紧急决议"开始于公元前121年，终止于公元前40年，在罗马政制史上存续了81年。①

蒙森认为，元老院的此项权力之所以出现，是由于公元前2世纪以后，独裁官制度的实质被废弃，罗马人寻求关于紧急状态的替代性制度。对此，他说道：

> 自此以后，元老院自谓有权在非常紧急时期，特别是叛变或战争突然爆发之时，把独裁官的权力暂时给予最高长官，命他们"为共和国的安全便宜从事"，于是造成与近代下戒严令相似的情势；元老院的这种权力实不能完全代替独裁制。②

三、民众大会

前已述及，罗马共和政制之所以被波利比乌斯称为"平衡政制"，很大程度上是因为与贵族或新贵所把控的元老院和部分官职相对应，为

---

① 参见徐国栋：《罗马共和混合宪法诸元论》，第60—65页。
② ［德］特奥多尔·蒙森：《罗马史》第3卷，第806页。

数众多的罗马公民所组成的各类民众大会占据着政制天平的另一端。因为从理论上讲,罗马公民才是罗马共和政制"主权"的拥有者。对此,波利比乌斯说道:

> 依据相同原则,正是人民授予官职给那些值得之人,而这是国家对品德所能提供的最高奖赏。此外,人民亦有权通过或拒绝法律,而且最重要的,他们考虑及决定有关事宜及媾和之事。更进一步,在结束敌对状态以及订立条约上,人民有权批准或拒绝。所以从这观点来看,我们可以合理地做结论,人民在政府里拥有最大的一份权力,所以这种政体是民主政治。①

共和国时期存在于罗马政制中的民众大会主要有 4 个,分别是库里亚民众大会、百人团民众大会、部落民众大会和平民部落大会。这 4 个民众大会除去开会都在罗马进行以外,其产生的时间、作用和地位各不相同,因而缺乏共同的原则。总体而言,"库里亚民众会议具有宗教、政治、行政管理和军事上的特点;百人团民众会议具有军事和政治上的特点;部落民众会议具有行政管理和政治上的特点;平民会议只具有政治上的特点"②。

(一) 库里亚民众大会

民众大会最古老的形式是王政初期建立的库里亚民众大会。在塞尔维·图流斯改革之前,它甚至是罗马政制中唯一的民众大会形式。后来随着库里亚不再是军队构成的基础,百人团体制建立,共和政制逐

---

① [古希腊]波利比乌斯:《罗马帝国的崛起》,第 273 页。
② [意]弗朗切斯科·德·马尔蒂诺:《罗马政制史》第 1 卷,第 339 页。

步完善,尽管这一古老的民众大会依然存在,但是其在罗马政制中的功能和地位已经十分有限。

具体说来,共和国时代库里亚民众大会的权力主要表现在 30 位代表库里亚的侍从官(亦可理解为"库里亚长")象征性地依据古老而神秘晦涩的《关于谕令权的库里亚法》,确认百人团民众大会选举出的各种执法官的"治权",体现为共同体对于官职就任的正式认可。对此,有论者指出:

> 就这一点而言,当库里亚民众大会的活动被百人团民众大会掏空以后,就完全缩减为纯粹的象征性活动了(如果说不早于公元前 2 世纪初的话,那肯定也是从那时候开始的),然后,开始时兴一种惯例,这种惯例此后再也没有中断过,即由三十名库里亚侍从官代表真正的库里亚来开会和行事,而库里亚就不再开会了。①

此外,该大会还专属性地举行圣王和大祭司的占卜活动,以及宣布脱离关系、实行自权人收养或订立遗嘱等。

(二) 百人团民众大会

塞尔维·图流斯改革以后,罗马政制中最为重要的民众大会就是百人团民众大会,它来自百人团制军队里集会的那种古代民众大会的政治化转型。与库里亚民众大会以部落血缘和出身为依据参与大会不同的是,百人团民众大会是以财产为标准的,于是,该大会将罗马城邦中更多的人纳入城邦政制。正是因此,西塞罗才会说:"百人团是唯一

---

① [意]马里奥·塔拉曼卡主编:《罗马法史纲》上卷,第 241 页。

一类把真正的人民(verus populus)集结在一起的体制。"①它也因此在很早的时候就被认为是共和国的法定民众大会,是罗马人民最大的组织机构。

尽管百人团体制大约在公元前241年至前219年间进行了改革,主要将第一等级的百人团数目削减为70个,以契合35个部落(4个城市部落、31个乡村部落)设置的变化,将地区原则与财产资格原则结合起来。② 但无论怎样,我们必须要认识到,基于投票制方面的原因,拥有更多财产、属于前三个等级的富人,实际上主导了该大会的选举结果。③根据李维和西塞罗对此的记述,英国学者斯塔夫利总结了学界关于改革后的百人团民众大会投票原则的基本共识,即:

> 其一,过去由18个骑兵百人队(centuriae equitum)享有的优先投票权,现在改由每次通过抽签选出的一个第一等级的百人队享有,所谓"优先投票权",包括先于公民大会中其他登记投票并宣布投票结果的权利。其二,投票单位的总数依然保持不变,为193个。其三,对第一财产等级百人队的补充由80个减至70个,从而符合部落数量的确定倍数,因为公元前241年的监察官们最终将部落总数定为35个。④

---

① 转引自[意]马里奥·塔拉曼卡主编:《罗马法史纲》上卷,第244页。
② 关于这一改革的具体情况,可见[意]马里奥·塔拉曼卡主编:《罗马法史纲》上卷,第298页;[意]弗朗切斯科·德·马尔蒂诺:《罗马政制史》第2卷,第133—136页;[意]朱塞佩·格罗索:《罗马法史》,第151—153页;[英]H. F. 乔治维茨、巴里·尼古拉斯:《罗马法研究历史导论》,第28—29页;李雅书、杨共乐:《古代罗马史》,第109—110页。
③ 关于百人团民众大会的投票制度,参见[意]马里奥·塔拉曼卡主编:《罗马法史纲》上卷,第249—252页;陈可风:《罗马共和宪政研究》,第123—125页。
④ [英]F. W. 沃尔班克、A. E. 阿斯廷等编:《剑桥古代史·第7卷:罗马的兴起至公元前220年》第2分册,第486页。

百人团民众大会通常是在罗马城外(如台伯河以外或者马尔斯旷野)召开。或许是因为该大会最初起源于军事,集会期间红色的战斗旗帜飘扬在卡匹托尔山上,同时也只有握有军事治权的高级执法官,如执政官、裁判官、独裁官以及"摄政",才有"代表民众行事权",即召集该会议并担任大会主持人的权力。当他们之间为此发生争议时,其适用如下规则:

> 如果多个执法官同时召集民众大会,那么,更高级的执法官所做的召集优先,或者在这些执法官平级的情况下,先宣布召集者优先;如果涉及集体召集的话,召集官员通过他们之间的协议或者抽签来决定谁应该来主持大会工作。①

至于百人团民众大会的职权,首先,它排他性地保留了选举执政官、裁判官和监察官的权力以及十人立法委员会委员、享有执政官权力的军团长这样的非常官职。需要注意的是,无论如何,裁判官不能召集百人团民众大会选举更高等级的执法官和自己的继任者。在正常情况下,这一程序必须由一名执政官来完成。如果两位执政官都缺位,而又没有在任的独裁官的话,就要诉诸摄政的程序解决。

其次,在公元前287年规定部落民众大会成为主要的立法机关以前,一切涉及城邦政制的法律必须通过百人团民众大会。在此之后,部落民众大会、平民部落大会分享了此权力。但是,百人团民众大会从未放弃其专属的批准关于宣战法律的权力和关于监察官权力的法律。前一权力为古老的《关于宣战的百人团法律》(Lex centuriata de bello in-

---

① [意]马里奥·塔拉曼卡主编:《罗马法史纲》上卷,第246页。

dicendo)所确认;后一法律则是《关于监察官权力的百人团法律》(Lex centuriata de potestate censoria)。

最后,该大会还独享对于死刑案件的审判权。这是由前述公元前449年《十二表法》第9表中"处公民死刑的判决,非经百人团大会不得为之"所明确规定的。①

正是由于百人团民众大会在罗马共和政制中拥有上述诸多重要的权力,因而它较之于其他民众大会更为尊贵和重要,它被视为"最大的民众会议"(comitiatus maximus)。马尔蒂诺认为,在该大会中,"可以看到对'人民'的最显著的表达,即'真正的人民'(verus populus),甚至是'公正的人民集会'(iustum comitium)"②。

(三) 部落民众大会

共和国时期新出现的民众大会是部落民众大会。尽管这种大会的起源和参会者的身份还不明确,③但可以肯定地说它是在共和国中后期开始发挥作用并活跃起来的。马尔蒂诺认为该大会的起源时间应该是在公元前4世纪的头25年到该世纪末这段时间里。④ 传统叙述说该大

---

① 关于如何适用此条以及百人团具体适用此条的情况,详见徐国栋:《〈十二表法〉研究》,第263—264页。
② [意]弗朗切斯科·德·马尔蒂诺:《罗马政制史》第1卷,第342页。
③ 关于这方面的观点和争议,详见[意]马里奥·塔拉曼卡主编:《罗马法史纲》上卷,第260页。
④ 据学者泰勒的研究,部落民众大会成立的时间大致在公元前492年至前471年之间。在第一个时间,所谓的马喜阿斯(Gaius Marcius Coriolanus)受过部落大会的审判;在第二个时间,保民官的选举从在库里亚大会进行改为在部落大会进行。参见 Lily Rose Taylor, *Roman Voting Assemblies: From the Hannibalic War to the Dictatorship of Caesar*, The University of Michigan Press, 1990, p. 50. 转引自徐国栋:《罗马共和混合宪法诸元论》,第50页。但晏绍祥教授认为,如果部落民众大会是高级官员为了立法方便模仿平民部落大会而召开的,那么部落民众大会的召开应当是在公元前471年之后的某个时候,也就是平民部落大会产生之后。参见晏绍祥:《人民大会及其在古典罗马共和国政治中的作用》,载晏绍祥:《希腊城邦民主与罗马共和政治》,人民出版社2018年版,第314页。

会于公元前447年召集会议选举财务官是不准确的,而公元前357年通过的《关于解放奴隶税的曼利法》(Lex Manilia de vicesima manumissionum)是可信的。①

格罗索认为,部落民众大会最初是作为平民部落大会存在的,后来出现了平行的贵族和平民都能参加的部落民众大会。② 与那种将部落民众大会错误地等同于部分平民部落大会观点相对的是,我们认为两种大会是存在明显区别的。第一,部落民众大会是全体公民的大会,包含贵族和平民,而不是只属于平民的大会;第二,它是由享有"治权"以及鸟卜权的贵族执法官来召集和主持的,而平民部落大会只能由平民保民官与平民市政官召集和主持。此外,由于两种大会是以地域性的部落为单位召集的,因此在整体上区别于以血缘氏族和财产等级为单位召集的库里亚民众大会和百人团民众大会。③

部落在词意上不过是将人民加以分配的地区性划分单位,与血缘集团没有本质上的关系。部落民众大会之所以在共和国最后三四个世纪的政制中发挥重要作用,很大程度上是因为公元前4世纪初,罗马重新以地域性的部落为标准,将公民进行了分配。之所以要进行这样的改变,主要是因为百人团体制下的原有部落只包含土地所有者,而不包括动产所有者和无产者。换言之,公民能否在百人团体制下进行部落登记,取决于他们是否在部落的土地上有不动产,而不在于人本身。没有不动产的部落公民,尽管也生活在部落中,也需要纳税,并承担一些公共负担,但他们不能投票和参军。对此,马尔蒂诺指出:

---

① 参见[意]弗朗切斯科·德·马尔蒂诺:《罗马政制史》第1卷,第291—292页;另见[意]马里奥·塔拉曼卡主编:《罗马法史纲》上卷,第262页。
② 参见[意]朱塞佩·格罗索:《罗马法史》,第153页。
③ 参见[意]弗朗切斯科·德·马尔蒂诺:《罗马政制史》第2卷,第151—153页。

在一个部落登记的资格是土地占有;因此,部落成员(tribules)是土地的所有人,也即居民(adsidui);非占有人则是广大的无产者,他们通常被排斥在政治权利的行使之外。①

可见,原有的百人团体制尽管在历史上扮演了扩大城邦政制参与的角色,但是囿于上述原因,它仍在很大程度上限制了公民选举的基础,特别是对于那些动产拥有者和无产者。于是,作为一种对百人团民众大会的弥补和补充,继续扩大罗马公民的政制参与,部落民众大会得以出现和兴起。

根据传统,公元前495年,即共和国扩张前的时代,罗马一共有21个部落,包括4个城区部落和17个乡村部落。到了公元前241年,增加了14个部落,罗马部落总数变为35个,其中乡村部落增至31个。② 就各个部落的人员组成而言,据说公元前312年,阿庇尤斯·克劳狄乌斯(Appius Claudius)在担任监察官期间进行了改革,他把非土地所有者以及地位低下的人分配到所有部落之中。同时,他和平民出身的监察官同僚普劳齐奥(L. Plauzius)一起修订市民名册,根据以钱款计算的财产额(而不是土地所有权)来为各个等级确立财产等级标准。③ 然而,克劳狄乌斯的这一举措显然遭到了罗马寡头统治者的反对,他们抱怨克劳狄乌斯"把地位低下的人(humilibus)分配到各个部落,损害了罗马广场和战神广场(这里分指部落民众大会和百人团民众大会——引者注)"④。为了最大限度地消除克劳狄乌斯改革对寡头统治者们所带来

---

① [意]弗朗切斯科·德·马尔蒂诺:《罗马政制史》第1卷,第192页。
② 李维曾非常详细地记载了罗马部落如何从公元前495年的21个增至公元前241年的35个。参见[意]弗朗切斯科·德·马尔蒂诺:《罗马政制史》第1卷,第192—193页。
③ 参见[意]朱塞佩·格罗索:《罗马法史》,第154—155页。
④ Livy. 9, 46.

的消极影响,①公元前304年,他们的"代言人"——2位监察官法比·鲁里安(Q. F. Rulliano)和德其·穆雷(P. Decio. Mure)"一方面为了城邦的和睦,一方面为了不使民众会议掌握在最贫穷者手中,把所有居住在市中心的无业游民汇集起来,并安置在4个所谓城市部落之中"②。于是,可以推断的是,既然在部落民众大会中人们是按部落表决的,31个由中小土地所有者组成的乡村部落,较之于4个大部分由无业者组成的城区部落,明显占据优势。

部落民众大会经过鸟卜仪式后,通常由享有"治权"的高级执法官在古罗马市场或者卡匹托尔山召集举行。规范其召集事项和随后工作的具体程序与前述百人团民众大会相类似,但简化了那些具有军事化特征的仪式和程序,并以35个部落为投票单位,代替了193个百人团。③

就职权而言,首先,部落民众大会在公元前287年以后成为罗马共和国主要的立法机构。除非是关于宣战或者是关于监察官权力的法律,高级执法官一般会将有关法律提案拿到部落民众大会,提请投票通过。其次,在贵族官员的主持下,部落民众大会还有权选举出较低级别的执法官员,如财务官、贵族营造官以及基层执法官等。甚至到了公元前2世纪,最高大祭司和最重要的神职官员也可以交由该大会选举。④最后,部落民众大会还享有一部分有限的司法权,它可以作为针对贵族营造官以及最高大祭司课除罚金的申诉机关。

---

① 关于克劳狄乌斯民主制度改革失败的情况,详见[英]F. W. 沃尔班克、A. E. 阿斯廷等编:《剑桥古代史·第7卷:罗马的兴起至公元前220年》第2分册,第435—441页。
② [意]朱塞佩·格罗索:《罗马法史》,第154页。
③ 对部落民众大会投票程序和规则的详细介绍,参见杨俊明:《古罗马政体与官制史》,第50—52页。
④ [意]马里奥·塔拉曼卡主编:《罗马法史纲》上卷,第263页;另见[意]朱塞佩·格罗索:《罗马法史》,第156页。

总之,我们可以明显地看到,在公元前3世纪以后,除去被平民阶层掌控、极具封闭性的平民部落大会和已经逐渐衰落、仅具象征意义的库里亚民众大会以外,罗马共和政制中的民主政治元素主要靠百人团民众大会和部落民众大会支撑。百人团民众大会在一定意义上代表着罗马巨富们的利益,通过选举高级执法官以及审议战争与和平的事项,把控着罗马核心的政制;而部落民众大会则代表着中小农民阶层的利益,通过分享其他一切政制权力,其体现着作为罗马公民的主体性地位。富人和中小农民阶层通过这两种会议及其背后所蕴藏的权力,达成了某种心照不宣的妥协。

(四) 平民部落大会

前已述及,随着平民与贵族的斗争,公元前471年平民形成了他们的"自治实体"——平民部落大会,并于当年选举了4名平民保民官。与前述百人团民众大会和部落民众大会不同的是,平民部落大会专属于平民,且享有"代表平民行事权",召集和主持大会的人只能是平民的官员,如平民保民官和平民营造官。① 但是,与部落民众大会相同的是,平民部落大会也是根据部落的排序进行集会和投票的,每部落1票,并经公元前471年《关于平民保民官的普布里流斯·沃勒罗尼法》(Lex Publilia Voleronis de tribunis plebeis)确认。

随着公元前3世纪以后平民与贵族斗争的减弱以及平民罗马公民权的获得,平民部落大会与部落民众大会只在法律上存在区分的必要,在实际中两种大会趋于统一。从某种意义上讲,我们可以将平民部落

---

① 李维在他的记述中发现,十人立法委员会垮台后,出现了一次祭司长主持平民部落民众大会的情况。参见 Livy. 9, 46, 11。转引自[意]弗朗切斯科·德·马尔蒂诺:《罗马政制史》第1卷,第278页。

大会看作是部落民众大会的一个分部。对此,徐国栋教授指出:

> 从公元前271年平民会决议具有约束全体公民的效力后,分化出不分阶级、全体公民都能参加的部落大会,不过原来的平民会议继续存在。部落大会与平民大会的区别在于前者既有贵族,也有平民参加,后者只有平民参加。前者由有谕令权和占卜权的长官主持,后者由平民的长官主持(保民官和平民营造官)。前者选举财务官、贵族营造官、部分军团的大队长和一些低级长官,后者只选举平民的长官。①

由于平民部落大会"无须受制于宗教原因或者受其拖累",该大会的召开不需要鸟卜官(当然平民官员也无权主持鸟卜仪式)主持仪式。大会一般在城外一千米范围内举行,一般会选在古罗马市场或者卡匹托尔山召集举行。根据马尔蒂诺的说法,在共和国后期,平民部落大会召集的日子、三次集市日的提案公布期限以及大会的程序,与部落民众大会并无太大不同。②

就平民部落大会的职能而言,首先,它最为重要的职能在于排他性地享有选举平民官员的权力。其次,它最晚在公元前286年通过《霍尔滕西法》,获得了"平民会决议等同于立法"的权力,即享有了创制法律的权力。后来由于该大会在程序上具有更大的简便性,且执政官有繁重的军政事务缠身,无法经常主持百人团民众大会,因而,在公元前3世纪中叶以后,平民部落大会承担了"那些具有显著重要性但不是直接

---

① 徐国栋:《罗马共和混合宪法诸元论》,第51—52页。
② 参见[意]弗朗切斯科·德·马尔蒂诺:《罗马政制史》第1卷,第278页。

政治重要性领域内"的立法权,尤其是在私法和程序法领域。据意大利学者塞劳统计,到公元前 27 年,罗马共有 564 件法律,其中的 286 件是平民部落大会决议的,占到了总数的一半左右。① 最后,该大会在刑事方面还享有某种审判职能。平民执法官有权对应受罚金刑处分的犯罪进行审判。②

需要注意的是,《霍尔滕西法》的出台当然是民主力量的胜利,但康奈尔提醒我们,民主力量的部分胜利并不意味着罗马共和政制的基本结构发生了根本性的变化,"民主制度从来没有在罗马成为现实,因为民众大会不能够作为一个独立的政治机构发挥作用……它们在政治上所扮演的角色是被动的,而不是主动的,完全依赖于那些有权'管理人民'(agere cum populo)的行政长官们"③。对此,蒙森也指出,从"塔昆氏时代起至格拉古时代止","罗马人从未忘记,人民不应进行统治,而是应当接受统治"。④

为了进一步说明罗马民主制的缺失问题,康奈尔还以公民大会投票规则和担任公职的巨大花销予以证明。⑤ 他认为无论是部落民众大会还是平民部落大会,其投票单位都是地方的部落,而罗马在公元前 241 年后划分 31 个乡村部落和 4 个城市部落的意义在于,作为民主制

---

① 参见 Feliciano Serrao, *Classi, partiti e legge nella repubblica romana*, Pacini Editore, 1974, p. 198。转引自徐国栋:《罗马共和混合宪法诸元论》,第 58 页。
② 参见[意]马里奥·塔拉曼卡主编:《罗马法史纲》上卷,第 259 页。
③ [英]F. W. 沃尔班克、A. E. 阿斯廷等编:《剑桥古代史·第 7 卷:罗马的兴起至公元前 220 年》第 2 分册,第 442—443 页。
④ [德]特奥多尔·蒙森:《罗马史》第 2 卷,第 247 页。
⑤ 有论者认为,罗马平民自共和国初期开始的民主化运动,最终并没有以建立民主制政府而告终,可能是因为公元前 4 世纪中叶以后,战争和帝国主义掠夺来的财富,使他们在经济上的不满得以缓解,并在事实上默认了新贵阶层寡头制的统治。参见[英]F. W. 沃尔班克、A. E. 阿斯廷等编:《剑桥古代史·第 7 卷:罗马的兴起至公元前 220 年》第 2 分册,第 442 页。

度基础的城市无产者和住在边远地区的小土地所有者,实际上并不左右最终的投票结果。① 对此,他写道:

> 只有土地所有者和乡村居民登记在了乡村部落中,而没有土地的城市居民被限制在 4 个城市部落的范围之内,结果就造成了他们的实际人数不成比例的十分有限的投票权。由于公民大会只在罗马召开,所以这种制度就人为地有利于那些生活在城里但在乡村拥有土地的富有的土地所有者们,而对那些城市无产者和住在边远地区的作为小土地所有者的农民——他们由于现实的原因不能够亲自参加国民会议——则造成了歧视。②

四、 罗马共和政制的实质与特点

在分述完罗马共和政制成熟时期的具体安排之后,我们有必要回过头来再次审视一下波利比乌斯对于这一时期罗马政制特征的概括。

波利比乌斯的概括之所以重要,③是因为他是第一位明确以"政治体制及其运作方式"的角度,分析"罗马人在短短不到五十三

---

① 关于罗马公民出席人民大会比例低的现象与原因,参见晏绍祥:《人民大会及其在古典罗马共和国政治中的作用》,载晏绍祥:《希腊城邦民主与罗马共和政治》,人民出版社 2018 年版,第 323—325 页。
② [英]F. W. 沃尔班克、A. E. 阿斯廷等编:《剑桥古代史·第 7 卷:罗马的兴起至公元前 220 年》第 2 分册,第 444 页。
③ 关于波利比乌斯及其著作《历史》的重要意义,参见高全喜:《波利比乌斯:一部人类的普遍史》,载《读书》2019 年第 1 期。

年①的时间里,就几乎征服了整个世界"的人。② 波利比乌斯指出:

> 主导罗马宪政的成分有三,这些我在之前都已提过。而在执行上面上如果分开来看,是极为公平以及恰当地透过这三个成分的运作而分配及规范,以致对于罗马人来说,要他们清楚宣布整个体统究竟是贵族政治,或是民主政治,或是王权政治,甚至是不可能的。事实上,这是很自然地理当如此,因为我们假如将注意力放在执政官的权力上,这政体或许给人一种完全是国王政治及王权;但假如我们将注意力集中在元老院,这似乎看起来是贵族政治;但假如我们集中在人民的权利,这似乎是民主政治的一个明显范例。对于国家所拥有不同权力,这三个成分过去是,而且在经过一些调整后,现在仍然是。③

波利比乌斯的这段话较为全面地总结了罗马共和政制的实质与特点。④

(一) 罗马共和政制的实质

一方面,波利比乌斯认为,对于成熟时期罗马共和政制的理解,不能仅观察到执政官(官职)、元老院和民众大会(人民)这一带有混合制

---

① 这里需要说明的是,波利比乌斯本来要记述罗马从公元前 220 年至公元前 168 年这 53 年的扩张历史,但为了更为充分地说明这一历史进程,他将历史叙述的上限提前到公元前 264 年至公元前 220 年,记述了第一次布匿战争及战后罗马、迦太基等城邦的情况,同时将下限延长至公元前 168 年至公元前 145 年,详细记述了罗马对地中海地区的统治。参见易宁:《论波利比乌〈历史〉的编纂体例及其思想》,载《史学史研究》1994 年第 2 期。
② [古希腊]波利比乌斯:《波利比乌斯论混合政体:〈通史〉第六卷全文移译》,第 215 页。
③ [古希腊]波利比乌斯:《罗马帝国的崛起》,第 271 页;另见[古希腊]波利比乌斯:《波利比乌斯论混合政体:〈通史〉第六卷全文移译》,第 222—223 页。
④ 当然,也有论者反对波利比乌斯的分析,认为其分析框架是希腊式的,忽略了罗马政制的复杂性。参见晏绍祥:《波里比阿论古典罗马共和国政制》,载晏绍祥:《希腊城邦民主与罗马共和政治》,人民出版社 2018 年版,第 300—307 页。

特征的政制外表,更应注意到其政制的实质,即各种政治权力、不同阶级之间及其各自内部的平衡。① 在大多数人看来,由执政官、元老院和民众大会所构成的混合政制,可以同时汲取君主制、贵族制和民主制这三种正常政制的优点,避免适用单一政制所引发的弊端以及"政体的循环"。② 因此,从形式上看,这种混合政制犹如三角形一般稳固,堪称完美。

罗马混合政制的设计确实在一定程度上可以避免各种单一政制所存在的问题,而且多元政制设计本身就蕴含着一种制衡的因素,避免"权力金字塔"模式的出现。对此,孟德斯鸠评价道:

> 罗马的政体十分优良,其优良之处在于:这个政体自建立以来,借助人民的精神、元老院的力量和某些官员的威望,所有滥权行为都得到了矫正。③

然而问题是,在古典时代,这种混合政制并不是罗马政制的独创,同一

---

① 对此,波利比乌斯说道:"最好的政体是这三种政体的有机结合。"[古希腊]波利比乌斯:《波利比乌斯论混合政体:〈通史〉第六卷全文译译》,第216页。

② 按照波利比乌斯的说法,单一政体不可避免地会导致"政体的循环"。对此,他指出:"在这些政体当中,首先出现的是一人之治,这是无须外力就自然形成的一种政体;随后出现的是君主制,通过技术性的作用和缺陷性的修正,一人之治会发展成君主制。君主制首先会堕落退化成为同自己相关联的政体形态,也即僭主制(tyranny);这两种政体的废除随之就会产生贵族制。贵族制因其本性而堕落蜕变成寡头制;当愤怒的民众报复这种政体的不公正统治时,民主制就出现了。经过适当的时间,这种政体就会滋生放纵和不法,由此,暴民制就出现了,这因而也就结束了政体的循环……接着,他们将集结自己的军队,进行屠杀、放逐和劫掠,直到他们再一次地蜕变成一种纯粹的野蛮状态和再一次地找到一名主人与君主。这就是政治革命的循环,这也是政体演变、转化和再一次地回到其原初状态的自然进程。"[古希腊]波利比乌斯:《波利比乌斯论混合政体:〈通史〉第六卷全文译译》,第217—221页。

③ [法]孟德斯鸠:《罗马盛衰原因论》,许明龙译,商务印书馆2016年版,第63页。

时期的迦太基等城邦也适用同样的政制;① 同时,即便像雅典、斯巴达这些不同于罗马政制的城邦,它们的政制中一样存在混合制的色彩。② 如雅典政制中也有执政官(后期的十将军委员会)、元老院和民众大会的设置;斯巴达政制也由 2 位王、民众大会、长老会议和 5 位监察官混合组成。③ 更何况,罗马共和政制到最后并没有保证它不被苏拉、恺撒等政治强人所破坏,被更适合当时实际的"元首制政制"所取代。因此,将罗马共和政制实质归结于混合政体的设置,只具有表面的意义,并未真正解释清楚罗马政制的独特性所在。

实际上,正如前述波利比乌斯所说,搞清楚罗马政制究竟是什么政体,实际上并无太大意义,因为它可以是君主制、贵族制和民主制三种政体中的任何一个,其结果完全取决于观察者的视角。因此,从各种政制元素之间的具体关系和运作以及它们各自在罗马共和政制中所发挥作用的角度入手,才是我们探究和把握这一政制实质的正确路径。

首先,从表面上看,罗马共和政制是区别于王政的一种体制。这种体制意味着政制的主导者是元老院和罗马人民,而不是"王"或者其他替代性官职。实际上,在具体的政治运作中,我们会发现执政官虽受同僚否决制、平民保民官否决权和"向人民申诉制度"的制约,要想圆满完

---

① 关于迦太基政制的描述,参见[英]F. W. 沃尔班克、A. E. 阿斯廷等编:《剑桥古代史·第 7 卷:罗马的兴起至公元前 220 年》第 2 分册,第 536—544 页;施治生、郭方编:《古代民主与共和制度》,第 213—218 页。
② 当然,斯巴达的混合政制色彩更为典型。对此,波利比乌斯有明确的论述。参见[古罗马]西塞罗:《论共和国(附〈论法律〉)》,第 221 页。
③ 这里需要说明的是,斯巴达的混合政体,不仅在柏拉图和亚里士多德的著作中都有说明,而且与罗马混合政体经验主义形成路径不同的是,斯巴达是来库古(Lycurgus,约公元前 700—前 630)"理性设计"的结果。

成军事行动也有赖于人民和元老院的支持,①但执政官在很多时候,尤其在城外行使军事方面的"治权"是不受限制的。甚至在危急时刻,获得任命的独裁官在独裁期间,其权力是绝对性的。因此,君主政制因素在罗马共和政制中始终存在。对此,波利比乌斯指出:"如果一个人只看政体的这个部分,那么,他可能会合理地宣称,这种政体纯粹是一种僭主制或者君主制。"②

其次,元老院在罗马共和政制中,前期代表贵族,中后期代表新贵,是统治阶层,享有"摄政"、"准可"、财政、征兵、决定战争等核心权力。而且,元老院成员并非由人民选举产生,且适用终身制原则,因而在形式上完全不受人民的控制,具有贵族政治的色彩。甚至有论者称:"共和政治体制的权力中心就是元老院。"③但是,在实际中元老院会议的组成、会议的召集、议事的程序、表决的过程以及元老院决议的执行,几乎完全取决于罗马各官职对于它的支持和配合。因为从本质上讲,元老院在罗马共和政制中是不享有"治权"的,在法理上没有强迫其他政制元素必须执行其意志的权力。此外,元老院在很多领域都受到人民和平民保民官的限制。由于罗马民众大会"很早就独立于元老院的权力,他们的议案无需元老院的同意就成为法律"④。对此,波利比乌斯指出:

> 元老院尽管拥有如此之大的权力,但是它必须首先在公共事务上关心大众,要尊重人民的心声。如果元老院的法令(senatus

---

① 详见[古希腊]波利比乌斯:《波利比乌斯论混合政体:〈通史〉第六卷全文移译》,第225页。
② [古希腊]波利比乌斯:《波利比乌斯论混合政体:〈通史〉第六卷全文移译》,第224页。
③ 参见施治生、郭方编:《古代民主与共和制度》,第187—191页。
④ [匈]埃米尔·赖希:《希腊—罗马典制》,第87页。

consultum）没有得到人民的批准，那么，对于那些最为严重和最广泛的危害国家的罪行，元老院就不可能进行调查，也不能对他们处以死刑和进行惩罚。对于那些直接影响元老院自身的事务，也是一样。因为，对于有人提出的意图剥夺元老院的一些传统权威，或者废除元老院的特权和尊贵，或者甚至减少他们的财产的法案，只有人民才有权通过或者拒绝它。最为重要的是，如果其中一位保民官介入和行使自己的否决权的话，那么，元老院就不能决定任何事项，甚至不能会面和开会。保民官必须执行人民的决议和倾听人民的心声。基于所有这些原因，元老院敬畏人民，它必须充分重视人民的意志。①

最后，虽然各类民众大会代表着人民，是罗马共和政制中民主制因素的体现——它们不仅享有选举各类官员的权力，在理论上直接制约着罗马的官员，间接影响着元老院，而且其所拥有的立法权决定着共和政制的基础。然而，民众大会这种从理论上讲无限的权力，在实际运作中是极其有限的。一方面，决定各类民众大会的主导者主要是经济上的特权阶级，他们本身非富即贵；另一方面，各类民众大会表决的法律总是依赖官员的法律提案，它们本身并没有提出法案的动议权。申言之，民众大会只能就召集和主持民众大会的高级长官所提出的法案进行投票表决，而无权对提案本身的内容进行修改或讨论。

综上，我们可以说，君主制、贵族制和民主制元素在罗马共和政制中似乎都是存在的，但似乎又都是不存在的。每个部分所拥有的权力

---

① ［古希腊］波利比乌斯：《波利比乌斯论混合政体：〈通史〉第六卷全文移译》，第226页。

一方面都有损害其他部分权力的能力,但另一方面它的存在本身也需要其他部分权力的配合和支持。对此,波利比乌斯指出:

> 很明显,对于这三个要素而言,任何一个要素都不是完全独立的;相反,一个要素肯定会被另外两个要素所制衡和阻碍,任何一个要素都不可以主宰或者轻蔑地对待另外两个要素。因而一切仍然保持了平衡(in statu quo),因为任何挑衅性的冲动肯定都会被牵制和约束,而且从一开始,每一个要素都会因为另外两个要素的干预而不安起来。①

因此,罗马共和政制的实质不仅在于混合政制是由三种政制组成的,彼此间存在着制衡——这在一定程度上使罗马避免了古代城邦国家普遍存在的"政体的循环"问题,得以实现政制的平等和稳定,②还在于三种政制在一定条件下可以"混合"在一起,相互团结、相互协作,将各个阶层纳入城邦国家的政体中来,实现内部冲突的整合。对此,波利比乌斯说道:

---

① [古希腊]波利比乌斯:《波利比乌斯论混合政体:〈通史〉第六卷全文移译》,第227页。
② 对此,西塞罗有过总结,他说道:"一个国家应该拥有具备王室最高权威的成员;另外一些权力应该分配给贵族阶级;还有一些事务应该留给群众,让其决断和满足其期望。首先,这种政体拥有一种普遍的平等元素,缺少这个,自由的人民就无法持久。其次,它具有稳定性,因为尽管上述三种原始政体形式极易退化崩溃(从而分别产生一个暴君而不是国王,产生寡头集团而不是贵族统治者,产生无组织的暴徒集体而不是民主政治),而且尽管这些单一政体形式经常相互转变,但在一个代表综合体和明智的混合形式的政治结构中却很少发生——除非政客们都腐败至极。因为在一个国家里,当每个人都能稳稳地确定在自己的岗位上,而这个国家下面再没有其他相应的政体形式能让它突然衰败而转变过去,那么这个国家是没有理由要变的。"[古罗马]西塞罗:《论共和国(附〈论法律〉)》,第45页。

> 这就是罗马政体的三个组成要素之间的相互制衡和相互协作的关系,它们的联合足以应对所有紧急情况,我们不可能找到比它更好的政治体系。因为,每当外来的一些共同威胁逼迫这三者相互团结和相互协作之时,这个国家的力量就会变得异常强大,以至于任何东西都不会被忽略;因为,所有人都在争相寻找符合时势需要的方法,没有一个决定会错失良机;不管是公开还是私下,所有人都在相互协作,以完成自己手上的任务。①

对于罗马政制这种善于统一的倾向,蒙森曾将其与希腊做比较分析。他认为,希腊"每逢出现统一倾向,这总是并不直接基于政治因素,而是基于竞技和艺术"②,而罗马人则将这种统一放在了政制之中。他说道:

> 在古代一切文明民族之中,意大利人独能依凭以自治为基础的政制而获得民族的统一;意大利既归于一统,于是,不但四分五裂的希腊民族的主权,而且全球的主权都终于落入意大利人之手。③

罗马政制限制的从来不是国家整体性权力,而是某一阶层或某种官职的权力。

在罗马共和政制下,每种政制元素都彼此相连,既相互支持,也相互制衡,其中既有原则性的规定,也有不甚明确的模糊做法。一切皆若隐若现、若有若无地存在着,并在此过程中实现了政制的"有限"和"有为"。

---

① [古希腊]波利比乌斯:《波利比乌斯论混合政体:〈通史〉第六卷全文移译》,第226—227页。
② 如蒙森指出:"只有奥林匹亚的竞技赛会,只有荷马的诗歌,只有欧里庇得斯的悲剧使希腊人团结起来。"[德]特奥多尔·蒙森:《罗马史》第1卷,第38页。
③ [德]特奥多尔·蒙森:《罗马史》第1卷,第38页。

（二）罗马共和政制的特点

另一方面,波利比乌斯还提醒我们,对待罗马共和政制不能静止地观察,相反,应在一个历史发展的过程里动态地把握它。他指出,与斯巴达来库古那种依据"单一的且建基于一种单一的原则"建构混合政制不同的是,罗马则是"通过在灾难中所学到的经验来作为最佳的选择"。① 因此,罗马共和政制是在动态中建立和发展起来的。对此,西塞罗也说道:

> 我们这个政体的建立,不是借一人之力,而是靠众人之力,不是仅靠一个人一生的奋斗,而是经过了多少年和多少代的努力。……从来没有在某个特定的时期出现过一群精明能干的人,具有足够的远见考虑任何事情;这必须经过相当长一段历史的实际经验的积累。②

很明显,罗马共和政制一开始的三个元素不仅在共和国时期始终存在,而且还一直持续到罗马帝制时期。很多时候,左右罗马共和政制的并不是官职、元老院以及民众大会这个混合制框架,而是其背后各种力量的对抗和角力。之前是平民阶层与贵族阶层的对抗,后来对抗的主角转变为新贵与新平民。马尔蒂诺指出:"罗马国家不是建立在抽象逻辑的基础之上,而是建立在许多争执以及行动的基础上,通过认识客观事物来提取各种政体中最好的部分。"③同时,这种动态的政制发展过

---

① 参见[古希腊]波利比乌斯:《波利比乌斯论混合政体:〈通史〉第六卷全文移译》,第221—222页。
② [古罗马]西塞罗:《论共和国(附〈论法律〉)》,第49页。
③ [意]弗朗切斯科·德·马尔蒂诺:《罗马政制史》第2卷,第364页。

程将不同历史阶段各种阶层之间的斗争限制在混合政制的框架内,这体现了罗马共和政制具有一种"动态的平衡"特点。对此,有论者指出:

> 如果说混合政体通过内部平衡解决古代城邦普遍面临的内部冲突的整合之策的话,那么在此基础上将各阶层纳入政治国家整体的扩张进程则是罗马混合政制的独特之处。①

罗马政制设置、各种官职以及各种涉及罗马共和政制原则的法律,正是在这些争斗当中不断产生、发展并丰富的。正如古代罗马史学家阿庇安所说:

> 罗马平民和元老院常常因为法律的制定、债务的取消、土地的分配或行政长官的选举而发生斗争。但是内部的不和没有引起战争;他们只有意见的纠纷,在法律范围内的斗争,这样,法律是在他们彼此让步、彼此尊重的情况下制定的。②

这一过程不仅意味着罗马政制极具实用性,因为它在很大程度上都是回应各种政制问题的产物,如独裁官在危急时刻的决断性作用,也意味着罗马政制极具灵活性,因为它总会根据具体情况发生的变化而及时地调整。例如,当百人团民众大会实行以财产等级为标准的大会模式,忽略了中小土地拥有者和地域部落因素时,部落民众大会作为它的补充应运而生。对此,英国学者德拉蒙德指出:

---

① 孔元:《混合政体与罗马帝国的崛起——对波利比乌斯〈历史〉的一种解读》,第20页。
② [古罗马]阿庇安:《罗马史》下卷,谢德风译,商务印书馆2016年版,第1页。

第四章　共和政制成熟时期的安排

共和政府机构的部分发展反映出,这些机构起源于应对政治或行政管理的迫切需要,而不是起源于某种预设方案的全面落实,或是某种普遍宪政理论的运用……很可能在公元前 5 世纪,甚至就连职官拥有哪些权力都没有形成统一概念。①

此外,这一过程还意味着罗马政制是具有开放品格的,因为政制的改变本身就体现为各种利益群体之间实现了妥协。罗马各类官职及其元老院向平民阶层的开放,就体现出这一特点。

更为重要的是,无论是不同阶层之间的对抗,还是各种政制元素内部的制衡,都呈现出一种"斗而不破"的特征。例如,平民的撤离运动尽管有抗争的色彩,但撤离运动始终是在承认统一城邦共同体的前提下进行的,②呈现出"非暴力不合作"态势。③ 各类官职适用的同僚否决制原则尽管相互制约,但其背后所蕴藏的"全体一致原则"保证了他们最终会选择达成妥协。

在动态发展的视角下思考罗马共和政制,还在一定程度上为我们

---

① ［英］F. W. 沃尔班克、A. E. 阿斯廷等编:《剑桥古代史·第 7 卷:罗马的兴起至公元前 220 年》第 2 分册,第 219—220 页。
② 例如,德拉蒙德就认为:"(原初的)平民组织并不是一贯致力于反对现存国家机构的,平民运动在任何意义上也没有建立一个'国中之国'。虽然它的官吏在一定程度上是模仿行政官吏设置的,并以部落作为集会的基础,但在已知的历史时期内,这场运动并未设立祭司或(可能没有)组织严格的宗教仪式;它不曾课税,或许也没有自己的财库;它没有招募军队,没有建立议事会;并且除了针对那些侵犯其官吏神圣性的敌人外,我们几乎可以肯定,它们没有组织过任何重要的民事或刑事审讯。事实上,跟向人民呼吁的情况一样,保民官职位的设立、它的早期职能和要求可能在一定程度上是以传统意义上公民体的共同利益和公民的个人权利为依托的……可以想象,尽管早期保民官们一直为平民对官方权力的不信任代言,但他们宣称自己是代表共同体的利益来阻止滥用权力的。这样一种姿态可以解释,保民官何以没有插手军事指挥权。"［英］F. W. 沃尔班克、A. E. 阿斯廷等编:《剑桥古代史·第 7 卷:罗马的兴起至公元前 220 年》第 2 分册,第 261 页。
③ 参见徐国栋:《论平民的五次撤离与消极权的产生》,第 40—41 页。

解释了为何罗马共和政制的诸多政制设置本身含糊不清，无法清晰把握。同一种权力经常被很多官职或政制所享有，明确的权力分立实际上在罗马共和政制中并不存在。同时，各种政制之间的关系也相互纠缠，彼此界限很难厘清。这在一个侧面反映了罗马共和政制根本就不是某种理论设计的结果，而是实践经验的产物。它的复杂程度远远超乎我们的想象，其间充满着矛盾和争议。这也解释了为何李维、狄奥尼修斯等古罗马史学家在其作品中对于罗马共和政制的记述充满了不确定的表达。

波利比乌斯在分析完罗马共和政制之后认为，正是罗马政制的上述特征，保证了罗马国势的稳定和军事力量的强大。之后，罗马正是在成熟的共和政制安排下，在公元前3世纪以后的一个半世纪里，完成了共和国的对外扩张。但与此同时，扩张所引发的经济和社会方面的新问题也使共和政制出现了危机。

第五章　共和政制的危机与应对

公元前367年以后,随着罗马共和政制的稳固,罗马开始在意大利扩张。至于罗马对外扩张的原因,马尔蒂诺指出:

> 在公元前4世纪逐渐形成,并卓有成效地管理国家的贵族——平民相结合的领导阶层实行一种视野更加开阔的政策。……新贵阶层的统治并非如此,它力求确保霸权,扩大对土地的占有,逐渐以奴隶劳动取代罗马农民的自由劳动,从根本上改变了国家的社会经济结构。①

申言之,罗马对外扩张一方面得益于其共和政制的优良,另一方面"驱动罗马人的是渗透在罗马社会各层面的对荣耀的渴望、对征服的欲求,以及对胜利所带来的经济利益的纯粹贪恋"②。

于是,我们看到,罗马通过三次与萨姆尼人(Sanmio)的战争(公元前343—前341、公元前326—前304、公元前298—前290)赢得了意大利中部的坎帕尼亚地区,后来又通过与古希腊伊庇鲁斯(Epirus)王国的天才将领皮洛士(Pyrrhus)领导的塔兰托军队之间的战争(公元前280—前272),将罗马的霸权一直扩展到意大利半岛南部的墨西拿海峡

---

① [意]弗朗切斯科·德·马尔蒂诺:《罗马政制史》第2卷,第1—2页。
② [英]玛丽·比尔德:《罗马元老院与人民:一部古罗马史》,第189页。

(Messina)。接着,罗马又通过三次布匿战争(公元前264—前241、公元前218—前202、公元前149—前146)、叙利亚战争(也称"安条克战争",公元前192—前188)和四次马其顿战争(公元前214—前205、公元前200—前197、公元前171—前168、公元前149—前148)实现了对地中海的控制权,并同时建立了意大利同盟制度、殖民地制度和行省制度。① 一时间,罗马的势力和声名达到了顶峰。对此,蒙森感叹道:

> 罗马领域横跨三大洲;罗马势力的辉煌和罗马声名的光荣有增无减;一切人注目于意大利,一切才智、一切财富都流向意大利;一个享太平的幸福和精神的生活乐趣的黄金时代似必始于此地。②

然而,与罗马军事扩张呈现出势如破竹态势相对应的是,罗马的统治者直至公元前2世纪中叶似乎都对罗马经济和社会方面所暴露的新问题视而不见。罗马政制在公元前133年之前,仍旧按照传统的设计运行着。对此,英国学者阿斯廷(A. E. Astin)指出:

> 公元前133年之前的政治舞台与公元前2世纪早期的非常相似。政体结构几乎没有改变;元老院和骑士阶层的参与政治的方式与之前无异;政体系统已经具有民主因素,但实际上仍然是寡头政体占主导;"新人"努力进入元老院,少数甚至能够谋取最高职位,许多卓越人物都来自那世纪早期著名的家族。③

---

① 参见[意]弗朗切斯科·德·马尔蒂诺:《罗马政制史》第2卷,第60—94、264—298页。
② [德]特奥多尔·蒙森:《罗马史》第4卷,第987页。
③ [英]A. E.阿斯廷、F. W.沃尔班克等编:《剑桥古代史·第8卷:罗马与地中海世界至公元前133年》,第219页。

对于此种反差,马尔蒂诺精辟地总结道:

> 在我们看来,它(罗马的领导阶级——引者注)在领导对外政策、统帅军队方面多么地能干和英明,在判断经济和社会问题方面就多么的盲目,甚至于对民众生活最紧迫的需要感觉也多么地迟钝。①

更加耐人寻味的是,恰好生活在这一历史节点的波利比乌斯甚至在格拉古危机前几年还对罗马共和政制赞不绝口,但几年后,这一"完美政制"就因格拉古改革者们和寡头政治集团之间的激烈斗争而被动摇,并最终被摧毁。

这一过程构成了罗马政制史的第四个阶段,即共和政制崩溃,同时也是军事君主政制逐渐建立的过程,其起止时间是从公元2世纪30年代罗马初步完成军事扩张、格拉古兄弟改革之前,到公元前23年屋大维创立元首政制。

一、危机的原因及表现

关于共和政制危机产生的原因,马尔蒂诺提醒我们,原因有很多,并且不全是同时存在的;此外,危机也不是突然爆发的,它源于两个多世纪以来各种因素的潜伏。可以肯定的是,危机首先是经济和社会的,然后才是政治和法律的,涉及劳动力、劳动力的使用、土地所有权制度

---

① [意]弗朗切斯科·德·马尔蒂诺:《罗马政制史》第2卷,第363页。

以及资本的形成和投资等方面的深刻转型。①

(一) 富人和穷人之间的矛盾

首先我们来看看经济和社会方面的原因。这一时期罗马军事扩张的直接结果就是小土地所有者的破产以及大土地所有者的壮大。

对外战争引发的军事招募使得小土地所有者的负担加重,濒临破产。② 他们不仅无暇耕种土地,而且得胜后还受到各行省粮食生产的竞争以及大地产所有者密集耕作制(亦称为"产业化")的影响。③ 与此同时,由于罗马元老院贵族被禁止从事贸易活动,④所以他们退而扩大在土地所有权方面的投资,建立大庄园土地所有制。他们不仅占据大量因战争而获得的罗马公地,而且通过购买和强取豪夺的方式将上述小土地所有者的土地变为己有。此外,战争为罗马带来了大量的奴隶。据统计,公元前2世纪早期,"作为海外战争胜利的直接结果而来到意大利半岛的新奴隶,平均每年超过8 000人"⑤。大土地所有者更愿意在自己的大庄园里使用他们,而不是让自由人劳作。⑥ 失去土地的小土地所有者甚至失去了在大庄园劳作的机会,因此彻底沦为流民。对此,古罗马史学家阿庇安描述道:

---

① 参见[意]弗朗切斯科·德·马尔蒂诺:《罗马政制史》第2卷,第361页。
② 按照罗马共和时代的法律规定,公民的服役期限为29年,即从17到46岁。46岁以后,可以退役为后备兵,直到60岁才完全免除兵役。在46岁以前也可以退役,但必须参加过16到20次步兵战(一说10次步兵战)。据统计,自公元前225至前123年,罗马军队中服役年限超过16年的士兵占士兵总数的30%,服役年限达到25年左右的占25%。服役时间之长,实际上已经使罗马小农变成了职业士兵。参见杨共乐:《罗马社会经济研究》,第175—178页。
③ 参见[英]A. E. 阿斯廷、F. W. 沃尔班克等编:《剑桥古代史·第8卷:罗马与地中海世界至公元前133年》,第260—261页。
④ 参见[意]朱塞佩·格罗索:《罗马法史》,第228—229页。
⑤ [英]玛丽·比尔德:《罗马元老院与人民:一部古罗马史》,第195页。
⑥ 详见杨共乐:《罗马社会经济研究》,第13—54页。

第五章 共和政制的危机与应对

因为富有者占领大部分未分配的土地(罗马公地——引者注),时间过久之后,他们的胆子大了,相信他们的土地永远不会被剥夺了。他们并吞邻近的地段和他们贫穷邻居的份地,一部分是在被说服之下购买的,一部分是以暴力霸占的,因此,他们开始耕种广大的土地,而不是单一的地产。利用奴隶当农业工人与放牧者,因为害怕自由劳动者会从农业中被抽出去当兵;同时奴隶的占有,由于奴隶子孙的繁殖,使他们获得很大的利益,因为奴隶不服兵役,繁殖得很快。这样,某些有势力的人变为极富,奴隶人数在全国繁殖起来了,而意大利人民的人数和势力,因受经济、捐税和兵役的压迫而衰落。如果他们暂时没有受到这些灾难的影响的话,他们就游手好闲,消费他们的时间,因为土地已被富人占有,而富人只用奴隶而不用自由民作耕种者。①

这群流民许多属于乡村部落,他们中的部分人后来来到城市,成为城市流氓无产者的后备力量,以门客的身份帮助新贵进行政治贿买,而其他一部分人则成为职业士兵。与之相对的是,大土地所有者大部分属于元老阶层,他们不断汇集财富,并通过收买门客,影响甚至把持罗马政制。②

与新贵们垄断土地和官职同时存在的现象是,一个由商人和投机商组成的金融贵族集团在意大利扩张时期和布匿战争时期攫取了大量的财富,并转向扩大海外贸易。后来这些人中的一部分由于受到公元

---
① [古罗马]阿庇安:《罗马史》下卷,第7—8页。
② 蒙森用表格统计了从公元前366年至前173年罗马部分"新贵"家族对于政制垄断的情况。参见[德]特奥多尔·蒙森:《罗马史》第3卷,第778页。

前218年《关于元老的克劳丢斯法》(Lex Claudia de senatoribus)的影响,①放弃了参与政治的权利,而致力于承包公共工程、提供军需、开发矿山、收取税金和关税等商业活动,他们最终转变为骑士阶层。关于这一阶层的形成和特点,②格罗索将其描述为:

> 由国家提供马匹并被编入18个骑士百人团的公费骑士(equites equo publico)。为了军事上的需要,监察官(或许只是在公元前3世纪)把那些在骑兵部队自备马匹服役的高收入市民(即所谓私费骑士,equites equo privato)登记造册,开始时是根据需要逐次登记,后来则依据法律进行这项工作。以这两类骑士为基础,形成了贵族身份和财产状况这两种标准的并驾齐驱。军事目的消失之后,这种财产登记仍保持着自己的意义,这种仅仅以金钱作为划分贵族阶层的标准的做法,一方面随着显贵(nobilitas)阶层的实际封闭,另一方面又随着对元老院成员从事商业性活动的禁止,日益强烈地体现出自己的特点。由此逐渐形成了一个真正被称为"阶层"的骑士团体(ordo equester),它体现着在财政和商务领域中的贵族政治倾向,形成对贸易、公共劳务和税收承包等活动的垄断,出现了大的包税人(publicani)团体。③

---

① 该法是由平民保民官克劳丢斯(Q. Claudius)提出。此法禁止元老参与海外贸易,只允许他们拥有可装载量在300双耳瓶(1双耳瓶的容积大约是6加仑)之下的船只,让元老不能从海外战争中得利,以此实现平民的利益。该法的实施迫使元老阶层在意大利进行投资,并主要投资于土地和农业。骑士阶层获得了经营海外事业的空间。参见齐云、徐国栋:《罗马的法律与元老院决议大全》,第185页。
② 详见[意]弗朗切斯科·德·马尔蒂诺:《罗马政制史》第2卷,第252—260页。
③ [意]朱塞佩·格罗索:《罗马法史》,第229页。

与元老一样,骑士也有某些外在的等级标识。他们通常会在长大衣上佩戴紫色的狭条带(元老则佩戴阔条带),并享有佩戴金戒指的权利,还可以在剧场里拥有特殊的席位。

总之,到公元前2世纪中叶,我们看到大土地所有者内部分化为两派:一派是垄断土地和官职的元老院贵族,也称"新贵阶层"(或称"显贵派");另一派是排除在政治领导层之外,但却垄断金融商业的金融贵族,也称"骑士阶层"。他们共同构成了罗马共和制后期的"富人",而前述破产的小土地所有者、城市流氓无产者以及被解放的奴隶,则大体上属于"穷人",基本等同于"民众派"。① 蒙森指出,"显贵派"比之前的贵族对于罗马政制的影响力更大,"因为贵族可随宪法的变动而被废,显贵则不然",他们背后的资本和财富力量,不仅可以"改变国法",而且使他们不受既有政制的规训。②

需要说明的是,尽管骑士阶层的利益经常不同于那些元老院贵族的利益,但这种差别不应被夸大。对此,有论者指出:

> 土地仍是主要资本,而许多骑士是地主。也不存在一种明显的社会差别。除了元老的儿子通常被征募到18个骑兵百人团的事实外,元老家庭与骑士家庭之间通常有密切的联系。③

---

① 需要说明的是,随着公元前367年贵族与平民阶级对立的逐渐消失,到了共和国中后期,罗马的阶级状况出现了新的变化。平民中的精英与贵族中的精英混合成"显贵派"(optimates);相应地,贵族中的落魄者与平民中的落魄者混合成"民众派"(populares)。这样,原来的平民与贵族两个阶级就被分化并糅合成新阶级。"显贵派"与"民众派"在共和国后期虽有斗争,但远未激化到之前贵族与平民斗争的程度。参见徐国栋:《论平民的五次撤离与消极权的产生》,第42页。
② 参见[德]特奥多尔·蒙森:《罗马史》第4卷,第992—993页。
③ [英]H. F. 乔治维茨、巴里·尼古拉斯:《罗马法研究历史导论》,第105—106页。

在政治和法律层面,尽管元老贵族阶层和骑士阶层在整体上与前述的"穷人"之间的矛盾构成了罗马共和政制危机的主要诱发原因之一,甚至有论者发出"大地产毁了意大利"的感慨,① 然而需要注意的是,这两个阶层在内部并非铁板一块,也存在着一些摩擦和对立。一方面,元老院元老经常要依靠骑士获得预支的钱款或者间接地参加自己被禁止参加的商务活动,因此他们在经济上始终存在联系;另一方面,在行省,那些从事承包或其他商业活动的骑士则会与属于元老院阶层的总督们发生竞争。② 此外,骑士阶层由于不能参与政治,经常会与上述"穷人"结盟,一起反对"新贵"阶层,这同样构成了共和政制危机的诱因。

(二) 公民和非公民之间的矛盾

罗马共和政制危机的另一个深刻原因是意大利人的社会地位问题。③ 共和国时代,罗马在逐渐征服意大利的过程中,并没有像斯巴达那样将所有征服者变为奴隶,也没有像帝制时代中后期那样,赋予所有被征服者以公民身份,而是采用"分而治之"的政策,将他们分为两大类:第一类是被合并者;第二类则是通过盟约组建的同盟。④

第一类被合并者,主要包括拉丁姆地区各族居民和坎佩尼亚大部分、伊特鲁里亚南部、大部分萨宾地区的居民。这些地区被征服后,其居民被并入了罗马各部落,成为罗马的"全权公民"和"半权公民"(亦

---

① 参见[英]H. F. 乔治维茨、巴里·尼古拉斯:《罗马法研究历史导论》,第 100 页。
② 参见[意]朱塞佩·格罗索:《罗马法史》,第 230 页。
③ "意大利"一词据说来自奥斯其语 Vitelium,意为牡牛之国。最初指的是南部意大利的部分地区,后来逐渐扩大至布鲁丁、路加尼亚和坎佩尼亚。至奥古斯都时期,阿尔卑斯山以南的地方都被称作意大利。参见杨共乐:《罗马史纲要》,第 95 页。
④ 参见[意]朱塞佩·格罗索:《罗马法史》,第 169 页。

称"无投票权公民")。前者与罗马原公民享有同等的政治地位,可以参加民众大会,担任罗马官职,在军团中服役。而后者虽然可以与罗马人通婚,且人身、财产和遗嘱都受到罗马法律的保护,但他们却不能参加民众大会、担任官职或是在军团中服役。

这里涉及上述意大利人社会地位问题的主要是第二类,即通过盟约与罗马发生关联的同盟者。这种同盟关系按照时间先后顺序,分为拉丁同盟和意大利同盟。

原始的拉丁同盟是罗马与其他城市建立关系的最古老的常设性组织,①其建立可以追溯到王政时代的伊特鲁里亚王朝,②并在公元前493年由斯普里奥·卡西安(Spurio Cassio)通过的《卡西安条约》(foedus Cassianum)进行了延续。③ 应该说,罗马与拉丁同盟之间的军事和政治联盟是为了应对来自拉丁姆地区的外部军事威胁。根据狄奥尼修斯的记载:

> 条约建立起两个派别之间的永久和平,还有一个防御性的军事联盟,规定一个如果受到进攻,另一方要出兵援助。双方一致同意绝不会给予另一方的敌人提供援助或自由的通道。任何获胜战役的战利品必须平均分配。最后,同盟负责解决不同国家的公民

---

① 有论者认为,在《卡西安条约》前,罗马从来就不是拉丁同盟的一员,相反,这时的拉丁同盟是为对抗罗马而组成的一个拉丁国家的政治联合体,其会议在罗马领地的斐伦提娜(林泉女神)的圣林举行。参见[英]F. W. 沃尔班克、A. E. 阿斯廷等编:《剑桥古代史·第7卷:罗马的兴起至公元前220年》第2分册,第294—297页。

② 英国学者康奈尔认为,拉丁同盟可以追溯到阿尔巴·隆伽(Alba Longa)时代,后来"霸权先从阿尔巴山转移到拉维尼乌姆,接着转移到阿里奇亚,最后转移到了罗马"。参见[英]F. W. 沃尔班克、A. E. 阿斯廷等编:《剑桥古代史·第7卷:罗马的兴起至公元前220年》第2分册,第285—291页。

③ 参加[意]马里奥·塔拉曼卡主编:《罗马法史纲》上卷,第139页。

之间商业上的争端。①

拉丁同盟将各缔约城邦置于平等的地位,罗马只是承担同盟的军事和政治领导之责,各城邦享有广泛的自主权,因而拉丁同盟在本质上是一个具有"防御性特点的平等联盟","是属于单一族系血统的各民族间建立的法律共同体的最高表现形式"。② 在这个同盟里,拉丁民族盟友享有贸易权、与罗马人的通婚权,以及迁居权,即向罗马迁徙并放弃自己身份而获得罗马市民籍的权利,却没有在罗马投票表决的权利。③

然而,由于拉丁同盟的存在,罗马不能禁止盟友之间的相互关系,并消解其他同盟者因人口锐减而对罗马产生的不满。④ 公元前340年至前338年,拉丁同盟内部爆发了拉丁人战争,⑤该同盟解散。对于这场战争的影响,弗兰克指出:

> 一些有远见卓识的罗马统治者对被击败的同盟城市进行重新组合,是具有深远的政治意义。他们的举措,也许是罗马人在历史上第一次显示出欲将一个城邦制共和国建立成为一个世界帝国的野心。⑥

---

① 转引自[英]F. W. 沃尔班克、A. E. 阿斯廷等编:《剑桥古代史·第7卷:罗马的兴起至公元前220年》第2分册,第298页。

② [意]弗朗切斯科·德·马尔蒂诺:《罗马政制史》第2卷,第62页。然而,也有论者认为,在事实上,《卡西安条约》将罗马视为一方,将其他拉丁同盟视为另一方,这种对等关系本身便已说明罗马强于其他拉丁城邦之上的超然地位。参见赵恺:《从拉丁同盟到罗马同盟:罗马在亚平宁半岛的纵横捭阖》,载《国家人文历史》2020年第18期,第81页。

③ 参加[意]马里奥·塔拉曼卡主编:《罗马法史纲》上卷,第280页。

④ 关于公元前340年拉丁人战争爆发的原因,详见[美]腾尼·弗兰克:《罗马帝国主义》,第31—32页。

⑤ 关于拉丁人战争,详见[俄]科瓦略夫:《古代罗马史》,第150—152页。

⑥ [美]腾尼·弗兰克:《罗马帝国主义》,第32页。

拉丁同盟解散后,罗马在军事扩张的过程中,根据国家安全的需要,以"应与罗马有相同的敌友"为原则,建立了意大利同盟(也称"罗马同盟")。不同于具有平等联盟性质的拉丁同盟,意大利同盟明显地具有不平等性。对于这两个同盟的区别,有论者概括道:

> 原来的拉丁同盟彻底解体,取而代之的是罗马与单个拉丁城邦的双边条约。为了达到分而治之的目的,罗马一方面严格禁止拉丁各邦之间结盟,另一方面还根据其自身的需要来确定与他们所订双边条约的性质,即拉丁各邦对罗马关系而言处于不同的法律地位。①

这意味着在新的联盟里,"唯一的城市是罗马城,即'自由的共和国'(libera res publica),所有其他城市都变成它的一部分,仅仅构成它的行政附属单位"②。

原先生活在拉齐奥地区的城市和殖民地被称为"拉丁民族盟友",较之于其他意大利同盟者,他们享有优先的地位。③ 其他与罗马发生联系的意大利同盟者还包括"享有同盟者权利的自治市""拉丁殖民地"和"联盟市"这三种类型。④ 尽管罗马赋予不同类型的同盟者的权利可能存在不同,但它们为罗马人提供军事力量上的义务是一致的,即战争期间它们不仅要为罗马提供辅助部队和物资支持,而且它们中的任何一个都只能接受或者说承受与罗马直接而排他的联系。

---

① 陈可风:《罗马共和宪政研究》,第144页。
② [意]弗朗切斯科·德·马尔蒂诺:《罗马政制史》第2卷,第65页。
③ 参加[意]马里奥·塔拉曼卡主编:《罗马法史纲》上卷,第280—281页。
④ 参见[日]盐野七生:《罗马人的故事Ⅰ:罗马不是一天建成的》,第170—174页;陈可风:《罗马共和宪政研究》,第144—174页。

对于"享有同盟者权利的自治市",其市民享有通婚权和贸易权,但没有投票权和荣誉权,大体上处于"无投票权的公民"地位。对于"拉丁殖民地"的居民来说,他们享有"拉丁权",即"可能意味拥有罗马的 ius conubii(通婚权)和 ius commercii(交往权),以及不仅在行政方面而且在司法方面的内部自主权,甚至可能是某种外部的自主权,例如铸币权"①。当然,拉丁殖民地的居民在迁居罗马或担任高级别官职卸任后,可以获得完全的罗马公民权。而"联盟市"(也称"同盟者")的居民则不享有罗马公民权,在事实上处于罗马国家的"外国被庇护人"的地位。②

此外,罗马还于公元前 335 年为港口城市安提乌姆(Antium)创造了一种在扩张和渗透时所采用的新组织形式——"罗马市民殖民地"或"海岸殖民地",亦被称为"安提乌姆式城市"。据统计,到第一次布匿战争爆发时,罗马已经建立起 10 个重要的海岸殖民地。③ 这些海岸殖民地的居民被授予充分的罗马公民权,可以建立自治政府来管理当地事务。但与其他同盟者所承担的义务不同的是,由于它们负担着罗马海岸的卫戍义务,这些殖民地获准免除兵役。④

但是总体而言,在公元前 338 年拉丁人战争结束后,罗马在征服意大利的过程中,建立了一套"以公民权为核心"的复杂的意大利同盟体制。无论是前述第一类被合并的居民,还是意大利同盟中的居民,他们大多是没有完全罗马公民权的,不享有投票、担任罗马官职等政治权利。一方面,罗马通过"不完全公民权制度",既可以增加他们"公民的

---

① [苏联]乌特钦科:《罗马公民权问题》,何芳济、王阁森校,载中国世界古代史学会编:《古代世界城邦问题译文集》,时事出版社 1985 年版,第 237 页。
② 参见[苏联]乌特钦科:《罗马公民权问题》,第 240 页。
③ [美]腾尼·弗兰克:《罗马帝国主义》,第 35 页。
④ 参见[意]朱塞佩·格罗索:《罗马法史》,第 176 页。

人力资源,但仍旧保持罗马作为一个城市国家的基本特征及其传统政治制度的完整性"①。对此,英国学者玛丽·比尔德(Mary Beard)认为罗马这种极具创造性的做法不仅有效地调和了民族主义和政治统治之间的矛盾,而且为日后罗马的扩张打下了基础。她指出:

> 它的影响同样是革命性的。通过把公民权授予居住地同罗马城没有直接领土联系的人,他们打破了公民权同单一城市之间的关联,而古典世界的大多数人想当然认为存在这种关联。通过当时无与伦比的系统化的方式,他们不仅让一个人"成为罗马人"变得可能,而且可以同时是两个地方——家乡和罗马——的公民。而通过在意大利各地建立新的拉丁殖民地,他们重新定义了"拉丁人"一词,使其不再表示民族身份,而是成了与种族或地理无关的政治身份。以此为基础的公民身份和"归属感"模式对罗马人的政府、政治权利、族群和"民族性"等观念具有重大意义。罗马人很快将这种模式扩大到海外,最终奠定了罗马帝国的基础。②

同时,罗马历经两个多世纪构建起来的意大利同盟,"多少打破了各地原有阶层固化和制度桎梏,令更多生活在亚平宁半岛的民众可以享受到与罗马人相似的政治权益和法律保障",因而极具"向心力"。③ 这种"向心力"保证了罗马在第二次布匿战争(公元前218—前201)中,成功地抵挡住了汉尼拔(Hannibal,公元前247—前183)的远征军。从这个

---

① [英]F. W. 沃尔班克、A. E. 阿斯廷等编:《剑桥古代史·第7卷:罗马的兴起至公元前220年》第2分册,第404页。
② [英]玛丽·比尔德:《罗马元老院与人民:一部古罗马史》,第160页。
③ 参见赵恺:《从拉丁同盟到罗马同盟:罗马在亚平宁半岛的纵横捭阖》,第87页。

意义上讲,意大利同盟并不是一种压迫性的霸权,因为汉尼拔曾经给过同盟国自由的机会。①

然而,从另一方面讲,这种不对等的制度设计始终存在隐患。申言之,这样的做法在罗马还不是一个霸权强国时算不上一个问题,因为同盟者们更愿意保持自身内部的独立性。但是,情况在罗马获得霸权之后就发生了变化,同盟者们迫切地想获得罗马公民的身份,成为胜利成果的分享者,而不是在承担了某些义务后,只得到残羹冷炙。②

公元前194年,费伦蒂尼人(Ferentini)就已经要求,作为殖民地移民被登记到某个罗马殖民地的拉丁人,理应获得罗马公民身份。然而,这种新的权利并未获得罗马的同意。与此同时,公元前189年,监察官克劳迪(M. Claudius)和昆科提(T. Quinctius)颁布了《克劳迪法》(Lex Claudia),规定所有在罗马进行登记的拉丁同盟者都必须回到家乡,拒不服从者,裁判官将追究其责任。而后,罗马元老院也出台了相关决议,禁止同盟者成为罗马公民。③ 对于罗马公元前2世纪初出现的这一社会问题,马尔蒂诺描述道:

> 无论如何,罗马政策在赋予某个共同体的所有人以罗马市民身份方面,变得很吝啬。在前几个世纪里,如我们所看到的那样,路线则完全相反,伟大而漫长的意大利统一事业通过逐渐地将新的共同体加进罗马市民阶层中而得以实现。在我们正在讨论的这

---

① 参见[美]内森·罗森施泰因:《古代中国与罗马的战争、国家结构与军事机构演变》,载[奥]沃尔特·施德尔:《罗马与中国:比较视野下的古代世界帝国》,李平译,江苏人民出版社2018年版,第32页。

② 关于这一时期意大利同盟者与罗马的不平等地位及表现,详见杨共乐:《罗马史纲要》,第135—136页。

③ 参见[意]弗朗切斯科·德·马尔蒂诺:《罗马政制史》第2卷,第369页。

个时期,相反的路线占了上风,并且在公元前188年给予丰蒂(Fondi)、弗尔米亚(Formia)和阿尔皮诺(Arpino)所有人以罗马市民身份之后,再也没有其他例子了。①

因此,随着罗马军事扩张的胜利,一方面,意大利同盟者有迫切成为罗马公民的强烈愿望;另一方面,罗马则放弃了之前开放包容的态度,②把自己封闭在狭隘的利己主义之中,在政治上未能予以积极应对。由此而引发的公民与非公民之间的矛盾,即意大利人的社会地位问题,成为共和政制危机中的又一导火索。

(三) 罗马和行省之间的矛盾

除去原属于罗马人内部"富人和穷人"的矛盾以及后出现的属于罗马人与意大利人之间"公民与非公民"的矛盾以外,随着公元前241年罗马在第一次布匿战争后,在西西里设立第一个行省,罗马与行省之间的矛盾也对罗马共和政制的危机起到了推动作用。③

行省的拉丁文"provincia"字面含义是"一个执法官的权力范围",一个"行省"就是分配给一名官员行使治权时得到承认的职权范围。行省的建立意味着罗马的统治已经超出了意大利半岛,延伸到海外。于是,"provincia"这个词所指的对象,才从为官员行使治权临时授予的一种领土范围,永久地变成一个在意大利以外的、受到罗马官员权力统治的地区。④ 对此,库朗热说道:

---

① [意]弗朗切斯科·德·马尔蒂诺:《罗马政制史》第2卷,第370页。
② 例如,公元前268年,罗马就把萨宾部族的地位从无选举权的公民上升为享有选举权的全权公民。
③ 参见[意]朱塞佩·格罗索:《罗马法史》,第231—232页。
④ 参见[意]弗朗切斯科·德·马尔蒂诺:《罗马政制史》第2卷,第272页。

> 罗马派某公民往某地，某地即成为这人的省（province），这人成了那地方的负责人，治理当地成了他的私人事务。……这个公民从此代表着罗马共和国的一切权力，他是那地方的绝对主人。①

至公元前133年提比略·格拉古回应危机、着手改革前，罗马先后建立了8个行省，它们是：（1）公元前241年建立的西西里行省；（2）公元前231年以撒丁（Sardinia）和科西嘉（Corsica）两岛合建的行省；（3）公元前197年（即第二次布匿战争结束后几年）建立的近西班牙（Hispania Citerior）行省；（4）公元前197年建立的远西班牙（Hispania Ulterior）行省；（5）公元前148年在皮德纳（Pydna）的战争胜利后建立了埃皮鲁斯（Epirus）行省；（6）公元前146年第三次布匿战争后建立的阿非利加（Africa）行省；（7）公元前146年建立的马其顿（Macedonia）行省；（8）公元前133年建立的亚细亚（Asia）行省。②

与罗马在意大利实行的联盟政策不同的是，罗马一开始对待上述行省就采取了专制统治和压榨的政策，将其完全视为臣服的对象。对此，有论者指出：

> 使这些国家臣服的同时，罗马当然没有把这种臣民聚拢在一起的统治区改变成自由人的共同体，也没有把这些领土上的臣民改变成为市民或者盟友。罗马不仅将其看作在治权支配下（sub imperio）的异邦人（peregrini），而且还纯粹就是一种在罗马人民的"僭主统治"（signoria）下（in dicione populi Romani）臣服的群体（臣

---

① ［法］库朗热：《古代城邦——古希腊罗马祭祀、权利和政制研究》，第350页。
② 参见徐国栋：《行省制度的确立与罗马法》，载徐国栋：《罗马公法要论》，北京大学出版社2014年版，第146页。

服者"dediti"、归降者"dediticii")。①

罗马之所以会改变对外政策,除了受到希腊人和东方人的影响之外,②很大程度上是因为掠夺这些被征服地会给罗马带来巨大的利益。③ 对此,美国学者弗兰克指出:

> 罗马对西西里行省的统治制度,主要是在征服的过程中逐渐形成和发展起来的。与其说这是从希腊人那里学到的政治经验,不如说是在征服过程中,罗马人接受附属国原有的缴纳贡赋统治的一种必然后果。这种统治制度促使罗马国库的收入急剧增加,诱发罗马人更积极地从事新的征服战争。随着罗马征服战争规模的扩大,罗马人必须面对公民集体之外的、众多的非罗马人。他们必须放弃"意大利统治"原则——一种将罗马法律和罗马统治制度套用到整个意大利半岛的原则,针对广袤的区域和众多的民族建立起一种更为有效的统治制度。④

---

① [意]马里奥·塔拉曼卡主编:《罗马法史纲》上卷,第308页。
② 例如,格罗索指出:"罗马继承的是它最初的行省管理经验;在西西里,是从迦太基人或锡拉库萨人那里学到的,在萨丁,是从迦太基人那里学到的。此外,这是一个在希腊各王国中很普遍的制度,这些王国是从东方帝国那里学到这种制度的。它的出现可能使人想到古代世界的一种对立关系,即在城邦(stato-citta)与王国(regna)之间的对立关系。在前一组织中,市民是城邦的成员,是同一主权的参与人;在后一组织中,那些大的蛮族君主国使所有的人都处于臣民的地位。"[意]朱塞佩·格罗索:《罗马法史》,第180页。
③ 实际上,罗马在征服西西里时,在到底采用意大利被征服领土的同盟制还是迦太基和叙拉古人留下的行省制问题上,存在过犹豫。选择上的犹豫体现在公元前241年征服西西里后,只派了1名财税官治理,到公元前227年才派出1名裁判官治理。这15年时间是罗马人的考虑时间。在此期间,罗马曾一度打算把同盟制推广到西西里,但最终经不起利益的诱惑,选择了后者。参见徐国栋:《行省制度的确立与罗马法》,第137—139页;[美]腾尼·弗兰克:《罗马帝国主义》,第94页。
④ [美]腾尼·弗兰克:《罗马帝国主义》,第107页。

具体说来,基于行省居民对于罗马在忠诚度方面的考虑,罗马"排除行省享有市民籍(和拉丁人身份),也不由他们承担由意大利同盟承担的军事义务,取而代之的是他们必须缴纳重税"①。至于征税方法,罗马一开始并无一定之规,通常不同行省会按照统治前旧制收取,税收的主要来源是土地税。如在西西里和撒丁,根据土地每年收入抽取什一税,以实物交付;在亚细亚,什一税折成货币缴纳;在西班牙、马其顿和阿非利加,则征收固定的贡赋。除土地税外,从公元前146前开始,罗马在阿非利加开征人头税,后扩大至所有行省。②

因此,行省对于罗马人而言,几乎就是财富的来源地。西塞罗直接称行省为"罗马人民的地产"③,并强调"在那儿包含有罗马人民的财税收入"④。据美国学者弗兰克计算,罗马在公元前200年至公元前157年间,总计收入为610 600 000 狄纳里乌斯(denarius,银币),其中战争赔款为152 100 100 狄纳里乌斯,战利品为109 500 000 狄纳里乌斯,行省税收为130 000 000 狄纳里乌斯。公元前178年至公元前157年,西班牙开矿收入为50 000 000 狄纳里乌斯。也就是说,来自被征服者和行省的收入总额达441 600 000 狄纳里乌斯,占总收入的2/3以上。⑤ 西西里行省财政长官每年从该行省运往罗马市场近100万蒲式耳(bushel)小麦,为罗马城解决了1/3的粮食需求量。⑥

---

① [英]H. F. 乔治维茨、巴里·尼古拉斯:《罗马法研究历史导论》,第91页。
② 参见杨俊明:《古罗马政体与官制史》,第153—154页。
③ [古罗马]西塞罗:《诉维若斯》,Ⅱ,2—3,7。转引自陈可风:《罗马共和宪政研究》,第178页。
④ [古罗马]西塞罗:《致友人书信》,XV,1,5。转引自陈可风:《罗马共和宪政研究》,第178页。
⑤ 参见[美]T. 弗兰克:《古代罗马经济研究》第1卷,霍普金斯出版社1933年版,第141页。转引自杨共乐:《论共和末叶至帝国初期罗马对行省的治理》,载《北京师范大学学报(人文社会科学版)》2001年第2期,第78页。
⑥ 参见[美]腾尼·弗兰克:《罗马帝国主义》,第106页。

第五章 共和政制的危机与应对

行省作为一个新生之物,在给罗马带来巨额财富的同时,也对共和政制造成了新的冲击和挑战。毕竟,罗马共和政制的设计大体上是城邦政制的体现,当罗马走向地中海区域的帝国①时,这套政制或许就不合时宜了。总的来说,众多行省的建立对共和政制在如下一些方面起到了"破坏"作用。

首先,行省官员违背了罗马共和官制同僚制的传统。公元前227年,也就是罗马征服西西里、建立西西里行省15年后,罗马在内事裁判官和外事裁判官(公元前242年设立)之外,选任了2名新的享有"治权"的裁判官,②作为总督分别去管理西西里行省与科西嘉和撒丁(Corsica et Sardinia)行省。③ 公元前197年,为适应近西班牙和远西班牙2个行省的建立,罗马又增设了2名裁判官。然而,官职的增加并不能跟上行省不断增加的脚步,况且对外战争同样需要享有军事治权的行政长官。于是,公元前146年,元老院拿出了公元前327年罗马人与萨姆尼人战争期间一项平民部落大会通过的"授予在任执政官和裁判官'治权延期'(prorogatio imperii)"的决议,④把行省的治理权交予前执法官,

---

① 按照德国学者穆启乐(Fritz-Heiner Mutschler)的说法,"帝国"一词在古代罗马使用时会有些歧义:一是指罗马在第三次布匿战争灭亡迦太基之后;二是指奥古斯都结束内战、建立君主制统治之后。参见[德]穆启乐:《古代希腊罗马和古代中国史学:比较视野下的探究》,黄洋编校,北京大学出版社2018年版,第78页。
② 根据公元3世纪罗马作家索利努斯(C. Giulius Solinus)的记载,新设的2名裁判官经过抽签,盖乌斯·弗拉米尼乌斯(C. Flaminius)成为第一任西西里总督,马尔库斯·瓦勒里乌斯(M. Valerius)成为科西嘉和撒丁行省第一任总督。参见[古罗马]索利努斯:《历史纪要》,V,1。转引自陈可风:《罗马共和宪政研究》,第182—183页。
③ 需要说明的是,这里的行省总督对应的词汇是"praetor",国内法学界将其翻译为"裁判官",而史学界将其翻译为"行政长官"。实际上,在"总督"的统一中文名称下是不同的拉丁文名称,"praetor"是其中之一。参见徐国栋:《行省制度的确立与罗马法》,第140页下注。
④ 关于此决议,李维记述道,"在接近选举(继任者)那一天的时候,召回正在围攻敌人城墙的布布利利对于共和国来说是无益的,这样会让一直以来征服这座城市的希望落空",平民保民官们在元老院的请求下,提出一项平民会决议。根据该决议,当该 (转下页)

并根据他们曾经担任的官职,分别授予代行执政官或代行裁判官的治权,任期1年。① 此制度大约在阿非利加行省和马其顿行省设立时开始使用,后成为定制。② 代行执政官行省通常配备3名财务官,而代行裁判官行省则配备1名。③ 但无论财务官配备人数的多寡,他们都是作为总督的下级官员而存在的,总督排他性地在行省享有军事、民事和司法等权力。④

其次,上述"治权延期"的权宜做法也直接破坏了共和国官制中任期制的传统。更严重的是,在远西班牙行省和近西班牙行省建立后,公元前179年的《贝比亚法》(Lex Baebia)曾一度把这2个行省总督的任期延长至2年。任期的延长,使得手握重兵的总督越来越将行省当成其个人专权和从事党政的资本,这为后来共和国后期强人政治的出现埋下了伏笔。

再次,行省官职的有偿性和可牟利性破坏了罗马官制的无偿性原则,加深了行省居民的经济负担。根据罗马共和官制传统,担任官员是无偿的,是罗马公民具有城邦精神或城邦责任的体现。然而,在意大利以外地区任职的罗马官员,不仅可以享受国家拨给的办公费和差旅费,而且赢得一次胜利的战争,他们就可以分得一份丰厚的战利品。因此,到行省任职并搜刮钱财,逐渐成为罗马上层人士补偿过去和准备未来

(接上页)执法官员"已经离任执政官的时候,保留代行执政官(pro consule)的指挥权,直到他打败那不勒斯人"。转引自[意]马里奥·塔拉曼卡主编:《罗马法史纲》上卷,第310页。

① 参见[意]马里奥·塔拉曼卡主编:《罗马法史纲》上卷,第310页。
② 据徐国栋教授的研究,在公元前133年之前,阿非利加行省和亚细亚行省属于代执政官行省,而其他6个则属于代裁判官行省。参见徐国栋:《行省制度的确立与罗马法》,第149页。
③ 参见[意]弗朗切斯科·德·马尔蒂诺:《罗马政制史》第2卷,第331—334页。
④ 关于行省总督享有的权力,详见[意]弗朗切斯科·德·马尔蒂诺:《罗马政制史》第2卷,第336—340页。

竞选费用的潜规则。如在科西嘉和撒丁行省担任财务官的盖尤·格拉古就曾说,在行省任职结束后,只有他带着"喝完酒的空瓮"回家,而其他人则在里面装满了金银财宝。① 对于行省官员的敛财方式,有论者描述道:

> 罗马官员收敛钱财手段繁多,花样翻新。最常见的弄钱办法是减免一些人向驻军提供营地、给养、交通工具等负担,获免的人当然要纳巨额的贿赂。而这些负担显然是转到了另一些人的身上。结果军队给养照样有人提供,而总督及其部下则坐享大笔赃款。此外,出卖官职、贪赃枉法、加捐加税等事也形同常规,罗马官员靠这些方法获取大笔收益。②

除了贪财的行省官员以外,来自罗马的包税人、高利贷者和商人也以自己的方式搜刮行省的财富。来自罗马的包税人主要负责征收东部行省的税收,③为了盈利,他们所收的税远超于实际上缴罗马国库的数额。由于这些来自罗马的包税人手握大量资金,他们经常会同罗马商人做投机买卖。同时,他们还经营高利贷,收账时得到行省总督的保护。李维甚至指出:"哪里有包税商,哪里就会出现无法无天的事,哪里的居民就失去了自由。"④总督之所以在行省包庇或纵容包税人、高利贷

---

① 参见[古希腊]普鲁塔克:《希腊罗马名人传》,席代岳译,吉林出版集团有限责任公司2013年版,第1492页。
② 杨共乐:《论共和末叶至帝国初期罗马对行省的治理》,第80页。
③ 需要说明的是,包税人制度是罗马学习叙拉古国王耶罗的做法,罗马人将耶罗推行的由包税人征收的"什一税制"未经任何改变全盘照搬过来。与东方行省不同的是,在罗马是由当地人担任包税人的。参见[美]腾尼·弗兰克:《罗马帝国主义》,第94—105页。
④ 转引自杨共乐:《论共和末叶至帝国初期罗马对行省的治理》,第80页。

者和商人，主要是因为后者大体上属于骑士阶层，有权在总督卸任后对其提起指控，因而在实际中他们往往沆瀣一气。

最后，行省总督的设立以及总督排他性权力的行使，使得总督乃至行省脱离了罗马共和政制中民主制因素的限制。各类民众大会，除了百人团民众大会在选举行省总督人选上有所作用外，几乎丧失了对于行省总督权力的限制。"元老院对行省总督仅仅是从宏观上进行指导和监督，无法对其具体行为实行切实有效的监控。"① 尽管后来罗马针对行省总督的滥权行为，在公元前 171 年赋予裁判官卡努勒奥（L. Canuleius）轮值西班牙，并从元老院成员中指派 5 名审判员作为法官，向 2 个西班牙行省的民众提供指控总督搜刮金钱的救济。但这种救济并没有建立一个真正的刑事法庭，只是按照一种私人诉讼模式进行，其结果是即便行省居民胜诉，也只能要求总督返还从行省勒索的财产，而不涉及刑事处罚。对此，有论者指出：

> 这显示了元老院的寡头们对贪渎财产官员的应负责任加以限制的考虑，为的是避免他们自己也因为所犯罪过而遭受刑罚。从元老院阶层来任命这些审判员，以及强制要求由罗马的辩护人来进行帮助（这也是从元老院中选取）同样也是为了满足这种需求，这些辩护人的首要职责是把行省的这些臣民们置于统治阶级的直接影响之下。从其他角度来看，这涉及的实质上是具有政治属性的措施，即旨在维护贵族统治的声望，而不是对被统治人民加以实际保护。②

---

① 陈可风：《罗马共和宪政研究》，第 199 页。
② ［意］马里奥·塔拉曼卡主编：《罗马法史纲》上卷，第 326 页。

这种元老院试图通过法律程序保护行省总督的做法,在公元前 149 年平民保民官卡尔布尔纽斯·比索·弗鲁吉(L. Calpurnius Pisone Frugi)提起一项平民部落大会决议《关于搜刮钱财罪的卡尔布尔纽斯法》①(Lex Calpurnia de pecuniis repetundis)后,也未得到太大改观。② 有论者对该法评论道:

> 该法律在根本原则上确认了公元前 171 年所采用的那套制度,把该法庭所进行的审判类型化为一种具有私人属性的措施,即所指向的是对受害人的补偿,而不是对犯罪的惩治,而且,审判只能在来自元老院阶层(ex ordine senatorio)的罗马辩护人的协助下才能提起。③

更为严重的是,元老院组建陪审法庭的做法也使得民众不能对罗马官员尤其是行省总督在行省的行为进行任何限制,因为行省居民在法律上属于外邦人,而不是罗马公民。

由上可知,共和国时期那种对于官职权力进行各种限制的传统,在行省治理中几乎不见踪迹。其实,这恰恰反映出此时的罗马统治者仍然保持着固有城邦观念,将诸行省视为罗马的战利品,并未认识到行省的建立意味着罗马政制需要做出重大的转变。用库朗热的话来说,征

---

① 该法设立了罗马第一个常设刑事法庭,标志着罗马的刑诉从民众审判进入到常设刑事法庭审判的阶段。参见齐云、徐国栋:《罗马的法律与元老院决议大全》,第 182 页;另见贾文范:《罗马法》,朱正远、徐国栋点校,清华大学出版社 2019 年版,第 285—286 页。

② 该法决定,就海外行省总督贪腐案件设立一个常设审判法庭,并将其委托给外事裁判官来主持,而且提出了一个从元老院成员中挑选出的任期 1 年的法官组成名单,规定必须从此名单中逐次地为单个审判程序指派法官。参见[意]马里奥·塔拉曼卡主编:《罗马法史纲》上卷,第 326 页。

③ [意]马里奥·塔拉曼卡主编:《罗马法史纲》上卷,第 326—327 页。

服扩大的只是罗马的统治和罗马共和国的国土,它不属于罗马城。① 因此,罗马与行省之间的矛盾也构成了共和政制危机的重要原因之一。

此外,需要注意的是,从经济角度讲,在公元前 2 世纪左右形成的罗马奴隶制度也对共和政制危机的出现起到了推波助澜的作用。②

总之,一个多世纪的军事扩张,使罗马不仅成为意大利的主宰者,也成为整个地中海地区的主人。但此时的罗马人只是一味地沉浸在"罗马将要统治如此众多民族"的荣耀和欣喜之中,根本没有闲暇去顾及其他。③ 罗马人依然固守既有的政制,没有主动寻求改变。当危机出现时,罗马已经失去了从容应对的时机。对此,马尔蒂诺评价道:

> 公元前 2 世纪时,罗马共和国的政制在其机构方面基本上没有变化,即元老院、官员和民众会议,而这些机构之间的均衡常常是不稳定的,并进一步转移到了有利于元老院一方。但是,社会、阶级之间的关系,与意大利以及与屈服于罗马统治的行省世界的关系发生了深刻变化。政治结构不合时宜,不再能够保证国家生活的有序发展。为了克服危机,罗马的领导阶级本应该将性质上仍然是城邦的政制,转变为世界国家或者至少是意大利国家的政制。旧的民众大会制度是一个集中于一小块领土上的有限的市民阶层所持有的,本应改变为一种新的制度,以确保全体罗马市民都能参与政治生活,或者至少以某种方式来参与罗马的民众大会。官员本来不应该再成为罗马贵族的工具,而应变成一个扩大了的

---

① 参见[法]库朗热:《古代城邦——古希腊罗马祭祀、权利和政制研究》,第 348 页。
② 参见[意]朱塞佩·格罗索:《罗马法史》,第 231—232 页;[意]弗朗切斯科·德·马尔蒂诺:《罗马政制史》第 2 卷,第 372—374 页。
③ [美]腾尼·弗兰克:《罗马帝国主义》,第 108 页。

政府的执行机构,对民众大会负责。人民主权的原则,虽然在那时的形式可能很有限,也应该确认为共和国的基础。但所有这些为使政治结构适应一个拥有广阔领土和人口众多、完全不同于一个希腊城邦或古罗马的三四万居民的国家的需要,需要社会结构向朝向民主方向的转型,也需要一场反对大庄园、财产集中和奴隶劳动扩散的斗争。贵族的权力因此本应很有限;应支持建立一个新的统治阶级,就像在贵族和平民之间实现政治平等后所做的那样。①

二、格拉古兄弟的改革尝试

面对公元前2世纪以来罗马共和政制出现的危机,出身于森普罗纽斯家门、属于新贵阶层的格拉古兄弟,首先通过一种略带复古色彩的民主革新方式进行应对。格拉古兄弟所开启的改革,标志着罗马人开始直面应该如何管理和统治一个"帝国"的问题,而非仅仅是赢得一个"帝国"的问题。

(一) 提比略·格拉古的改革

关于提比略·森普罗纽斯·格拉古(Tiberius Sempronius Gracchus)进行改革的起因,有论者认为是为了解决罗马的兵源问题。② 随着罗马疆域的扩大、行省的建立以及应对各地反对罗马战争或起义日盛,

---

① [意]弗朗切斯科·德·马尔蒂诺:《罗马政制史》第2卷,第374—375页。
② 如古罗马史学家阿庇安就认为,格拉古的目的不是给贫民造福,而是要在这些人身上为国家提升战斗力。参见[古罗马]阿庇安:《罗马史》下卷,第10—11页。

从公元前2世纪起,罗马对于兵源的需求大大增加。然而,与之形成强烈反差的是,罗马能够参加军团的公民人数并没有因罗马领土的扩大而增加。据统计,该人数从公元前154年的324 000名下降到公元前136年的318 000名左右。① 依据古老的塞尔维体制,尽管罗马一再降低第五等级服兵役公民的财产下限,即从公元前241年的12 500阿斯降到公元前130年的1 500阿斯,但是兵源不足问题并没有得到解决。②

实际上,兵源不足只是问题的表面,兵源不足的深层次原因在于上文提及的小土地所有者的破产以及奴隶制经济的形成。对此,马尔蒂诺指出:

> 体制的军事方面和经济方面之间并无冲突,因为它们在古代国家是密不可分的,在格拉古兄弟时期也是如此。实际上不存在一个职业军队,军团由罗马市民组成,而市民的经济状况和社会地位是组建一个坚实的军事组织的前提条件。③

提比略·格拉古显然意识到,此时罗马问题的根源在于财富集中于少数人之手,自由劳动者因为没有土地而生活贫困。公元前134年夏天,他在竞选下一年平民保民官时就提出"从富人手中夺取国家的土地而分给无产者"的口号,并在提出"土地法案"的演讲中这样说道:

---

① 参见李雅书、杨共乐:《古代罗马史》,第118页。
② 参见[日]盐野七生:《罗马人的故事Ⅲ:胜者的迷思》,计丽屏译,中信出版社2015年版,第16—19页。
③ [意]弗朗切斯科·德·马尔蒂诺:《罗马政制史》第2卷,第382页。

意大利的野兽都有用来休息和避难的巢穴,可是那些执干戈以卫社稷和愿意牺牲性命的人,除了空气和阳光却一无所有。他们无处安家立业,带着妻儿子女到处流浪漂泊。……统率大军的将领犯下了极其荒谬的错误,鼓舞普通士兵要为保卫祖坟和神坛而战。然而许多罗马人并没有神庙或纪念碑,也没有自己的房屋或祖先的祠堂可以保护,他们的奋斗和牺牲,仅是为了别人的荣华富贵,自己号称是世界的主人翁,脚下却无立锥之地。①

公元前133年,提比略·格拉古在未事先征求元老院意见的情况下,将土地法案提交到平民部落大会讨论。但是,这个举动遭到了另一名平民保民官马尔库斯·屋大维(Marcus Otavius)的反对,他动用了同僚否决权。后来,提比略·格拉古为了使法案得到通过,提议平民部落大会剥夺屋大维平民保民官的职务。于是,平民部落大会投票免去了屋大维的职务,选举穆米奥(Q. Mummius)增补,并通过了《森普罗纽斯土地法》(Lex Sempronia agraria),选举了由提比略·格拉古、其弟盖尤·森普罗纽斯·格拉古(Gaius Sempronius Gracchus)和其岳父阿庇尤斯·克劳迪(Appius Claudius)组成的"土地分配和争议三人审判委员会"。提比略·格拉古在违背罗马共和政制规定的情况下,开创了通过平民部落大会罢免同僚的先河。

《森普罗纽斯土地法》的内容大致有以下三点:

第一点是旧李启尼乌斯和赛克斯提乌斯法(《李锡尼—塞克斯图法》——引者注)的发展。每一个国有土地(ager publicus,亦称

---

① [古希腊]普鲁塔克:《希腊罗马名人传》,第1479页。

"罗马公地"——引者注)的领有者都允许占有500优盖路姆的土地作为财产。如果他有儿子的话,那每一个人是250优盖路姆,但是有一个限制,那便是每一家所有的土地不能超过1000优盖路姆(250公顷)的国有土地。

第二点说,多余的国有土地必须交还国库,而从这当中切下一些小块(大概是每块30优盖路姆)来分配给贫穷的公民,世世代代租给他们耕种。根据阿庇安的说法(Ⅰ,10),这些土地是禁止出售的。后面的一个因素是极其重要的,因为提贝里乌斯(提比略·格拉古——引者注)打算用这种禁止出售的办法来阻止农民的新的无产阶级化。

最后,法案的第三点规定了一个由三人组成的全权委员会,受权进行土地改革。委员会应当在人民大会上选出,任期一年,其中的成员有权在下届重新当选。①

提比略·格拉古的《森普罗纽斯土地法》与前述公元前367年《李锡尼—塞克斯图法》里的很多规定有相似之处。但是,若将两者进行比较就会发现,它们的区别在于:《森普罗纽斯土地法》的涉及面更广,不仅涉及《李锡尼—塞克斯图法》里的罗马公地占有问题,还试图将贵族们多占的土地收回,并按照统一标准分配给无地的公民。此外,此法的创新还有:

一、有利于世世占有者的条款;二、建议享有新分地应以世世

---

① [俄]科瓦略夫:《古代罗马史》,第412—413页。此外,对于该土地法内容上的某些争议,详见[意]弗朗切斯科·德·马尔蒂诺:《罗马政制史》第2卷,第389—394页;[德]特奥多尔·蒙森:《罗马史》第4卷,第1004—1005页。

相传、不得转卖为条件;三、尤为重要的是永久性的执行机关,旧土地法所以终无长久的实用,主要因为缺乏这种机关。①

因此,《森普罗纽斯土地法》不仅具有某种复古性,还具有某种革命性。对此,有论者指出:

> 今天,提比留的政策通常被界定为是"保守的"或者"修复性的"。但是,他所提议将事物修复至古老的状态,却比当时盛行的状况要更公正,而他向一系列业已巩固了的特权发起的攻击,也使得这项改革在同时代人的眼里具有革命性。②

提比略·格拉古的《森普罗纽斯土地法》具有革命性,迎合了贫穷者渴求土地的愿望,但它在另一方面必然会遭到元老院中以贵族为首的大土地所有者的反对。该法案迟迟未能颁布即是明证。后来,在推行该法的过程中,提比略·格拉古意识到给穷人分配土地只是第一步,穷人们除了需要土地外还需要置办农具、购买种子的资金。恰好在公元前133年,帕加马(Perganum)王国阿塔鲁斯三世(Attalus Ⅲ)去世,并留下将金库赠予罗马人民的遗嘱。于是,提比略·格拉古便提议将这笔钱作为补助新土地所有者的基金,并将此提议交由平民部落大会投票,而不是交给理应对公共财政领域享有决议权的元老院。蒙森记载,提比略·格拉古还草拟了一个更为激进的利民方案:"缩短兵役时间,扩大上诉权,取消元老院独充市民陪审员的特权,甚至许意大利盟邦的

---

① [德]特奥多尔·蒙森:《罗马史》第4卷,第1005页。
② [意]马里奥·塔拉曼卡主编:《罗马法史纲》上卷,第353页。

人为罗马公民。"①

　　为了避免富人反对者的报复,提比略·格拉古需要继续利用平民保民官的"神圣不可侵犯性"保护自己,于是他决定竞选公元前132年的平民保民官。然而,在投票那天,以大祭司长科尔内留·西庇阿·纳西卡(Cornelius Scipio Nasica)为代表的富人建议元老院动用"元老院紧急决议"②挽救共和国免受提比略·格拉古专制野心的危害,但此举遭到执政官普布利乌斯·穆齐·斯凯沃拉的拒绝。于是,元老院贵族在纳西卡的带领下杀死了提比略·格拉古。纳西卡于公元前132年当选为执政官,并在元老院多数派的支持下,设置了一个刑事法庭,专门审判提比略·格拉古的支持者。

　　提比略·格拉古的死并没有使他的改革事业完全停止。元老院慑于穷人的不满,并没有立刻取消三人土地委员会,还增补普布利乌斯·克拉苏(Publius Crassus)代替死去的提比略·格拉古。但是,公元前129年执政官西庇阿·埃米里亚努斯(Scipio Aemilianus)向元老院提出一项《关于废止〈森普罗纽斯土地法〉的法律》(Lex de lege Sempronia agraria abroganda),让提比略·格拉古的改革遭遇到重大挫折。根据该法,留给三人土地委员会的职权只剩下执行权,争议案件必须由元老院每年从执政官里面选出来一位来审理。③

　　需要说明的是,一种观点认为,提比略·格拉古虽然死去,但他的《森普罗纽斯土地法》还是在一定程度上对罗马公民人数的提升起到了积极作用。公元前136年的财产调查显示,有产居民约为31.8万人,而

---

　　① ［德］特奥多尔·蒙森:《罗马史》第4卷,第1007页。
　　② "元老院紧急决议",又被翻译为"元老院最终决议""元老院最后决议"或"元老院最高决议"。
　　③ 参见［意］马里奥·塔拉曼卡主编:《罗马法史纲》上卷,第358页。

到了公元前125年,人数增至39.4万人。① 但是,也有人认为该人数的增长得益于罗马对第五等级财产要求的降低,即从4 000阿斯降低为1 500阿斯。因此,与提比略·格拉古提升有产者人数的改革方案相比,"贵族们不是重建了一个富裕的市民—士兵等级,而是通过把军事义务延伸到地位最低下的平民身上来解决提比留(提比略·格拉古——引者注)所提出的那个问题"②。

(二) 盖尤·格拉古的改革

提比略·格拉古的死并没有从根本上触动罗马元老院贵族,前文提及罗马共和政制危机中的"富人与穷人的矛盾"和"公民与非公民的矛盾"(亦称为"意大利人问题")似乎都没有得到解决。提比略·格拉古的未竟事业,在其弟弟盖尤·格拉古隐忍了十年后,不仅得到了继续,而且被推广到更大的范围。

公元前123年,盖尤·格拉古担任平民保民官,并利用公元前131年左右通过的《关于再次担任平民保民官的平民会决议》(Plebiscitum de tribunis plebis reficiendis)于公元前122年再次当选这一官职。在这短短的两年时间里,他展开了紧张的立法活动。需要说明的是,由于史料中关于他的立法资料相互混淆,我们很难把各种法律的提案按照时间顺序加以精确化,因此,下面的叙述是按照各种法案对于政制的重要程度展开的。

首先需要提到的当然是涉及土地问题的法律。据记载,盖尤·格

---

① 参见[意]马里奥·塔拉曼卡主编:《罗马法史纲》上卷,第357页。对此,蒙森也有类似统计,他记载公元前132年岁首,能服兵役的市民不过30.9万人,而在六年后的公元前125年,人数增加到39.5万人,实际增加了7.6万人。参见[德]特奥多尔·蒙森:《罗马史》第4卷,第1016页。

② [意]马里奥·塔拉曼卡主编:《罗马法史纲》上卷,第358页。

拉古在担任平民保民官后通过了一项新的关于土地法的平民部落大会决议。该决议内容包括：第一，将前述西庇阿·埃米里亚努斯拿掉的司法权力又归还给了三人委员会；第二，规定了土地分配制度，引进了赋税制度，并把这些土地转变为私人赋税田；第三，制定了利率表以及道路预留土地的特殊规则，将一些重要的公共土地排除在改革之外，如坎帕尼亚土地和塔兰托的土地，对这些土地通过其他行动采用建立殖民地的方式加以处理；第四，规定了土地的分配形式，遴选接受分配者所采取的标准，以及规定的其他种种限制；第五，涉及向拉丁人分配土地。①

和土地法相关联的是有关殖民地和行省的法律。盖尤·格拉古通过《殖民地开拓法》(Lex de coloniis deducendis)规定了在卡普阿和塔兰托的土地上建立殖民地。公元前123年另一名格拉古派的平民保民官提出了一部平民部落大会决议《鲁比法》(Lex Rubria)，规定在迦太基建立意大利本土以外的第一个罗马市民殖民地。很明显的是，这两部涉及殖民地的法律是针对元老院大土地贵族的。前一项法律使得他们不能对肥沃的殖民地土地进行瓜分；后一项平民大会决议则旨在打破元老院对行省土地的掌握和在管理上的垄断。实际上，这种限制元老院贵族权力的做法，在盖尤·格拉古的《关于把亚细亚行省的土地由监察官出租的森普罗纽斯法》(Lex Sempronia de provincia Asia a censoribus locanda)中也有很明显的体现。根据该法，亚细亚的领土被宣布属于公共土地，要征收什一税，包税人的出租权由元老院交给监察官。② 公元前123年的《关于行省执政官的森普罗纽斯法》(Lex Sempronia de pro-

---

① 参见[意]弗朗切斯科·德·马尔蒂诺：《罗马政制史》第2卷，第413—416页；[意]马里奥·塔拉曼卡主编：《罗马法史纲》上卷，第359—360页。
② 参见[意]弗朗切斯科·德·马尔蒂诺：《罗马政制史》第2卷，第419—421页。

vinciis consularibus)规定,元老院必须在选举出未来的行省执政官之前进行行省的分派。①

其次,为了配合上述涉及土地问题法律的实施,"消除那些卡在这场土地改革实施过程中的障碍",盖尤·格拉古提出了一组有利于无产者和骑士阶层的法案,意在打击元老院大土地贵族。对于无产者,盖尤·格拉古提出了《森普罗纽斯小麦法》(Lex Sempronia frumentaria),②按照低于市场价的政府价格向每位无产者每月分配5莫迪③(modius)粮食。在元老院贵族看来,这项举措完全是为了取悦无产者而制定的,采用此种方法,"勤劳的平民就会为慵懒所激励",而国库"就会走向破产"。④同时,这项法律也违背了提比略·格拉古土地法改革的初衷,即将无产者送到田间地头,而不是鼓励他们在城市里游荡。对此,蒙森批评道:

> 他同时却以分配粮食的方法故意在首都培养出一班最坏的街市无产阶级,粮食分配原欲给一切懒惰而饥饿的城民做奖金,而竟成为他们的奖金。⑤

对于骑士这一需要团结的对象,盖尤·格拉古看到了骑士阶层与元老院贵族之间的矛盾,即骑士阶层尽管富有,却无权染指政治,在经商过程中常常受到元老院贵族的盘剥。为此,盖尤·格拉古通过《森普

---

① [意]马里奥·塔拉曼卡主编:《罗马法史纲》上卷,第311页。
② 关于"Lex frumentaria"的译名,黄风教授将其译为《粮食供给法》,而徐国栋教授主张应将其翻译为《小麦法》。详见徐国栋:《作为福利国家实践的〈格拉古小麦法〉及其后继者研究》,载徐国栋:《罗马公法要论》,北京大学出版社2014年版,第429—430页。
③ 莫迪,古罗马容积单位,约等于8.75升,即6.5千克。
④ 参见[意]马里奥·塔拉曼卡主编:《罗马法史纲》上卷,第361页。
⑤ [德]特奥多尔·蒙森:《罗马史》第4卷,第1033页。

罗纽斯审判法》(Lex Sempronia iudiciaria)和《关于搜刮钱财罪的法律》(Lex repetundarum)把元老院成员及其亲属从相应的审判法庭中强制排除出去,只召集骑士来履行陪审员职责。① 盖尤·格拉古团结骑士阶层的法律,开启了骑士与元老之间长达一个世纪的冲突,对此,马尔蒂诺指出:

> 这个改革是很深刻的,在司法管理领域打乱了传统的阶级之间的关系。当时在各行省广泛流行将税收承包给包税人的制度,而这些包税人是由骑士成立的大公司,即包税人的合伙团体(societates publicanorum),可以想象这会产生何种后果。他们甚至对属于元老阶层的总督们也能够发号施令,后者总是面临关于贪污和营私舞弊、为害属民的指控,因此完全可能受到关于搜刮钱财罪的审判,在这些审判中他们会发现作为审判员的不是与他们身份地位相同的人,而是骑士阶层的成员,而骑士阶层出于自身利益的考虑,当然会支持包税人。②

同时,《关于搜刮钱财罪的法律》突破了之前《坎布尔尼法》(Lex Calpurnia)仅将搜刮钱财行为适用私人之诉的局限,在罗马建立了第一个真正的"常设刑事法庭",即"搜刮钱财罪常设刑事法庭",用以审判那些针对罗马官员贪腐的指控。③

再次,盖尤·格拉古为了确保自己及支持者不像哥哥那样惨遭元

---

① 参见[意]弗朗切斯科·德·马尔蒂诺:《罗马政制史》第 2 卷,第 422—430 页;[意]马里奥·塔拉曼卡主编:《罗马法史纲》上卷,第 327—328 页。
② [意]弗朗切斯科·德·马尔蒂诺:《罗马政制史》第 2 卷,第 430 页。
③ 参见[意]马里奥·塔拉曼卡主编:《罗马法史纲》上卷,第 327 页。

老院的报复,还通过一系列法律保障平民部落大会的权力和市民的自由,限制元老院在刑事司法领域享有的权力。盖尤·格拉古于公元前123年通过一项《关于被罢免长官的森普罗纽斯法》(Lex Sempronia de abactis magistratu),规定禁止被人民罢免的民选执法官获得其他官职。另外,他于同年颁布的《森普罗纽斯市民死刑法》(Lex Sempronia de capite civium)加强了对"向人民申诉制度"的保障,禁止执法官或者元老院自作主张认定的严重叛国犯罪脱离该制度的约束,也禁止在无人民授权而只有元老院授权的情况下对于这些案件设立有权判处死刑的特别法庭。① 这项法律旨在限制"元老院紧急决议"的行使,同时撤销公元前132年纳西卡为审判提比略·格拉古支持者所设置的刑事特别法庭。此外,盖尤·格拉古的《关于混合投票的法律》(Lex de suffragiorum confusion),旨在将百人团投票的召集按照先把各等级加以混合然后再抽签的方式进行。②

最后,与哥哥不同的是,盖尤·格拉古在他的改革计划里,除了有涉及"富人与穷人的矛盾"的土地法律改革外,还有涉及"公民与非公民的矛盾"的改革法案。实际上,早在盖尤·格拉古担任平民保民官之前,执政官富尔维乌斯·弗拉库斯(Fulvius Flaccus)曾于公元前125年重新提出了意大利同盟者问题,并拟定了一项关于将罗马公民权扩大到同盟者的法律,但在贵族和平民的共同反对下未获通过。后来,盖尤·格拉古在第二次担任平民保民官时,决定解决这一问题。根据普鲁塔克和阿庇安的记述,他在公元前122年提出法案,对拉丁人授予完全的罗马公民权,对意大利盟友们授予拉丁人权。③ 对于此提案,元老

---

① 参见[意]马里奥·塔拉曼卡主编:《罗马法史纲》上卷,第362页。
② 参见[意]弗朗切斯科·德·马尔蒂尼:《罗马政制史》第2卷,第433—434页。
③ 参见[古希腊]普鲁塔克:《希腊罗马名人传》,第1494页。

院考虑到公民权和表决权的扩大，可能导致汇集到罗马的广大同盟者民众对其施加不得不接受的压力，于是元老院通过一项决议，规定执政官必须命令将所有外邦人驱逐出罗马以及周围 5 000 步以外，直到对法律提案进行表决。然而，对于盖尤·格拉古的这一"高瞻远瞩"的提议，无论是城市平民还是骑士阶层，实际上都没有好感，因为他们也害怕失去身上唯一的"特权"。盖尤·格拉古的对手——另一位平民保民官马尔库斯·李维·德鲁索(Marcus Livius Drusus)很敏锐地发现了这一情况，轻而易举地激发起民众自私的情绪，并利用此情绪，以同僚否决权阻挠了此提案的通过。① 同时，马尔库斯·李维·德鲁索一方面提出了一系列比盖尤·格拉古更极端、更有利于平民的法案以获取他们的支持，另一方面又以拒绝普遍授予同盟者罗马公民权的立场赢得了元老贵族和城市无产者的认同。②

总之，马尔库斯·李维·德鲁索通过这些主张取代了盖尤·格拉古。而盖尤·格拉古也因为这个"关于同盟者的罗马市民身份的法律"提案，失去了民众的支持，未能第三次当选平民保民官。公元前121年，在迦太基建设殖民地的盖尤·格拉古遭到了渎神的指控。属于贵族派的平民保民官米努乔·鲁佛(Minucius Rufus)提议废除在迦太基建设殖民地的《鲁比法》以及《森普罗纽斯法》的其他一些规定。

于是，盖尤·格拉古派与元老院贵族之间引发骚乱，元老院第一次正式动用"元老院紧急决议"要求执政官卢齐奥·奥皮米奥(Lucius

---

① 参加[意]弗朗切斯科·德·马尔蒂诺:《罗马政制史》第2卷，第435—436页。
② 平民保民官马尔库斯·李维·德鲁索的提案是免费供给粮食，开辟整整12个殖民地用于收容雇佣者或者是城市无产者，并准备把这场改革的受益者为其所分的土地而缴纳的租金也一起免掉。同时，他对拉丁人不授予公民权，改为给予申诉权以及战争期间免受笞杖之刑。这些提案中，可能最后只有殖民地提案获得了通过，其他提案后来或是没有交付表决，或是没有通过。参见[意]马里奥·塔拉曼卡主编:《罗马法史纲》上卷，第364页。

Opimius)对格拉古派进行军事镇压。执政官卢齐奥·奥皮米奥并没有像之前的执政官普布利乌斯·穆齐·斯凯沃拉那样拒绝,而是第一次接受了元老院授予执政官一种在事实上比独裁官更大的权力。元老院贵族不仅用近乎屠杀的方式消灭了盖尤·格拉古、前执政官富尔维乌斯·弗拉库斯以及他们的支持者,而且终结了盖尤·格拉古领导的这场具有民主色彩的改革。

(三) 改革尝试引发的负面影响

面对共和政制的危机,格拉古兄弟敏锐地洞察到"富人与穷人的矛盾""公民与非公民的矛盾"和"罗马与行省的矛盾"这三大问题。他们都以平民保民官这一官职为改革的立足点,试图通过恢复这一官职的传统阶级性来恢复平民保民官职位最初作为人民的机构的特点,从罗马共和国过往平民与贵族对抗的传统方式中破解罗马共和政制的危机。应该说,无论是哥哥提比略·格拉古以土地法为重心的改革,还是弟弟盖尤·格拉古更加系统、更加全面以及更富谋略性的改革,都是为了削弱贵族和达官显要们的统治,提高罗马共和政制的包容能力,其历史意义是不容置疑的。①

因此,我们在这里要坚决反对质疑格拉古兄弟改革动机的两种观点:一种是认为他们的改革没有计划将共和国建立在新的民主基础上,而是打算把共和国变为一种暴政,即一种君主制;另一种认为他们推行的改革计划是一系列由于意外情况而采取的具有应急性质的、蛊惑人心的措施。②

---

① 关于格拉古兄弟改革失败原因的讨论,参见[意]弗朗切斯科·德·马尔蒂诺:《罗马政制史》第 2 卷,第 443—444 页;杨共乐:《罗马社会经济研究》,第 171—188 页。
② 关于这两种观点及对它们的批判,参见[意]弗朗切斯科·德·马尔蒂诺:《罗马政制史》第 2 卷,第 440—442 页。

然而，正如我们常说的那样，良好的动机并不能保证美好的结果，因为实现良好动机的具体举措很可能反过来影响最终目标的实现。格拉古兄弟的改革在很多具体操作环节没有顾及罗马共和政制的一些原则性规定，因此不仅在一定程度上诱发了其对立面元老院阶层"以牙还牙，以眼还眼"的报复，最终导致了改革目标的落空；而且双方在这一过程中采取的许多突破共和政制的做法，为不久之后种种乱象的出现乃至共和政制的覆灭埋下伏笔。

具体说来，就格拉古兄弟这一方而言，他们的改革举措在如下一些方面涉及对罗马共和宪制的破坏。

首先，提比略·格拉古因为对平民保民官同僚马尔库斯·屋大维动用了同僚否决权否定其提案，而开创了由平民部落大会罢免同僚的做法。显然，这一做法是存在问题的。① 第一，罗马的官职都是存在任期的，即便对在任官员不满，也应该在其任期结束后予以追究，而不是在其任期内利用民众大会进行罢免。第二，即便是罢免，按照传统的《关于谕令权的库里亚法》的规定，这个权力也不属于民众大会，因为这涉及"治权"，不能通过人民的投票来决定。

按照罗马传统政制的规定，使官员去职，只能要求官员主动辞职，而不能强加。当然，有关这一点是存在争议的，因为反对者会认为平民保民官是出于阶级性质而产生的官职，不适用罗马执法官所适用的这些规则。但是考虑到公元前2世纪末，平民保民官已经丧失了阶级性，甚至成为元老院贵族的工具，完完全全地转变为一种城邦的官职，因此，平民保民官此时即便在形式上可以不受上述传统罗马政制的约束，

---

① 例如，西塞罗就在《论法律》中指责提比略·格拉古蔑视同僚否决权而遭到了自我的毁灭。参见[古罗马]西塞罗：《论共和国（附〈论法律〉）》，第222页。

但作为后来发展演变的一种惯例,也应该受到对于城邦执法官相关规定的限制。

当然,提比略·格拉古这一不合传统罗马政制的做法,并不意味着其本身不具备正当性,即我们常说的"不合法不等于不正当"。应该说,提比略·格拉古此举尽管不合法,但具有革命性。或许他想让平民保民官和平民部落大会变回维护人民利益、反抗贵族统治的最初样子。实际上,普鲁塔克曾经记录了提比略·格拉古对自己被指控"违反罗马共和宪制"而在平民部落大会所做的"自辩":

> 护民官这个职位不仅神圣而且不可侵犯,因为他把自己的生命奉献出来,成为公众的卫士和保护者。如果护民官堕落到要来压迫人民,不仅剥夺大家的权利还要拿走选举的自由,这时他所拥有的荣誉和豁免权使得他自食其果,大家授予他官位是为了要他善尽职责,只要忽略会面临同样的下场。至于其他方面,我们必须基于个人义务让护民官随心所欲,即使要破坏卡庇多神庙或防火烧掉军械库,我们都不得干涉。担任那个职位的人要是怀着不良的企图就是一个坏护民官,要是肆意攻击人民的权利那就丧失作为一个护民官的资格。要是想到一个护民官能够监禁执政官,授予他这个职位的市民大会,竟然对他的滥权无能为力,甚至还不能将他罢黜,难道不会令人感到不可思议?护民官如同执政官都是经由市民的投票获得职位,君王政体将所有权力揽于一身,运用宗教的庄严仪式提升到神圣的状态,虽然能发挥相当作用,等到塔昆(塔克文——引者注)倒行逆施,市民还是将他赶下王座。罗马在古代建立的政治体制,因为一个人的罪行遭到彻底的根绝。……因此一个护民官要是伤害人民的感情,攻击他之所以获得职权的

民意基础,那么为着保护人民而授予他的权力,还有神圣不可侵犯的禁令,同样无法保有。我们认为要成为一个合法的护民官,必须在选举中获得大多数的同意票,难道经过大多数人的同意,就不能对这位护民官给予合法的免职处分?没有比供神的祭品更为神圣的东西,然而从来没有禁止人民使用,只要大家高兴可以随意送到任何地点,因此如同一些神圣的礼物,市民大会有合法的权力将护民官这个职位,从一个人转到另一个人的手中。所以护民官并非不可以侵犯,他的职位也是不可以撤销,过去有很多人主动放弃或是向市民大会要求解除职位。①

该"自辩"不仅清楚地表明了其看似"违法"做法的"正当性"依据,而且重申了平民保民官的政制含义。对此,马尔蒂诺指出:

> 实际上,通过确认保民官忠实于人民利益以及从属于平民会议的原则,提比略在民主理论上向前迈进了一步,这种进步不仅是相对于先前100多年所遵循的惯例——正是这种惯例把保民官变成了贵族统治的工具,而且是相对于古老的平民法律,因为古老的法律尚未如此直截了当地确认这个原则,虽然旧法本身并不与这个原则相抵触。②

然而,蒙森却不认可提比略·格拉古的"自辩"。他认为,"格拉古用不合宪法的手段黜退他的同寅,又用不伦不类的诡辩为此事辩护,因

---

① [古罗马]普鲁塔克:《希腊罗马名人传》,第1484—1485页。
② [意]弗朗切斯科·德·马尔蒂诺:《罗马政制史》第2卷,第406页。

而不但一时而且将永久摧毁保民官的否决权:这是对于宪法条文的革命";其行为"在道德上和政治上所犯的错误"中最关键的是,忽略了"当时市民大会的性质",不仅允许它干政,而且让它获得了凌驾于所有罗马共和政制之上的权力。因此,"就某种意义而言,格拉古的反对党控告他想戴王冠,并非无赖"。① 蒙森用如下一段文字,对提比略·格拉古做出了最终的评价:

> 他是一位略有才干的人,满腹怀着好意,以守旧的态度爱护国家,简直不晓得他所为何事;他十分相信所号召的是人民,却唤起了一个嚣张的群众,他手攫王冠而不自知,以至于无情的事势以莫之能御的力量逼他走上奸雄、暴主的途径。于是一家任职、干涉公家财政、迫于迷惘沮丧而不得不做更激进的"改革",由街市选拔扈卫和在街市上起冲突,这位可哀的僭主一步一步地对他自己和他人昭然露出真相,终至脱了羁绊的革命精神把这无能的术士拿来一口吞下。那可耻的屠杀置他于死地,既自定己罪,也定了行凶的一伙贵族的罪;可是舍身殉道的光荣,一向点缀着提比略·格拉古这个姓名的在这里也照例是张冠李戴。②

其次,提比略·格拉古作为第二年平民保民官候选人,也是存在问题的。公元前342年平民部落大会的一项决议规定,在10年内不得担任同一职务,并且之后元老院也认为,再次选举同样的人担任保民官是违反共和国利益的。尽管后来由于第二次布匿战争,这一规定暂时被

---

① 参见[德]特奥多尔·蒙森:《罗马史》第4卷,第1011—1013页。
② [德]特奥多尔·蒙森:《罗马史》第4卷,第1013页。

取消，但是可以肯定的是，从公元前196年开始禁止平民官职和贵族官职之间的连任。① 至于平民保民官职位是否可以连任的问题，尽管史料没有明确的说明，但是考虑到上述罗马政制对于官职连任的禁止性规定以及后来盖尤·格拉古是通过公元前131年左右的《关于再次担任平民保民官的平民会决议》才获得的连任，因此，我们推断提比略·格拉古作为第二年保民官职位的候选人是不符合罗马政制规定的。否则，后来"民主派"不会在提比略·格拉古死后，专门通过上述法律来修改或者明确这个问题。格拉古兄弟的连任问题不仅给反对者提供了攻击他们试图建立君主制的口实，而且为日后苏拉、恺撒等政治强人不断的连选连任开创了不好的先例。

再次，提比略·格拉古担任三人委员会成员的资格也是违反法律规定的。因为根据《李锡尼和艾布提法》（Leggi Aebutia e Licinia）的规定，"法律禁止那个提议通过法律设立某个特别官职的人当选该官职"②。

最后，提比略·格拉古破坏罗马共和政制还表现在对待帕加马王国国王遗产的问题上。按照罗马政制的规定，与行省相关的政制问题应交由元老院决议，这属于元老院排他性的权力之一，但是提比略·格拉古却试图改变这一规定，把这类问题交由民众大会决定，直接侵犯了元老院的法定权力。不仅如此，盖尤·格拉古担任平民保民官期间颁布的《关于亚细亚行省的法律》《关于行省执政官的森普罗纽斯法》《关于审判员的森普罗纽斯法》以及《关于搜刮钱财罪的法律》，无一不是利用民众大会的权力直接取缔或者改变了原属于元老院的权力。

---

① 参见［意］弗朗切斯科·德·马尔蒂诺：《罗马政制史》第2卷，第181—185页。
② ［意］弗朗切斯科·德·马尔蒂诺：《罗马政制史》第2卷，第408页。

面对格拉古兄弟的步步紧逼,从元老院贵族这一方来看,如果他们能够依照公元前 367 年之前他们与平民阶层"斗而不破"、相互妥协的模式予以应对,或许罗马共和政制危机就能得到妥善的制度解决。然而,或许是因为元老院贵族的贪婪和顽固,或许是因为格拉古兄弟"违法"在先的行为,总之,之前罗马政制发展的博弈与妥协消失了,取而代之的是元老院贵族将恣意专断凌驾于共和政制之上。对此,有论者评价道:

> 在相互对立的利益和原则的博弈过程中,在针锋相对、拥有并不平等权利的各种政治和社会力量的冲突当中,那些保障性的限制手段被不合法地牺牲掉了,而元老院将其恣意专断置于共和国法制之上的企图也成功实现,虽然只是暂时性的。①

元老院贵族对于共和政制的破坏主要体现在对格拉古兄弟两次所使用的"元老院紧急决议"上。前已述及,这项举措的本质是赋予执政官以绝对的权力,暂停罗马法律对市民所能提供的制度性保护,无须经过任何程序,不必查明责任,就可以将任何人冠上"法外之人""国家公敌"的罪名予以立即处决。② 这一权力实际上昭示着元老院贵族可以以诉诸武装暴力的方式,将任何损害其利益的对手予以清除。对此,徐国栋教授评论道:

> 从实际操作来看,元老院最后决议是政治斗争的工具,但戴上

---

① [意]马里奥·塔拉曼卡主编:《罗马法史纲》上卷,第 366 页。
② 参见[意]朱塞佩·格罗索:《罗马法史》,第 144 页。

了关于共和国遭受的致命危险的权威性法律意见的面具,它召唤长官履行其职责,让长官从承受的权力限制中解放出来,不必遵守法律规定去打击所谓的共和国的敌人。这样,阶级或宗派的敌人被转化为外敌,他们被剥夺了向人民申诉权,此等申诉权只属于市民而不属于敌人。①

前述罗马共和政制中平衡的因素,随时可能受到元老院贵族的利用而被击破。② 既然罗马共和政制的平衡可以随时以暴力解决,而不是在传统政制框架下以妥协的方式,那么共和国末期那些司空见惯的内战也只是"元老院紧急决议"的升级版而已。对此,有论者指出:

> 实际上,元老院以一种专断而不合法的方式,在人民大会之外重新构建起了在其本身和表现为其盟友的执法官之间的一种狭隘的团结性,并在权力使用当中引入了一种对于共和国法制而言更具重大颠覆性的实践,而这种颠覆是元老院一次次尝试着加以镇压的那种革命性的"企图"尚且不能实现的。元老院跳过人民大会,以一种不正常的手段集中了属于自己的政治领导职能(后来却又常常无法直接行使这种职能),而且实际上将该职能与一种霸权性地位结合在一起,即同时具有与刑事审判和强制权行使有关的职责,而这些权力本来分别属于人民和民选执法官员(而且不是没有限制和相互制约的)。这样的做法就打破了国家的各种机构与政治和社会力量之间曾经实现但并不牢固的平衡关系;于是就为

---

① 徐国栋:《罗马共和混合宪法诸元论》,第 62—63 页。
② 关于"元老院紧急决议"违法性问题的讨论,参见徐国栋:《罗马共和混合宪法诸元论》,第 65—66 页。

职业军人干政打开了更大的空间。更糟糕的还有,以私人军队的指挥形象出现的民选官员或者个人最终会具有严重的破坏性;当元老院说它想要保护共和国最大的自由的时候,恰恰才是对其最大的损害。①

三、马略、萨图尔尼诺和德鲁索的改革尝试

格拉古兄弟去世后,尽管元老院贵族迫于社会舆论的压力,将两兄弟主持制定的很多法律保留了下来,但涉及切身利益以及土地改革的法律被彻底推翻。公元前121年,不得转让被分配土地的禁令被废止。对此,古代罗马史学家阿庇安称:

> 小革拉古(盖尤·格拉古——引者注)的暴动就这样终结了。不久之后,制定一个法律,允许占有土地的人出卖他们有争执的土地;因为连这一点,大革拉古(提比略·格拉古——引者注)的法律也是禁止的。富有的人马上开始收买贫民的份地,或者找借口以暴力夺取他们的份地。所以贫民的情况甚至比以前更加恶劣了。②

这样一来,格拉古兄弟的努力实质上被此法律的出台取消了。公元前119年,一位平民保民官提出法案,罗马正式以法律的形式取消了罗马

---

① [意]马里奥·塔拉曼卡主编:《罗马法史纲》上卷,第367—368页。
② [古罗马]阿庇安:《罗马史》下卷,第25页。

公地的分配制度,土地应当属于那些现在占有的人,但占有人应当交付地租给人民。公元前111年,一位名叫斯普瑞流斯·多流斯(Spurius Thorius)的平民保民官提出涉及土地问题的《关于税金的多流斯法》(Lex Thoria de vectalis)并获得通过。

　　该法规定了4类土地:(1)在格拉古兄弟的法律规定的法定限额内占有的公地;(2)根据这些法律以抽签方式授予的土地;(3)不以抽签方式授予的土地;(4)因被不正当收回而返还给占有人的土地。就第一类和第四类土地而言,规定了以偿付税金为条件将占有转化为私人税地(Agri private vectigales);就第二类和第三类而言,确认了私人纳税地的地位。①

这部法律的规定,在实质上将土地的占有权变为了所有权,标志着土地私有制度在罗马的最终确立。

土地私有制的确立使得格拉古兄弟恢复小农份地的理想以及以此来扩大兵源的想法彻底破产。这一结果直接影响了马略对于罗马传统征兵制的改革。

(一) 马略的兵制改革

土地私有制的确立直接导致无产者的数量急剧增加,其结果直接对以财产等级为标准、实行兵民合一制的罗马军队造成了毁灭性的打击。公元前107年盖尤·马略(Gaius Marius)当选执政官后,为应对朱古达战争(公元前112—前105)而招募的新兵仅有5 000—6 000名。

---

① 参见齐云、徐国栋:《罗马的法律与元老院决议大全》,第231页。

第五章 共和政制的危机与应对

面对兵源的匮乏、军队战斗力的低下,马略于同年对罗马共和国的军事制度进行了改革,其核心是取消之前的征兵制,代之以募兵制,征集所有前来报名的市民,包括原先征兵制下无法进入军队的无产者。此外,马略的兵制改革还包括:第一,除无产者外,意大利同盟者也可加入军队;第二,报名征召的士兵由国家提供武器,并按照兵种发放薪水;第三,老兵在服役期满后,可以从国家得到份地。[①]

应该说,马略的兵制改革直接解决了长期以来困扰罗马的兵源问题。对此,蒙森也指出:

> 这次罗马兵制的完全革命,大体看来,确似乎起于纯粹的军事动机;并且一般来说,这不是一个人的作为,更不是一个处心积虑的野心家所为,而是已不足取的制度迫于时势不得不变。[②]

与此同时,兵制改革不仅使大量无产者有了去处,不至于在城市流浪,成为流民,而且也避免了中小土地所有者因长期服役出征所引发的诸多不幸,因而在一定程度上解决了公民与国家之间的矛盾,具有积极意义。

但是,同时也应当看到,老兵分配份地的举措增加了罗马政制变化的"变量"。之前对罗马份地的争夺主要是由失地或破产贫民发起的,而现在退伍老兵也加入了这一行列。

与之相关联且更为严重的是,马略的改革直接导致了职业化军队的形成。这些职业军人在军事服役中看到了一种生存之道和晋升途

[①] 参见[德]特奥多尔·蒙森:《罗马史》第 4 卷,第 1108—1109 页。
[②] [德]特奥多尔·蒙森:《罗马史》第 4 卷,第 1111 页。

径,形成了一种依靠军事首领而不是国家来满足自身愿望的观念。这一观念为后来罗马共和国晚期军事独裁者的产生埋下苦果。实际上,这一趋势在公元前 105 年马略结束朱古达战争后继续担任执政官时,就已经出现了。对此,格罗索评论道:

> 正是这种结构性转变反过来深深地影响着士兵与其将领之间的关系,并且触及城邦制度。早期实行征兵制的城邦军队主要由农民士兵组成,它体现着城邦自己的制度,对该制度的忠诚意味着对自己家园的忠诚。而职业士兵的地位则大不相同,他们向自己的指挥官负责,谁擅于通过犒赏笼络他们,他们就忠于谁。……一些人的地位已经同战争的需要、战争的胜利以及对士兵的照顾紧紧联系在一起,这些人就人格而言是杰出的,他们实际上已使执法官任职的暂时性丧失其意义,违反了所有关于重新任职的规定;不合法的现象不断泛滥,并且在党派压力的作用下大量增加。①

孟德斯鸠在《罗马盛衰原因论》中甚至将此作为罗马共和覆灭的原因之一。他说道:

> 于是,士兵们的眼里只有自己的统帅,把自己的一切希望都寄托在他们身上,因而与罗马的关系日益疏远。故而,这些军人不再是共和国的军队,而是苏拉、马略、庞培、恺撒的士兵了。率领一支军队驻守在某个行省中的那个人,究竟是自己的将领抑或是自己

---

① [意]朱塞佩·格罗索:《罗马法史》,第 238 页。

的敌人,罗马再也分辨不清了。①

(二) 格劳恰和萨图尔尼诺的民主运动

朱古达战争和罗马与高卢的战争使得马略连续5年担任罗马执政官,但这一破坏罗马共和政制的举动也引起了元老院贵族的不满,于是,"他觉得须倚赖所谓平民党的援助,并且因为这位得胜将军绝没有控制街市的天才和经验,他更须暂时在平民党的领袖中寻求同志"②。长期与元老院贵族政见不合的平民党领袖盖尤·塞尔维利·格劳恰(Gaius Servilius Glaucia)和卢齐奥·阿布勒伊·萨图尔尼诺(Lucius Appuleius Saturninus)迅速与马略结成政治同盟,掀起了一场反对贵族统治的民主运动。按照蒙森的说法,这一时期形成的"两党"分别是"欲行上流人士所愿的'贵族党'(optimaten)"和"欲行民众所愿的'平民党'(popularen)"③。对于"两党",有论者指出:

> 这两派的区别并不在于前者代表贵族利益,后者代表平民利益。两派的核心人物都出身显贵,参加哪一派经常为个人野心所驱使,而且更换派别的现象并不鲜见,甚至这两派的主张也常常十分接近。但两派推行自己主张的方式有所不同,贵族派通常以元老院为基地,而平民派则多通过保民官、百人队大会及平民会议等调动和利用民众的力量。④

---

① [法]孟德斯鸠:《罗马盛衰原因论》,第64页。
② [德]特奥多尔·蒙森:《罗马史》第4卷,第1114页。
③ [德]特奥多尔·蒙森:《罗马史》第4卷,第991页。
④ 刘津瑜:《罗马史研究入门》,第18页。

萨图尔尼诺于公元前 103 年担任平民保民官。他的民主运动是从一个关于降低国家仓库出售粮食价格的法案开始的。根据前述盖尤·格拉古的法律,"这一价格是规定每莫狄乌斯为六又三分之一阿斯,但撒图尔尼努斯(萨图尔尼诺——引者注)则建议降低到六分之五阿斯,这实际上就等于几乎无偿地发放粮食了"①。此外,他还发起了对土地的分配以及在把阿非利加的大块土地以每人 100 尤格的标准分给老兵。② 大约在这一年,他还施行了《关于侮辱罗马人民之尊严的法律》(Lex Appuleia de maiestate)。根据这一法律,凡是被指控损害人民利益的任何行为都可以交付法庭审判。

马略的另一位同盟者格劳恰于公元前 101 年担任平民护民官期间,曾通过《关于搜刮钱财罪的塞尔维利·格劳恰法》③(Lex Servilia Glauciae de repetundis)废除了公元前 106 年《塞尔维利·切皮约审判法》④(Lex Servilia Caepionis iudiciaria),把搜刮钱财罪法庭的陪审团由元老院手中再一次交到了骑士们手中。⑤

公元前 100 年,再次当选平民保民官的萨图尔尼诺在时任执政官马略的支持下提出了他的第二个土地法提案。该法案规定:第一,把土地分给在马略军中服役 7 年的老兵,每人一份 100 尤格;第二,用来殖民

---

① [俄]科瓦略夫:《古代罗马史》,第 454 页。
② 参见[德]特奥多尔·蒙森:《罗马史》第 4 卷,第 1117 页。
③ 该法可能制定于公元前 101 年或公元前 104 年,由平民保民官格劳恰提起,此法适用于任何从私人手中不当地收受钱财的长官,但在其当职期间不可起诉之。它规定由外事裁判官每年从骑士阶层中选定 450 人列入陪审员名单,由诉讼控告人从此名单中选出 100 人告知被控告人,后者再从这 100 人中选择 50 人组成法庭审理。参见齐云、徐国栋:《罗马的法律与元老院决议大全》,第 229—230 页。
④ 该法颁布于公元前 106 年,由执政官切皮约(Q. Servilius Caepio)提起,它重新采用了搜刮钱财罪常设刑事法庭,修改了《森普罗纽斯审判法》的规定。该法规定,法官名单可以由骑士和元老各占一半。参见齐云、徐国栋:《罗马的法律与元老院决议大全》,第 229 页。
⑤ 参见[意]马里奥·塔拉曼卡主编:《罗马法史纲》上卷,第 329—330 页。

的地方只限于行省,首先是山北高卢;第三,除罗马公民外,马略军中服役的意大利人也有获得份地的权利。① 显而易见的是,萨图尔尼诺一方面解决了马略兵制改革后老兵安置这一附带问题,另一方面似乎在一定范围内解决了当年盖尤·格拉古没有解决的意大利境外殖民地和把公民权授予意大利人这两大问题。尽管这一法案后来遭到元老院贵族、骑士阶层乃至平民的反对,但是马略利用他的军事权威使这一法案最终得以通过。

但不久以后,马略、格劳恰和萨图尔尼诺的三人联盟破裂。格劳恰在萨图尔尼诺的支持下,提出了竞选执政官的想法,而这是违背马略意志的。在马略、新贵、骑士和城市平民的联合下,格劳恰和萨图尔尼诺被指控谋杀了公元前111年的平民保民官、执政官候选人、骑士阶层的代言人盖尤·梅米奥(Gaius Memmius)。元老院贵族为了对付这一对反对者,于是再一次动用了"元老院紧急决议",并将执行权交给马略。马略虽有犹豫,但接受了元老院的这项决议,格劳恰和萨图尔尼诺在暴乱中被打死。

两人死后,萨图尔尼诺的法律被废除。与此相反,格劳恰关于刑事法庭的法律却仍然有效,被骑士阶层欣然接受。对于三人联盟的解散以及这场民主运动的失败原因,有论者总结道:

> 这一时期马略的政策或许可以这样来解释:他倾向于利用任何一种手段来巩固他在城邦元勋(principes civitatis)当中的地位,但他丝毫不愿动摇贵族统治政体。……萨图尔尼诺表现得像盖尤·格拉古的接班人,不过,他的土地法只对马略的老兵们有利,

---

① 参见[俄]科瓦略夫:《古代罗马史》,第455页。

并没有从根源上去应对农民阶级的问题。这两人都意图通过刑事法庭方面的法律来博得骑士阶层的好感,但是由于谋害盖尤·梅米奥,倒把他们给吓跑了,反而让他们对自己产生了敌意。①

这场运动在某种程度上讲,可以被认为是格拉古兄弟改革的延续,是以平民保民官为代表的民主性力量对于权贵阶层的一种反抗。如果说格拉古兄弟改革的失败还可以归因于他们未彻底享有权力、行使手段操之过急等,那么格劳恰和萨图尔尼诺所领导的这场革命则表明,通过自下而上民主的方式解决罗马共和政制危机似乎已无可能。这不仅因为平民保民官已经失去了共和传统的那种独立性的力量,而且罗马底层的流氓无产阶级化使他们从根本上丧失了支撑民主运动所需要的终极性力量。

(三) 小德鲁索的改革尝试

萨图尔尼诺的民主运动虽然涉及前文提及的"意大利人问题",但法案解决的对象仅仅限于老兵,并不涉及更多的拉丁人和意大利人。为了应对大量意大利人迁居罗马的情况,以及马略在战争中利用执政官权力授予个别士兵或整个联盟单位以罗马公民权的客观事实,公元前95年,执政官卢齐奥·李锡尼·克拉苏(Lucius Licinius Crassus)和库伊特·穆齐·斯凯沃拉(Quintus Mucius Scaevola)通过了一部《关于驱逐假市民的李锡尼和穆齐法》(Lex Licinia Mucia de civibus redigundis),对上述情况进行了限制和取消,并建立了一个刑事法庭,惩处以市民自居的假市民。②

---

① [意]马里奥·塔拉曼卡主编:《罗马法史纲》上卷,第372—373页。
② 参见[意]朱塞佩·格罗索:《罗马法史》,第239页。

第五章 共和政制的危机与应对

然而,针对罗马各阶层对于"意大利人问题"的否定性态度,实际上在元老院贵族内部也有一些有识之士认识到此问题对于共和政制潜在的危害性,试图通过改革解决它。其中的代表就是30年前反格拉古派的领袖人物马尔库斯·李维·德鲁索的儿子小德鲁索。小德鲁索于公元前91年担任平民保民官。对于他的立场和性格,有论者指出:

> 据说他部分地受到了父辈传统的激励,因为他表现为元老院贵族统治的捍卫者;一部分则受到盖尤的影响,因为他寻求满足各种各样的需求来获得广泛的共识以实现某种改革。①

从小德鲁索的立场和性格看,他实际上是矛盾的。一方面他出身于贵族阶层,这个决定了他的改革不能偏离最终加强元老院统治的目标;另一方面出于理想和现实的考虑,他要解决罗马各阶层都反对的授予意大利市民权的问题,因为他试图"创造一种超越本地爱国主义的政治和宗教理想"②。于是,作为一种务实的策略,他在提出《关于授予拉丁人和盟友市民籍的李维提案》(Rogatio Livia de civitate Latinis et sociis danda)之前,先提出了一系列有利于各阶层尤其是平民们的法案,试图团结和拉拢他们。对此,科瓦略夫评价道:

> 杜鲁苏斯(小德鲁索——引者注)的最迫切任务就是把法庭交回元老的手里来,这当然就是恢复贵族统治的第一步了。但是他

---

① [意]马里奥·塔拉曼卡主编:《罗马法史纲》上卷,第374页。
② [英]A. E. 阿斯廷、F. W. 沃尔班克等编:《剑桥古代史·第8卷:罗马与地中海世界至公元前133年》,第236页。

这个聪明人懂得,如果没有人民群众的支持这一点是做不到的。因此便产生了他那特殊的保守的民主纲领,这个纲领里,他试图把民主的口号和贵族关于法庭的主要要求结合起来。①

小德鲁索提议的首部法律是有利于穷人的。他的《李维小麦法》(Lex Livia frumentaria)用低价给穷人配给粮食。② 他的土地法案确定了对坎帕尼亚、伊特鲁里亚、翁布利亚一带的土地加以广泛的分配,并削减格拉古时代规定的但尚未建立起来的意大利本土和西西里一带的殖民地。

为了获得更多元老院贵族的支持,他制定《李维钱币法》(Lex Livia nummaria),规定银币的铸造要包括一部分不可或缺的黄铜(八分之一),这样就用通货膨胀的方式惩治了骑士阶层。此外,小德鲁索利用因一个由骑士组成的陪审团对亚洲行省总督普布利乌斯·鲁第里·鲁弗(Publius Rutilius Rufus)审判而引发的反骑士阶层的敌意,发起了一项"司法改革"。通过这个改革,他试图将组成刑事陪审团的权力从骑士阶层手中又交回到元老院手中。但作为妥协,他临时把元老院成员人数增加至600人,并规定新的元老院议员必须从骑士中选取。同时,对于那些滥用权力且不愿交出入选陪审团权力的骑士们,小德鲁索则利用《李维审判法》(Lex Livius iudiciaria)中设立的新的刑事法庭恐吓他们。③

尽管小德鲁索将上述三个法案"捆绑"一并通过的做法违反了公元前98年《切其流斯和蒂丢斯法》(Lex Caecilia Didia)中不得将不同法案

---

① [俄]科瓦略夫:《古代罗马史》,第460页。
② 参见徐国栋:《作为福利国家实践的〈格拉古小麦法〉及其后继者研究》,第440页。
③ 参见[意]马里奥·塔拉曼卡主编:《罗马法史纲》上卷,第374—375页。

并入同一法律的规定,①但是,他通过这些法律实现了团结穷人和元老院贵族、打击骑士阶层的目的。这为他最终提出《关于授予拉丁人和盟友市民籍的李维提案》做出铺垫。

然而,令小德鲁索始料未及的是利益受损的骑士们开始反击,他们通过执政官卢齐奥·马尔西乌斯·菲利普(Lucius Marcius Filippus)威胁元老院,使其拒绝接受授予同盟者公民权的法案。同时,同盟者中伊特鲁里亚、翁布利亚的大土地所有者已经不把市民身份看作是必需的,因为小德鲁索的土地法案将会损害他们的利益。最终,不仅小德鲁索关于解决"意大利人问题"的提案未获通过,而且其本人也被暗杀身亡。

小德鲁索死后,骑士们为了彻底消灭掉元老院贵族中还坚持授予拉丁人和意大利人公民权的改革者,引诱平民保民官库伊特·瓦流斯·伊布里达(Q. Varius Hybrida)于公元前90年提起《关于国事罪的瓦流斯法》(Lex Varia de maiestate),成立了一个由骑士组成的非常刑事法庭,专门审判教唆同盟者发动叛乱的人。小德鲁索的大部分朋友都受到审判,或者还未等到审判就自愿被流放。② 与此同时,小德鲁索的死清楚地向那些始终无法获得公民权的同盟者们表明,合法地满足他们要求的方法已经用尽,剩下的只有最后的一条路——战争。对此,蒙森指出:

> 德鲁苏斯(小德鲁索——引者注)已用他的精力和生命为赌

---

① 公元前98年的《切其流斯和蒂丢斯法》是由执政官切其流斯·内博斯(Q. Caecilius Nepos)和蒂丢斯(T. Didius)提起的,主要有两条。第1条规定,法律的公布日与表决日之间应当隔有三个8天的罗马周(trinundium,24天)或3次集市期(tertiae nundiae,17天),目的在于控制激进的法案通过,通过给予人们这么长的冷静期,可以帮助人们理解法案的意义并劝说人们反对其通过。第2条规定,不得将多项内容不同的法律条款汇集在一个提案中(即所谓的"一揽子提案")提交立法机构表决。参见齐云、徐国栋:《罗马的法律与元老院决议大全》,第181—182页。

② 参见[意]马里奥·塔拉曼卡主编:《罗马法史纲》上卷,第376页。

注,来推翻商人阶级的专政,筹划移民,预防将临的内战;他亲见商人更比以前专制,看着他一切的改革计划成空,临终时觉得他的暴死将是一场糜烂意大利胜境的最烈内战的信号。①

于是,公元前91年末,罗马共和国历史上的同盟战争(公元前91—前88)爆发。② 值得注意的是,尽管同盟战争的对手是罗马,但是"战争的目的仍然是建立有首都和元老院的意大利半岛国家,承认统一的罗马统治的模式,而不是恢复到一种松散的、城市独立的状态"③。

残酷的战争解决了"意大利人问题",罗马被迫放弃了曾经坚守的立场。在某种意义上讲,罗马人虽在军事上赢得了战争,但在政治上是失败的。公元前90年末,执政官卢齐奥·优流斯·恺撒(Lucius Julius Caesar)提出的《关于向拉丁人和同盟者授予市民权的优流斯法》(Lex Iulia de civitate Latini et sociis danda)将罗马市民籍授予拉丁人以及仍与罗马结盟并且已宣布接受罗马市民籍的城市。公元前89年的《关于向同盟者授予市民权的普劳求斯和帕皮流斯法》(Lex Plautia Papiria de civitate sociis danda),将罗马市民权授予所有居住在意大利境内的意大利人,其范围直至阿尔诺河(Arno)和爱西诺河(Esino),但这些意大利人应当在60天内向罗马内事裁判官提出申请。同年,执政官庞培·斯特拉博内(Gnaeus Pompeius Strabo)提出的《关于波河彼岸地区的庞培法》(Lex Pompeia de transpadanis)向波河北岸的高卢地区授予拉丁权。④ 对此,有论者说道:

---

① [德]特奥多尔·蒙森:《罗马史》第4卷,第1131页。
② "同盟战争"也称"古意大利人战争",详见[美]腾尼·弗兰克:《罗马帝国主义》,第294—295页。
③ [英]佩里·安德森:《从古代到封建主义的过渡》,第36页。
④ 参见[意]朱塞佩·格罗索:《罗马法史》,第239—240页。

意大利诸公社的法权地位的差别消失了:此时,它们都平等地享受着罗马权,殖民地(其中包括拉丁殖民地)和自治市间的差别消失了;以后存在的"municipium"一词开始意味着"行省的"(已经不是按照该词在罗马时代的意义,而是按照它现在的意义)形式划一的"自治市"结构的意大利人的城市。①

大概从这时起,在对待意大利诸公社时,罗马"分而治之"的公民权授予策略已经失去了意义,"意大利人在越来越大的程度上开始被认作 imperium Romanum(罗马帝国)的依靠力量"②。

于是,经过同盟战争,一方面,罗马共和政制危机中的"公民和非公民的矛盾"问题在形式上得以解决,所有意大利人要么取得了罗马公民权,要么取得了拉丁人资格,一个代表意大利人而非仅仅代表罗马人的政治共同体得以形成。对此,盐野七生评价道:

> 为了适应骨骼和肉体的生长,内脏器官也要随之生长,"同盟战争"促进了罗马内脏器官的生长,成为罗马从"城市国家"向"世界战争"蜕变的催化器。③

另一方面,罗马共和政制危机中"富人与穷人的矛盾"问题尚未解决,并且这一矛盾中"穷人"的范围还扩大至新加入的意大利人。此外,罗马与行省之间的矛盾也未解决。

---

① [苏联]乌特钦科:《罗马公民权问题》,第243页。
② [苏联]乌特钦科:《罗马公民权问题》,第244页。
③ [日]盐野七生:《罗马人的故事Ⅲ:胜者的迷思》,第116页。

第六章　苏拉和恺撒的政制改革

面对罗马共和政制的危机,无论是作为平民保民官的格拉古兄弟,还是以格劳恰和萨图尔尼诺为代表"平民派",抑或是元老院"贵族派"中的小德鲁索,都无力通过自身的力量和方式在既有政制的框架内彻底解决问题。相反,要解决意大利人地位之类的问题,只能依靠战争、强力和暴力。对此,蒙森概括道:

> 昔日平民党的改革家遭到凶暴可怖的横死,现在这个贵族阶级的改革家(小德鲁索——引者注)也注定必遭此厄运。这里面含着一个深沉而悲惨的教训。贵族的抗拒或懦弱使改革成为泡影,甚至改革企图出自贵族本阶级人中,亦复如是。①

于是,在共和国最后的日子里,罗马政制改革的发动者,无论是苏拉还是恺撒,无一不是手握军权的政治强人,无一不是通过暴力的方式在夺取权力后开启政制改革的,只不过一个失败了,一个成功了。蒙森甚至在《罗马史》中将这些政治强人所进行的政制改革取名为"军人君主制"②。

---

① ［德］特奥多尔·蒙森:《罗马史》第4卷,第1131页。
② ［德］特奥多尔·蒙森:《罗马史》第5卷,第1368页。

一、苏拉政制改革的失败

(一) 苏拉政制改革的开启

"同盟战争"结束于公元前89年冬季。在这场战争中,卢齐奥·科尔内流斯·苏拉因出色的军事能力脱颖而出,当选为公元前88年的执政官,并获得出兵东方剿灭本都(Ponto)王国米特拉达梯六世(Mitridate Ⅵ)的军事指挥权。然而,马略也想利用此事件获得新的指挥权,恢复他在军队统帅的荣耀。与此同时,作为小德鲁索理想继承人的平民保民官普布利乌斯·苏尔毕求斯·鲁弗(Publius Sulpicius Rufus)想利用马略的力量,帮助他进一步解决"意大利人问题",即把新加入罗马的公民登记到罗马原有的35个部落当中。① 于是,两人迅速组成政治同盟,共同对付苏拉。

前述解决"意大利人问题"的《关于向拉丁人和同盟者授予市民权的优流斯法》虽然在形式上使意大利人获得了罗马的公民权,但是在实践中罗马的"老公民"一直试图在选区的选民安排上做出限制,以捍卫他们"纯种罗马人"的权利和尊严。他们以之前罗马"解放奴隶"在取得公民权后只能在4个城区部落投票作为先例,提议刚获得罗马公民权的"新公民"要么在指定的8个选区部落中投票,要么在新设的9个选区中投票。总之,"老公民"的意图就是要压低"新公民"在罗马政治生活中的比重。对此,有论者指出:

> 与古意大利人的关系实际得以正常化是通过一项妥协达成

---

① 参见[德]特奥多尔·蒙森:《罗马史》第4卷,第1162页。

的。古意大利人被授予了市民权,但这种特许权已被架空,这些古意大利人全部被打发到了为数不多的几个部落里面:最多有十个,或许也是重新(ex novo)创建的部落,允许他们在既有的三十五个部落之后到民众大会上来投票,"为的是这些在数量上超过了旧市民的(新市民),不能够在投票表决当中占得上风"。当然,即使就像其他一些作者主张的那样——古意大利人被集中在了业已存在的三十五个人民大会投票单位中的仅仅九到十个里面——其处境还是一样的。①

对于这样的不平等情况,平民保民官普布利乌斯·苏尔毕求斯·鲁弗在马略和他背后骑士们的支持下,鼓动"新公民"涌入罗马,逼迫部落民众大会通过了一系列法案:

> 一项是为了使新市民和解放自由人被分配到所有的部落(ut novi cives et libertine in omnes tribus distribuerentur),即被分配到35个部落之中;一项是为了将被驱逐的人召回(ut vi eiecti revocarentur),这对德鲁索的被流放的追随者有利;另一项则涉及元老院议员的债务问题(de aere alieno senatorum),禁止元老院议员负超过2 000dramme(古希腊银币——引者注)的债务。②

作为回报,他又提出一项法案,要求"剥夺苏拉的治权,将亚细亚行省分

---

① [意]马里奥·塔拉曼卡主编:《罗马法史纲》上卷,第378页。
② [意]朱塞佩·格罗索:《罗马法史》,第240页。蒙森将此法案记录为:"凡一元老负债在两千第纳尔以上,他在元老院的议席便告丧失;公民被非公民陪审法庭判罪的,应释放回家;新公民应分配在一切区部,解放人也可以在一切区部都有表决权。"[德]特奥多尔·蒙森:《罗马史》第4卷,第1162页。

配给作为市民个人的马里奥(马略——引者注),让后者像执法官那样向米特里达德(米特拉达梯六世——引者注)宣战"①。随后,部落民众大会通过表决,将指挥权从苏拉转交给马略。

被解除军事指挥权的苏拉显然难以接受这一决定,公元前 88 年,他带领全副武装的军队开进罗马,铲除了对手。苏拉此举严重破坏了罗马共和政制的原则,开创了武力进攻罗马以获取权力的先河。对此,蒙森感叹道:"文事的争竞第一次遭到军事的干涉,这不但充分表示政治斗争已达到一个非公然直接的用武不能解决的地步,也充分表示木棒的威力敌不过刀剑的威力。"②

此外,苏拉还逼迫元老院动用"元老院紧急决议"授予执政官以充分的权力,确认他为恢复自己的权力而做的一切是合法的,并要求执政官宣布当时在逃的马略、已被杀死的普布利乌斯·苏尔毕求斯·鲁弗和其他民众首领为"国家公敌",宣布那些以武力强加于人的《苏尔毕求斯法》③(Lex Sulpicia)无效。④ 同年,苏拉还以建立新秩序为由,提出了限制平民部落大会和平民保民官的权力,加强元老院统治的改革法令。据考,这些改革法令大致包括:

> 公元前 88 年,苏拉重新使一种已湮灭失效多年的实践生效,即对保民官的提案做出预防性的元老院决议(恢复元老院"准可制

---

① [意]朱塞佩·格罗索:《罗马法史》,第 241 页。
② [德]特奥多尔·蒙森:《罗马史》第 4 卷,第 1167—1168 页。
③ 公元前 88 年,平民保民官普布利乌斯·苏尔毕求斯·鲁弗提起的一系列法律统称为《苏尔毕求斯法》。该法主要内容包括:将对米特里达梯战争的指挥权从苏拉手中转到马略手中;召回以前被放逐的马略的追随者;将投票权授予新的市民和解放自由人;元老不可缔结超过 2 000 狄纳里乌斯的债务。参见齐云、徐国栋:《罗马的法律与元老院决议大全》,第 230 页。
④ 参见[意]朱塞佩·格罗索:《罗马法史》,第 241 页。

度"——引者注);而且,据认为,他并没有废除部落大会(确切的一点是,在他独裁官任上,还利用了这一大会),但是删去了盖尤·格拉古的改革,即按五个等级相混合(ex confuses quinque classibus)的百人团进行投票的命令,恢复了"塞尔维"体制,即严格地与等级科层制相联系。通过这些手段(或许还有其他一些),他有效地实现对保民官权力的压制,更晚些时候,他将其削弱成毫无实权的角色(imago sine re);最后,还有证据显示,他对元老院组成的干预(如果确实存在的话,是在公元前88年)可能是一次议员的非常选拔(lectio),旨在往这个大会里塞进他自己的支持者。①

蒙森将这些改革法令记述为:

> 为铲除现在的阻碍和预防将来的革命计,苏拉提出一套新法规。他不替被逼迫的负债人做一点事,只是厉行最高利率的规定;此外他还下令设立若干殖民地。元老院经过同盟战争的战斗和诉讼,人数大减,现在收新元老三百人以补其缺,选举元老时当然以贵族的利益为前提。最后,关于选举的方式和立法的创制权,他采取重大的改革。古代塞尔维乌斯的百夫大会(百人团民众大会——引者注)投票法规定第一级即有值十万塞斯特或以上的田产,独占几达一半的票额;到了513年即前241年,又施行一种法规以削减第一级的优势;现在又以前者代替后者。这实际是个为选举执政官、副执政官和监察官而行的民富调查,确实排斥不富之人,使他们不能行使选举权。平民保民官的立法创制权也受一种

---

① [意]马里奥·塔拉曼卡主编:《罗马法史纲》上卷,第379—380页。

第六章 苏拉和恺撒的政制改革

规则的限制,就是自此以后,他们每有建议,须先交元老院讨论,元老院赞成时,始得向人民提出。①

尽管苏拉已经着手开始按照自己的想法对罗马共和政制进行改变,但是东方的战事逼迫他不得不率军出征。公元前 87 年,当苏拉出征东方时,留下两名执政官,一位是他的支持者格涅乌斯·屋大维(Gnaeus Octavius),另一位则是他的反对者卢齐奥·科尔内流斯·秦纳(Lucius Cornelius Cinna)。作为马略派隐蔽的支持者,秦纳在苏拉走后,立刻召集民众大会恢复了马略的名誉,同时重新提出了普布利乌斯·苏尔毕求斯·鲁弗关于把"新公民"分置到全部 35 个部落中的法律。尽管另一位执政官屋大维对这一法案使用了同僚否决权,但秦纳还是通过动用武力强行通过了它,并杀害了屋大维。流亡的马略也重新回到罗马,开始了报复与屠杀。据说,死于马略残杀的有元老院 50 人,属于骑士阶层的有 1 000 人,杀戮持续了 5 天 5 夜。公元前 86 年,秦纳和马略当选执政官,马略在第 7 次品尝到执政官一职带来的满足感后的第 13 天离世。②

当秦纳在罗马违反法律,连续 4 年多次当选执政官时(公元前 87—前 84),苏拉取得了东方战场的胜利。公元前 82 年 11 月,苏拉在经过 2 年多的本土战争后,又重新全副武装地"夺回"了罗马,成为绝对的主宰者。这场罗马人初次对抗罗马人的战争预示着罗马共和政制的崩毁。蒙森记载,在苏拉与秦纳交战前的公元前 83 年 7 月 6 日,那座历经 500 年共和国风波的古庙——罗马卡匹托尔山的朱庇特神庙——竟毁于

---

① [德]特奥多尔·蒙森:《罗马史》第 4 卷,第 1169—1170 页。
② 参见[俄]科瓦略夫:《古代罗马史》,第 477—479 页。

烈火。①

与马略和秦纳有关的"平民派"约 4 700 人进入了苏拉的"流放令"。这些人被抓后，或不经审判即被处死、没收财产，或留下性命、没收财产。苏拉的报复行为显然也是对罗马政制公然的破坏。对此，有论者指出：

> 因为共和国法制不能容忍在城界以内行使军制治权的行为，不允许未经上诉而判处市民死刑，不承认对流放名单上的人加以杀害这种实践，不承认对流放者的财产加以武断而"不公开"的没收。②

与此同时，苏拉为了使自己的行为获得合法性依据，他故意来到离城市"不远的地方"。这一年，两位执政官已死，导致元老院宣布进入"摄政体制"。苏拉的追随者、元老院首席元老卢齐奥·瓦勒里·弗拉科（Lucius Valerius Flaccus）成为摄政。他没有按照罗马共和政制的要求准备选举执政官，而是向百人团民众大会提出了《关于苏拉独裁官的瓦勒里法》（Lex Valeria de Sulla dictatore），宣布苏拉为"有权制定法律和处理国家事务的独裁官"，可无限期地行使共和国全权独裁的权力。至于这一权力的内容和范围，有论者指出它包括：

> "处死、没收、分配土地、随意地推翻、打倒或者设定王国"（普鲁塔克语），还有就是：任命执法官员、开拓殖民地、确定意大利和帝国边界、调整行省、指定行省总督和行省裁判官、处置公田、颁布

---

① 参见［德］特奥多尔·蒙森：《罗马史》第 4 卷，第 1244 页。
② ［意］马里奥·塔拉曼卡主编：《罗马法史纲》上卷，第 382 页。

第六章 苏拉和恺撒的政制改革

法律。此外,对这些权力还统统都附加上了宗教性授权的牢固基础(这些授权是在他作为鸟卜官这一正常头衔以外所拥有的),苏拉是(或者被看作是)这类授权的所有人。①

于是,公元前 81 年,苏拉成为罗马共和政制史上第一位民选的无限期的独裁官。

显而易见的是,苏拉的执政是严重破坏共和政制的。他不仅突破了独裁官 6 个月的任期,还获得之前独裁官所不曾享有的某种制宪权。他的做法在事实和法律层面彻底突破了罗马共和政制个人权力不受控制的底线。对此,格罗索评价道:

> 这一时期宪制生活的主角是武装派别和个人;正是这些个人以及他们所代表的党派和阶层执行着改变国家结构的计划。但是,这些计划同国内斗争以及某些个人的命运交织在一起。苏拉似乎打算实施重建国家的工作,试图恢复以贵族政治为基础的早期国家(res publica),或许他是这样认为的。但是,正是这位复辟者,为了完成自己那项同其人身一样来去匆匆的事业,正如我们前面所看到的,违反了早期共和国最神圣的一项原则,带领自己的军

---

① [意]马里奥·塔拉曼卡主编:《罗马法史纲》上卷,第 383 页。蒙森将这一权力的内容和范围记录为:"省长卢齐乌斯·科尔涅利乌斯·苏拉过去在执政官和续任执政官任内所办的公事应一概予以承认;将来关于公民生命财产的事,苏拉应有权裁判,不许上诉;他可随便处置官地,任意改变罗马城、意大利和国家的疆界,解散或设立在意大利的城邦,支配各省和属国,代人民大会授于最高兵权,任命续任执政官和续任副执政官,再加以用新法律整理国政;他何时工作圆满,何时认为可以解除非常的官职,应听他自己判定;最后在他任非常官职期间,常设的最高官职与他这官职并存还是暂时作废,也视他的意见为转移。"[德]特奥多尔·蒙森:《罗马史》第 4 卷,第 1245 页。

队闯入罗马城,并进行了屠杀。①

需要说明的是,蒙森认为苏拉创立的此种"无限期的独裁官"不同于之前共和政制中的独裁官,更接近于十人立法委员会,其实质更像是王政时期那种基于人民授权的拉丁君主制。对此,他说道:

> 这新职虽名为"制定法律和整理国家的独裁",实际上却与古独裁截然不同。古独裁在任期和权力方面均有限制,并非不许人向公民上诉,也未废常设的官职。此职更类似那"制定法律的十人组织"(decemviri legibus scribundis),十人组织也显然是个握有无限全权而取代寻常官吏的非常政府,他们的官职至少实际等于不限时间的官职。或者,我们不如说,这新职既有基于人民法令的专制权,不受固定时间或同僚的限制,无非就是古君主制;真的,古君主制也基于公民自由约定,公拥侪辈中一人为专制君主。②

(二)"回到共和国初期"的政制改革

获得至上权力的苏拉并不是一个暴虐的独裁者,相反,他在公元前81年担任无限期的独裁官后,开始了他对于罗马共和政制的改造。苏拉政制所要达到的目标从他后面一系列的举措中可以清晰地看出,即削弱平民和骑士阶层的力量,限制平民保民官及平民部落大会的权力,提升元老院及贵族的地位,将罗马政制重新带回到共和国初期那种贵族寡头式的体制。苏拉政制改革的基调就是,反对国家制度中

---

① [意]朱塞佩·格罗索:《罗马法史》,第242页。
② [德]特奥多尔·蒙森:《罗马史》第4卷,第1246页。

的民主因素,复活共和国初期元老院贵族统治的旧秩序。对此,蒙森评价道:

> 我们不想说苏拉宪法是一位政治天才的作品,可与格拉古和恺撒的宪法相比。其中所含的政治思想——真的,它既是复古,当然不免这样——没有一个是新的。①

首先,苏拉为了保证政制改革计划的顺利展开,他选择继续用法律的方式维持其特殊的地位。第一,为了防止政敌卷土重来,他通过发布上文提及的"流放令"没收并拍卖被流放者的财产,而且还通过《关于流放的科尔内流斯法》(Lex Cornelia de proscriptione)打击被流放者的子孙。第二,为了报答跟随他的老兵,他通过《科尔内流斯法》(Lex Cornelia agraria)将没收得来的土地变成罗马公田,并以建立殖民地的方式分配给他们。第三,为了安抚意大利人,遵守他在致元老院书信中的承诺,他一方面授予从墨西拿海峡到马格拉河(Magra)和卢比孔河(Rubicone)的意大利人公民权,另一方面打击那些参与造反的意大利人,剥夺他们的土地和公民权。②

其次,为了限制自格拉古兄弟改革以来各派别利用平民保民官"革命性"的官职特点以运动的方式给罗马政制带来的混乱,苏拉政制改革的首要目标就是削弱平民保民官的权力。他在公元前82年被任命为下一年的独裁官的同时,不仅重新确认了前述公元前88年其制定的《关于平民保民官权力的法律》(Lex de tribunician potestate)的内容,而且又制定了《关于平民保民官的科尔内流斯法》,对平民保民官加以更为极端的限

---

① [德]特奥多尔·蒙森:《罗马史》第4卷,第1277页。
② 参见[德]特奥多尔·蒙森:《罗马史》第4卷,第1246—1253页。

制。据记载,这部法律的内容是:

> 他剥夺了保民官的否决权(intercedere),把他们的权力缩减为对个别市民有利的、简单的保护建议权(auxilii latio);强制规定平民会决议必须受到元老院预先性意见的控制,使他们的"立法"权形同虚设;采用同样的方式(设立了一个关于叛逆罪的常设刑事法庭和其他常设审判法庭),还限制了(后来则是在实际上消灭了)他们在平民会议上提起指控的权力;限制了他们在元老院出席之权(ius referendi in senatu);排除了他们之后担任贵族官职的可能性;或许甚至还把对他们的"任命"(可能只是"指定")赋予元老院;根据一些人的意见,甚至还确立了作为保民官参选资格的必要条件是必须是属于这个高级大会的成员。①

显然,这样的规定使平民保民官的权力形同虚设,甚至比不上公元前493年这一官职最初设立时的权力。

与此同时,为了削弱民众大会的审判权,剥夺人民的"特权",即"在民众大会集会表达的过程中作为最高刑事法庭行事的特权,以及在执法官们的合作下对被指控者有罪或无罪作出决定的特权(即人民审判)"②,苏拉于公元前81年通过《关于审判的科尔内流斯法》(Lex Cornelia iudicaria),明确将非常设刑事法庭③变成了常设性机构,取代民众

---

① [意]马里奥·塔拉曼卡主编:《罗马法史纲》上卷,第385页;另见[德]特奥多尔·蒙森:《罗马史》第4卷,第1258—1259页。
② [意]马里奥·塔拉曼卡主编:《罗马法史纲》上卷,第386页。
③ 这一法庭本是为弥补自公元前2世纪以来人民审判愈发杂乱而不合时宜的程序而设立的。关于这一法庭的详细情况,参见[意]马里奥·塔拉曼卡主编:《罗马法史纲》上卷,第324—336页。

大会的审判权,并废除了公元前 89 年的《普劳求斯审判法》①(Lex Plautia iudicaria),把所有法庭的陪审团交还给元老院。

具体而言,苏拉通过《关于叛逆罪的科尔内流斯法》(Lex Cornelia de maiestate)、《关于选举舞弊的科尔内流斯法》(Lex Cornelia de ambitu)、《关于搜刮钱财罪的科尔内流斯法》(Lex Cornelia de repetundis)、《关于多重遗嘱的科尔内流斯法》(Lex Cornelia testamentaria nummaria)、《关于刺杀和投毒罪的科尔内流斯法》(Lex Cornelia de sicariis et veneficis)、《关于侵辱罪的科尔内流斯法》(Lex Cornelia de iniuriis)、《关于暴力行为的科尔内流斯法》(Lex Cornelia de vi)、《关于侵占公款的科尔内流斯法》(Lex Cornelia de peculatu)、《关于通奸和贞操的科尔内流斯法》(Lex Cornelia adulteriis et de pudicitia)和《关于禁止奢侈行为的科尔内流斯法》(Lex Cornelia sumptuaria)等具体的法律,重新组织或设立了法庭。每个法庭都明确地惩治一个(或多个)罪名,以及对犯罪者适用的程序和施加的刑罚。根据这些法律,法庭交付给一名裁判官,或者从市政官当中选取一名主审官。② 罗马政制中的裁判官也因为这些非常设刑事法庭,经《关于设立八名裁判官的科尔内流斯法》(Lex Cornelia de praetoribus octo creandis)的确认,由 2 名增至 8 名。③

---

① 《普劳求斯审判法》制定于公元前 89 年,由平民保民官普劳求斯·西尔瓦努斯(M. Plautius Slvanus)提起,该法规定:每年完全不根据财产或社会地位从每个罗马部落中选择 15 个人作为法官来审理刑事案件。这样就打破了骑士阶层对司法的垄断。参见齐云、徐国栋:《罗马的法律与元老院决议大全》,第 219 页。
② 参见[意]马里奥·塔拉曼卡主编:《罗马法史纲》上卷,第 330—331 页。
③ "这样的裁判官数量因此上升到了八名:两名是完全从事司法审判活动(iurisdictio)的随员;另六名是具有主持常设刑事法庭进行刑事审判之责的裁判官。在一年任职到期以后,所有的裁判官都会与离任的执政官一道承担起行省的治理之职。早在选任这些执法官之前,元老院会把这些行省区分为执政官行省和裁判官行省,并按照地位等级,通过抽签的方式来向这些行省制定这些执法官。"[意]马里奥·塔拉曼卡主编:《罗马法史纲》上卷,第 386 页。

蒙森认为,苏拉于公元前81年颁布的《关于审判的科尔内流斯法》,在某种意义上不仅明确地区分了民事案件和刑事案件的界限,而且继《十二表法》之后,"可谓首次特别公布了刑事法典"。①

与削弱"平民派"力量相配套的是,他还废除了自格拉古兄弟改革以来向居住在首都的公民低价配送粮食的粮食供给制,确立了一些粮食的政府指导价格,并且提出了一部关于浪费行为的立法。②

再次,与打击平民保民官及其平民部落大会相对的是,苏拉通过一系列措施加强了元老院贵族的权力。第一,将元老院人数增至600人。由于之前政治的混乱,一半左右的元老院成员被杀害,因此,苏拉从幸存的官员、盟友以及追随者中挑选出新成员,将空额填满。接着,他又从骑士中挑选出300人进入元老院,将元老院从300人的古制变为600人。第二,恢复了格拉古兄弟改革前元老院担任刑事法庭陪审团的传统。由于300名骑士已经进入元老院,苏拉认为之前刑事法庭由骑士独任或者骑士与元老院元老共同担任陪审团的做法已无必要,统一由增加人数后的元老院行使即可。第三,限制甚至取消了公元前312年《奥维纽斯平民会决议》赋予监察官挑选元老院议员的权力。为了满足共和国在行政管理方面的需要,苏拉将财务官的数量增加至20名。同时,他还规定担任过该职务的人进入元老院,以满足元老院人数增加的需要,以此变相废除由监察官选择增补元老院名额的权力。③ 总之,在苏拉的政制中,"元老院应在立法行政和司法上行使最高权,没有条件,不可分割,垂之永久,并且在外表的标志上,不但应显出它是个特权

---

① 参见[德]特奥多尔·蒙森:《罗马史》第4卷,第1266—1267页。
② 参见[意]马里奥·塔拉曼卡主编:《罗马法史纲》上卷,第387—388页。
③ 参见[德]特奥多尔·蒙森:《罗马史》第4卷,第1255—1256页。

阶级,而且也应显出它是唯一的特权阶级"①。

最后,他还按照自己的设想对官职和行省制度进行改革。他废除了公元前 151 年禁止重新担任执政官职位的那项部落民众大会决议,通过了一项《关于长官的科尔内流斯法》(Lex Cornelia de magistratibus),重新确定再次担任该官职要有 10 年的间隔期,并且严格规定了官职序列、最低任职年龄、经历官职序列上的不同位阶所需的必要间隔期,②具体如下:

> 得以确立的是,监察官最低年龄是三十岁,裁判官和执政官分别是四十岁和四十三岁。在相互衔接的官职之间必须有两年的间隔期,成为普遍定制。③

此外,他还将执政官的选举时间由 11 月提前到 6 月,并对神职官职做了一些改动:

> 最重要的改动有:将大祭司团、占卜官(这两者此前都是九名成员)和神事十人委员会(decemviri sacris faciundis)成员数量扩大至十五名;重新恢复了一种可掌控的增补(cooptatio)最高大祭司的方法(因此,将此事交由"宗教民众大会"选举的规范就被废除了)。④

---

① [德]特奥多尔·蒙森:《罗马史》,第 4 卷,第 1254—1255 页。
② 需要说明的是,官职等级序列于公元前 180 年的《关于任职最低年龄的威流斯法》(Lex Villia annalis)中已经确立,苏拉的《关于长官的科尔内斯法》是将其变成强制性规定。
③ [意]马里奥·塔拉曼卡主编:《罗马法史纲》上卷,第 387 页。
④ [意]马里奥·塔拉曼卡主编:《罗马法史纲》上卷,第 387 页。

就行省制度改革来说,由于罗马这时存在 10 个行省,苏拉通过公元前 81 年的《关于行省管理的科尔内流斯法》(Lex Cornelia de provinciis ordinandis),规定这些行省分别由刚卸任的 2 名执政官和 8 名裁判官来充任,任期一年,具体行省长官名单在前一年由元老院决定。此外,苏拉于这一年还通过《关于谕令权的科尔内流斯法》(Lex Cornelia de imperio),该法规定:"裁判官在任职年度中在城内行使司法权;当执政官留在罗马和意大利时他们行使民事管理权,不拥有军事指挥权,这后一种权力不能在意大利行使。如果为治理行省而延长治权一年,则可以保留对军队和军事行动的指挥权。"① 这表明:第一,苏拉将纯粹的城内治权和军事治权的行使区别开来,罗马军事最高指挥权不再是以集体同僚和总括的方式由执政官行使,而是需要元老院通过明确委托或者特殊的方式才能获得;第二,某种程度上执政官和裁判官的任期变为 2 年,在第一年,没有获得军事最高指挥权的执政官在城内专职于民事治理方面的事务,裁判官专职于司法审判,到第二年,他们被分派到各行省,享有在行省的军事指挥权;第三,通常情况下,行省的管理权和战争方面的权力都交给行省官员行使;第四,军事指挥权不能在罗马城内行使的原则被拓展到意大利边界,南至海边,北至卢比孔河。② 至此,经过苏拉的改造,"从宪制上讲,在意大利仍然可以有将领,但却不可能有军队"③。对此,有论者评论道:

这在政治上的意义在于,在意大利内,民政权力与军政权力相分离;因为,意大利被认为是永久和平的(它的所有居民现在都是

---

① [意]朱塞佩·格罗索:《罗马法史》,第 244 页。
② 参见[德]特奥多尔·蒙森:《罗马史》第 4 卷,第 1260—1263 页。
③ [意]朱塞佩·格罗索:《罗马法史》,第 244 页。

第六章 苏拉和恺撒的政制改革

公民了),并且确立了一项宪法原则,即除在意大利发生骚乱或者奴隶起义外,不应有任何军队驻扎在意大利疆界内。①

当苏拉以复古的方式,搭建起"回到共和国初期"的政制框架后,他做出了一个令所有人都意想不到的决定。公元前80年末,苏拉辞去了无限期独裁官一职,放弃了山南高卢行省总督的大位,并拒绝第三次参选公元前79年的执政官,回到那不勒斯以西的海滨城市库玛,过起了隐居生活,并于公元前78年3月逝世。苏拉的突然离去,在罗马政制史上"呈现出另外一种更加具有崇高威望和重大意义的形象来"②。对此,蒙森给出了极高的评价:

> 这种职务,苏拉做得圆满异常,简直非人力所能及;但在其所划定的范围内,他的影响不但伟大,而且有用。当时罗马的贵族堕落已甚,并且日甚一日,苏拉竟情愿而且能够丝毫不顾一己的权利,为他们运用将军的刀和立法者的笔,再也没有一个贵族能够像他们似的得到这样一位保护者。一个武人是因为有公德心而不屑居王位,还是因为厌倦而抛弃王位,二者当然不同,可是在全无政治的自私上——当然只就这一点而论——苏拉不愧与华盛顿齐名。③

需要说明的是,对于苏拉的隐退,学界有论者认为他并不是真正地放弃权力,而是换了种方式暗中控制罗马政治。④ 实际上,笔者并不认

---

① [英]H. F. 乔治维茨、巴里·尼古拉斯:《罗马法研究历史导论》,第59页。
② [意]马里奥·塔拉曼卡主编:《罗马法史纲》上卷,第390页。
③ [德]特奥多尔·蒙森:《罗马史》第4卷,第1278页。
④ 参见李雅书、杨共乐:《古代罗马史》,第156页。

同此种看法,这不仅是因为如日中天的他完全没有必要刻意如此,而且纵观其后来政制改革的内容,除了那些为了维系权力从而确保改革顺利展开的务实性举措外,基本上一以贯之地坚持了"回到共和国初期"贵族寡头式体制的初衷。对此,笔者更赞同蒙森对他的态度:

> 他的专制独裁不亚于任何君主,可是始终不离正式法律的境地,他遏制极端的反动派,消灭四十年来束缚少数党的格拉古宪法;资本家和首都无产阶级有与少数党争衡的势力,他的部属中间又发展出武力的跋扈,他先强迫前者而后终于强迫后者再服从新定的法律。……最后,工作一旦完毕,创造者便退避他的创造物,这位专制的独裁甘愿再做一个单纯的元老。①

之所以后来有那么多人怀疑苏拉政制的初心,实是因为这一理想的实现过程被太多罪行所玷污。

(三) 苏拉政制的崩毁

苏拉政制是通过他个人的强权建立起来的,当这个政治强人不存在时,这个政制能否维持下去是存在疑问的。对此,格罗索说道:

> 但是,这项事业并未存活下来,因为它植根于传统之中不是为了更新这种传统(就像后来奥古斯都所善于做的那样),而是为了死守这种传统的内容;这项事业体现着苏拉所代表的某个阶级的统治,反映着在严重危机的背景下产生作用的力量对比关系,这

---

① [德]特奥多尔·蒙森:《罗马史》第4卷,第1276—1277页。

种关系后来被某个能够将其意志强加于人的个人的力量所取代。苏拉的事业,由于缺乏内在生命力,必然随着他个人的消失而崩溃。①

实际上,苏拉放弃直接掌管权力后仅仅数月,苏拉派就遭受了选举失利。马尔库斯·埃米利乌斯·雷必达(Marcus Aemilius Lepidus)这位明确宣称反对苏拉政制的人于公元前78年被选举为执政官。继任执政官后,雷必达"妄图做出一些具有风险性的改变,废除苏拉的法令,用他建立的新秩序来代替之"②。对此,他提出的议案有:

> 一、将被苏拉整肃的所有牺牲者已被国家没收的土地还给原主人。二、召回被苏拉流放国外的人士。三、恢复对贫民阶级的福利政策,让《小麦法》重新生效。四、恢复护民官的权威和权力。③

这些提案因另一位苏拉派执政官库伊特·卢塔兹奥·卡图罗(Quintus Lutatius Catulus)的反对而未生效。为此,雷必达借出任南法行省总督的机会,试图以武力来实现自己的想法,但很快遭到了年仅29岁的庞培的军事镇压,雷必达不幸战死。于是,取消苏拉政制的第一次尝试就这样失败了。

苏拉的反对派由于自身力量较弱,无法摧毁苏拉政制,但苏拉派本身却具备这种力量。实际上,元老院为了打败雷必达和他的追随者库

---

① [意]朱塞佩·格罗索:《罗马法史》,第245页。
② [意]马里奥·塔拉曼卡主编:《罗马法史纲》上卷,第399页。
③ [日]盐野七生:《罗马人的故事Ⅲ:胜者的迷思》,第163页;另见[意]马里奥·塔拉曼卡主编:《罗马法史纲》上卷,第401页;另见[德]特奥多尔·蒙森:《罗马史》第5卷,第1387页。

伊特·塞尔托利(Quintus Sertorius),曾于公元前77年以违反苏拉政制的方式授予未到法定年龄的庞培以"享有治权的个人",这就已经打开了苏拉政制的缺口。

苏拉以强权的方式构建起的政制,侵害的不仅是因被流放而破产的人、马略的老兵、骑士和流氓无产阶级。实际上,元老院贵族中的"民众派"也试图改变这个体制。① 于是,苏拉之后,那个很久以来一直在共和国时期占主导的斗争模式又被提了出来,即民众反对权贵,而元老院"党派"中的"民众派"反对"保守派"。其中的"民众派"主要是那些想利用大量无产者的反对意见和力量,力图实现各种形式的个人权力的元老院贵族们;"保守派"则是那些尚忠于苏拉的贵族和因为他的改革而进入元老院的骑士们。②

元老院中的"民众派"的代表——执政官盖尤·奥勒流斯·科塔(Gaius Aurelius Cotta)于公元前75年就曾通过《关于保民官权力的奥勒流斯法》(Lex Aurelia de tribunician potestate),废除了苏拉禁止前平民保民官获得高级官职的规定,同时恢复了苏拉时期废除的粮食供给制,小麦配给价虽然没有恢复到苏拉废除此制度前的"白送"水平,但和盖尤·格拉古时代大体持平。③

后来,由于庞培在西班牙同塞尔托利战争中获得的威望,以及马尔库斯·李锡尼·克拉苏(Marcus Licinius Crassus)在公元前73年至前71年镇压斯巴达克奴隶起义中的功绩,他俩成为左右罗马大局的人物。他们不仅于公元前70年双双获得执政官的职位,而且为了获得平民以

---

① 蒙森认为,苏拉政制的敌人不是有明确的宗旨和隶于认定的首领之下的一个单纯党派,而是成分极为复杂的一群人。详见[德]特奥多尔·蒙森:《罗马史》第5卷,第1369—1375页。
② 参见[意]马里奥·塔拉曼卡主编:《罗马法史纲》上卷,第399—400页。
③ 参见[日]盐野七生:《罗马人的故事Ⅲ:胜者的迷思》,第183—184页。

及元老院"民众派"的支持,经由默契的合作,通过一系列法令,逐渐取消了苏拉政制。对此,有论者评论道:

> 他们感到,罗马的政治气氛已经变了,那些坚持传统的贵族在与苏拉派开展对付雷必达和塞尔托利的合作之后,认为当下他们可以重新掌舵了。在这个有些混沌的阶段里,两位执政官——他们年轻时都是苏拉派,但实际上却有自己的独立性——都看到了取得个人成功的可能性,并试图创造出有利于自己的政治形势。①

首先,庞培担任公元前70年的执政官是违反苏拉政制的。根据苏拉政制的规定,30岁才可获得担任财务官的资格,被选为财务官后,有1年的任期,任期结束后,获得进入元老院的资格。在有了至少8年元老院议员的经历后,才能获得裁判官的候选资格,也就是说至少39岁才能成为裁判官。在裁判官的1年任期结束后,会去行省担任总督,任期1年。如果要担任执政官,至少要到42岁才有此资格。因此,在罗马参选执政官的最低年龄应该是42岁,而此时的庞培只有36岁。此外,庞培在担任执政官前,根本没有担任财务官、元老院议员或裁判官的任何经历,他在西班牙战事中所获得的等同于前裁判官的"绝对指挥权"只是临时授予的。

其次,他们二人于公元前70年通过《关于保民官权力的庞培和李锡尼法》(Lex Pompeia Licinia de tribunicia potestate),归还了平民保民官的全部权力。这一法令的出台,既讨好了平民,也讨好了贵族。对此,有论者指出:

---

① [意]马里奥·塔拉曼卡主编:《罗马法史纲》上卷,第402页。

庞培和克拉苏实施的计划并不像表面上那么激进。保民官权力的恢复为平民所欣然接受,保民官也完全没有不受新贵阶层的待见,因为新贵们长期以来都知道如何按照他们自己的目的来利用保民官一职。实际上,从公元前70年开始,在经过很长一段时间的间隔以后,我们在保民官当中重新发现了很多执政官家族的名字,比如数位梅特罗和马可·波尔其·加图,公元前59年,贵族克劳迪家族的一个成员为了能够竞选公元前58年的保民官,还转换成平民身份。①

再次,他们于公元前70年重启了监察官的选举。选出的监察官不仅从元老院中清洗了约64位直接依附于苏拉的元老,而且又重新开启了财产调查,并将同盟者首次纳入财产调查之中。

最后,裁判官卢齐奥·奥勒流斯·科塔(Lucius Aurelius Cotta)提议通过了《奥勒流斯审判法》(Lex Aurelia iudiciaria),调和了自盖尤·格拉古时开始的将陪审团名额要么全部分配给骑士,要么全部分配给元老院贵族的极端立场;该法把刑事法庭陪审团名额的三分之一分配给元老院议员,三分之一给公家提供马匹的骑士,三分之一给高级骑士(也称"司库长")。此外,苏拉为亚细亚行省制定的赋税法也被取消。②

最终,苏拉政制不是由他的敌人,而是由他的继任者摧毁的。一切都恢复到了苏拉政制改革前的状态。对此,蒙森总结道:

> 所以在684年即前70年,他们大致又回到苏拉复古以前的状

---

① [意]马里奥·塔拉曼卡主编:《罗马法史纲》上卷,第403页。
② 参见[德]特奥多尔·蒙森:《罗马史》第5卷,第1454—1455页。

态。首都的群众现在又由国库来供养,就是说,由各省来供养;保民官的权力现在又给每个奸雄一种合法特许,任他们推翻国家的秩序;富豪现在又执掌包税权和对省长的司法监察权,高视阔步地与政府并驾齐驱,无异于昔日;元老院现在又因骑士阶层陪审员的宣判和监察官的谴责而战战兢兢。苏拉的制度本以在政治上消灭豪商和奸雄为贵族独掌政权的基础,现在这样一来,全被废弃。①

苏拉政制的崩溃从表面上看源于其继任者为了笼络各派人心而采取的自私行为,背后则反映了苏拉政制"回到共和国初期"的做法已经过时,无法赢得包括苏拉派在内的各派人士的支持。对此,蒙森评论道:

> 政治家所兴建的仅是在指定范围内他能兴建的东西。是凡一位保守主义者要拯救旧宪法所能做的,苏拉都已做过;他自己也有预感,觉得他或能修筑一座堡垒,可是不能创造一支守兵,少数党无能已极,因而挽救少数政治的企图终属徒劳。他的宪法有如在一条波浪滔天的大海中起造的临时堤防,这个建筑违反自然,甚至托庇于它的人也不加以守护,就算十年以后波浪把它吞没,也不是建筑者的罪过。②

例如,苏拉政制中提升元老院地位的做法是为了恢复共和国传统,但实际上苏拉时期的元老院已经和共和政制成熟时期的元老院有了本质性

---

① [德]特奥多尔·蒙森:《罗马史》第 5 卷,第 1455—1456 页。
② [德]特奥多尔·蒙森:《罗马史》第 4 卷,第 1279 页。

的区别。简单来说,之前的元老院元老是罗马贵族,他们有着崇高的地位和理想,而苏拉时期的元老是各种利益的代表,且大多因攀附苏拉个人而登位,不过是徒有虚名的摆设。苏拉去世后,这些元老出于个人的目的,有的站在了庞培一边,有的因为经济原因被克拉苏所控制,有的则倒向了加图(Marcus Porcius Cato Uticensis)。

既然苏拉政制是各派共同的反对目标,当它崩毁后,各派也就失去了继续联合在一起的理由。不管未来政制何去何从,至少复古的道路在罗马已经彻底不被支持。

二、恺撒政制改革的成功

(一)恺撒的胜利

苏拉政制的崩毁使得罗马共和政制的原则变得可以被随便破坏。公元前67年,为了肃清海盗,平稳城邦的供应和生存,平民保民官奥洛·伽比努斯(A. Gabinius)提议平民部落大会通过了《关于设立一个统帅对抗海盗的伽比纽斯法》(Lex Gabinia de uno imperatore contra praedones constituendo),赋予庞培对所有的海域、海滨区行使行省执政官权力3年,并在此期间有权征兵及装备一支最多可由20个军团和50条船舰组成的舰队,可以挑选15名特使,使用最多可达6 000塔兰①的贷款。3个月后,庞培就出色地完成了肃清海盗的任务,但他并不想放弃此权力。在他的授意下,公元前66年,平民护民官马尼里(Manilius)还提出了一项《马尼里法》(Lex Manilia),委托庞培取代卢齐奥·李锡尼·卢库罗(Lucius Licinius Lucullus)掌握对米特拉达梯战争的指挥

---

① 塔兰,当时在古希腊等地区使用的货币单位。

权,并获得治理亚细亚行省、比提尼亚(Bitinia)行省和其里尼(Cilicia)行省的权力。① 尽管元老院反对庞培的做法,但无可奈何。

公元前62年,庞培在平定东方,将地中海变成罗马实际上的"内海"后,获得了如同当年苏拉一样的资本,但是他却在登陆布林迪西(Brindisi)后遣散了军队,享受了公元前61年元老院为他准备的盛大凯旋仪式。然而,失去军权的庞培立刻感受到政治上的孤立,元老院未能通过他设立新行省和为老兵提供土地的提议。于是,公元前60年,在优流斯·恺撒②的"牵引"下,恺撒、庞培与同样遇到困难的克拉苏达成所谓"前三头同盟"的秘密同盟协议,各自利用手中的政治权力与分别所代表的平民、骑士和老兵的力量,相互支持,对抗元老院,把控罗马政治。③ 对此,孟德斯鸠感叹道:

> 搞垮共和国的不是他们的敌对,而是他们的联合。事实上,罗马的状况十分令人痛惜,和平对它的损害甚于内战,因为和平使大人物们的看法和利益彼此协调,暴政便应运而生。④

公元前59年,恺撒当选执政官,减轻了克拉苏那些在亚洲担任包税人朋友租金的三分之一。作为回报,克拉苏帮他还清了债务。

对于庞培,恺撒一方面让庞培的行省规定获得了通过,另一方面还提出土地法,从而解决了庞培安置老兵的问题。在恺撒的这部土地法

---

① 参见[意]朱塞佩·格罗索:《罗马法史》,第246页。
② 按照学界惯例,在特指罗马历史人物Caesar时,中文译为"恺撒",而在泛指帝制以后作为尊号的Caesar时,则译为"凯撒"。本书亦采用此区分方法。
③ 古代史学家常常把前三头同盟的形成看作是罗马共和国毁灭的开始。参见李雅书、杨共乐:《古代罗马史》,第173页。
④ [法]孟德斯鸠:《罗马盛衰原因论》,第77页。

中,他不仅兑现了"前三头同盟"协议中对于庞培的承诺,而且一劳永逸地解决了格拉古兄弟改革中的罗马公地问题。根据蒙森的记载,恺撒的土地法内容主要包括:

> 定为授田之用的土地只是意大利的公地,就是说,大体是卡普亚区,如果这不敷用,应以东方新省的税收,按监察官册籍上所载的税额估价,购买意大利别的地产;如是,一切现有的产权和世传的产业均不受影响。各块分地细小。受田者应为贫穷公民,至少家有三个儿女的父亲;那可疑的原则"服兵役即有得地产之权"未见规定,不过向分地人员劝告,要特别顾及老兵,也一样要特别顾及被逐的定期佃户,却属公平,并且每次如是。执行权交给一个二十人的委员会,恺撒明言自己不愿被选入此会。①

恺撒的土地法与格拉古兄弟的土地法相比,在如下方面存在不同,且更加合理、务实:

一、关于国有土地的借地权,承认继承的权利,但是对他人的让渡权,20年以内不予承认。

农民的固定化是农地改革成功的关键。格拉古兄弟完全不承认让渡权,恺撒则认为20年之后可获得承认,也许是他认为这样比较符合现实的状况吧。

二、能够申请国有土地的借用者,包括曾经追随庞培拥有五年军旅生涯者,以及生育有三个小孩的无产者。

---

① [德]特奥多尔·蒙森:《罗马史》第5卷,第1548—1549页。

第六章　苏拉和恺撒的政制改革

付给庞培的旧部属们"退休金",是当时"三头政治"成立的条件,所以这也还是在满足庞培的利益。然而,恺撒一方面满足庞培的要求,一方面也没忘记在《农地法》中,帮助流入城市的原属于旧自耕农的无产者重新建立家园。

三、为应付民众将超过1 000尤格以上的不法借用地归还国家时所需支付的补偿金,以及重新分配土地需先行投资的款项,决定动用庞培当时从东方回国时纳入国库的2亿塞斯特斯铜币作为相应的财源。

四、将发放不法借贷地归还的补偿金的额度,划为财务官的权限。

财务官的任用一般是选自元老院中有执政官经验的杰出人士,"给予财务官权限"这一点,可说是恺撒对元老院的怀柔政策之一。

五、设置处理有关借用农地重新分配案的常设委员会,由20位委员组成,提案者不得为委员会成员。

在格拉古兄弟的《农地法》中,委员会由三位委员组成,他们兄弟都是委员,这显示这项农地改革是由护民官所主导的"反体制"运动。相反的,恺撒自己不参加委员会,而且委员人数增至20人,其中一人明显的是属于元老院派的西塞罗。恺撒选择了突出非党派的方式来进行农地改革。①

除了上述亚细亚组织法案、宽免包税商法案和土地法案外,恺撒还

---

① [日]盐野七生:《罗马人的故事Ⅳ:恺撒时代(上)》,计丽屏译,中信出版社2015年版,第123页。

于同年 9 月颁布了《优流斯反勒索法》(Lex Iulia de Repetundis)。该法共包括 101 个条款,大致包括:法律明确规定了行省长官的职权行为,如禁止长官擅离所辖行省并在行省领域之外自行开展军事行动;追究并处罚一切直接或间接的贿赂行为;禁止行省城市以金花环赠授长官等。为了防止对法律文本进行有意或无意的歪曲,恺撒除在罗马国库保存原本外,还分别在行省的 200 多个城市保存经行政长官核实无误的副本。[1]

作为对恺撒通过上述有利于庞培和克拉苏法案的回报,公元前 59 年的《关于恺撒行省的瓦蒂尼法》(Lex Vatinia de provincial Caesaris)使恺撒获得了山南高卢(Gallia Cisalpina)和伊利里亚地区 5 年的行省统治权,并配有 3 个伊利里亚地区的军团。后来,根据庞培的建议,元老院又拨给恺撒 1 个军团和远山高卢(Gallia Narbonense)为期 5 年的统治。

对于秘密的"前三头同盟",作为平民保民官的普布利乌斯·克劳迪·普尔彻(Publius Claudius Pulcher)和元老院的西塞罗不仅有所觉察,还通过自己的方式进行抗争,如普尔彻提议了一系列恢复市民宪制权利的法案,西塞罗也提出了"全体良善人民之间的协作"的新模式。[2]

面对外部的压力,本已疏远的三巨头于公元前 56 年 4 月初在卢卡(Lucca)相会,"从而公开地表现出所谓的第一次'三头同盟'(triumvirato),这三个人实际上把国家形势视为由他们争吵决定的事情"[3]。他们三人商订:第一,庞培和克拉苏担任公元前 55 年的执政官;第二,庞培

---

[1] 参见李雅书、杨共乐:《古代罗马史》,第 174 页。
[2] 关于平民保民官的相关立法以及西塞罗的相关主张,详见[意]马里奥·塔拉曼卡主编:《罗马法史纲》上卷,第 408—411 页。
[3] [意]朱塞佩·格罗索:《罗马法史》,第 247 页。

获得伊比利亚半岛两个行省的统治权,但有权留在罗马并以派遣特使的方式治理西班牙;第三,克拉苏获得叙利亚的统治权;第四,恺撒获得第二个为期5年的高卢行省总督之职。① 公元前53年,三巨头之一的克拉苏在远征帕提亚帝国②(Parthia Empire,公元前247—224)的过程中,于卡莱(Carre)战败并被杀害。公元前54年,恺撒之女、庞培之妻尤利娅(Iulia)难产去世。两条维系三巨头的纽带断裂,三巨头变成了庞培与恺撒的决战。

公元前52年,由于普尔彻在派别冲突中被杀害,元老院多数人认为,为了终结暴力行为,重建城市秩序,需要委任一个政治强人来稳定罗马的局势。于是,他们同意把庞培选为独任执政官,并兼有行省总督治权。尽管庞培的独任执政官只维持了2个月,但这一任命标志着受到同僚制限制的执政官制度自公元前367年之后,再度遭到破坏。

后来,庞培和元老院通过《关于行省官职的庞培法》③(Lex Pompeia de provinciis)和《关于长官权力的庞培法》④(Lex Pompeia de iure magistratum),对恺撒的任职和选举资格给予了很大的限制,并要求恺撒放弃行省的"治权"和手中军队。恺撒在"不情愿的而且被迫的"情况下,于公元前49年1月10日率领第十三军团越过卢比孔河,向共和国宣战。

---

① 参见[德]特奥多尔·蒙森:《罗马史》第5卷,第1548—1549页。
② 帕提亚本来是波斯帝国的东北行省,即今伊朗呼罗珊省和土库曼斯坦的南部。它的第一个国王是阿萨希斯一世,故这个王朝也叫阿萨希斯王朝,中国史书称"安息"。"安息"就是对阿萨希斯的音译。参见李零:《波斯笔记》上册,生活·读书·新知三联书店2020年版,第29页。
③ 该法颁布于公元前53年,由庞培提起。该法规定在罗马城长官任职与行省长官任职之间必须有连续5年的间隔期。参见齐云、徐国栋:《罗马的法律与元老院决议大全》,第222页。
④ 该法颁布于公元前52年,由庞培提起。该法要求执政官候选人必须身在罗马,以限制身在行省者竞选执政官。参见齐云、徐国栋:《罗马的法律与元老院决议大全》,第221页。

公元前48年8月9日,恺撒在法萨卢斯(Pharsalus)一战中击败庞培,成为罗马的主宰,让"我到,我见,我胜"(Veni, Vidi, Vici)响彻整个罗马。[1]

(二) 恺撒的政制改革

从公元前49年起,随着军事上的胜利,恺撒所拥有的各种职务、荣誉和权力不断增多,"他获得一种在共和国宪制的废墟上树立起来的君王权力"[2]。在职务方面,公元前49年,恺撒被任命为独裁官;公元前48年,被任命为不定期独裁官;公元前46年,被任命为10年期的独裁官,随后成为终身独裁官。他作为公元前48年的执政官,允许自己在未来5年中有权连续担任这一官职。公元前46年,他获得同时兼任执政官和独裁官的权力;公元前45年,他是独任执政官,后来又被授予10年期执政官的职位。公元前48年,他被授予终身平民保民官的职位;公元前45年,他被赋予平民保民官的不可侵犯性,而且不受地域限制;公元前46年,他又被授予道德监察的职责。这意味着他同时拥有了监察官的权力。此外,他还是罗马的祭司长。在权力方面,恺撒自公元前49年开始享有对庞培同党进行追诉的裁断权、宣战和媾和的权力、分配裁判官行省的权力、为各种官职推荐候选人的权力、军队的最高指挥权。最后,恺撒还被授予一系列称号、礼仪待遇、外部徽标、赞颂和神圣化的形式。[3]

这些职务、权力和荣誉在罗马共和国历史上是前所未有的,对此,有论者指出:

---

[1] 参见[意]马里奥·塔拉曼卡主编:《罗马法史纲》上卷,第413—416页;另见[意]朱塞佩·格罗索:《罗马法史》,第247—239页。
[2] [意]朱塞佩·格罗索:《罗马法史》,第249页。
[3] 参见[意]朱塞佩·格罗索:《罗马法史》,第249—250页;[日]盐野七生:《罗马人的故事Ⅴ:恺撒时代(下)》,计丽屏译,中信出版社2015年版,第238—239页。

第六章 苏拉和恺撒的政制改革

从形式上看,独裁官头衔一直都是恺撒权力的基础,年复一年地以各种形式被另一些官职上的权力资格或者特定的权力或者属性所包裹,而这些权力或者属性跟独裁官最初表现出须承担的职责不相关联。在他个人身上,很早就集中了非常多的权力:除了交给他整个的军事指挥权以外,还有对共和国进行政治指导和行政管理的权力。他承担着永久的独裁官职位的同时,还是一位任期十年的执政官,拥有无须征询民众大会就任命几乎所有执法官和行省总督的权力,风纪整饬权(regimen morum),元老院派驻权(legere senatum)。甚至,他作为最高大祭司还拥有对宗教生活的领导权(依此身份,他改革了历法)、授予贵族身份的权力、安排国库的权力、部分保民官权力等等。依靠城市行政长官(praefecti urbi),他组织起了首个初步的"内阁制政府",用于日常的行政管理。①

显而易见的是,恺撒集合了共和政制中执政官、元老院、平民保民官以及大祭司等所有权力要素,罗马共和政制同时也在这样的集合中走向崩溃。

从表面看,获得君王般权力的恺撒严重地破坏了罗马既有的共和政制,但是如果从后来其改造罗马政制的举措上看,他破坏的只是罗马的共和政制,而不是罗马政制本身。在这一点上,恺撒与之前曾获得类似权力的苏拉有着本质的区别。与苏拉政制改革"回到共和国初期"的目标相比,恺撒选择了面向未来的"宽容"。他在凯旋仪式上派发的纪念银币表面就刻着"宽容"字样,其力求达到的就是以"宽容"的态度,

---

① [意]马里奥·塔拉曼卡主编:《罗马法史纲》上卷,第416—417页。

在面对客观实际的基础上,让罗马政制获得更大的包容性。对此,盐野七生认为:

> 这表明恺撒无时无刻不在强调自己和苏拉的不同。他没有制作针对反对派的"黑名单",允许流亡者回国。对那些因安东尼政策失误而被没收的财产,他要么返还,要么征得持有人同意再购入。当然他更不会割下庞培余党的首级并摆上古罗马广场的祭坛。对于流亡者表示想回国并恢复公职的愿望,恺撒全部应允。就连当初发出"元老院最终劝告"("元老院紧急决议"——引者注)并宣布他为国家公敌的前执政官马尔凯鲁斯,他也没有为难。恺撒希望不要区分什么"敌""我",所有人为重建罗马而再次团结起来。不过这样做比苏拉铲除异己实行改革的办法要困难得多。苏拉的做法与其个性相符,恺撒的做法也表现了他的气度。①

首先,与苏拉政制维护元老院体制不同的是,恺撒政体改革的重点是反元老院体制,目标是将元老院变为王政初期那种"王"的咨询机构。一方面,恺撒将元老院人数由苏拉时的 600 人增加至 900 人。他以增加人数的方式弱化元老院的实际权力,并取消代表元老院至高权力的"元老院紧急决议",将其变成为国家领袖提供政治辅佐的国家机构。另一方面,恺撒将不同社会集团的人、自治城市的贵族、行省居民以及一些山北高卢的首领都拉进了元老院,以实现他在罗马、意大利和行省之间结构一体化和政治一体化的设想。对此特点,蒙森指出:

---

① [日]盐野七生:《罗马人的故事Ⅴ:恺撒时代(下)》,第 200 页。

君主的目的是剥夺元老院那单独代表寡头贵族的旧性质,而使它重回王政时期的状态,即以各阶级最明智的分子,不必排斥寒门的人或外国人,来代表一切阶级的国民;正如最古的国王曾把非公民插入元老院,恺撒也把非意大利人插入元老院。①

当然,恺撒这样的改革举措,引起了元老院成员西塞罗和马尔库斯·尤尼乌斯·布鲁图斯(Marcus Junius Brutus)以及罗马市民的不满。他们调侃道:

> 恺撒执权杖,高卢人紧跟;来到元老院,就被请进门;高卢人的长脚裤,再也不见穿在身;原来所有这些人,都已元老长袍披上身!②

另外,恺撒对于民众大会的改造也有上述类似元老院改造所具有的那种回到王政时代遗风的特点。恺撒虽然没有明令废除已形同虚设的民众大会,但是却将这个"象征"改造成了独裁官决议的追认机构。恺撒决定的官员名单交由民众大会公开选举后就正式生效。对此,蒙森指出:

> 关于立法,这位平民党的君主固守罗马政治法的原始准则,即只有人民大会协同召集此会的国王始能厘定国家的组织,国王凭建制权来拟定的法令依法应受人民议决的核准。古代战士大会的

---

① [德]特奥多尔·蒙森:《罗马史》第5卷,第1797页。
② [意]马里奥·塔拉曼卡主编:《罗马法史纲》上卷,第418页。

可否含有自由的力量和道德政治的权威,在恺撒时代所谓"公民大会"里当然不能再激发这种力量和权威;公民团在立法上的合作,在旧体制里极其有限,可是真实而有生气,在新体制里却实际等于水月镜花。①

与此同时,为了防止平民保民官所具有的革命性的力量,他还获得了平民保民官的权力,并将这种权力与罗马政制中执政官的权力合二为一,以终身独裁官的职位承载下来。恺撒试图通过这个类似于王政时期"王"的存在,消除之前罗马共和政制中不同阶层和党派斗争所产生的内耗,提高国家疆域扩大后罗马的统治效率。对于恺撒政制改革中复古王政时代的现象,蒙森这样概括道:

> 恺撒十分确定地回到王政时代的遗风;公民大会依然是昔日王政时代的公民大会,与国王并立,并且与国王同为至尊人民的意志的终极表现;元老院又回到它原本的职责,即应君主的要求来献议;最后,人主又把全部的官吏职权集中于一身,以致没有另一个独立的国家官吏与他并列,一如没有这样的官吏与最古的国王并列。②

尽管从表面上看,恺撒的这种复古与苏拉非常类似,甚至恺撒的"倒退距离"比苏拉更远,但是他们在本质上是存在区别的。苏拉的复古试图恢复的是传统政制的统治能力,而恺撒的复古则是为了恢复罗马政制的统治能力。

---

① [德]特奥多尔·蒙森:《罗马史》第5卷,第1795页。
② [德]特奥多尔·蒙森:《罗马史》第5卷,第1795页。

其次,恺撒通过一系列《优流斯法》,对罗马的官制进行了改革。恺撒于公元前46年提交民众大会表决的《关于行省官制的优流斯法》(Lex Iulia de provinciis)规定,如果是前裁判官,行省总督保留职务可以不超过1年,如果是前执政官,则可以不超过2年。公元前46年通过的《关于神职的优流斯法》(Lex Iulia de sacerdotiis)扩大了占卜官团体和十五人祭祀团的规模,允许不在罗马的人拥有神职的候选资格。《关于民选执法官的法律》(Lex de magistratibus)规定,裁判官的数量从苏拉时的8人增加至16人,财务官的数量由苏拉时的20人增加到40人,并设置粮食市政官,增加了三人行刑官和三人铸币官的人数。

再次,恺撒还通过公元前46至前45年发起表决的《关于自治市的优流斯法》(Lex Iulia municipalis),对罗马地方机构的组成、行省的管理进行了更新。

一方面,就罗马地方机构的组成而言,随着同盟战争的结束,罗马对于地方要么选择将其吞并,要么与既存的城市以自治市的形式结盟。此外,罗马还通过设立罗马人民殖民地的方式建立地方性机构。恺撒对于自治市的更新在于,取消了之前全权自治市和无投票权市民共同体的区别,将所有自治市都变成了有完整权利的市民共同体。对于殖民地,恺撒并没有改变它的原始功能,即在一块领土上设立新的居民定居点,享有完整的居民权利,只是将这种形式不再仅限于意大利使用,而是扩展到行省地区,尤其是东方行省。经过恺撒的更新,罗马的自治市和殖民地在实质上趋于统一,"在功能上的区分并没有导致它们在体制上有什么实质的差别,这种体制正在应用到所有的罗马化城邦(civitates Romanae)里去"①。

---

① [意]马里奥·塔拉曼卡主编:《罗马法史纲》上卷,第425页。

在这种趋于统一化的地方性建构过程中，恺撒进一步统一了地方组织的运作模式。他将其具体分为"有统治权的四人官"模式和"有统治权的两人官"模式。在"有统治权的四人官"模式中，有两对分别由4名官员组成的统一集体：一是有司法权的四人官，他们拥有尊贵的地位，履行城市的司法权和统治行为；二是有市政官权力的四人官，他们地位较低，负责行政管理和治安。在"有统治权的两人官"模式中，有两对分别由2名官员组成的统一集体：一是有司法权的两人官；二是有市政官权力的两人官。一般而言，"有统治权的四人官"模式多用于自治市，而"有统治权的两人官"模式则多用于殖民地。①

另一方面，就罗马行省管理而论，恺撒对苏拉时期的10个行省以及因他和庞培的军事扩张而新增的行省，按照防卫需求和经济状况的标准，进行了重新划分。他重新设置了18个行省，分别是：西西里岛、撒丁岛和科西嘉岛、远西班牙（现西班牙西部）、近西班牙（现西班牙东部）、纳博讷行省、山北高卢（现在法国、比利时等地区）、山南高卢、伊利里亚（现斯洛文尼亚、克罗地亚）、马其顿（现阿尔巴尼亚、希腊中北部）、亚该亚（现希腊中南部）、亚细亚（现土耳其中西部）、比提尼亚（现达达尼尔海峡一带）、西里西亚和塞浦路斯岛、克里特岛、叙利亚、昔兰尼亚（现利比亚北部）、阿非利加（现突尼斯）和新阿非利加（现阿尔及利亚中东部）。同时，他通过公元前49年平民保民官罗修斯（L. Roscius）提起的《罗修斯法》（Lex Roscia），还向阿尔卑斯山以南的高卢人授予罗马公民权，甚至允许个别高卢人担任国家高级别官职。这些做法"非常明确地表明了，他将新的行省居民视为即将展开的罗马文明进程中的一支后备力量，而不是将他们作为征服者为谋求自身利益而加以

---

① 参见［意］马里奥·塔拉曼卡主编：《罗马法史纲》上卷，第425—426页。

盘剥的臣民"①。此外,恺撒废除了长期以来罗马对于行省征税的包税人私人征税模式,而是以国家征税机构代之。

最后,恺撒还对刑事司法方面进行了改革。一方面,他制定了关于索贿罪的法律、关于暴力的法律和叛逆罪的法律。在这些法律中,恺撒恢复了被推定有罪的罪犯有"向人民申诉"的权利,并取消"元老院紧急决议"。另一方面,公元前46年,恺撒的《优流斯审判法》(Lex Iulia iudiciaria)又改变了公元前70年《奥勒流斯审判法》对于刑事法庭陪审团组成的规定。该法将《奥勒流斯审判法》规定的高级骑士(司库长)从刑事审判法庭中排除出去,确定该法庭陪审员名册平均由元老院议员和至少拥有40万塞斯特银币的骑士组成。②

此外,恺撒在公元前46年还制定了《农业法》和《牧业法》,确认了当时过度扩张的大庄园式农业,以及这种农业既存的范围和其中明显存在的奴隶制。与此同时,他在关税、信贷、房租和反对花销无度方面都有立法。他甚至还有一个将所有罗马公民法律体系化的设想。③

(三) 恺撒的遗产

前已述及,面对公元前2世纪中叶以来逐渐凸显的共和政制危机,之所以恺撒的政制改革较之苏拉更为成功,主要是因为他在罗马建立了军事君主制。这一政制设计,一方面在一定程度上解决了罗马因军事扩张、疆域扩大而引发的诸多问题;另一方面消除了之前罗马共和政制中不同阶层和党派斗争所产生的严重内耗,在整体上提升了罗马政

---

① [美]腾尼·弗兰克:《罗马帝国主义》,第331页。
② 参见[意]马里奥·塔拉曼卡主编:《罗马法史纲》上卷,第417页。
③ 参见[古罗马]苏维托尼乌斯:《罗马十二帝王传》,张竹明、王乃新、蒋干等译,商务印书馆2018年版,第28页。

制的统治能力。对此,有论者指出:

> 在罗马的实力达到巅峰时,它实际上成为一个堕落的统治阶级的猎物,它需要一个君主的强硬手段来使这些骚乱的贵族秩序井然。①

后来,恺撒的政制成为一种政制遗产被罗马帝国所继承,开启了罗马政制新的篇章。

与后来他的遗嘱继承人——他的甥孙屋大维(也称"奥古斯都")所建立的元首制不同的是,学界普遍认为恺撒建立的是一种君主政体。此君主政体不是东方那种神权的专制政体,而是类似于希腊化王国传统的那种专制政体。② 之所以如此,蒙森认为是因为恺撒本人对于希腊文明和亚历山大大帝的高度认同,以及复兴和实现它的理想。他指出:

> 恺撒自弱冠以来,就是个——以其最深的意义而言——政治家,他的目标就是人类所能树立的最高目标,就是在政治、军事、智力和道德方面复兴那很堕落的本民族和那更堕落的与本民族为亲姊妹的希腊民族。③

> 他拯救和复苏了罗马要素;他不但保全了希腊要素,而且以其完成再造罗马所用的确实天才担任复苏希腊民族,继续亚历山大大王的中断事业的重任。我们很可相信,亚历山大的影像须臾不

---

① [英]H. F. 乔治维茨、巴里·尼古拉斯:《罗马法研究历史导论》,第 103 页。
② 参见[俄]科瓦略夫:《古代罗马史》,第 550 页;[意]马里奥·塔拉曼卡主编:《罗马法史纲》上卷,第 420 页。
③ [德]特奥多尔·蒙森:《罗马史》第 5 卷,第 1774 页。

离他的心灵。①

实际上,尽管公元前44年2月15日恺撒曾当着人民的面拒绝了执政官马尔库斯·安东尼献上的皇冠,②但恺撒政制却在很多地方有着与君主专制相吻合的外部表现。

首先,正如上文论述的那样,恺撒在很多政制设计上将自己等同于王政时代的"王"。为了进一步强化这种论证,他特别强调"尤利乌(也译作"优流斯"——引者注)氏族(Iulia-gens)的神圣起源,通过尤洛③(Iulo),把尤利乌氏族同英雄阿伊涅斯(Enea,埃涅阿斯——引者注)联系起来,因此也同维纳斯女神(Venere)联系起来"④。

其次,他还将自己的塑像与王政时期诸"王"并置,并在凯旋时选择了与古代诸"王"类似的着装风格。对此,有论者指出:

> 恺撒首次把"统帅"(imperator,也译为"皇帝"——引者注)这个名号变成永久性的,此前的将领们只可以在得胜当天即凯旋之日佩享此尊号。在这位凯旋者的队伍中,他被视为朱庇特主神的化身:恺撒保留这样的服饰和尊号的同时,就确定地加入了神明的行列。⑤

---

① [德]特奥多尔·蒙森:《罗马史》第5卷,第1867页。
② 参见[古罗马]苏维托尼乌斯:《罗马十二帝王传》,第46页;[古希腊]普鲁塔克:《希腊罗马名人传》,第1318页。
③ 尤洛也叫阿斯卡纽斯(Ascanius),因别名为Iulo,被恺撒尊为尤利乌氏族的祖先。他是传说中罗马人的始祖,也是特洛伊战争后逃至罗马的王子埃涅阿斯的儿子,而埃涅阿斯则是维纳斯女神的儿子。
④ [意]马里奥·塔拉曼卡主编:《罗马法史纲》上卷,第421页。
⑤ [意]马里奥·塔拉曼卡主编:《罗马法史纲》上卷,第421—422页。

最后,他消弭罗马人和外邦人之间身份差别的做法,以及前述实现罗马、意大利和行省之间结构一体化与政治一体化的举措,也印证了这一点。对此,格罗索指出:

> 要求意大利与各行省之间实现一定程度的平等,这也体现着恺撒对君王制的追求;广泛地授予罗马市民籍反映出这种倾向(在军团中招募行省人,向个人或某类人或某些共同体授予罗马籍);这同授予拉丁权和广泛开辟帝国殖民区的做法一样,都是在实现罗马化的事业。①

英国学者特威兹穆尔(Lord Tweedsmuir)认为,恺撒对于罗马和行省之间的关系有着全新的认识。他说道:

> 罗马只不过是其他许多自治的大城市当中最大的一个而已。应当有一个世界性的罗马国家,而不是一个城市统治着依赖于它的许多行省。凡是有资格取得公民权的都给予公民权。取代颓废没落的罗马平民的,应当是那些奋发有为的新公民。②

事实上,恺撒对行省居民所表现出的宽容慷慨态度,成为后来帝国统治者效法的范例。由此,罗马才没有像雅典、斯巴达那样固守"夷夏有别"的观念,而是以一种开放的精神包容境内的其他族群。公元217年4月至公元218年6月,罗马甚至出现了一位黑人元首——马尔库斯·奥佩

---

① [意]朱塞佩·格罗索:《罗马法史》,第251页。
② [英]特威兹穆尔:《奥古斯都》,王以铸译,商务印书馆2010年版,第25页。

留斯·马克里努斯(Marcus Opellius Macrinus)。

于是,可以肯定的是,恺撒需要的是君主之"实",而非君主之"名"。因为他很明白君主之"名"在罗马,要么是"热烈党徒的过分热心",要么是"对手想把他打倒搞臭的企图",总之这一名号"已沾了古代的诅咒","他决定在皇帝名义之下取王权的本质为己有"。① 他甚至公开地说道:"共和国啥也不是,只是一个没有形体的空名。"②

因此,恺撒选择君主制,一方面能够利用它背后的权力,破解罗马政制的危机;另一方面也能照顾到罗马政制的传统,具有很强的历史合理性。对此,格罗索教授评价道:

> 在确立个人权力并用宪制对其加以框定的关键性发展进程中,君主制形式最符合罗马的传统,符合通过并存而实现发展的传统规律(这是罗马人所特有的传统),符合元老院贵族政治的观念。奥古斯都的政治肯定是受这种观念的指导。在这里,罗马危机找到自己的发泄口并且最终转化为与罗马人精神相协调的发展。③

既然君主制之"实"能够破解罗马政制之危机,能够适应帝国未来之需要,那么,恺撒政制就理所应当地成为留给其继任者的遗产。对此,蒙森总结道:

> 以上所叙述的是恺撒替他的事业所画的轮廓,他自己按照这轮廓来工作,后人为他所预定的路线所拘束,也按照这轮廓。即使

---

① 参见[德]特奥多尔·蒙森:《罗马史》第5卷,第1794页。
② [古罗马]苏维托尼乌斯:《罗马十二帝王传》,第44—45页。
③ [意]朱塞佩·格罗索:《罗马法史》,第252页。

不以这位大师的智力和魄力,却大致依他的志向来努力继续他的工作。……轮廓有了,因而这个新国在整个的将来确定了;只有无限的将来能完成这个建筑。专就此点而言,可以说恺撒的目的是达到了。①

正因为如此,公元前44年3月15日,恺撒在出征帕提亚王国前,在元老院被刺身亡,但这并不能使罗马共和制复活,罗马人民并不欢迎所谓的"刺杀暴君的英雄"。相反,罗马政制却不可阻挡地在恺撒遗产的作用下从共和走向了帝制。一句话,是帝国造就了君主,而非君主造就了帝国。

---

① [德]特奥多尔·蒙森:《罗马史》第5卷,第1867—1868页。

第七章　共和政制的终结
与元首制政制的建立

恺撒的被杀不仅没有挽救罗马共和，反而加速了它的灭亡。继任者其甥孙屋大维（公元前27—14年在位）在恺撒遗产的基础上，①在顾及元老院贵族以及原有共和制"遗骸"的情况下，建立起"一种压倒性权力叠加在了共和国家的人民和元老院的传统权力之上"的元首制。②

由此，罗马政制史进入到第五个阶段，即元首制时期。这一时期的起止时间是从公元前23年屋大维确立元首制，到公元284年戴克里先创立君主专制。

一、共和政制的终结

恺撒遇刺身亡后的第三天，亦即3月17日，元老院在执政官安东尼的主持下召开会议。会议决定赦免杀害恺撒的凶手，批准恺撒尚未公

---

① 当然，有论者认为，屋大维的政制设计更像继承了庞培那种"因其权威和威望而拥有凌驾于重新正常运转的共和国组织之上的最高政治领导权"的政制设计，而非恺撒"独裁统治"的倾向。笔者赞同这种判断，但是笔者这里所说的屋大维继承了"恺撒的遗产"，主要指的是屋大维对于恺撒政治选择中追求君主制之实的高度认同。参见[意]朱塞佩·格罗索：《罗马法史》，第251页；高杨：《〈奥古斯都门槛〉与罗马元首制》，载许章润、翟志勇主编：《历史法学》第9卷，法律出版社2015年版，第89—90页。

② [意]马里奥·塔拉曼卡主编：《罗马法史纲》下卷，周杰译，北京大学出版社2019年版，第452页。

布的计划都是具有法律效力的,同时承认恺撒遗嘱的法律效力,并为他举行公葬。3月19日,元老院公布了恺撒的遗嘱。他把大部分的财产给了屋大维,并把他正式接受为养子。财产的其他部分基本上都发给了罗马人民。① 安东尼的政治手腕平衡了恺撒死后各方的利益,稳定了罗马政制。对此,塞姆(Ronald Syme)描述道:

> 执政官意志坚定,但主张和解;他逢事会同德高望重的政治家商议,并且对国家权威毕恭毕敬。他提议并推行了一项宝贵的议案——独裁官之名被一劳永逸地废除了。②

既然安东尼选择和元老院妥协,那么他就得按照罗马共和政制的规矩行事。公元前44年6月,元老院批准通过了《恺撒法令》(Acta Caesaris),该法规定卸任后的安东尼出任马其顿行省的治理任务。但他本人并不愿意离开意大利,于是发起部落民众大会,表决了《关于变更任职行省的法》(Lex de permutation provinciarum),把山北高卢和山南高卢交给他治理5年。公元前43年4月,山南高卢行省总督德齐莫·尤尼乌斯·布鲁图斯(Decimus Junius Brutus)不愿让位,他在以西塞罗为代表的元老院的支持下与安东尼进行了摩德纳(Mutinense)战役,并取得了胜利。元老院动用"元老院紧急决议",将安东尼宣布为"共和国的敌人"。安东尼和元老院的"蜜月期"也随之结束。

与此同时,已从东方回到意大利的屋大维利用这千载难逢的机会,于同年8月以元老院拒绝他担任执政官为由,率军进入罗马,并逼迫百

---

① 参见李雅书、杨共乐:《古代罗马史》,第190—191页。
② 参见[英]罗纳德·塞姆:《罗马革命》,吕厚量译,商务印书馆2016年版,第145页。

人团民众大会补选他和库伊特·佩蒂(Quintus Pedius)为公元前43年剩余时间的执政官。屋大维担任执政官后,首先根据古老的《关于谕令权的库里亚法》批准了他被恺撒收养的事实。接着,另一位执政官佩蒂提议通过了《佩蒂法》(Lex Pedia),取消了前一年对刺杀恺撒凶手的大赦规定,设置了一个非常刑事法庭来处置反恺撒党人,对密谋者下达了"放逐令",并没收他们的财产,还给告密者颁发奖赏。① 此外,他还撤销了一些反对安东尼和雷必达的禁令,主动与他们修好。②

公元前43年11月,屋大维、安东尼和雷必达在博洛尼亚(Bologna)会面。他们当着军队的面宣布和好,并在一致反对刺杀恺撒的凶手、反对支持凶手的元老院的基础上,达成如下协议:(1)屋大维把他的执政官职位转给他的特使安东尼·翁提蒂·巴索(Antonius Ventidius Bassus);(2)通过法律,建立一个新的行政职位,由他们3人担任,任期5年,3人皆享有执政官权力,以平定内部纠纷;(3)在这期间,罗马城内的行政官吏皆由他们3人共同指定;(4)3人共同治理意大利,同时安东尼保留对山南高卢和山北高卢的统治,雷必达获得远山高卢和西班牙的统治权,屋大维则享有两个阿非利加行省、西西里和撒丁岛的指挥权。公元前43年11月27日,平民保民官普布利乌斯·蒂求斯(Publius Titius)提议平民部落大会通过了《关于设立国家三个首脑的蒂求斯法》(Lex Titia de treviri reipublicae constituendae),以法律的形式确认了上述协议,并授予他们"为共和国设立的三头执政同盟"的称号。③

---

① 参见[意]马里奥·塔拉曼卡主编:《罗马法史纲》上卷,第428—429页。
② [俄]科瓦略夫:《古代罗马史》,第556页。
③ 参见[古罗马]阿庇安:《罗马史》下卷,第317页;[意]马里奥·塔拉曼卡主编:《罗马法史纲》上卷,第429页;李雅书、杨共乐:《古代罗马史》,第193页。

与公元前 60 年恺撒、庞培和克拉苏组成的"前三头同盟"那种秘密同盟不同的是,公元前 43 年屋大维、安东尼和雷必达组成的"后三头同盟"则是法律明确设置的,是"后三头执政同盟具有一种真正的官职形式"。对于此同盟的性质,有论者指出:

> 这是一种非常设的集体同僚制官职,为期五年,具有与当年授予给独裁官苏拉一样类型的制宪权。这种权力是无限的(一种更高治权?),并且三巨头就是这么认为的,也是照此来行使的,而其他的任何一种权力实际上都被架空,正常的官职完全成了附属品,只选出他们指定的人员来。①

结盟的三巨头在掌握罗马大权后,以"为恺撒报仇"的旗号发布"公敌宣告",②清洗了他们的对手及其追随者,其中就包括大名鼎鼎的西塞罗。"除了对复仇的渴望或者个人和政治的积怨以外,这次流放行动的爆发还出于三巨头一次性清洗掉所有反对派领导阶层的目的,以及对钱财的巨大需求,这刺激他们尽可能地去占据更丰厚的财产以用于拍卖,来维持其军队所必需的庞大开支,尤其是为了满足他们的新兵和老兵们的胃口大开的要求。"③公元前 42 年 10 月,屋大维和安东尼在马其顿行省的腓力比(Philippi)与罗马"共和派"的最后力量马尔库斯·尤尼乌斯·布鲁图斯和盖尤·卡西乌斯·朗吉努斯(Gaius Cassius Longinus)联军进行了决战。决战后布鲁图斯和卡西乌斯的自杀意味着"自

---

① [意]马里奥·塔拉曼卡主编:《罗马法史纲》上卷,第 429 页。
② 古代罗马史学家阿庇安记录下此"公敌宣告"的全文,对这次恐怖统治的范围、方式和理由都给出了说明。参见[古罗马]阿庇安:《罗马史》下卷,第 321—324 页
③ [意]马里奥·塔拉曼卡主编:《罗马法史纲》上卷,第 430—431 页。

第七章　共和政制的终结与元首制政制的建立

由共和国"(libera res publicae)的彻底终结,至此,罗马的共和势力再也没有力量与独裁势力抗衡了,罗马共和国已名存实亡。

后来,尽管基于公元前37年平民部落大会的一项决议,三头执政同盟得到了5年的延期,但是三巨头同盟内部早已矛盾重重。公元前36年,三巨头之一的雷必达被剥夺了军权和阿非利加行省的治理权,只保留大祭司长身份,因此退出了三头联盟,屋大维成为罗马西部的唯一主人。公元前32年末,安东尼"由于克里奥帕特拉(Cleopatra)的狐媚而造成的精神错乱"以及他背叛共和国传统的做法,遭到了整个罗马的声讨。[①]"在意大利内部、整个共和国西部,一个接一个城市、行省都联合到一个庄严郑重的表示服从屋大维的宣誓当中来,他们要求他担任战争指挥官","针对源于东部之威胁的东征"。[②] 屋大维正是在"出于普遍的同意(per consensum universorum)而掌握了全部权力的资格"的情况下,于公元前31年9月2日在亚克兴(Actium)海角一役彻底打败安东尼,并于公元前29年秋天结束东方战事回到罗马,连续举行了3天凯旋仪式,第三次关闭了象征和平的亚努斯(Ianus)神庙大门,成为最终的胜利者。这场凯旋仪式既是胜利者的游行,也是屋大维的加冕礼。

[①] 例如,安东尼在对亚美尼亚的战争中取得一场小胜后,竟然在亚历山大(Alexandria)举行了只有在罗马城才能举行的罗马凯旋仪式。一位古代作家对此评论道:"为了克娄帕特拉(克里奥帕特拉——引者注),他把自己的国家的荣耀和庄严的仪式献给了埃及人。"[英]玛丽·比尔德:《罗马元老院与人民:一部古罗马史》,第351页。

[②] [意]马里奥·塔拉曼卡主编:《罗马法史纲》上卷,第437页。屋大维甚至将这场与安东尼的内战描述为"罗马人保卫自己的帝国、防止帝国领土流落外邦(埃及)的帝国大业",因而,他通过元老院宣战的对象是克里奥帕特拉,而不是安东尼。参见刘津瑜:《罗马史研究入门》,第30—31页。

二、奥古斯都元首制的建立

屋大维获得权力后,考虑到之前恺撒公开建立君主制而招致的厄运,他需要尽力把自己无以复加的权力以及"恺撒的遗产"用最"合于罗马传统的外形"包裹起来,在国家制度上保存最大限度的共和成分。于是,一种"寓共和制于君主制形态"的元首制①被创造出来。对此,塞姆说道:

> 为了自身处境的安全和行事方便,这位统治者需要设计一种模式,以便向统治阶级的成员揭示:他们如何可以在表面上作为共和国的公仆和一种伟大传统的继承者,而非某个军阀的党羽或专制权力的卑微奴才来协助维护新秩序。出于这个原因,"领袖"(Dux)变成了"元首"(Princeps)。但他仍未丢掉"凯旋将军恺撒"(Imperator Caesar)的称号。②

(一) 公元前 27 年以前屋大维的谨慎

从权力斗争中脱颖而出的屋大维,不仅需要创造出新的政制去适应与罗马的军事扩张相伴的社会和政治秩序,并调和新的政制与罗马传统之间的衔接关系,而且迫切需要对其过去数十年制造流血事件和其权力来源的合法性做出解释。对此,有论者指出:

---

① 需要说明的是,元首制并非后人创造出的概念。有论者认为,该词在公元 1 世纪就已经出现,并被使用。古典史料中对"元首"一词的使用,最早出现于西塞罗的著作,并通过他而被罗马人所接受。详见何立波:《从奥古斯都到戴克里先:罗马元首制的形成与嬗变》,第 29—30 页。

② [英]罗纳德·塞姆:《罗马革命》,第 12 页。

第七章　共和政制的终结与元首制政制的建立

　　从亚克兴大战当中走出来的屋大维当然拥有巨大的权力，不过，也有很多严重的问题。他身处五十个军团首领的地位，享有不寻常的权力和声望，实际上成了罗马国家的僭主；但是，他必须给自己的个人权力披上一件合法的外衣，必须为行使这种事实上的君主权力创造出宪制上的必要前提，同时还要保持他曾经为之战斗的共和国的制度面貌。[①]

　　实际上，在公元前27年之前，屋大维还没有准备好一套可以有效操作的替代性方案，他将重心放在了其权力合法性的论证上。屋大维最初权力来自公元前43年授予其三头执政权力的《蒂求斯法》。这一权力在公元前37年被部落民众大会决议延续到公元前33年12月31日。公元前32年，这一权力并没有得到法律的授权，但是屋大维却认为从这一年起，他的权力合法性来自"普遍同意"（consensus universorum）。对此，屋大维在晚年撰写的《本人所立功业之目录》（Index rerum a se gestarum，也称《功业录》）中有明确的记载和说明：[②]

[①]　［意］马里奥·塔拉曼卡主编：《罗马法史纲》下卷，第442—443页。
[②]　需要说明的是，《功业录》也称《奥古斯都自传》（安卡拉铭文），该铭文是公元1555年学者在安齐拉城（今土耳其的安卡拉）的一座罗马女神和奥古斯都古庙中发现的。这一铭文全文记载了公元1世纪古罗马传记作家苏埃通尼乌斯在《神圣奥古斯都传》中提到的这份奥古斯都的遗嘱，因而闻名于世。该铭文也因其发现地点而被学界称为"安卡拉纪念铭文"（Monumentum Ancyranum）。奥古斯都这一自传铭文共分35段，全文概括了其一生的经历和成就，大致分为三大部分：（1）他历任官职和所获荣誉（第1—14段）；（2）他用自己的财产为罗马和公众举办的事业（第15—24段）；（3）他在战时与平时所完成的功业（第25—35段）。参见［古罗马］奥古斯都：《功业录》，载林志纯主编：《世界史资料丛刊·上古史部分·罗马帝国时期》（上），李雅书选译，商务印书馆1985年版，第1—2页；［德］克里斯丁·维切尔：《〈神圣的奥古斯都功业录〉与罗马帝国》，罗灵江译，载［德］穆启乐、闵道安主编：《构想帝国：古代中国与古罗马比较研究》，李荣庆、刘宏照等译，复旦大学出版社2013年版，第220—232页。

整个意大利都自发地向我宣誓效忠,并希望我指挥那场在亚克兴角取得了胜利的海战。向我宣誓效忠的行省还有高卢、西班牙、非洲、西西里和撒丁。①

从公元前31年起,屋大维按照罗马共和政制的要求,逐年办理连任执政官的手续。与此同时,屋大维认为其行使权力的合法性还源于公元前36年因为劳洛克(Nauloco)海战,部落民众大会一项决议授予他拥有终身平民保民官权力和一种类似于平民保民官所享有的神圣不可侵犯性。这一权力在公元前30年安东尼死后,在三份元老院决议里得到了再次确认,并增加了平民护佑权。

如果说屋大维对于其权力合法性的论证是为了吸取恺撒被杀的教训,主动迎合罗马共和制传统的话,那么公元前30年以后,他对于埃及行省的处理以及对待元老院的态度则体现出其继承"恺撒的遗产"、强化君主制的一面。

公元前30年8月1日,当屋大维盛大地进入亚历山大后,他没有按照原来罗马共和政制的传统,将埃及变成罗马人民的行省,而是将它变成直接听命于他的行省。他任命一个骑士阶层的官吏科尔内流斯·高卢(Cornrlius Gallus)担任埃及行省的行政长官,并拒绝元老院对于这一行省的任何干预。关于屋大维这样选择的原因,有论者指出:

一方面,与罗马皇帝的这位直接代表相伴,赐予埃及人的是"已知世界"的一个新主人,用以弥补他们失去了自己的神一样的国王,这就为属于帝国不同部分的臣民之间的难度颇大的融合,以

---

① 转引自[意]马里奥·塔拉曼卡主编:《罗马法史纲》上卷,第437页。

及在唯一"统治者",即所有人的神圣家父统治下的平等性提供了必要条件;另一方面,在完成征服之际,为了和平与避免危险的野心,将元老院议员阶层的民选执法官(magistrato)排除在外,一个大家族的或者有雄心壮志的元老院议员总是代表一种持续的内战危险。①

除去这里尊重埃及的历史文化传统和防止元老院染指的表面原因以外,实际上屋大维也有借此行动逐渐建立新制度的设想。他想让类似于科尔内流斯·高卢这样的直属官员成为未来新的行政管理组织及国家的核心成员。可以说,埃及行省及其长官的特殊设置不仅"构成了共和国制度中最早的裂口",而且"也构成了建立其新地位(novus status)的第一块基石"②。

剥夺元老院议员进入埃及的权力,直接导致元老院与屋大维关系紧张。有了安东尼的前车之鉴,屋大维非常清楚由"内战中投机分子、士兵、百人团长、书记员、解放自由人和行省民众的子弟"构成的元老院,实际上并不可靠,他们随时会为了各自利益,"调转枪头"反对自己。于是,公元前29年,他进行了第一次元老院议员选拔。据记载,在这次选拔中,有50名议员是主动辞职的,另有140名议员是被强制撤免的。③ 这次选拔直接导致的结果是,他被赋予"元首"(princeps)称号,④

---

① [意]马里奥·塔拉曼卡主编:《罗马法史纲》下卷,第445页。
② [意]马里奥·塔拉曼卡主编:《罗马法史纲》下卷,第445页。
③ 参见[意]马里奥·塔拉曼卡主编:《罗马法史纲》下卷,第459页。
④ 对于"princeps"这一词汇,国内很多学者将其翻译为"君主"或"皇帝",如黄风教授就在格罗索的《罗马法史》中将其翻译为"君主"。笔者认为,"princeps"作为奥古斯都的"政治发明",将其翻译为"元首"更加符合它在罗马政制中独特的意义。参见[意]朱塞佩·格罗索:《罗马法史》,第253页。

"拥有一个更加同质化的实体,尤其是对其政策的进一步发展更有塑造性和可支配性的实体"①。

"元首"称号具有浓厚的政治含义,元首既不是首席元老,也不是后来公元284年戴克里先之后的君主,而是一个享有绝对权威、肩负着治国重担的人。根据同样的精神,屋大维还获得了"统帅"的尊号。这些名号逐渐使他获得了一种既超越既有政制又缔造既有政制的地位和存在。同时,这些称号的接受反映了屋大维的谨慎。他的这些称号不是为了取悦罗马社会某个特殊群体而设计的,相反,人人都可以从中找到他们自己的期待。对此,有论者说道:

> 由于罗马社会是由多种群体构成——作为上层的元老与骑士阶级是最重要的群体,还有罗马城市中的较低阶级,士兵,以及其他地区的公民——所以人们对罗马皇帝的所作所为有着不同的期待。元老们热衷于维持共和政体,因此他们乐意看到统治者是他们中的一员,与他们平等相待,就像一个同伴一样,而不摆出任何帝王作风。在城市平民眼里,皇帝是整个城市的超级守护神和大恩人,最重要的是他们期盼从他那儿得到"食物和娱乐"。士兵们则希望一位常胜将军来当他们的总司令。……一位帝王若想要被民众广泛地接受,并由此带来稳定的统治,他就得考虑到这些不同的期望,并采取相应的行动——这样他必须扮演许多不同的"角色"。②

---

① [意]马里奥·塔拉曼卡主编:《罗马法史纲》下卷,第446页。
② [德]克里斯丁·维切尔:《〈神圣的奥古斯都功业录〉与罗马帝国》,第223—224页。

（二）公元前 27 年元首制的初建

前已述及，获得权力的屋大维一直想要做的就是试图将"恺撒的遗产"纳入"合宪的"形式中，将君主制与共和制有机地结合起来。因此，在论证完手中权力具有合法性之后，屋大维就开始着手实现这一目标。公元前 27 年 1 月 13 日，他在元老院会议上宣布，他愿意向元老院和民众交还公共事务。对此，他在《功业录》中说道：

> 在我结束内战之后，经全国普遍拥护，我掌握了最高权力。在我第六任和第七任执政官期间，我将国家从我手中移交给罗马元老院和人民。①

屋大维在这里所讲的"最高权力"就是前面提到的三头同盟所获得的权力以及后来经过意大利及各行省"普遍同意"而得来的权力。现在他将这一权力交还给国家的宪制机构，让它回归到过去共和国正常的体制中去。显而易见的是，屋大维此举包含着表演的成分，非常类似于中国古代的"劝进而不受"。

于是，1 月 16 日元老院再次集会，"非常配合"地向屋大维这一伟大的姿态表示感谢，为他颁发了桂冠，并于元老院中为他树立一块金盾，上面书写他的美德：仁慈（clementia）、勇敢（virtus）、公正（iustitia）和虔诚（pietas）。同时，元老院根据执政官纳齐奥·普朗克（Munazio Planco）的提议，"用一个不仅新颖而且更加尊崇的名号"——"奥古斯都"②

---

① ［古罗马］奥古斯都：《功业录》，第 14 页。
② "奥古斯都"在拉丁语中意为"神圣"，这一称号后来成为罗马帝国历代元首、君主所共有的称谓。

（Augustus）称呼他，即"至尊之神的祝福"的意思。对此，屋大维在《功业录》中这样说道：

> 因我的优行，元老院宣布授我以"奥古斯都"尊号，公开在我住宅的门柱上装饰了月桂枝叶，大门口钉上象征公民城邦的冠冕；并且在朱理亚元老院会堂放置一面金盾，上面铭刻文字说明罗马元老院和人民因我勇敢、仁慈、公正和虔诚而授予我这种尊荣。①

奥古斯都"不是一种传统的权力或官职，而是一种至上的称号。他用这种权力的'谦抑'换来的是法律力量与超法律力量的结合，换取了一种超宪法的存在"②。

除去这些形式上和荣誉上的授予以外，在这次元老院会议上，屋大维还在元老院的反复要求下，接受了10年期限内治理那些尚未实现和平以及要求获得保护的行省的权力。这一权力实际意味着屋大维保留了军队的指挥权，同时掌握了授予这些行省总督的"治权"。此外，屋大维在此次会议上还获得了一项至关重要的权力——元首准可权。③ 对于这一权力，屋大维在《功业录》中这样说道：

---

① ［古罗马］奥古斯都：《功业录》，第14页。
② 高杨：《从独裁官到元首制——奥古斯都的政治遗产》，载强世功主编：《政治与法律评论》第7辑，法律出版社2016年版，第35—36页。
③ 根据马尔蒂诺的说法，元首准可权来源于元老院准可权，屋大维企图通过准可来正当化其对共和国所具有的权力，虽然没有使之变成一种特别的法律行为，但使之成为他在国家中所享有地位的政治基础。参见［意］弗朗切斯科·德·马尔蒂诺：《罗马政制史》第1卷，第201页。

第七章 共和政制的终结与元首制政制的建立

> 从此以后,我因为有准可权而处于比所有人更高的地位,但是,我并不拥有比其他也是我同僚的那些民选执法官更大的权力。①

对于这一特殊的君主准可权,学界普遍认为这一权力的获得标志着奥古斯都元首制的初步确立。元首准可权构成了一个轴心,支撑起奥古斯都的君主权力与形式上的共和国政制之间的某种稳固的平衡。对此,有论者指出:

> 以准可权为基础,就可以支撑起与元老院议员和骑士这一旧的统治阶层达成的妥协,由于这种妥协,奥古斯都实际有效的君主权力就可以和共和国的制度形式共存,同时权力的有效性在这些形式中甚至还不会被减损。②

申言之,一方面,这一权力有助于表达出这位新君主在罗马国家中的特殊地位;另一方面,这一权力也为奥古斯都开辟了新的空间去干预罗马的政制。此后,奥古斯都通过一系列具体的举措落实了这项权力。首先,他通过赋予法学家公共解答权,以保证人的身份利用法学家这一在罗马享有极高声誉的群体来实现其对于罗马政制的解释和干预。其次,他通过"推荐""支持"以及"指定"这些具体的方式,确保对于民众大会选举民选官员的控制,虚化选举的实际意义。最后,他还创建了元

---

① 转引自[意]马里奥·塔拉曼卡主编:《罗马法史纲》下卷,第448—449页。需要强调的是,译者在此段中并没有把"准可权"翻译出来,而是将其翻译为"威严"。参见[古罗马]奥古斯都:《功业录》,第14页。

② [意]马里奥·塔拉曼卡主编:《罗马法史纲》下卷,第449页。

首顾问委员会,用以审查民众大会的工作,批准那些与其意志相一致的决议。①

同时,需要注意到的是,此时屋大维还没有放弃的另一项实质性权力是执政官官职。公元前43年,年仅19岁的屋大维因当年的两位执政官双双阵亡,被选举为当年的执政官。之后,从公元前31年起,他按照罗马共和政制的要求逐年办理连任执政官手续,直至公元前27年,他第7次担任此官职,并持续担任到公元前23年。对此,塞姆评论道:

> 他(奥古斯都——引者注)控制了罗马政府和各种庇护关系,特别是执政官席位。他的做法与之前的政治巨头们如出一辙,但更为彻底,并且无人掣肘。这一次,一党独大的局面将是永久性的和无法撼动的;军阀争雄的时代已经过去。……当一个党派在罗马攫取了权力后,执政官席位和行省军队变成为它维持自身"合法"优势的两大传统工具。②

(三) 公元前23年元首制的确立

尽管公元前27年屋大维通过放弃"最高权力",获得元老院授予他"奥古斯都"的称号,但他还继续担任着共和国的官职——执政官。公元前23年,他"向前迈出导致新制度确立的重要一步"③,宣布放弃执政官的职位,而获得另外两项权力:整个帝国范围内的"行省总督治权"和

---

① 参见[意]马里奥·塔拉曼卡主编:《罗马法史纲》下卷,第449—451页。
② [英]罗纳德·塞姆:《罗马革命》,第421页。
③ [意]朱塞佩·格罗索:《罗马法史》,第257页。

平民保民官权力。①

前一项权力本质上是一种高于行省总督"治权"的权力。这项权力实际上使得全体行省总督都降格为奥古斯都的副将。在罗马,奥古斯都可以在城门范围之内行使军事指挥权。② 对此,有论者指出:

> 没有理由怀疑这种治权就像文献中(卡西·迪奥)所表现出来的那样,是更大的(maius)和不受限制的(infinitum),即高于其他行省总督的治权并且不受空间范围的限制。换言之,其他所有行省总督都在事实上而非名义上被降低为奥古斯都特使一样的职位。③

后一项平民保民官权力实际上是对之前公元前36年他所获得的终身保民官权力和公元前30年增加的平民护佑权的再一次确认。在此过程中奥古斯都并未使用过平民保民官权力,他之所以在此时主动保留这一权力,主要是因为在公元前23年7月1日他辞去执政官之后,其在罗马和意大利行使权力需要一种新的法律授权,而这一权力可以予以弥补。

此外,该权力在罗马共和政制中的特殊地位,也是奥古斯都不肯放弃此项权力的重要原因。一方面,平民保民官权力并不是罗马共和政制传统中一种享有治权执法官的权力,而是作为一种基于平民阶层所拥有的、具有革命色彩的权力;另一方面,该权力所具有的否决权是对

---

① 这两项权力,被徐国栋教授分别翻译为"行省总督的大谕令权"和"保民官的支配权"。参见[意]阿尔多·贝特鲁奇:《罗马宪法与欧洲现代宪政》,徐国栋译,载徐国栋编:《罗马法与拉丁法族——贝特鲁奇教授在华法学传习录》,中国政法大学出版社2014年版,第123页。
② 参见[英]罗纳德·塞姆:《罗马革命》,第436页。
③ [意]马里奥·塔拉曼卡主编:《罗马法史纲》下卷,第451页。

正常政制的一种颠覆性或对抗性的权力。对此,塞姆指出:

直到这一年(公元前23年——引者注),元首才想到要利用保民官特权来部分弥补无法继续担任执政官所造成的损失,并在没有正式头衔的情况下取得一个大权独揽的官职所赋予的各种职权。从公元前23年7月1日起,奥古斯都开始记录自己持有保民官特权的时间,并将之写入自己的头衔。这就是合法君主制建立者发明出来的、"表示至高无上大权的字眼"(summi fastigii vocabulum)。①

值得注意的是,奥古斯都尽管拥有终身平民保民官的权力,却不是平民保民官,他持有高于行省总督的权力,却也不是任何一个行省的总督。这种将官职权力与官职相分离的做法,显然是奥古斯都平衡共和政制与君主政制的一种政治发明。② 这种政治发明实际上源于罗马政制发展那种"搁置旧制度,发展新制度"、不断并存发展的进化特点。对此,格罗索也指出:

实际上,正如我们已看到的,君主的形象越来越显现出来,整个与他有关的组织同形式上保留下来的共和国宪制处于并存状态。这种表面矛盾转化为罗马法制历史发展的基本特点,罗马法

---

① [英]罗纳德·塞姆:《罗马革命》,第436页。
② 在马尔蒂诺看来,这种将治权与某个特定官职相分离的做法,实际上在公元前211年给予西庇阿在西班牙如同执政官一样的职权时就曾出现。当时西庇阿没有当选为执政官,而是由百人团民众大会选为代执政官。参见[意]弗朗切斯科·德·马尔蒂诺:《罗马政制史》第2卷,第188页。

第七章　共和政制的终结与元首制政制的建立

的发展正是通过不断的并存而得以实现的。①

与此同时,奥古斯都这种将官职权力和官职分离的政治发明与他辞去执政官这一极具共和国政制属性的官职是相一致的。因为要成为实质意义上的君主,凌驾于共和国政制之上,他必须在形式上去除掉所有与共和制相关的官职和身份。有关这一倾向,我们可以从其撰写的《功业录》中找到印证:

> 当马尔库斯·马齐卢斯和卢齐乌斯·阿隆齐乌斯任执政官期间(公元前22年——引者注),元老院和人民授予我的独裁权,无论是我在场或我不在场时宣布者,我均谢绝未予接受。在粮食极端缺乏的时期,我承担起粮食供应总监督的责任。我执行此职数日之后,便通过使用自己的财力和人力购进粮食,解除了全体公民的饥饿危险和忧虑。当时还授予我终身的长年执政官职权,我拒未接受。②

因此,学界普遍认为,公元前23年的这种新政制安排可以被认为是元首制真正的起始标志。③"它的粉墨登场并没有太多的舆论宣传上的反响,但是却构成了宪制上一处关键的转折点,这是新体制的真正起点。"④公元前23年,奥古斯都确立元首制。因为在这一年,他不仅在形式上彻底脱离了与罗马共和政制的关联,而且所保留的高于行省总督

---

① [意]朱塞佩·格罗索:《罗马法史》,第259页。
② [古罗马]奥古斯都:《功业录》,第4页。
③ 参见[英]罗纳德·塞姆:《罗马革命》,第439页。
④ [意]马里奥·塔拉曼卡主编:《罗马法史纲》下卷,第451页。

的权力和终身平民保民官的权力像两根支柱一般,使他在实质上获得了君主式的权力。对此,有论者总结道:

> 如果说以最纯粹的奥古斯都"风格",在这次宪制重构中剔除授予奥古斯都权力中的多余成分的话,更加强调了其中最根本的成分,为他的权力提供了更加坚实的基础。行省总督治权和保民官权力成了元首制不可动摇的两大支柱,正像斯密(塞姆——引者注)所写的那样,它们代表了"革命的两大要素:军队和人民",在此基础上建立了君主的真正权力。①

有论者通过研究奥古斯都晚年撰写的《功业录》发现,奥古斯都在其中特别突出了那些他有意拒绝掉的权力。文载:

> 奥古斯都建立了一种全新的政府形式,这是一种实际上是君主制但又绝对不能这么称呼的新制度。对他来说,最为重要的是要表明是以符合罗马社会传统的方式获得权力的。因此,《功业录》反复出现的一个主题就是奥古斯都统治的合法性。这种合法性被一遍又一遍地加以强调:他已经放下他的特权,只不过是接受了那些合乎已确立的共和国框架的荣誉而已。在这种情况下,对奥古斯都来说,突出那些他没有拥有的权力或因不符合传统而有意拒绝掉的权力也是非常重要的。②

---

① [意]马里奥·塔拉曼卡主编:《罗马法史纲》下卷,第452页。
② [德]克里斯丁·维切尔:《〈神圣的奥古斯都功业录〉与罗马帝国》,第223页。

蒙森在本质上将奥古斯都所确立的元首制界定为一种"双头执政",即元首和元老院两方面的统治。因为与恺撒不同的是,奥古斯都在很大程度上恢复了元老院的地位,罗马政制出现了一种"二元制"现象:(1)元老院行省与元首行省并存;(2)共和国官职与元首官职并存;(3)元老院经管的公共财政,即萨图尼金库,与元首有关的财政,即凯撒国库并存;(4)国家正常的刑事法庭程序与元首及其官员审理的非常审判程序并存。① 但是,马尔蒂诺提醒我们,分析元首制的本质时应注意:

> 当人们强调指出新首脑和新组织是通过在形式上保留下来的共和国宪制上实行嫁接而加以创设的时,事物的本质就清楚地表现出来。不可否认的是:这种新首脑及其有关组织实质上代表着君王制的开端,它后来变得越来越具有吸纳性。②

从宪制的角度看,元首制的一个基本事实就是,"一种压倒性权力叠加在了共和国国家的人民和元老院的传统权力之上"③。古罗马史学家塔西伦④(Cornelius Tacitus,约54—117)甚至用夸张的语言,展现了共和国遗存贵族对于元首的臣服。他说道:

---

① 参见[意]朱塞佩·格罗索:《罗马法史》,第260页;[意]马里奥·塔拉曼卡主编:《罗马法史纲》下卷,第453页。
② 转引自[意]朱塞佩·格罗索:《罗马法史》,第261页。
③ [意]马里奥·塔拉曼卡主编:《罗马法史纲》下卷,第452页。
④ 塔西伦是弗拉维王朝的亲历者、古罗马伟大的历史学家,出身骑士家庭,早年学习雄辩术和法律。他的两部长篇历史著作《编年史》(Annales)和《历史》(Historiae)记述了从公元14年至99年,即提比略到图密善在位时期的历史。其中《编年史》18卷,起于公元14年,止于公元68年,第1—6卷主要记录提比略时代,第7—12卷记录卡里古拉和克劳迪时代,第13—18卷记录尼禄时代。我们现在能看到的是该书第1—4卷全部、第5卷开头部分、第6卷大部分内容、第11—15卷全部以及第16卷前半部分的内容。《历史》一书则涵盖整个弗拉维王朝的历史。目前该书能看到的是第1—4卷全部和第5卷的部分内容,所涉时间也仅从公元69年至公元70年8月。

剩下来的贵族则觉得心甘情愿的奴颜婢膝才是升官发财的最便捷的道路;既然从革命得到好处,也就宁愿在当前的新秩序之下苟且偷安,不去留恋那会带来危险的旧制度了。①

因此,他认为元首制尽管在外部以并存的形式让君主制和共和制同时存在,但其实质是君主制。对此,英国学者爱德华·吉本(Edward Gibbon)说道:"共和体制的形象,从外表来看受到尊敬和推崇,国家主权似乎仍旧掌握在元老院手中,实际上执政治国的大权则全部授给皇帝。"②这种形式和实质之间的反差,恰恰是罗马政制发展精神之所在,"表现着超越严格和简单规则的活生生的现实"③。

从公元前27年起,屋大维在建立君主制这一实质性目标的牵引下,一步步放弃那些形式上与共和国政制有紧密联系的官职和身份,而保留元首准可权、行省总督式的指挥权和平民保民官权力这些实质性的、契合于君主制的权力,④逐渐从一个军事统帅变身为政治元首,将共和制融入君主制之中,形成了所谓元首制。因此,我们可以说,罗马政制于公元前23年发生了再一次的转变。对奥古斯都这段历史有专门研究并将其概括为"罗马革命"的塞姆对此评论道:

---

① [古罗马]塔西佗:《塔西佗〈编年史〉》上册,王以铸、崔妙因译,商务印书馆1997年版,第2—3页。
② [英]爱德华·吉本:《罗马帝国衰亡史Ⅰ》,席代岳译,吉林出版集团有限责任公司2016年版,第1页。
③ [意]朱塞佩·格罗索:《罗马法史》,第262页。
④ 对此,俄国学者科瓦略夫也认为:"归根到底,元首制的正式的基础是归之于什么呢?它归之于三个基本的要素:保民官权力的扩大使奥古斯都成了全部民政管理(元老院、民会和高级官史)的首脑;最高大权使他有了对于一切罗马军队和行省的最高权力;祭司长的职位使他在宗教事务中起了主导的作用。"参见[俄]科瓦略夫:《古代罗马史》,第585页。

第七章　共和政制的终结与元首制政制的建立

　　出于对实效的高度重视和内心对名分、形式的轻蔑(他在公开场合却非常尊重这些东西),奥古斯都宁愿选择不确定的、十分广泛的权力,而放弃众目睽睽之下的、因而容易受到破坏的行政长官特权。他在公元前28年和前27年由军事统帅变身为政治元首,从而明确规定并在表面上限制了自己的权力——也就是在确保自己的权威合法化的前提下重建了法治政府。而这次新的调整牺牲了奥古斯都的执政官头衔,却建立了更加稳固的统治。保民官的特权是不可捉摸的和可怕的;而对所有行省的统治权至关重要,以至于它被精心地从奥古斯都生平和荣誉的那些冠冕堂皇、误导读者的记载中完全抹去了。奥古斯都统治的两根支柱——行省总督式的指挥权和保民官权力正是革命本身,即军队和民众。这位拥兵自重的、帝王式的民众蛊惑家真是以这两支力量为基础的。[①]

　　的确,奥古斯都实现元首制的每一步从表面上看都是朝着恢复共和制进行的,但是当这些步骤结合在一起时,却出现了背离共和制的结果。[②]奥古斯都实现元首制的过程不仅迷惑了古代的罗马人,也使后世的人为此争论不休。

---

　　① ［英］罗纳德·塞姆:《罗马革命》,第436—437页。
　　② 对此,孟德斯鸠曾将奥古斯都和苏拉放在一起比较,得出的结论十分深刻。他说道:"苏拉这位秉性急躁的汉子,以暴烈的手段把罗马人引向自由。奥古斯都这位狡诈的暴君,以柔和的手腕把罗马人引向奴役。苏拉治理下的共和国实力逐渐恢复,可是人人都高喊反对暴政;奥古斯都主政时,暴政日甚一日,大家谈论的却是自由。"［法］孟德斯鸠:《罗马盛衰原因论》,第95—96页。

第八章　元首制政制的设计

因为奥古斯都开创的元首制是对共和制与君主制的融合,所以元首制在设计上既有继承共和政制一面,也有体现君主政制的一面。如果说继承共和国遗存的元老院、民众大会和官制代表了奥古斯都表面上恪守罗马政制传统的话,那么元首以及其他官制的设立则代表着他对于罗马政制的创新。

当然,两者之间只是一种表面的融合,而不是一种平衡的妥协,因为所有实际权力都掌握在元首手中。无论是元老院还是民众大会,抑或是传统的官制,都不可避免地衰落了。对此,英国学者特威兹穆尔精辟地总结道:

> 世界帝国的基础是元首的超越一切的权力,这个权力是人民授予的,在理论上可以收回,但是在实践中却是不能改变的,而且只有他所指定的继承人才能同他分享这一权力,分开来说,这个权力是由行政权、立法权和审判权三部分组成的。它们的基础则是元首对军队的最高统率权和他本人的杰出的人格,而这种人格的可以看到的外部表现则是对他的守护神的崇拜。他把元老院和高级长官们引为自己的合作者,但是他个人却保留了在一切问题上的最后决定权。甚至各行省最后也得受元首的总的

监督。①

一、共和政制的遗存

（一）元老院

元老院是罗马共和政制的重要组成部分，也是奥古斯都建立元首制后首先要面对的。前已述及，元首制意味着元首所代表的那种压倒性权力已经"叠加"在元老院和人民的传统权力之上，因此，元老院在实际中很难直接干预对元首的选择，相反，元老院的活动处于元首的提示和指导之下。可以看到的是：在元首制时期，元老院尽管在形式上与元首并存，但其实际地位已经变得不再重要，"原则上，君主对元老院表示尊重还要归结于他是这个国家的最高大会"②。

一方面，元老院的构成和选任在奥古斯都元首制下有所变化。奥古斯都曾在《功业录》中说："我三次重订元老院人选名单。"③继前述公元前29年对元老院组成进行改革之后，他还于公元前18年和公元前13年至前11年进行过两次改组。与恺撒表面上增加元老院人数、实际上弱化元老院不同的是，公元前18年，奥古斯都为"重建元老院威信"，将元老院议员人数由恺撒时期的900人减少到600人，并通过严格的筛选，将恺撒时期允许进入的解放奴隶和不配获此资格的人排除在外。④公元前13年至前11年，奥古斯都第三次对元老院进行了改组。这次改

---

① ［英］特威兹穆尔：《奥古斯都》，第273页。
② ［意］马里奥·塔拉曼卡主编：《罗马法史纲》下卷，第454页。
③ ［古罗马］奥古斯都：《功业录》，第5页。
④ 参见［意］朱塞佩·格罗索：《罗马法史》，第268页。

组主要明确了充任元老院议员的资格问题,即在元老院担任议员要同时满足如下两个条件:(1)25岁以上且曾经担任过财政官、裁判官、执政官等前执法官;(2)财产总数应在一百万塞斯特以上。① 奥古斯都提升元老准入标准,很大程度上是为了弥补削减元老院决策权给元老带来的损失。提高社会地位,确保经济利益,这些举措"使元老阶层中的绝大多数人对奥古斯都感恩戴德,心甘情愿地在元首政治的卵翼下享受既得的荣华富贵,而不再去冒险追求共和时代的政治自由了"②。此外,元首制时期,元老院在构成和选任上的另一个明显的变化是:元老不再由罗马城的"遗老"组成,来自罗马城之外的意大利人、行省人以及行伍军人也陆续加入其中,进一步使元老院行省化。

另一方面,元老院的权力在元首制下也不可避免地受到了限制和减少。首先,就元老院权力与元首权力的关系而言,从表面上看两者似乎是一种"合作"关系,但从实际上讲,元首权力决定了元老院权力实现的程度。对此,有论者指出:

> 从大体上来看,元老院与皇帝在国家日常事务的管理中进行合作,必须得到国家事务方面的知会,从形式上对君主的行动加以批准,并接见外国大使。事实上,很多方面都取决于对君主的好意,他实际上决定了元老院的参与程度。③

有论者甚至将元首与元老院之间关系概括为两种模式,即"奥古斯都的罗马模式"与"恺撒和安东尼的希腊—东方模式":

---

① 参见[意]马里奥·塔拉曼卡主编:《罗马法史纲》下卷,第460页。
② 杨俊明:《古罗马政体与官制史》,第189页。
③ [意]马里奥·塔拉曼卡主编:《罗马法史纲》下卷,第454页。

第八章 元首制政制的设计

前者的代表是"开明的皇帝",如奥古斯都、提比略、韦斯帕芗和亚历山大·塞维鲁等。"他们主要从政治方面考虑,与元老院和睦相处,尽可能尊重它的特权,延缓城市的传统观念的消亡";后者的代表是"专制的皇帝",如克劳狄、图密善、哈德良和塞维鲁等,"他们是具有现代精神的人,关心的主要是帝国行政需要,倾向于绝对君主制,发展中央集权制,残酷地摧毁传统遗迹"。①

其次,就元老院丧失的权力或者被元首吸收的权力来讲,元老院丧失了对外政策方面的领导权,即缔结条约的权力、宣战和媾和的权力。这些权力全部转归于元首所有。对于这一变化,颁布于公元 69 年 12 月 22 日到 70 年 1 月初的《韦斯巴芗谕令权法》(Lex de imperio Vespasiani)第 1 条有明确的证明。② 之前专属于元老院的财政管理权也被元首权力吸收殆尽。例如,元老院掌控的萨图尼金库遭到受元首权力左右的凯撒国库不断挤压。到了尼禄(Nero,54—68 年在位)时代,2 名由元首任命的国家金库长官甚至直接掌管了该金库。③ 最后,元老院之前在行省事务上所具有的支配性权力,在元首制下受到更大的限制。元老院权力仅能用于处理那些属于元老院行省的司法和行政事务,并随时接受元首基于"最高治权"的干预。

如前所述,尽管元老院权力在元首制下大为减少,但是"如果认为

---

① [法]奥默:《罗马政治制度》,第 248—249 页。转引自杨俊明:《古罗马政体与官制史》,第 91 页。
② "第 1 条:……他可合法地与他希望的当事方订立条约,如同神君奥古斯都、提贝留斯·优流斯·恺撒·奥古斯都、提贝留斯·克劳丢斯·恺撒·奥古斯都·日耳曼尼库斯合法做过的。"徐国栋:《〈韦斯巴芗谕令权法〉研究》,载徐国栋:《罗马公法要论》,北京大学出版社 2014 年版,第 95 页。
③ 参见[意]朱塞佩·格罗索:《罗马法史》,第 269 页。

奥古斯都有意压制元老院，或者说跟元老院作对的话，那就完全搞错了。恰恰相反，他旨在重建元老院的尊严并授予它一部分重要的帝国管理工作"①。这些"帝国管理工作"具体包括：

第一，随着奥古斯都元首制的到来，元老院的决议有了法律的效力，元老院在实质上增加了立法的权力，尤其是涉及制定私法的权力。②对此，公元2世纪古罗马法学家盖尤斯（Gaius）在《盖尤斯法学阶梯》（*Gai Institutiones*）中说道：

> 元老院决议（senatus consultum）是由元老院批准和制定的，它具有法律的效力，尽管对此存在着争议。③

后来，《优士丁尼法学阶梯》（*Institutiones Iustinianorum*）解释了元老院获得此立法权的原因：

> 元老院决议是元老院命令和规定的事情。事实上，在罗马人民已增长到难以为批准法律把他们召集到一起的程度的情况下，以同元老们商议来取代同人民商议，被认为是适当的。④

---

① ［意］马里奥·塔拉曼卡主编：《罗马法史纲》下卷，第456页。
② 一般认为，元首制时期的提贝流斯（Tiberius，14—37年在位，又译作提比留）皇帝将选举长官的权力由民众大会转交给元老院，这诱使人们相信民众大会的立法权也随即转给了元老院。但是根据徐国栋教授的研究，元老院取得立法权的时间可能早于它成为选举机关的时间，因为西塞罗在公元前44年完成的《地方论》（*Topica*，也译作《论题学》《论题术》等）的第28节中已把元老院决议当作与法律并列的渊源。参见徐国栋：《优士丁尼〈法学阶梯〉评注》，北京大学出版社2011年版，第44页。
③ Gai.1，4. 参见［古罗马］盖尤斯：《盖尤斯法学阶梯》，黄风译，中国政法大学出版社2008年版，第2页。
④ I.1，2，5. 参见徐国栋：《优士丁尼〈法学阶梯〉评注》，第43页。

第八章 元首制政制的设计

除去《优士丁尼法学阶梯》所说的原因以外,还有元首试图利用元老院决议来指导裁判官的司法工作,引导裁判官颁布告示这方面的原因。对此,有论者指出:

> 这一时期,元老院决议在涉及已经提及的这类情况时,其重要性就会显著增加,因为在公元1—2世纪,这种规范性工具是皇帝利用的唯一一种干预手段——以普遍和抽象的方式——那些以普通私人诉讼(ordo iudiciorum privatorum)或普通公共审判(publicorum)形式予以保护的事务,因为出于一些不易确定的原因,皇帝在这方面要尽量使用敕告(edicta),虽然从公元1世纪末开始,告示也被承认具有"法律效力"。①

元首的上述举动再一次说明了元老院的立法权虽存在一定程度的自主性,但也不能过高估计。这一权力从根本上讲是为元首服务的,是元首专断权力合法化的外衣。对此,有论者指出:

> 在具体的实践中,元老院决议逐渐被降低成一种纯粹而简单的在形式上批准一些规定的手续而走向终点,这些规定是由君主或者顾问委员会这一有效的官僚机构事先准备好的,通过君主的一份报告,即君主诏书(oratio principis)来告知元老院。②

随着公元3世纪的来临,"元老院决议作为一个立法品种就功能性灭绝

---

① [意]马里奥·塔拉曼卡主编:《罗马法史纲》下卷,第465页。
② [意]马里奥·塔拉曼卡主编:《罗马法史纲》下卷,第454—455页。

了"①。据考,公元 206 年的《关于夫妻间赠予的安东尼努斯元老院决议》(Senatusconsultum ad orationem Antonini de donationibus inter virum et uxorem)是罗马法史上最后一个由元老院颁布的决议。

第二,这一时期元老院在正常的刑事和民事审判制度之外,对特定的刑事案件享有审判权。尽管有学者认为,元老院的这些刑事审判权来自一种历史的先例,这种先例源自共和国最后一个世纪里元老院为了维护自身利益而使用的一些惩治干预措施,诸如设置非常刑事法庭、以"元老院紧急决议"为工具宣布战争法律、把被指控对国家安全造成危害的市民宣布为公敌等;但是,更多的学者更倾向于确认元老院的刑事权限的法律基础来自元首通过明示或者默示的同意而给予的授权。② 至于元老院为何能在此时获此权力,有论者解释道:

> 这种授权毫无疑问构成了一种有利于元老院的政治措施,在某种程度上这种被理解为是对元老院统治活动受到明显削弱的补偿。不过,出于带有法律性质的动机,这个大会的司法职能得到了君主的支持,这一点也并无不妥,即通过引入一种更加富有弹性的程序来纠正普通公共审判程序的刚性,这样才能够对不属于刑事法庭惩治范围内的新犯罪类型加以追诉,加重或者减轻为属于这种法庭权限范围内的罪行确定的刑罚,以及同时针对多人或者多种罪行进行诉讼审判。③

---

① 齐云:《罗马的元老院决议》,载徐国栋:《罗马公法要论》,北京大学出版社 2014 年版,第 81 页。
② 参见[意]马里奥·塔拉曼卡主编:《罗马法史纲》下卷,第 538 页。
③ [意]马里奥·塔拉曼卡主编:《罗马法史纲》下卷,第 538 页。

第八章 元首制政制的设计

就具体审理刑事案件内容而言,在整个奥古斯都时代,元老院在刑事领域享有的审判权似乎仅局限于叛逆罪和搜刮财产罪。在西尼兰(Cirene)遗址的第五告示中发现的《关于搜刮钱财的卡尔维修斯元老院决议》(Senatusconsultum Calvisanum de pecuniis repetundis)就是针对搜刮财产罪而制定的。据考,该元老院决议是在奥古斯都的建议下,由执政官卡尔维修斯·萨宾(C. Calvisanum Sabino)和帕西恩·鲁弗(Passieno Rufo)于公元前4年提议的。根据该决议,授权元老院在内部选拔出5名成员组成一个委员会,为那些没有设置死刑的贪腐案件进行审判,而此前这属于搜刮钱财罪刑事法庭的权限。到了提比留时代,元老院吸收了针对通奸、拉皮条、诬陷诽谤、伪造、杀人、暴力、抢劫等罪行的审判权,与此同时也发展出一种新的与身份有关的特殊权限,即针对元老院议员或者更加一般意义上的元老院议员阶层成员所犯的罪行。只是到了塞维鲁王朝(193—235)时期,元老院的司法权走向衰落,其权力被元首官吏主持的非常审判所取代。①

第三,元老院在意大利还享有一些"微不足道"的行政管理权。在罗马,元老院握有铸造辅币的权力,这种辅币是小额商业和日常小型交易的货币。同时,元老院还肩负着从出身裁判官的元老院议员中选拔出官员,授予"长官"称号来管理萨图尼金库,即罗马人民金库。在萨图尼农神神庙里,元老院还要选拔3名议员集体管理公元6年奥古斯都创建的专门给老兵发放遣散费的军事金库。② 这3名元老院议员是具

---

① 参见[意]马里奥·塔拉曼卡主编:《罗马法史纲》下卷,第455、538—539页。
② 为解决罗马共和国后期出现的军队私人化问题,奥古斯都从公元6年开始,通过制度化的举措安置老兵。国家开始为退伍军人发放固定退伍津贴,数额相当于13年工资,由军事金库拨付。金库的资金来源是从意大利有产阶级手中征收的销售税和遗产税。参见[英]佩里·安德森:《从古代到封建主义的过渡》,第45页。

有裁判官位阶的军事金库长官,任期 3 年。①

总之,尽管在元首制时期,元老院作为元首制政制的组成仍在发挥着作用,但其权力已被元首权力所虚化,元老院表面上配合元首,维系着蒙森所谓的"双头执政"。英国学者特威兹穆尔甚至认为,此时的元老院更像是"现代的一个立宪君主","只君临,但不统治"。②

(二) 民众大会

在共和国时代作为政制重要组成之一的民众大会,在元首制时期也不可避免地衰落了。这里需要说明的是,元首制时期仍在发挥功能的民众大会,主要指百人团民众大会和部落民众大会。前已述及,库里亚民众大会在百人团民众大会出现后,即王政后期,就已经开始衰落;平民部落大会则在公元前 3 世纪以后与部落民众大会逐渐趋同。

总的来说,尽管民众大会在奥古斯都统治时期在立法方面还保持着一定的权力,但是其在选官和刑事审判权方面的权力遭到了极大的限缩。造成这一现象的主要原因,除了元首制所引发的政制变革以外,罗马市民权的扩展导致现实中拥有该权利的人无法参加民众大会,也是至关重要的原因。由此,罗马政制在很多方面由过去的直接民主变成了间接民主。③

首先,我们来看民众大会立法权在元首制时期的变化情况。前已述及,公元前 287 年以后,罗马共和国民众大会的立法权主要是通过部落民众大会行使的。到了元首制时期,奥古斯都在他的重建计划里,也试图利用部落民众大会的这一功能。对此,有论者指出:

---

① 参见[意]马里奥·塔拉曼卡主编:《罗马法史纲》下卷,第 455、456 页。
② [英]特威兹穆尔:《奥古斯都》,第 173 页。
③ 参见徐国栋:《优士丁尼〈法学阶梯〉评注》,第 43—44 页。

第八章 元首制政制的设计

在公元前 20 年之后不久的一段时间开始,即当新的制度安排可以被看作已经具有一定稳定性的时候,立法性的民众大会在皇帝的改革步骤当中就被很频繁地用来表达皇帝自己的意见:这至少持续到通俗年代(era volgare)①的初年。②

奥古斯都利用部落民众大会立法权主要是为了创设出市民法的规范。这里需要说明的是,尽管上面提及罗马元首制时期元老院可以以元老院决议的形式创制市民法,但是这一进程主要是在公元 1 世纪末开始的。在奥古斯都时代,当元首谕令还没有获得制定市民法资格的时候,奥古斯都通过部落民众大会来推行他涉及市民法的立法计划。这在某种程度上就突破了共和国时期部落民众大会主要通过民决法(lex rogata)的传统。

集中体现上述内容的是公元 17 年,奥古斯都利用其护民官权力提出的、通过部落民众大会决议的两部《优流斯法》(Lex Iulia):一是跟民事审判有关,程式诉讼取代法律诉讼(legis actiones)的《优流斯私诉法》(Lex Iulia iudiciorum privatorum);二是重组刑事法庭程序的《优流斯公诉法》(Lex Iulia iudiciorum publicorum)。此外,他于公元前 18 年通过《优流斯惩治通奸法》(Lex Iulia de adulteriis coercendis),用一个专门的刑事法庭来镇压在严格的家庭组织范围内违反性道德的犯罪行为。为了鼓励生育,他又通过部落民众大会,于公元前 18 年和公元 9 年分别通过了《关于等级结婚的优流斯法》(Lex Iulia de maritandis ordinibus)和《优流斯法》(Lex Iulia)、《帕皮尤斯法》(Lex Papia)。为了限制释放奴

---

① 这里的"通俗年代"是指公元元年以后。
② [意]马里奥·塔拉曼卡主编:《罗马法史纲》下卷,第 475 页。

隶的行为,部落民众大会又于公元前2年和公元4年,先后通过了执政官提出的《富菲尔和卡尼尼法》(Lex Fufia Canina)和《艾里亚和森迪亚法》(Lex Aelia Sentia)。①

然而,随着奥古斯都的去世,其试图通过部落民众大会的立法实现政治理想的做法也画上了休止符。后来,随着"元老院决议"和"元首谕令"这两种立法形式的出现,从提比留时代开始,部落民众大会的立法行动开始迅速减少。但是,可以肯定的是,在弗拉维王朝(69—96)提图斯·弗拉维乌斯·韦斯巴芗(Vespasianus,69—79年在位)统治时期,部落民众大会仍然是存在的,因为在《韦斯巴芗谕令权法》第4条、第7条、第8条和"制裁"条中还有关于它的规定。② 据考,最后一部由部落民众大会通过的法律是涅尔瓦(Nerva,96—98年在位)于公元96—98年之间表决的《土地法》。据说,之所以如此,还是因为奥古斯都的元首制观念对这位元首有特别的影响。③

其次,与立法权主要通过部落民众大会实现相对应的是,对于罗马享有"治权"的高级执法官的选举主要是通过百人团民众大会进行的。但是,到了元首制时期,这一权力在元首的干预下,转到了由元老院议员和骑士组成的百人团手中。

塔西佗在提到公元14年裁判官选举时,指出"第一次从民众大会会场转到了元老院"。④ 韦雷伊·巴特科洛(Velleio Patercolo)甚至谈到,这是一场由奥古斯都决定并由提比留完成的民众会议改革。⑤ 根据

---

① 参见[意]马里奥·塔拉曼卡主编:《罗马法史纲》下卷,第476—477页。
② 参见徐国栋:《〈韦斯巴芗谕令权法〉研究》,第96—97页。
③ 参见徐国栋:《〈韦斯巴芗谕令权法〉研究》,第107页。
④ Tac. ann. 1. 14. 转引自[意]马里奥·塔拉曼卡主编:《罗马法史纲》下卷,第473页。
⑤ 转引自[意]朱塞佩·格罗索:《罗马法史》,第265—266页。

这些记述,人们一般认为,在元首推荐的限制下,高级执法官的选拔在提比留时代已经由百人团民众大会转移到元老院。考古学家通过1947年在托斯卡纳地区发现的"赫巴铜表"(tabula Hebana)上的铭文印证了上述记载和推测。铭文实际上是一份提案的部分内容,上面重提了公元19年一份元老院决议的内容,涉及安排一些荣典仪式来纪念日耳曼尼库斯(Germanicus),并规定设置5个百人团,由元老院和骑士组成,这些骑士必须是那些被选为公共诉讼审判员的百人审判团成员,他们有资格推选执政官和裁判官。① 在此之前,公元5年的《瓦勒里和科尔内流斯法》(Lex Valeria Cornelia)规定,主要由元老院议员和骑士组成的10个百人团选拔高级执法官。②

由此可知,至少到公元19年,罗马对于高级执法官的选拔交由了元老院议员和骑士组成的15个百人团进行。具体办法是:

> 他们被划分在15个百人团中(它们分别由15个收集选票的大筐所代表),他们所从属的部落以抽签的方式加以分组,第五、第十和第十五百人团各包含3个部落,其他几个百人团则各包含2个部落(总共33个部落,因为Suburrana百人团和Esquilina百人团被排除在外)。各部落在抽签后,逐一前往自己的票筐前投票,先是元老院议员投票,然后是骑士。"赫巴铜表"(tabula Hebana)规定了该程序的所有细节,直至宣布结果,即宣布当选者(destinati)名单。③

---

① 参见[意]马里奥·塔拉曼卡主编:《罗马法史纲》下卷,第471—472页。
② 参见[意]朱塞佩·格罗索:《罗马法史》,第266页。
③ [意]朱塞佩·格罗索:《罗马法史》,第266页。

史料显示,趁着纪念德鲁索庆典的机会,公元23年,选举百人团的数量又增加到20个。这一事件在1889年西班牙埃尔切(Elche)地区发现的"伊利奇铜表"(tabula Ilicitana)中得到印证。① 由此可以看出,与原先选举高级执法官的百人团民众大会相比,新的选举组织成员"非贵即富",无论是元老院议员还是骑士,都更易受到元首的控制;同时,新的选举组织能够适应公民权扩展后的新变化,规模更小,更易组织。

需要说明的是,尽管选举高级执法官的实质性权力已经被新成立的百人团所取代,但民众会议仍保留着高级执法官设立的程序性权力。当然,这种程序性的设立行为仅仅是例行公事。此外,这种高级执法官的推选在实际中还会受到元首推荐的限制,②并且在公元69年12月22日到70年1月初通过的《韦斯巴芗谕令权法》中得到了确认。该法第4条规定:

> 寻求长官权力、谕令权或对公物的掌管的人,他推荐于元老院和罗马人民的,他所推荐的人选以及他已给予支持的人选,应在民会中受到特别考虑。③

此条实际上赋予了君主可以通过"推荐"和"给予支持"两种方式向上文提及的新的由元老院议员和骑士组成的百人团推荐官员人选,且不受担任特定官职资历、年龄和间隔等限制。其中"推荐"是元首用言辞或文字支持候选人,对新百人团约束力强;而"给予支持"则是用行为支

---

① 参见[意]马里奥·塔拉曼卡主编:《罗马法史纲》下卷,第472页。
② 例如,古罗马史学家苏维托尼乌斯(Gaius Suetonius Tranquillus,约70—140)就记载,每当参加高级长官选举时,奥古斯都就带着候选人走遍各部落,以这种方式为他们拉票。参见[古罗马]苏维托尼乌斯:《罗马十二帝王传》,第95页。
③ 徐国栋:《〈韦斯巴芗谕令权法〉研究》,第96页。

持候选人,约束力比较含糊。①

最后,在刑事审判权方面,随着公元前17年奥古斯都重组刑事法庭程序的《优流斯公诉法》的出台,原先民众大会所享有的刑事审判权被彻底剥离。经过奥古斯都的改革,除了刑事领域的"非常审判"以外,其他所有刑事案件的审判都交由3个骑士百人审判团进行。每个百人审判团大约由1 000名元首任命的终身成员所组成。② 原先可以排他性审理"向人民申诉"案件的民众大会,由于元首地位的提升,其审判权力在实际上已经被元首权力所取代。从公元前30年开始,根据部落民众大会决议,屋大维被授予"根据请求而审判"的权力,元首在刑事制裁领域享有提审、上诉审和授权审的具体权力。而其中元首的上诉审权力"导致直接发起向人民申诉的上诉活动被排除掉"③,民众大会司法职能枯竭。④ 对此,有论者指出:

> 罗马市民就这样被剥夺了古老的申诉保障手段。他们当然可以通过提起上诉来向君主求助,但是这涉及的是一种不那么确定的救济措施,这很容易导致滥用。⑤

(三) 官制

既然奥古斯都旨在建立以君主制为实质内容的元首政制,那么,共

---

① 参见徐国栋:《〈韦斯巴芗谕令权法〉研究》,第107—108页。
② 参见[意]马里奥·塔拉曼卡主编:《罗马法史纲》下卷,第528—529页。
③ [意]马里奥·塔拉曼卡主编:《罗马法史纲》下卷,第533—534页。
④ 参见徐国栋:《罗马刑法中的死刑及其控制》,载徐国栋:《罗马公法要论》,北京大学出版社2014年版,第363页。
⑤ [意]马里奥·塔拉曼卡主编:《罗马法史纲》下卷,第536页。

和国遗存的官制显然也是要削弱的对象。对此，有论者指出：

> 要考察的是共和国民选执法官制的失势。这里可以更好地领悟到奥古斯都是"政治"天才。如果说在原则上，元老院保留了对罗马和意大利的管理的话，那么具体而言，这并不意味着什么。具有共和制血统的那些民选执法官已经缺少了政治上的重要性，他们由元老院选出，而在这里面，君主们借助已经提到过的指定（destinatio）、推荐（commendatio）这类实践进行大范围干预，所以他们实际上只行使一种表面上的行政管理职能。①

首先，我们来看执政官。这个共和国时期最高级别的民选官职受到元首的打击最大，其原有的政治内涵在元首制下已被掏空。尽管在形式上，执政官在元首制时期还保留着国家最高代表的职能，保留着以执政官姓名指代执政年份的权力，即名年权。同时，他们在法理上还有召集和主持元老院与民众大会的权力。但是，从实际的角度来看，执政官的权力已经被授予元首的类似权力所削减。具体来说，一方面，执政官的任期被缩短。元首为了使更多有执政官经历的长官为其所用，将执政官的任期先是由1年缩短至6个月，后又减少至4个月。另一方面，元首在年初正常上任执政官（也称"在任执政官"）的基础上，添加了数量更多的其他类型的执政官，即"替补执政官"（也称"继任执政官"），用来对正常上任执政官进行候补。② 尽管执政官在元首政制中的地位和作用已经大不如前，但是这一时期他们在司法领域获

---

① ［意］马里奥·塔拉曼卡主编：《罗马法史纲》下卷，第547—548页。
② 参见［意］朱塞佩·格罗索：《罗马法史》，第264页；［英］H. F. 乔治维茨、巴里·尼古拉斯：《罗马法研究历史导论》，第424页。

得了之前没有的一些权力。随着"非常审判程序"的发展,某些新的司法职能被赋予执政官。① 此外,执政官在遗产信托、监护、抚养、奴隶解放和单方允诺这几个方面的司法事务中享有特定的权限。②

其次,与其他共和国时期民选官职的衰落相比,元首制时期的裁判官由于官职本身所具有的技术化特征,保住了在元首政制中的重要性位置,人数获得增加。奥古斯都时代,裁判官的数量在 10—16 名之间摇摆不定。公元 33 年以后,裁判官的数量就在 14—16 名之间变动。有学者提出,这一人数在克劳迪(Claudius,41—54 年在位)之后增加至 18 人:

> 克劳迪创设了两位有遗产信托认定权的裁判官,而提图斯皇帝(Titus,79—81 年在位——引者注)又把职位由两个削减为一个,而且涅尔瓦皇帝还创设了在国库与私人事务方面有决定权(qui inter fiscum et privates ius deceret)的裁判官。根据彭波尼提到的此类信息(D.1.2.2.32),裁判官的总数已达十八位。③

公元 2 世纪中叶以后,马尔库斯·奥勒留(Marcus Aurelius,161—180 年在位)皇帝又创设了监护裁判官。在塞维鲁王朝时期,又出现了一位

---

① [意]朱塞佩·格罗索:《罗马法史》,第 264 页。
② [意]马里奥·塔拉曼卡主编:《罗马法史纲》下卷,第 549 页。
③ [意]马里奥·塔拉曼卡主编:《罗马法史纲》下卷,第 550 页。另外,《学说汇纂》(D.1.2.2.32.)记载:"随后,奥古斯都(Augustus)皇帝又设立了裁判官,[使裁判官的数目增加到]16 个。然后,克劳迪(Claudius)皇帝又设立了对信托行使审判权的 2 名裁判官,后被提图斯(Titus)皇帝减少 1 名;涅尔瓦(Nerva)皇帝又增加了 1 名对国库和私人之间事务行使审判权的裁判官。这样,在城邦中,一共有 18 名裁判官行使审判权。"《学说汇纂》第 1 卷(正义与法·人的身份与物的划分·执法官),罗智敏译,[意]纪蔚民校,中国政法大学出版社 2008 年版,第 43 页。

"关于自由权案件的裁判官",主要负责审理与自由权相关的诉讼。

再次,一个比较奇怪的官职是监察官。一般认为,这一共和国民选官职在苏拉政制改革之后就逐渐衰落了,但是公元前23年奥古斯都在建构元首政制的设计中又恢复了监察官一职,并选举出卢齐奥·穆纳齐奥·普朗克(Lucius Munatius Plancus)和保罗·艾米利·雷必达(Paullus Aemilius Lepidus)两人担任此职。由于奥古斯都的这一重建监察官的设计没有得到很好的执行,这一官职在克劳迪皇帝之前一直是虚置的。克劳迪统治时期,他试图重建这一官职,并与卢齐奥·维特留(Lucius Vitellius)共同担任此官职。后来在弗拉维王朝时期,图密善(Domitian,81—96年在位)以永久监察官身份,彻底用元首制吸收了此官职。① 因此,从总体趋势上看,监察官的恢复只是跟奥古斯都个人的想法有关,后来此官职在元首政制中的历史发展表明,其命运与其他共和国民选官职并没有太大区别。

复次,共和国政制中至关重要且特殊的平民保民官,在元首制时期也丧失了它的影响力。尽管奥古斯都于公元前23年确立元首制时取得了平民保民官的权力,但平民保民官这一官职还是被保留了下来。这不仅意味着在形式上元首制时期还有10名平民保民官,而且在理论上他们还拥有否决权、帮助权、强制权、开列罚金权、召集元老院和平民部落大会权以及其他神圣不可侵犯的权力。当然,这些平民保民官的否决权是不能针对元首的,因为在法理上元首享有的是平民保民官的权力,但元首不是平民保民官的同僚;相反,元首却能利用这种权力,反过来对平民保民官行使否决权。尽管在理论上元首制时期平民保民官还享有上述权力,但在实际上这些权力是虚置的。对此,有论者援引了

---

① 参见[意]马里奥·塔拉曼卡主编:《罗马法史纲》下卷,第550页。

第八章　元首制政制的设计

小普林尼①(Gaius Plinius Caecilius Secundus,约61或63—112)写给平民保民官庞培·法尔科内(Pompeius Falconus)的回信,说明了当时人们对于平民保民官实际权力的认识。文载:

> 普林尼说到,决定保民官是空洞无物、有名无实的,还是一种神圣的权力。②

最后,我们来看看财政官和市政官。元首制时期财政官已经不再出现在新的政制安排之中,甚至元首更愿意从裁判官中挑选金库长官。如在尼禄统治时期,他设立了两个萨图尼农神金库长官,并从前裁判官中选拔。③ 奥古斯都将财政官的人数从40人减少至20人,其中12人被派往元老院行省,配合行省总督④,行使与贵族营造司相同的职能。对此,盖尤斯在《盖尤斯法学阶梯》中说道:

> ……在罗马国家的行省中,此权力由基层执法官(quaestores)行使,而在皇帝的行省中不派有这类执法官。⑤

---

① 小普林尼是学者老普林尼的外甥兼养子,曾任公元100年执政官和比西尼亚及本都总督。主要作品是10卷本的《书信集》(*Epistulae*)以及写给图拉真的长篇《颂词》(*Panegyricus*),其中《书信集》是研究罗马行省管理的重要史料。参见刘津瑜:《罗马史研究入门》,第76页。
② [意]马里奥·塔拉曼卡主编:《罗马法史纲》下卷,第551页。
③ 参见[意]马里奥·塔拉曼卡主编:《罗马法史纲》下卷,第572页。
④ 在罗马元首制时期,"总督"是一个具有广泛含义的词语。按照《学说汇纂》(D.1.18.1.)的说法,"总督(offivium praesidis)是一个广泛的用语,它包括行省执政官(proconsules)、皇帝遗赠受赠人(legati cesaris)和所有管理行省的人,尽管他们也可以是元老院议员,均被称为总督。行省执政官是一个特别的称呼"。[意]桑德罗·斯奇巴尼选编:《民法大全选译·公法》,张礼洪译,中国政法大学出版社1999年版,第105页。
⑤ Gai.1,6.参见[古罗马]盖尤斯:《盖尤斯法学阶梯》,第2页。

剩下在罗马履行职责的 8 名财政官,其中有 2 人则在元首手下做事,被称为"皇帝财政官"。①

至于由贵族营造司和平民营造司所构成的市政官,他们的行政职权也被元首所限制。例如,公元 22 年以后,奥古斯都授权裁判官主管公共竞技活动。市政官仅在罗马的市场控制、道路碑刻维护和公共工程方面享有一些司法性权力。

此外,共和国时期一些低级别的执法官人数和种类在这一时期也被削减。二十六人官变成了二十人官,由三人铸币官、争议裁判十人委员会、三人行刑官和城市清洁四人官这四部分组成。其中被元老院委派铸造货币的三人铸币官,在奥古斯都时代仅被限制铸造铜币;赋予三人行刑官的权力受到逐渐兴起的元首吏员治安权力的限制。在奥古斯都时代,库玛(Cumas)和卡布阿(Capuam)城市四人长官与市郊清洁两人官被取消。②

综上,元首制时期,共和国遗存的官制在整体上被削弱了。奥古斯都之所以这样做,当然有加强其君主制的目的。但是,有论者还认为,奥古斯都不满于共和国官制缺乏一种良好的"行政管制制度",也是他削弱共和国遗存官制的重要原因。对此,有论者指出:

> 因为在共和制时代,行政管理制度几乎是不存在的,并没有一个特定的制度安排、机构和人员。在意大利,是由民选执法官和元老院进行管理;而在行省,则是由总督,辅之以财政官,金融和财政的管理脱离国家之手,而是由包税人(publicani)组成的私人合

---

① 参见[意]马里奥·塔拉曼卡主编:《罗马法史纲》下卷,第 551 页。
② 参见[意]马里奥·塔拉曼卡主编:《罗马法史纲》下卷,第 551—552 页;[英]H. F. 乔治维茨、巴里·尼古拉斯:《罗马法研究历史导论》,第 426—427 页。

伙进行经营,因此,最终呈现的是很少的控制、很少的责任,没有任何国家意识以及同其他集体的关系意识。得到赞同的一种学说认为:行省就是罗马人民的"战利品"(praeda),可以根据喜好来剥削。①

二、元首

前已述及,元首制是奥古斯都的政制发明,他将共和制的形式和君主制的实质有机地结合起来。从前文对于奥古斯都建立元首制的描述中可知,他手中的元首准可权、行省总督式的指挥权和平民保民官权力从政制上讲都是元老院和人民赋予的结果。元老院和人民之所以授予奥古斯都这种君主式的权力,主要是因为他们在事实上接受了内战的结果,同时也是对奥古斯都之于罗马功业的肯定。但问题是:奥古斯都可以如此,其继任者呢?继任者没有这样的功业,元老院和人民如何再次将权力授予他们呢?这里实际上涉及元首政制一个自相矛盾的问题:"尽管是事实上的君主制,但在权力转移问题上,却又不能够把完全纯粹的王朝式继承制度托付给君主。"②

上述继承中的矛盾性问题构成了"元首制的软肋"。因为从法理上讲,当奥古斯都去世的时候,原则上所有的一切都会回到原点,即共和制。一位新元首如果要登基,其权力基础应是元老院和人民的再次授权,而非前任元首。对于"元首制的软肋",奥古斯都利用了共和国传统

---

① [意]马里奥·塔拉曼卡主编:《罗马法史纲》下卷,第547页。
② [意]马里奥·塔拉曼卡主编:《罗马法史纲》下卷,第467页。

中的收养制度予以化解。①

冯·普勒梅尔施泰因(von Premerstein)认为,收养制度源于共和国时期甚至更为久远的王政时期的门客关系,②是大贵族传承经济财产和政治地位的一种方式,具有一定的私法性质。对此,格罗索指出:

> 早在共和国宪制中人们就可以说:从社会和政治的角度看,对官职的追求在贵族家庭中代代相传,父亲将政治——社会地位、权势和家庭威望以及政治门客传给儿子。因而,从社会——政治的观点看,君主(princeps)的继承人根据私法也被指命继承君主的门客关系和政治影响,因此他有充分可能继承君主的地位。③

奥古斯都正是利用此种收养关系,将自身的政治权力以这样一种略带私法性质的方式,转移给被指定的人。

奥古斯都为了实现把实质意义上的君主权力转移给指定继承人提比留的目的,一方面,通过自权人收养的仪式和宣告行为,在形式上完成了权力的转移;另一方面,在其活着的时候就授予了提比留一两项君主制赖以存在的权力,在实质上完成此工作。尽管后来朱理亚·克劳迪王朝时克劳迪家族内部基本上按照此种方式在事实层面实现了元首权力的转移,但此时仍缺少正式授权的法律文件以在法理上确认这种

---

① 这里需要强调的是,奥古斯都虽然以收养制度意图解决元首制时期元首的继承问题。但是,在朱理亚·克劳迪王朝(14—68)之后,随着养父、养子品质和能力的衰退,除安敦尼王朝(96—192)时期一度复兴了收养制度,实际上元首制时期还存在父子继承、兄弟继承、元老院拥立和军队拥立等其他形式的继承方式。参见袁波:《从元首继承制的特点看罗马帝国政体的转变》,载《重庆社会科学》2007年第12期,第62—69页。
② 参见[意]马里奥·塔拉曼卡主编:《罗马法史纲要》下卷,第468页。
③ [意]朱塞佩·格罗索:《罗马法史》,第262页。

政治权力的继承。对此,有论者指出:

> 据此,被收养人成为其权力的继承人。在这样一种公私二元性里,可以为这种行为找到一种"合宪性"的正当理由,但此行为其实并不太能回应在奥古斯都所创建的成果中包含的那种法制精神。①

对于这种所谓的"元首制的软肋"问题,弗拉维王朝的开创者提图斯·弗拉维乌斯·韦斯巴芗用公元 69 年底的《韦斯巴芗谕令权法》这一元老院通过的民决法,将其合法化。② 该法第 7 条第 2 款规定:

> 无论何事,如果神君奥古斯都或提贝留斯·优流斯·恺撒·奥古斯都、提贝留斯·克劳丢斯·恺撒·奥古斯都·日耳曼尼库斯依据民会制定的法律可以做,则恺撒·韦斯巴芗·奥古斯都皇帝也可合法地做所有这些事情。③

该款实际上用法律的形式赋予了元首政制中的元首享有"前任政治权力继承权"。这一法律的授权意味着,自此以后新任的元首可以直接获得所有前任元首的政治权力,而不再需要元老院和人民的再次授权。当时的一首颂词生动地描述了这一变化,即"统帅就是必须为市民们提供君主的人"④。从哈德良(Hadrian,117—138 年在位)开始,"凯撒"

---

① [意]马里奥·塔拉曼卡主编:《罗马法史纲》下卷,第 469 页。
② 有关该法的研究,除参见上述徐国栋教授的研究外,亦可见何立波:《罗马帝国元首制研究——以弗拉维王朝为中心》,首都经济贸易大学出版社 2016 年版,第 48—61 页。
③ 徐国栋:《〈韦斯巴芗谕令权法〉研究》,第 98 页。
④ [意]马里奥·塔拉曼卡主编:《罗马法史纲》下卷,第 470 页。

(Caesar)这个头衔就被正式用来指代其继承人。当然,在整个元首制时期,除了朱理亚·克劳迪王朝和安敦尼王朝较好地贯彻了收养制度外,家族世袭继承、元老院拥立以及军队拥立这三种方式也曾发生。如弗拉维王朝就出现过父死子继、兄终弟及的世袭继承情况,克劳迪、涅尔瓦等元首是由元老院选举产生的,而内战和军事混乱时期则以军队拥立为主。①

这里需要特别注意的是,公元69年底的《韦斯巴芗谕令权法》实际上用法律的形式正式确定了元首政制中元首的权力,将奥古斯都以来各种具有宪制惯例性的做法确立了下来。用徐国栋教授的话讲,这部元首制时期重要的宪制性法律,不仅"揭明了皇权与民权的传袭关系","得出君权民授的结论",而且"对于皇帝享有的权力采取了明示主义",道明了元首"未经授予的权力不得行使"的立场。② 对于韦斯巴芗的历史贡献,有论者指出:"奥古斯都建立了元首制,韦斯巴芗巩固了元首制。"③

该法共8条,外加一个制裁,明确规定了元首制时期元首的8项权力:(1)外交权;(2)法案提出权;(3)召集临时的元老院会议通过法案权;(4)长官候选人推荐权;(5)城界外推权(扩大罗马城范围的权力);(6)为国家利益便宜行事权;(7)免受法律约束权和前任政治权力继承权;(8)既往作为被追认合法权,外加违法豁免权、免交罚款权、免受控告权。④ 尽管从形式上看,该法继承了王政时期《关于君王的权力约

---

① 参见何立波:《从奥古斯都到戴克里先:罗马元首制的形成与嬗变》,第267—330页。
② 参见徐国栋:《帝政分权时期的罗马立宪君主制》,载徐国栋:《罗马公法要论》,北京大学出版社2014年版,第85页。
③ 何立波:《罗马帝国元首制研究——以弗拉维王朝为中心》,第61页。
④ 参见徐国栋:《〈韦斯巴芗谕令权法〉研究》,第95—97页;另见何立波:《从奥古斯都到戴克里先:罗马元首制的形成与嬗变》,第128—129页。

法》(Lex regia de imperio)的传统,①或许有立宪君主制的特点;②但是,从该法涉及的具体内容看,元首制时期的元首已经完全凌驾于共和制遗存的元老院、民众大会和各种官制之上,成为罗马政制中拥有支配性权力者。对此,该法第6条即元首的自由裁量权条款,可以充分证明这一点:

> 无论何事,只要他认为符合国家的需要,神的和人的威权、公私事务,他都有权利和权力去做并实施之,如同神君奥古斯都、提贝留斯·优流斯·恺撒·奥古斯都、提贝留斯·克劳丢斯·恺撒·奥古斯都·日耳曼尼库斯合法做过的。③

基于该条款,元首可以对从宗教到世俗、从公共到私人的一切事务进行调整。这显然已经趋近于一种绝对性的权力。④

三、元首的官制

元首制下元首为了实践君主制的实质性内涵,在共和国遗存的政制设计之外,发展了一套与之平行的官制。这套元首的官制,尽管从表面上看非常复杂,但是仍有线索可寻。笔者认为,元首的官制类似于同心圆,按照各种官员与元首空间由近到远的距离,大致可分为:围绕在元首身边的元首顾问委员会、元首在中央的官职、元首在罗马城的官

---

① 参见徐国栋:《优士丁尼〈法学阶梯〉评注》,第45页。
② 参见徐国栋:《〈韦斯巴芗谕令法〉研究》,第116页。
③ 徐国栋:《〈韦斯巴芗谕令权法〉研究》,第96页。
④ 参见[法]菲利普·内莫:《罗马法与帝国的遗产——古罗马政治思想史讲稿》,第224—225页。

职、元首在意大利的官职和元首在行省的官职。

与共和国遗存的那些官制相比,元首的官制在法理上都从元首那里获得职能、权限和权力,并以元首的名义或受其委托展开活动,是元首为了践行其权力、掌控帝国而设置的。他们在某种程度上可以被视为元首在帝国具体事务上的受托人和代表。对此,有论者指出:

> 元首制就是"真正的一人之治"。……实际上,君主是以绝对的独立性来操纵权力的,并由他最青睐的人来加以赞襄和协助,而不受任何公示程序和义务的制约。①

他们主要是由骑士阶层的人担任,任期不确定,享有报酬,并随着时间推移,逐渐显现出公共性的一面。对于这种变化,有论者说道:

> 元首的大部分助手开始时仅仅作为其家庭的成员。只是逐渐地,人们才开始承认,由于元首的事在很大程度上就是国家的事,而且他承认公共责任的期限实际上是永久的,因而这些助手事实上也就是政府官员。②

奥古斯都之所以选任骑士阶层作为元首官制的充任者,主要是因为该阶层"没有任何独特的集体利益","缺少清晰的轮廓,从未有太多政制分量",这与元老院阶层完全不同。③ 到了哈德良时期,骑士阶层也

---

① [意]马里奥·塔拉曼卡主编:《罗马法史纲》下卷,第553页。
② [英]H. F. 乔治维茨、巴里·尼古拉斯:《罗马法研究历史导论》,第428页。
③ [美]沃尔特·沙伊德尔编:《古代中国与罗马的国家权力》,杨砚等译,生活·读书·新知三联书店2020年版,第158—160页。

发生了变化,他们不再受财产资格的限制,凡具有一定服役年资的人皆可为骑士。于是,骑士出身的官僚在元首官制中越来越多。

(一) 元首顾问委员会

在叙述奥古斯都元首制统治时期的历史时,古罗马史学家卡西乌斯·迪奥①(Cassius Dio,150—235)抱怨道,历史学家的任务已经变得极为困难——因为在共和制下,重大政策问题是在光天化日之下进行讨论的;现在,它们则是由几个人秘密决策的。② 塞姆将此秘密决策组织的产生称为"内朝统治时代的来临",其指涉的是公元前 27 年开始,奥古斯都经常召集一个顾问团来帮助自己,其人选会从他的私交朋友、元老代表和法律专家中产生。③

至于这个委员会产生的动机,有论者认为这是奥古斯都为了稳定政局、拉拢部分元老院元老、打压民众大会而创建的:

> 政治斗争主要就是对局势的控制。如果说奥古斯都同意各种大会以及宪制实践中规定的那些民选执法官们正常地发挥作用的话,当然就不会意味着对这些大会内在动力里的政治首创性的抛弃。即使奥古斯都还没有停止向元老院这个最高机构赐予一些形式上的小恩小惠,但实际上,他在最大程度地削减其有效权力,贵

---

① 卡西乌斯·狄奥,来自小亚细亚的比提尼亚,其父是罗马元老院元老,在西里西亚做过总督。公元 2 世纪末,卡西乌斯·狄奥在塞维鲁王朝于公元 222 年和 229 年担任过执政官,后移居卡普亚,专注于《罗马史》的写作。卡西乌斯·狄奥所著《罗马史》共 80 卷,从神话传说埃涅阿斯一直到公元 229 年,其内容多关注罗马政制。参见林志纯主编:《世界史资料丛刊·上古史部分·罗马帝国时期》(上),李雅书选译,商务印书馆 1985 年版,第 14—15 页。
② Dio.53,19,3. 转引自[英]罗纳德·塞姆:《罗马革命》,第 528 页。
③ 参见[英]罗纳德·塞姆:《罗马革命》,第 528—531 页。

族元老们都已被控制起来。公元前27年,他创建了君主顾问委员会,这是一个用来对构成民众大会工作对象的事务进行审查和讨论的委员会,以此方式,民众大会就能够招之即来,仅仅是为了批准通过这个与君主一条心的最狭小的会议所做出的决议。①

当然,奥古斯都选择这种顾问团,有论者认为很可能源于古代罗马的习惯。根据该习惯,罗马执法官在决策或听审的时候,都由他本人亲自挑选一群参谋,为其出谋划策。还有论者认为,这可能源自一种围绕家父建立的亲属议事会或是希腊式国王的幕友议事会。② 但是,无论真正的来源是什么,可以肯定的是,元首能自由地选择并咨询他认为合适的人,同时,不受这些"幕友"所提建议的约束。

根据卡西乌斯·狄奥的记载,这个顾问团最开始是奥古斯都要求元老院组建任命的。"这个委员会由两位执政官、其他行政官职的各一名代表和15位由抽签产生的元老(其人选每六个月调整一次)组成。"③这个机构在奥古斯都统治时期一直存在,他于公元13年对该顾问团的结构进行了调整,增强了其权力,借此削弱元老院全体会议的功能。改革后的顾问团的所有决议获得了与元老院决议同等的权威。④ 提比留统治时期,此顾问团"除老朋友和家人外,他还从罗马社会的显要人物中挑选了20余人,作为商讨国家大事时的参谋"⑤。后来的元首大多效仿奥古斯都的做法,将其幕友汇集在这个非正式的机构里,后来

---

① [意]马里奥·塔拉曼卡主编:《罗马法史纲》下卷,第450—451页。
② [意]马里奥·塔拉曼卡主编:《罗马法史纲》下卷,第553页。
③ Dio. 53,21,4. 转引自[英]罗纳德·塞姆:《罗马革命》,第529页。
④ 参见[美]理查德·J. A. 塔尔伯特:《罗马帝国的元老院》,梁铭雁、陈燕怡译,华东师范大学出版社2018年版,第605页。
⑤ [英]罗纳德·塞姆:《罗马革命》,第530页。

直到公元 2 世纪末，这个机构才正式被命名为元首顾问委员会，成为罗马元首政制中的正式组成。对此演化过程，有论者这样描述道：

> 事实上，这一类型的机构总是试图被制度化。而据我们所知，克劳迪皇帝就是第一个向他的幕友们咨询法律意见的人，到了哈德良时期，则是首次把真正的法学家邀请进顾问委员会。从哈德良开始，由于为骑士们引入了常设的头衔，这似乎就意味着顾问委员会的"功能化"。到马可·奥勒留时，实际上就出现了"参事/资政(consiliarius)的头衔(有资格的参谋)"①。

后来，这个元首顾问委员会在君主专制时代，成为君主枢密院的前身。

（二）元首在中央的官职

元首在中央的官职主要由权力威望最高的近卫军长官②、协助元首处理日常行政事务的文秘官员以及受元首委托承担某些经管性和财务性工作的代理人组成。

首先，近卫军长官起源于共和国时期的执政官侍卫队，①用以保护执政官的人身安全。奥古斯都以此为基础，创建了一支"特别接近皇帝人身的军事单位"，保护自己的人身安全。"这支精锐部队的主要功能

---

① ［意］马里奥·塔拉曼卡主编：《罗马法史纲》下卷，第554页。
② 需要强调的是，这里的"近卫军长官"有时被翻译为"禁卫军长官"或"禁军长官"。后来，到君主专制时期，为了解决四头制的弊端，君士坦丁皇帝于318年将它改造为4个行政片的体制，将此等行政片改名为大区，其首长为大区长官，采用过去"近卫军长官"(praefectus praetorio)的名称，称"大区长官"。参见徐国栋：《行省→省(郡)→总督区→军区——罗马帝国行政区划的变迁及其意义》，载徐国栋：《罗马公法要论》，北京大学出版社2014年版，第168页。

① 一般认为，近卫军的原型是公元前133年布匿战争中西庇阿·埃米里亚努斯的私人卫队，被称为"友人部队"或"友人卫队"。参见张晓校：《罗马近卫军史纲》，第3—4页。

是保卫元首,并希望借以威慑可能出现的反对元首的阴谋家和叛逆者。"①但奥古斯都此举破坏了共和国以来"军队不得驻扎罗马城"的政制传统。这支卫队最初由9个营组成,每个营1 000人,被称为"近卫军"。前3个营驻扎在罗马,统一交由一名骑士阶层出身的人指挥,被称为"近卫军长官";②后6个营则驻扎在罗马附近的意大利城镇。到提比留时期,他为了巩固地位,把9个营的近卫军全部集中在罗马城驻扎。吉本称,这一做法不啻"帮国家戴上了枷锁"③,并为日后近卫军左右元首选任"引入祸水"。奥古斯都时期,第一位被委任的近卫军长官是梅塞特纳(Mecenate)。后来,这支卫队在图密善(Domitian,81—96年在位)统治之后基本维持在10个营。近卫军长官一般为2人,无任期限制,实行同僚制,均从骑士阶层中,由元首亲自选拔任命。④

关于近卫军长官的权力,蒙森曾指出:"界定近卫军长官的权力范围是徒劳的,因为元首的权力范围即是近卫军长官的权力范围。"⑤尽管如此,该官职所具有的军事指挥权是最为重要的。随着时间的推移,这种军事权力不断扩大。到了塞维鲁王朝时期,除了驻扎在罗马的营团,

---

① 张晓校:《罗马近卫军史纲》,第1页。

② 关于近卫军长官的起源,古罗马奥莱利乌斯·阿尔卡迪乌斯·卡里修斯在《关于禁军长官之职》(单卷本)中认为,这一官职起源于独裁官就职后任命的骑兵长官。《学说汇纂》(D. 1. 11. 1pr.)记载:"需要简单地回忆一下禁军长官(近卫军长官——引者注)一职的起源。据某些作者所传,禁军长官最早是代替骑兵队长(骑兵长官——引者注)而设立的。确实,先人在一段时期内把最高权力委托给独裁官,独裁官则选择骑兵队长分担履行行政和军事职务,骑兵队长所拥有的权力仅次于独裁官;当公共事务的统治权被转移给终身的皇帝,类似于以前挑选骑兵长官那样君主选择禁军长官。为了更好地保证公共秩序,禁军长官被赋予了更多的权力。"参见《学说汇纂》第1卷(正义与法·人的身份与物的划分·执法官),第185页。

③ [英]爱德华·吉本:《罗马帝国衰亡史Ⅰ》,第117页。

④ 参见张晓校:《罗马近卫军史纲》,第30页。

⑤ Theodor Mommsen, *A History of Rome under the Emperors*, English translation by Clare Krojzl, Taylor & Francis e-Library, 2005, p. 339.

第八章 元首制政制的设计

所有驻扎在意大利的军队全都听命于这一官职。除去这些军事上的权力,近卫军长官还具备一些行政和司法上的权力。

由于身在罗马,近卫军长官一般是前述元首顾问委员会成员。近卫军长官除去军事权力外,最为重要的权力应该是司法权。在某种意义上讲,这一官职在元首制时期是仅次于元首的最高司法官员。一方面,就刑事案件审判权而言,由于这一官职经常与元首进行极为密切的接触,因此元首常常把重要案件的审判委托给它。在意大利,近卫军长官对距离罗马城100千步长(约合160千米)以外的初审案件行使刑事司法权。另一方面,就民事案件审判权来说,近卫军长官代表元首对来自帝国所有行省的案件享有上诉审的权力。公元3世纪以后,元首为了更好地审理这些民事案件,一般会委任诸如艾米利·帕比尼安(Aemilius Papinianus)、多米第·乌尔比安(Domizius Ulpianus)和尤利乌斯·保罗(Julius Paulus)这样的法学家担任此官职。① 到了亚历山大·塞维鲁(Alexander Severus,222—235年在位)时期,近卫军长官还拥有发布不违背法律和谕令的一般性规范的权力。② 与此同时,基于该官职与元首紧密的信任关系,法律还禁止提起针对近卫军长官的上诉。③

其次,就协助元首处理日常行政事务的文秘官员而言,这些元首在中央的官职一开始是私人性的,主要由被解放的奴隶担任。后来随着

---

① 关于此三位法学家担任大区长官(近卫军长官)的情况,参见[意]马里奥·塔拉曼卡主编:《罗马法史纲》下卷,第524—527页。
② 参见[意]马里奥·塔拉曼卡主编:《罗马法史纲要》下卷,第556—557页。
③ 《学说汇纂》中说:"正是由于这个起源,禁军长官的地位被提高到这样一种程度,即不可能提出针对禁军长官的上诉。实际上,尽管过去也提出了是否允许针对禁军长官进行上诉的问题,实际上法律允许这样做,也的确有过一些进行上诉的先例,但是,后来根据君主公开宣告的一项决定,进行上诉的权利被禁止。因为君主认为,在禁军长官的忠诚和威严受到考验之后,由于他们超常的勤奋,他们被赋予了这项伟大的职责,考虑到他们的智慧和职位的光辉,他们所作出的裁判与君主本人作出的不可能有所区别。"《学说汇纂》第1卷(正义与法·人的身份与物的划分·执法官),第185—187页。

这一官职的专业化,逐渐开始由骑士阶层担任。

元首中央的这些带有公共事务性质的文秘官员,一开始之所以由君主私人性的解放奴隶担任,主要是因为这些涉及通信联系、对官方行动进行分类和编纂、配备并详细提出司法干预手段、主管财政和会计账务等工作,从理论上讲本应由元首亲自完成。但是,奥古斯都显然没有精力独自完成这些繁重的工作,与此同时,传统政制也缺乏协助元首完成这些工作的制度设计。因此,奥古斯都通过使用自己家族里的奴隶和解放自由人来解决这一问题。

后来,到了克劳迪统治时期,他创建了"真正的专业化服务的组织"——宫廷办公室,具体包括:管账吏、书信吏、调查吏和研习执笔吏。对此,有论者较为详细地记述了这些文秘官员的具体职能和来历:

> 照此方式,他(克劳迪——引者注)还重新设置财政职位(管账吏),各个行省国库的收入都由这个职位来集中。实际上,他成为君主财政管理工作的中心,因此极具重要性。书信吏这一职位几乎肯定可以上溯到奥古斯都,他负责君主的行政管理方面的通信,对其进行研究和分类;到了更晚的年代,该职位数量加倍,分拉丁语书信吏(ab epistulis Latinis)和希腊语书信吏(ab epistulis Graecis)。克劳迪皇帝创设了调查吏,负责指导由皇帝处理的那些上诉案件;研习执笔吏似乎也是克劳迪创设的,负责为君主提供所有公开宣言、官方解答、发言(relationes)所必需的文件。①

从图密善和图拉真(Trajan,98—117年在位)两位元首开始,他们

---

① [意]马里奥·塔拉曼卡主编:《罗马法史纲》下卷,第557—558页。

第八章 元首制政制的设计

把书信吏和管账吏的职位保留给了骑士而非解放自由人,图拉真甚至将此"规矩"推行到所有岗位。在哈德良统治时期,出现了档案吏,负责提供公共行动所必需文件。到了卡拉卡拉(Caracalla,211—217 年在位)时期,"其管辖权不断扩大,从起草、整理和保存皇帝的讲话和其他不属于其他官员权限范围的文书,发展到整理皇帝的评语(adnotationes)、手谕(codicilli)、委任状(diplomata)等"①。此外,哈德良皇帝还对元首文秘官员的公共性彻底地进行了确认。"中央官僚体系里面最重要的那场改革应该归结于他,他在纯粹意义上确立了公立职位、职业和酬薪这种整体上的公共性质。"②

最后,元首在中央的官职还应包括受元首委托承担某些经管活动和财务活动的代理人。他们与上述元首的文秘官员的区别在于:

>"代理人"是在代表皇帝进行活动,他们代表皇帝,但有着自己的任务;而我们前面所介绍的官员则是君主的助手,帮助皇帝起草和发布文书。③

就他们的权力而言,乌尔比安在《论告示》第 16 卷中(D. 1. 19. 1pr.)曾指出:

>由皇帝代理人所做的和管理的那些事情,完全经过皇帝批准的,就像是由皇帝自己所做的一样。④

---

① [意]朱塞佩·格罗索:《罗马法史》,第 272—273 页。
② [意]马里奥·塔拉曼卡主编:《罗马法史纲》下卷,第 558 页。
③ [意]朱塞佩·格罗索:《罗马法史》,第 273 页。
④ 《学说汇纂》第 1 卷(正义与法·人的身份与物的划分·执法官),第 255 页。

这些元首代理人的出现,既象征着元首有取代元老院议员、承担公共职务的想法,也暗示着他想要创造出更多新职位。这些元首代理人的官职,在公元 2 世纪时主要有大型公共竞技代理行政官、图书馆代理行政官、道路代理行政官、水务代理行政官以及财政代理行政官,其中四人主管遗产税,还有一些执法官员主管财产和财产调查的总额平衡。①

(三) 元首在罗马城的官职

由于罗马作为帝国首都的重要性,奥古斯都为此创设了罗马城市行政长官。② 为了平衡元老院,他把该职位交付给从前执政官里面选出的一名元老院议员。公元前 26 年,梅萨拉·科尔维诺(Messalla Corvinus)被奥古斯都任命为首任罗马城市行政长官,但由于这一官职本身可能与执政官存在冲突,其存在一直受到抵制。这种抵制到提比留时代才逐渐消退,城市行政长官成为一种固定的官职。

与前述由骑士阶层担任的长官不同的是,罗马城市行政长官是要从担任过执政官的元老院议员中选出的。但是,从理论上讲,他又不能被看作一个民选执法官,因为他是元首直接任命的,其权力来自元首,没有任期限制。

罗马城市行政长官作为城市的监管者,其权力主要涉及治安和司法两大方面。

一方面,罗马城市行政长官的治安权力主要包括:对人群中的平静安宁进行监督,对最拥挤的公共场所进行监管,对演出进行监管,对兑换商进行监控,对肉价进行控制,对非法结社进行起诉,对普通结社的

---

① 参见[意]马里奥·塔拉曼卡主编:《罗马法史纲》下卷,第 558 页。
② 罗智敏教授在《学说汇纂》第 1 卷中,将其翻译为"罗马城市长官"。参见《学说汇纂》第 1 卷(正义与法·人的身份与物的划分·执法官),第 45 页。

第八章 元首制政制的设计

监控。

另一方面,这一官职的司法权力也与上述治安权力相关。在刑事司法权领域,城市行政长官在元首制初期的权力"扩展到了任何一种犯罪上面以及整个意大利,虽然他的权力只在罗马城内才能行使"①。但是,在塞第米乌斯·塞维鲁(Septimius Severus,193—211年在位)皇帝时代,城市行政长官的刑事司法权则仅限于罗马城方圆一百千步长(约合一百六十千米)以内的区域,超过此范围则归近卫军长官管辖,正好与其相衔接(D.1.12.1.4.)。② 在民事司法权领域,城市行政长官的权限虽不确定,但大体上也与治安职能相关。实际上,属于这一职权范围内的纠纷一般跟请求制止暴力剥夺令状或制止暴力和欺瞒令状、与钱庄主的诉讼有关,或者是针对后者的金钱之诉,还有跟奴隶和主人、恩主和解放自由人之间的关系有关的来自监护和保佐关系的纠纷。

城市行政长官有权做出驱逐和流放于荒岛的判罚(D.1.12.1.3.),根据塞第米乌斯·塞维鲁的一项谕令,还有权做出进入矿山的判罚。为了反对城市行政长官的判决,允许向元首提出上诉。③

除罗马城市行政长官以外,奥古斯都在罗马公共秩序领域还设立了城市治安长官和粮食供应长官。与城市行政长官不同的是,这两个官职均来自骑士阶层,但在官职等级上都低于前者。

城市治安长官是奥古斯都为了解决城市的防火和夜间安全问题于公元前23年创设的,其一开始从属于市政官的治安队。后来,奥古斯都又于公元6年,在先前将罗马城分为14个区的基础上,设置了一种新

---

① 《学说汇纂》(D.1.12.1pr.)。转引自桑德罗·斯奇巴尼选编:《民法大全选译·公法》,第98页。
② 参见[意]朱塞佩·格罗索:《罗马法史》,第271—272页;[意]马里奥·塔拉曼卡主编:《罗马法史纲》下卷,第560—561页。
③ 参见[意]马里奥·塔拉曼卡主编:《罗马法史纲要》下卷,第561页。

的治安队和一个新的官职——城市治安长官。对此,法学家保罗在《关于治安警长官之职》(单卷本)中记载道(D.1.15.3pr.):

> 实际上,(奥古斯都)认为没有人比皇帝更能保护公共事务的安全,而且其他人也没有这样的能力。于是,他在适当的地方创设了7个大队,以使每一个大队保护罗马城内的两个居民区,每一个大队有一个护民官领导,在他们之上有一位于"受尊敬者"地位的人,被称为"治安警长官"(城市治安长官——引者注)。①

城市治安长官除了履行与防止火灾及其他干预手段相关的特别职责以外,还拥有对盗窃、撬门入室、抢劫和窝藏进行预防与处罚的治安权,其权力与上述城市行政长官构成了一种衔接关系,即如果案件本身或犯罪的人身可能被认为是更严重的,就应交由城市行政长官处理。②

粮食供应长官最初是为了配合城邦中一部分有权获得口粮配给的市民而产生的。③ 这一官职的工作有:

> 他必须提供谷物的供应以及公共粮仓(horrea publica)的粮食储备首要所需的其他类型;必须对市场进行干预,以制止投机行为并监管价格;主管在行省的征调和向罗马的运送;监管各类粮食的质量等等。④

---

① 《学说汇纂》第1卷(正义与法·人的身份与物的划分·执法官),第207—209页。
② 参见[意]马里奥·塔拉曼卡主编:《罗马法史纲》下卷,第561—562页。
③ 奥古斯都时代,他设置了两大粮食事务官员,一是来自元老院的粮食配给长官,另一个就是来自骑士阶层的粮食供应长官。
④ [意]马里奥·塔拉曼卡主编:《罗马法史纲》下卷,第562页。

当然，与上述城市治安长官一样，粮食供应长官在涉及管理的范围内还享有一定的司法权。这包括市场里产生的诉讼或者与粮食供应相关的罪行、运输以及类型的问题。

需要说明的是，随着时间的推移，城市治安长官和粮食供应长官的任务日趋繁重。到图拉真时代，在这两个官职身边各出现了2个来自骑士阶层、具有辅助性功能的副长官。①

总之，元首在罗马城的官职在实质上已经取代了共和政制遗存下来的官职。如城市治安长官实际上不仅让市政官的职权失去了权威，也让市政官委托给元老院议员委员会负责的公共渠道、公共工程、台伯河沿岸及河床和城市下水道的保佐官②失去了存在的价值。对于这一趋势和特点，有论者概括道：

> 一种清晰的印象是：与共和制民选执法官职逐渐平行并立的是技术官僚化的职位，随后就是后者对前者的取代；因此，元老院经营的事务被出自皇帝家族或者骑士阶层的人员从事的服务所取代。③

（四）元首在意大利的官职

奥古斯都建立元首制后，为了便于开展行政和司法工作，他将除罗马外北至阿尔卑斯山、南到墨西拿海峡的意大利半岛，划分为11个大

---

① 参见[意]马里奥·塔拉曼卡主编：《罗马法史纲》下卷，第562页。
② 保佐官是由元首从元老院议员中选拔，经元老院同意，主要为了完善共和国管理工作而设立的官职。他们并不像其他元首的官员那样以元首的名义行使职权。参见[意]朱塞佩·格罗索：《罗马法史》，第273页。
③ [意]马里奥·塔拉曼卡主编：《罗马法史纲》下卷，第563页。

区(regiones)，即拉丁姆·坎帕尼亚(Latium Campania)、阿普利亚(Apulia)、卢卡尼亚·布鲁蒂姆(Lucania Bruttium)、塞尼阿姆(Samnium)、皮切诺(Piceno)、翁布里亚(Umbria)、伊特鲁里亚(Etruria)、艾米利亚(Emilia)、利古里亚(Liguria)、威尼斯(Venezia)和坦斯帕达纳(Transpadana)。① 尽管在元首制下，意大利的地方自治得到了相当的尊重和维护，但是元首也试图通过任命在意大利的官职来干预这种自治。

一方面，就行政管理而言，元首对于意大利的干预主要是通过派遣各类保佐官实现的，如公共事务、城市等的保佐官是掌控城市行政管理体制的官员。从图拉真时代开始派遣的具有特殊身份的公有物保佐人，则是由于元首对意大利地方实行财政管理的监督。在卡拉卡拉时代，元首开始对某些地区或者整个意大利，以非常名义不定期地派遣督察。后来，元首派往意大利的部分保佐官成为常设性的官职。②

另一方面，就司法审判事务而论，元首会设置长官进行管理。就刑事案件而言，如果是小型案件，则案件审判权就交给各地方的执法官处理，而上诉案件则呈交给罗马城的近卫军长官和城市行政长官审理。就民事案件的司法管辖权而论，从公元2世纪开始，元首加强了对于意大利民事案件的掌控。哈德良统治时期，他任命了4位执政官，负责在意大利执法。后来，由于这一设置遭到意大利地方的反对，这类执政官被安敦尼·庇护(Antoninus Pius,138—161年在位)废除。到了马尔库斯·奥勒留统治时期，他于公元169年又设置了具有裁判官级别的司法官官职，并一直持续到戴克里先时代。有论者将这一官职的具体职能权限概括为：

---

① 参见［日］盐野七生：《罗马人的故事Ⅵ：罗马统治下的和平》，计丽屏译，中信出版社2015年版，第210—212页。
② 参见［意］朱塞佩·格罗索：《罗马法史》，第274—275页。

第八章　元首制政制的设计

从原则上看,他们的权限是在民事法律领域,以及那些标的超过了自治市执法官权限的所有民事纠纷;除此之外,还有行政领域的权限(市议会的设置、食品的配给、市镇及行会之间关于豁免权的纠纷、粮食供应商的难题等等)。①

此外,与通过保佐官或长官治理意大利不同的是,元首对意大利地方道路维护所设置的官职,则兼具两种方式。由于道路的维护超越了单个意大利大区的权限,因而元首将其所涉及的行政管理和司法权一开始交给了保佐官。后来,随着维护制度的建立,出现了维护长官。马尔库斯·奥勒留统治时期,他用维护行为代理官统一了之前的大道保佐官和维护长官。②

(五) 元首在行省的官职

前已述及,公元前27年,奥古斯都对行省制度进行了改革,他将行省主要分为元老院行省和元首行省,此外还有埃及这一特别行省以及犹太和阿尔卑斯山麓这样的领地行省。③ 其中,元老院行省包括:

(1)西西里岛(Sicilia);(2)撒丁岛(Sardegna)和科西嘉岛(Corsica);(3)西班牙境内伊比利亚(Iberia)半岛的贝提卡(Baetica)地区;(4)领土从南法延至瑞士的高卢(Gallia Narboensis)行省;(5)靠近希腊北部的马其顿(Macedonia)行省;(6)希腊南部的亚该亚(Achaia)行省;(7)小亚细亚(Asia Minor)西部的亚细亚行省;

---

① [意]马里奥·塔拉曼卡主编:《罗马法史纲》下卷,第564页。
② 参见[意]马里奥·塔拉曼卡主编:《罗马法史纲》下卷,第563—564页。
③ 参见徐国栋:《行省制度的确立与罗马法》,第149—150页。

(8)小亚细亚北部的比提尼亚(Bithynia)行省;(9)克里特(Crete);(10)塞浦路斯(Cyprus)两岛;(11)东邻埃及的昔兰尼加(Cirenaica);(12)原属旧迦太基(Carthage)领土的阿非利加(Africa)行省;(13)原属旧努米底亚(Numidia)的努米底亚行省。①

元首行省包括:

(1)伊比利亚半岛(Ibérian Peninsula)西部的卢西塔尼亚(Lusitania)行省;(2)伊比利亚半岛东部的塔拉戈纳西班牙行省(Hispania Tarraconensis);(3)南法以外的高卢(Gallia)全境;(4)伊利里亚(Illyricum)、达尔马提亚(Dalmazia)地区;(5)亚细亚东南部的西里西亚(Cilicia)行省;(6)叙利亚(Syria)行省。②

需要强调的是,这些行省的设置并不是固定不变的,元老院行省和元首行省之间有时会发生一些调整,如比提尼亚行省就于公元135年由元老院行省变成元首行省。

至于奥古斯都这样区分的原因,公元2世纪末古罗马史学家卡西乌斯·迪奥认为,奥古斯都"这样安排的真正目的是剥夺元老院的军权,使之无实力,他可以独掌大权"③。但是,斯特拉波(Strabone)等更多人则认为,这是奥古斯都出于军事防卫的现实考量而设定的,即元首掌控那些尚有军事防卫需要的地区,亦称"非和平(non pacatae)行省";

---

① [日]盐野七生:《罗马人的故事Ⅵ:罗马统治下的和平》,第44页。
② [日]盐野七生:《罗马人的故事Ⅵ:罗马统治下的和平》,第45页。
③ [古罗马]卡西乌斯·狄奥:《罗马史》,第12章,载林志纯主编:《世界史资料丛刊·上古史部分·罗马帝国时期》(上),李雅书选译,商务印书馆1985年版,第15页。

而元老院则控制那些不需要驻扎军团的"和平行省"。① 同时,这样的划分也与元首制时期国库的二元设置相对应,元老院行省的税收归萨图尼金库,而元首行省的岁入则收入凯撒国库。

经过奥古帝都的改革,罗马行省逐渐从罗马海外的领土开始向帝国的地方行政单位转变。由此,行省的政制设置及管理就日益重要起来。

既然元老院行省和元首行省在军事上的重要性存在上述的差别,那么,奥古斯都对于两种行省派驻的官职也是不同的。

一方面,元老院行省由于在军事战略上并没有那么重要,于是,奥古斯都大致还是按照共和国时代原有的官制形式进行管理。元老院行省总督由担任过执政官或裁判官的代行执政官②治理,任期1年,经元老院决议可以再延长1年。具体按照公元前52年《关于行省官职的庞培法》的规定执行,即"只有自卸任罗马城邦官职之日起间隔五年之后,才能担负行省治理工作"③。同时,这些前执政官和前裁判官还需要通过抽签来决定具体任职于哪个行省,并对已婚和子女较多的人给予优待。④ 元老院行省总督在行省享有民事行政管理和司法的权力,并从奥古斯都时代开始与元首的其他官员一样享有固定的薪酬。对于元老院

---

① 参见[意]马里奥·塔拉曼卡主编:《罗马法史纲》下卷,第565页。
② 黄风教授在《罗马法史》中,将这一官职翻译为"行省执政官"。参见[意]朱塞佩·格罗索:《罗马法史》,第275页。
③ [意]朱塞佩·格罗索:《罗马法史》,第275页。
④ 根据日本学者盐野七生的记载,奥古斯都统治时期颁布的《尤里乌斯正式婚姻法》对有孩子的公职人员有如下明确的优待内容:"一、由公民大会投票选举的公职人员,在得票数相同的情况下,将按多子女者、有子女者、已婚者、独身者的优先顺序当选。二、由奥古斯都实际操控的元老院议员的人选,如果候选人的资格、能力在同等水平,也按以上的顺序决定。三、元老院决定的元老院行省的总督人选,同样遵守上述的条件。"[日]盐野七生:《罗马人的故事Ⅵ:罗马统治下的和平》,第126页。

行省的总督,卡西乌斯·狄奥这样写道:

> 后来他(奥古斯都——引者注)规定元老院所属诸省的总督应每年抽签选举,对已婚而且子女较多的元老予以优待。这些元老院省总督均由元老院在公开会议上投票委派。他们不佩剑,不穿军装,名义是"代行执政官"。不仅过去作过执政官的给这名义,其他只作过大法官(裁判官——引者注)或"代行大法官"的元老,只要被任命为元老院省的总督,都给以"代行执政官"头衔;他们在首都都可拥有武装卫士,离开首都圣城时,立即可以采用标识他们官职的徽章,直到回来以前,可以经常佩戴。①

在元老院行省,总督一般会得到一些特使和财政官的协助,这些官员都被授予"行省裁判官治权"。其中,就特使而言,驻前执政官的行省一般会配有3名特使,而驻前裁判官的行省只会配有1名特使。就财政官而论,每个元老院行省都会配有1名。比较特殊的是,这些财政官虽在名义上从属于行省总督,但却直接听命于元首的骑兵代理官。②

综上可知,尽管元老院行省在很大程度上延续了共和政制中关于行省的官制,但是由从总督到财政官等各官职的人选来看,这些官职多少会受到元首的干预与影响。对此,卡西乌斯·狄奥说道:

> 在属于元老院的行省,只有亚细亚和阿非利加省的总督由他(奥古斯都——引者注)指定派卸任执政官去担任。其余省份都派

---

① [古罗马]卡西乌斯·狄奥:《罗马史》,第13章,载林志纯主编:《世界史资料丛刊·上古史部分·罗马帝国时期》(上),李雅书选译,商务印书馆1985年版,第16—17页。
② 参见[意]马里奥·塔拉曼卡主编:《罗马法史纲》下卷,第567—568页。

卸任大法官(裁判官——引者注)。……后来由于有些人政绩欠佳，这种任命才该由皇帝亲自监督。因此，在一定程度上可以说元老院所属省的总督也是皇帝任命。他曾命令按行省实数核准总督人数，并依他的主张而定夺人选。后来有些皇帝甚至派自己的亲信到元老院省，而且许可一些人任期多过一年，有时派骑士级不派元老。①

甚至到了公元3世纪盖勒里努斯(Gallienus，253—268年在位)统治时期，为了应对外来入侵，元首接管了元老院行省，开始直接任命元老院行省总督。②

另一方面，显而易见的是，元首行省的总督则是元首依据其意志直接任命的。被任命的人是从元老院议员、前任执政官、前任裁判官或者骑士阶层中选出的。从元老院议员、前任执政官和前任裁判官选出的总督被统一称为"代行裁判官"，③这一官职在理论上比前述被称为"代行执政官"的元老院行省总督的地位要低一些；而从骑士阶层选出的总督被称为"元首代理官"。

元首对于代行裁判官的任期并没有明确的规定，理论上他们可以一直担任到元首去世，但一般而言，这一官职的任期在3到5年之间。至于那些出身于前任执政官的代行裁判官，元首一般会将其派往叙利亚等比较大的行省。与元老院行省辅助性官职不同的是，元首行省用"侍从官"取代了元老院行省中的特使，以"凯撒代理人"代替了元老院

---

① [古罗马]卡西乌斯·狄奥：《罗马史》，第14章，载林志纯主编：《世界史资料丛刊·上古史部分·罗马帝国时期》(上)，李雅书选译，商务印书馆1985年版，第18页。
② L. Homo, *Roman Political Institutions: From City to State*, Routledge, 1966, pp. 349-341.
③ 黄风教授在《罗马法史》中将这一官职翻译为"行省裁判官"，参见[意]朱塞佩·格罗索：《罗马法史》，第275页。

行省中的财政官。此外,在元首行省,元首还会派出一种"司法特使",也称"行省司法官",代表行省总督在整个行省或者其中的特别地区行使司法职能。①

需要说明的是,在元首行省中还有一种是由元首直接从骑士阶层任命总督的特殊行省,亦称"领地行省"。这一行省主要是罗马新近征服的地区,其经济、文化、政治和社会生活等尚不发达。对于这种行省,元首完全将其托付给骑士阶层成员,他们有时被命名为"行政长官",但更常被人称为"元首代理官"。较之前面元老院行省的代行执政官和元首行省的代行裁判官,领地行省的元首代理官则享有更为广泛的权力,涉及军事、财政、民事和司法等诸多事务。

除了元老院行省和元首行省之外,还有一个比较特殊的行省——埃及行省。由于元首被看作是托勒密(Tolomei)王朝的继承人,因此,埃及行省"因一种人身联系而同帝国结合在一起"②。公元前30年,随着罗马对埃及的征服,罗马在此设置了"埃及亚历山大城行政长官"(也称"埃及行政长官")一职。后来,元首任命出身于骑士阶层的一名官员担任埃及行政长官,全权代理元首治理埃及。对于这样的安排,塔西佗认为:

> 在未经许可的情况下,奥古斯都不仅禁止元老院议员,而且禁止高级骑士进入该行省,目的在于防止叛乱的可能性。③

同时,需要我们注意的是,埃及行政长官被赋予的那种如同行省总督般的

---

① 参见[意]马里奥·塔拉曼卡主编:《罗马法史纲》下卷,第568页。
② [意]朱塞佩·格罗索:《罗马法史》,第276页。
③ Tac. ann. 2. 59. 转引自[意]马里奥·塔拉曼卡主编:《罗马法史纲》下卷,第569页。

"治权"不是源于元首,而是源于民众大会的法律。对此,有论者指出:

> 这里讨论的行政长官是皇帝的一位吏员,不仅仅涉及他的任命和可能的撤销,而且也牵涉到他具体职权的行使。一部旨在对(业已吸收进来的)埃及的行政管理体制进行规范的民众大会法律可能已经承认了,皇帝授权他的一名代表来行使其统治权力,但是,不能够承认这名行政长官拥有跟行省总督类似的权力,这涉及的似乎是一个独立自主的机构。①

尽管埃及行政长官的地位与前述元老院行省的代行执政官和元首行省的代行裁判官有所不同,但是他们的权力范围大致相当。至于其辅助性官职,大致由两方面组成:其一是被罗马统治者保留下来的原托勒密王朝的一些官职;其二是元首在埃及行省的一些设计,如负责司法的司法官、负责财政方面的财务官和负责行政管理的事务官等。②

为了保证行省总督对于元首意志的实现,从奥古斯都开始,帝国的巡察机制被建立起来。这一巡察机制包括行省巡察机制和中央巡察机制两大方面。行省巡察主要是"以行省总督为核心的行省管理机构贯彻中央的意志、管理行政的主要方式"③。例如,行省总督在巡察过程中发现问题,须及时向元首汇报、请示。目前被发现的小普林尼担任比提尼亚总督的2年间向图拉真汇报巡察信息的书信就有70多封,内容涉及防务、公民权、城建、交通、司法、税收等。中央巡察则具体包括特使

---

① [意]马里奥·塔拉曼卡主编:《罗马法史纲》下卷,第570页。
② 参见[意]马里奥·塔拉曼卡主编:《罗马法史纲》下卷,第570页。
③ 李大维:《公元1—2世纪罗马帝国的巡察机制》,载《安徽史学》2017年第5期,第110页。

巡察和元首巡察两种形式。前者的任务是专门监督行省的财政收支和审理经济案件；后者则是元首亲自巡察行省，如哈德良继位后便开始在行省展开全面巡察。①

总之，通过奥古斯都以及后来元首制时期的多位元首在行省官制上的设置，元首对于行省的控制力明显得到加强，行省的秩序和正义在元首官制的帮助下也得到了实现。元首在行省官制上的设置"将本是寡头统治者贪污腐化老巢的行省转变成可有效统治的帝国的组成部分"②。对此，英国学者特威兹穆尔也指明了这一变化：

> 对于行省来说，自从被那些贪得无厌的同执政官们剥削压榨的苦难日子结束以来，奥古斯都就是一位无私的和亲切的保护者。各行省对于元老院和人民的既无情又无能的统治是领教得太多了，因此它们无论如何也不希望再看到这种统治。甚至青年人都在自己面前看到了一个更加美好的、充满希望的未来，因为现在即使普通阶级出身的年轻人也有了从政的机会，并且从这些职位都能取得适当的报酬。③

与此同时，与共和国遗存官制相比，元首的官制是围绕着权力的集中而展开的，符合元首政制集中权力的客观要求。于是，罗马政制一个显而易见的变化就在于：体现阶级身份的共和国官制逐渐退场，一种体现帝国制度的官制逐渐发展起来。

---

① 参见李大维：《公元1—2世纪罗马帝国的巡察机制》，第113—116页。
② ［德］赫尔弗里德·明克勒：《帝国统治世界的逻辑：从古罗马到美国》，阎振江、孟翰译，中央编译出版社2008年版，第68页。
③ ［英］特威兹穆尔：《奥古斯都》，第189页。

第九章　元首制的危机与君主专制的建立

元首制作为奥古斯都的一项政治发明,不仅解决了共和政制无法应对帝国版图扩大后所引发的诸多问题,而且通过一种兼容共和制与君主制的特殊政制设计,成功地使罗马从一个以意大利为中心的城邦国家,走向一个以地中海为"内湖"的庞大帝国。用美国学者迈克尔·多伊尔(Michael Doyle)的话讲,正是奥古斯都的改革使罗马共和国转变为罗马帝国,完成了很多帝国没有完成的从军事扩张到政治巩固的转化,使罗马"跨越奥古斯都门槛",①为罗马帝国又带来了200多年的和平与繁荣,达成"罗马治下的和平"。英国学者吉本甚至认为这一时期是人类历史上最伟大的时代:

> 基督纪元2世纪的罗马帝国,据有世上最富饶美好的区域,掌握人类最进步发达的文明。自古以来声名不坠而且纪律严明的勇士,防卫疆域辽阔的边界。法律和习俗虽然温和,却能发挥巨大的影响力,逐渐将各行省融合成为整体。享受太平岁月的居民尽情挥霍先人遗留的财富和荣光。②

---

① Michael W. Doyle, *Empires*, Cornell University Press, 1986. 转引自[德]赫尔弗里德·明克勒:《帝国统治世界的逻辑:从古罗马到美国》,第47页。
② [英]爱德华·吉本:《罗马帝国衰亡史Ⅰ》,第1页。

然而,与共和政制危机相类似的是,随着罗马帝国社会各方面情势的发展与变化,奥古斯都所涉及的元首政制发展到塞维鲁王朝时期也出现了危机,甚至在公元235—284年,还出现了50年的"军事混乱时期"。面对"公元3世纪危机"①,罗马政制做出了再一次的调整。作为"帝国拯救者"的戴克里先创建了君主专制,成功将罗马帝国带回正轨,赋予帝国以新的生命。

由此,罗马政制史进入了第六个阶段,即君主专制时期。

一、 元首制的危机

公元前23年,奥古斯都确立的元首政制在经过朱理亚·克劳迪王朝与弗拉维王朝的巩固和发展后,在安敦尼王朝(96—192)达到鼎盛状态,甚至出现了"五贤帝时代"(96—180)。然而,随着公元192年安敦尼王朝最后一位元首康茂德(Commodus,180—192年在位)被杀,罗马元首政制就逐渐呈现衰颓之势,元首制出现危机。据统计,从公元14年到公元192年的近180年间,除去尼禄(Nero,54—68年在位)死后的短暂内战时期有3位不成功的元首,只出现了14位元首,而在从公元193年到公元293年的100年间出现了超过70位元首。危机出现的原因和表现是多方面的,大体包括如下一些内容。

(一) 军队对元首继承的干预

前已述及,元首制的"继承方式既不是王朝继承,也不是真正选

---

① 学界关于"公元3世纪危机"的起点存在争议,有论者认为危机起点是公元192年康茂德被杀,也有论者认为危机起点是公元235年塞维鲁王朝亚历山大·塞维鲁被杀。参见张晓校:《戴克里先研究》,第3—4页。

举"①,而是一种介于王朝继承血缘传承和符合罗马传统选举之间的收养制度。虽然这种收养制度一定程度上化解了前文提及的"元首制的软肋"问题,且该制度在公元69年底又得到《韦斯巴芗谕令权法》第7条第2款的侧面支持,但明确的元首继承法的缺失,为军队依武力干预元首继承留下了空间。

实际上,早在元首制初期,元首的近卫军就开启了这样的先例。公元41年,近卫军先是杀死元首制时期第3位元首卡里古拉(Caligula,37—41年在位),又把紫袍披在了克劳迪身上。对此,历史学家评论说,近卫军拥立克劳迪为元首,"第一次清晰地证明了近卫军拥有选择元首继承人的权力"②。甚至在公元193年,罗马还出现了近卫军"拍卖帝位"的闹剧。③ 吉本指出:"禁卫军几乎是每次帝位篡夺的幕后主使人,迫使帝国步入分崩离析的地步。"④

除了元首身边的近卫军可以动用武力干预元首继承以外,后来的行省军团也加入了这一行列,古罗马史学家塔西佗将其称为"帝国的秘密",行省军队和罗马城内的近卫军一样,可以在外地拥立元首。⑤ 据笔者统计,"军事混乱时期"之前,在包括奥古斯都在内的所有22位元首中,有8位元首是被近卫军拥立的,有3位是行省军团拥立的,比例分别是36%和14%;到了"军事混乱时期",在19位元首中,军队拥立的元首有14位,比例上升到74%。⑥ 人们甚至把"军事混乱时期"的元首戏

---

① [美]爱德华·勒特韦克:《罗马帝国的大战略:从公元一世纪到三世纪》,时殷宏、惠黎文译,商务印书馆2008年版,第132页。
② Arthur E. R. Boak, *A History of Rome*, The Macmillan Company, 1921, p.275. 转引自张晓校:《罗马帝国近卫军的政治角色》,载《世界历史》2019年第5期,第112页。
③ 参见张晓校:《罗马近卫军史纲》,第204—209页。
④ [英]爱德华·吉本:《罗马帝国衰亡史Ⅰ》,第19页。
⑤ [古罗马]塔西佗:《历史》,王以铸、崔妙因译,商务印书馆2017年版,第5页。
⑥ 具体元首名称及继位方式,请参见本书附录。

称为"军营元首",足见军队在元首制后期对于罗马元首继承的严重干预。甚至在公元212年,卡拉卡拉的近卫军长官马克里努斯(Macrinus,217—218年在位)直接谋杀了元首,开创了由近卫军长官直接成为元首的先例。

军队在元首制后期严重干预元首继承的原因是多方面的,其中最为重要的原因有两个:一是元首制对于军队的依赖,构成了元首制存在的前提;二是元老院对于元首继承程序性干预的减弱。

就前者而言,奥古斯都之所以能够建立并推行元首制,很大程度上是因为他在军事上的胜利以及背后军事力量的支持。公元前27年,奥古斯都放弃诸多原共和政制下的权力,但保留整个帝国范围内的"行省总督治权",并建立负责罗马及其自身防卫的近卫军,就是试图牢牢把握住军队来维系自己的统治权力。因此,元首政制从一开始就与军队紧紧结合在一起,并以此作为先决条件和保障。当元首的个人威望和对军队的控制力较强时,他们之间相安无事,但当这种控制力减弱甚至不存在时,就会出现上述军队干预元首继承的问题。对此,爱德华·吉本说:

> 专制政体固然需要使人畏惧的奴仆,却给本身带来致命的威胁。皇帝(元首——引者注)将禁卫军(近卫军——引者注)派进宫廷和元老院,等于是教他们窥视自己的实力和文官政府的弱点。保持距离和神秘才能使人对无所知的权力产生敬畏之心,要是对主子的败德恶行了如指掌,就难免产生蔑视的心理。他们驻扎在富庶的城市,整日无所事事过着闲散的生活,感觉自己具有无可抗拒的力量,越发骄纵自满。尤其是君主本身的安全、元老院的权力、国家的金库和帝国的宝座,无可隐瞒落于他们的掌握

之中。①

就后者而论,在奥古斯都创立收养制度时,继位元首得到元老院的认可不仅是必不可少的程序,而且也是奥古斯都对于共和政制表面上尊重的重要体现。在某种程度上,元老院的确认程序是继任元首获得合法性的重要标志。②"四帝争立时期"(68—69)维特里乌斯(Vitellius)开创了元首统治期从获得军队承认时算起而不是从元老院授职当天算起的先河。公元282年卡路斯(Carus,282—283年在位)被拥立为元首时,元老院在程序上对元首继位的批准被彻底取消。③ 这表明元老院在元首继承中的权力已经丧失殆尽,在元首政制中,元首继承的共和元素就连表面上的存在也失去了必要。

总之,军队对于元首继承的严重干预,影响了元首政制的正常运行。罗马元首制时期,凡是政治运行良好的盛世王朝,大都是元首对于军队掌控力量强并尊重元老院确认的时候。相反,在公元235年亚历山大·塞维鲁被杀后,罗马元首政制因丧失了对军队的控制,出现了"军事无政府状态"的危机。④

(二) 罗马、意大利对于行省主导地位的丧失

罗马元首制的历史在很大程度上可以说是行省的历史。蒙森1885年出版的《罗马史》第5卷就是有关行省制度的,卷名为"从恺撒到戴克

---

① [英]爱德华·吉本:《罗马帝国衰亡史Ⅰ》,第117—118页。
② 参见[美]理查德·J. A. 塔尔伯特:《罗马帝国的元老院》,第426—427页。
③ 参见王明毅:《从元首制到君主制——罗马帝国专制主义的确立》,载施治生、刘欣如主编:《古代王权与专制主义》,中国社会科学出版社1993年版,第320页。
④ [意]朱塞佩·格罗索:《罗马法史》,第309页。

里先时期的罗马行省史"。① 元首制时期罗马行省制度最大的变化就是:奥古斯都设定的意大利对于行省的主导管理体制,随着行省自身的发展,已经无法维系。学者安德森甚至说:"元首制的历史就是大规模的帝国中央权力行省化的过程。"②

前已述及,从布匿战争开始,罗马的行省是在长期的征服战争中逐渐建立并增多的。奥古斯都时期,罗马和意大利仍旧保持了对于行省的支配与统治地位,享有诸多特权。一方面,意大利享有土地税的豁免权,仅需要支付为数不多的间接税;另一方面,行省则需要向罗马缴纳沉重赋税,甚至行省以及行省内所有的土地、财产和居民被视为"罗马人民的财产"。对此,生活在公元2世纪的法学家盖尤斯在《盖尤斯法学阶梯》中说道:

> 属于同样情况的还有行省土地,它们有的被称为贡地,有的被称为纳税地。如果土地处于被认为归罗马国家所有的行省之中,是贡赋地;如果土地处于被认为归皇帝所有的行省之中,则是纳税地。③

然而,随着"罗马统治下的和平"出现,行省经济迅速发展,意大利逐渐失去了经济中心的地位。至弗拉维王朝时期,意大利经济的衰落已经非常明显,工商业已经向行省转移。在塞维鲁王朝时期,出身阿非利加行省的塞维鲁更加注重发展东部行省、阿非利加、叙利亚和多瑙河行省

---

① 参见冯定雄:《特奥多尔·蒙森与罗马史研究》,第18页。
② [英]佩里·安德森:《从古代到封建主义的过渡》,第47页。
③ Gai. 2,21. 参见[古罗马]盖尤斯:《盖尤斯法学阶梯》,第60页。

的经济。①

伴随着经济地位的提升,行省在罗马元首政制的地位也发生了变化。元首制初期,罗马和意大利贵族的势力几乎垄断了罗马元首政制。上至元首本人,中到各行省总督,下至各行省官员,基本上都来自贵族。然而,由于内战(68—69)的打击以及专断元首的迫害,罗马贵族日渐没落。"直到公元96年,元首都来自罗马和意大利,此后帝国则由出身行省的'外人'统治。"②涅尔瓦是最后一位出身于意大利旧贵族的元首,而来自西班牙行省的图拉真则是第一位行省出身的元首。后来,非意大利出身的元首比比皆是。公元193年以后,几乎所有的元首都来自帝国边境的行省。除了越来越多的元首来自行省以外,出身行省的元老人数也变多了。据统计,内战后韦斯巴芗积极支持东部行省贵族进入元老院;马尔库斯·奥勒留统治时期,行省元老中东方元老占到了绝大多数;在塞维鲁时期,来自行省的元老总体上超过了来自意大利的元老,占到总数的50%以上。③此外,随着时间的推移,出身行省的骑士阶层在行省官职中所占的比例也在公元2世纪以后超过了来自意大利的骑士阶层。

随着行省经济的发展和政治地位的上升,行省居民逐渐在法律上获得了与罗马人和意大利人一样的公民权。如韦斯巴芗就把罗马公民权授予罗马化程度较高的西班牙地区,塞维鲁授予东部行省许多城市以罗马殖民地权利或意大利权。公元212年,马尔库斯·奥雷利乌

---

① 参见王振霞:《公元3世纪罗马政治与体制变革研究》,社会科学文献出版社2014年版,第63—65页。

② Aurelius Victor, *Epitome de Caesaribus*. 转引自王振霞:《公元3世纪罗马政治与体制变革研究》,第65页。

③ Mason Hammond, "Composition of the Senate, A. D. 68-235", *The Journal of Roman Studies*, Vol. 47, No. 1/2(1957), pp. 74-81.

斯·安东尼努斯(Marcus Aurelius Antoninus,211—217年在位)颁布《安东尼努斯敕令》(Constitutio Antoniniana),①亦称《卡拉卡拉②谕令》,授予帝国所有臣民以罗马市民籍(D.1.5.17.)。③ 这一谕令标志着罗马、意大利已经丧失对于行省的主导地位。对此,格罗索指出:

> 这一谕令也是标志着意大利霸权衰落的缓慢发展进程的结果,在此进程中,军队迅速地行省化。……它不是以早期的市民观念为基础,而是以那种较一般的臣民观念为基础。④

库朗热也认为:

> 诏令没有令当时人感到震惊,也未为史家所注意的事实可见,这种变化是慢慢完成的,诏令不过是这种变化的法律表达而已。⑤

然而,在罗马公民与非公民之间身份差别逐渐消失的同时,哈德良在位期间,帝国疆域内的居民却在司法领域被分为"上等人"和"下等人",

---

① 关于《安东尼努斯敕令》的文本及其内容,详见杨馨莹:《〈安东尼努斯敕令〉研究》,载陈景良、郑祝君主编:《中西法律传统》第15卷,中国政法大学出版社2019年版,第392—434页。
② 卡拉卡拉(Caracalla)是马尔库斯·奥雷利乌斯·安东尼努斯的绰号,源于他经常穿的一种风格独特的军用斗篷(caracallus)。参见[英]玛丽·比尔德:《罗马元老院与人民:一部古罗马史》,第536页。
③ 当然,有论者认为公元212年《卡拉卡拉谕令》的颁布很大程度上是因为国库空虚,发不出军饷,卡拉卡拉元首试图通过扩大罗马公民权的办法来扩大税源。参见厉以宁:《罗马—拜占庭经济史》上册,第260—261页。此外,还有论者认为,卡拉卡拉此举是为了塑造自己"父君主"的形象。参见刘津瑜:《罗马史研究入门》,第43页。
④ [意]朱塞佩·格罗索:《罗马法史》,第308页。
⑤ [法]库朗热:《古代城邦——古希腊罗马祭祀、权利和政制研究》,第358页。

两者在定罪量刑方面有所差别。前者包括元老、骑士、地方显贵、退役士兵等,其余则属于后者。①

公元3世纪末,由于行省地位的提升,罗马帝国的版图已经不再是以罗马、意大利与外部行省进行区分,而是形成了三个大区:(1)包括西班牙、高卢和不列颠在内的西部区;(2)包括意大利、阿非利加和多瑙河地区的中部区;(3)包括几个东部行省在内的东部区。

伴随着罗马、意大利对于行省主导地位的丧失,一方面,罗马帝国已经不再是罗马、意大利统治的帝国,而是发展成为得到所有行省共同认同的帝国;另一方面,行省地位的提升使得行省力量开始成为左右罗马元首选任的重要力量。以"军事混乱时期"为例,在帝国境内除了不列颠和西班牙行省,叙利亚、小亚细亚、希腊、埃及、高卢和阿非利加全都积极地拥立自己的领导人为帝国的元首。

(三) 外敌入侵引发元首共治现象的出现

公元3世纪前,由于罗马派驻行省军团以及边境防御体系的良好运转,罗马几乎没有太多的外患问题。但是,到了公元3世纪,随着外族的入侵,外患问题开始深刻影响罗马元首政制。

从公元235年马克西米努斯(Maximinus,235—238年在位)执政时起,罗马便逐渐开始遭受外族的入侵。② 公元251年,多瑙河外的哥特人击毙罗马元首戴西乌斯(Decius,249—251年在位),突破了罗马帝国的多瑙河防线,打通了前往罗马帝国的道路。法兰克人于公元256年

---

① 参见刘津瑜:《罗马史研究入门》,第41页。
② 关于公元235年至284年外敌入侵罗马帝国的详细情况,参见李雅书、杨共乐:《古代罗马史》,第250—251页。

开始进入高卢行省。公元260年,波斯帝国萨珊王朝①(Sassanid Empire,224—651)的沙普尔一世(Sapor I)在埃德萨之战大败罗马帝国,俘虏了罗马元首瓦勒里安(Valerianus,253—260年在位)。叙利亚行省长官奥登纳图斯(Septimius Odaenathus,？—267)在打败沙普尔一世后,竟然占据叙利亚、埃及等行省,建立了帕米拉帝国(Palmyrene Empire,260—273)。在西部,公元261年,高卢驻军司令官盖尤·拉提尼乌斯·波斯图姆斯(Gaius Latinius Postumus,261—268年在位)率军脱离罗马,自立为帝,建立了包括日耳曼、不列颠和西班牙在内的高卢帝国(Gallicrum Empire,261—273)。②

帝国在东方和西方同时遇到的侵扰,越来越暴露出罗马元首制在体制上的弊端:"单一的中央权力不能治理如此广袤的帝国,更不能抵御沿大约1万公里边境出现的入侵。"③

为了应对这一危机,公元253年,瓦勒里安和其子盖勒里努斯(Gallienus,253—268年在位)实施共治,瓦勒里安统治帝国东部,负责与波斯的作战,盖勒里努斯则统治西部。后来,这样的情况在公元282年又出现了一次,卡路斯和卡里努斯(Carinus,283—285年在位)父子为了应对紧迫的形势,也实行了分区共治。④ 实际上,共治并非瓦勒里安的首创,这种形式早在王政时期就存在过,即罗莫洛和萨宾人首领蒂托·塔齐奥(Tito Tazio)两"王"统治。共和国时期的二人执政官制度,在某

---

① 萨珊波斯是从波斯故地的地方政权发展而来,中国史书亦称"波斯"。其创始人是阿尔达希尔一世。其祖父萨珊,传说是伊斯塔克城阿纳希塔庙的祭司。参见李零:《波斯笔记》上册,第29页。
② 割据的帕米拉帝国和高卢帝国分别于公元272年和273年重新合并于罗马帝国。
③ [英]巴里·尼古拉斯:《罗马法概论》,黄风译,法律出版社2000年版,第11页。
④ 参见[英]爱德华·吉本:《罗马帝国衰亡史Ⅱ》,席代岳译,吉林出版集团有限责任公司2016年版,第375—380页。

第九章　元首制的危机与君主专制的建立

种程度上也是一种共治。到了元首制时期,这种共治的形式在涅尔瓦和图拉真统治时期、马尔库斯·奥勒留和瓦鲁斯(Lucius Verus,161—169 年在位)统治时期、卡拉卡拉和盖塔(Geta)统治时期、戈尔第亚一世和戈尔第亚二世(Gordian Ⅱ,238 年在位 1 个月)统治时期、巴尔比努斯(Balbinus)和普皮安努斯(Puoienus,238 年在位 3 个月)统治时期以及菲利普和菲利普二世(Philip Ⅱ,244—249 年在位)统治时期,都曾经出现过。一方面,元首共治可以减轻一个元首治理帝国和防御边境的重担;另一方面,也可以在一定程度上防止篡位。这一应对方式为后来君主专制时期"四帝共治"的出现打下了基础。

此外,外敌入侵引发的一个附带结果是罗马城作为帝国首都的战略地位开始下降。元首由于需要长期赴前线督战,驻留罗马的时间有限。随着时间的推移以及战事的频繁,他们更愿意选择驻跸于战略位置更为重要的要冲之地。例如,戴克里先后来住于欧亚交界处的尼科米底亚(Nicomedia),马克西米安住于阿尔卑斯山脚下的米兰。[①]

综上,公元 3 世纪后,由于元首对于军队掌控力的丧失、地方行省地位的提高以及外敌的不断侵扰,奥古斯都所设计的元首制在此时已经无法应对上述危机,原来那种以罗马、意大利为中心并照顾罗马政制传统的政制设计思路不得不做出改变。对此,格罗索指出:

> 罗马世界曾经通过保持传统的连续性的做法发展着自己各方面的制度,它把新的成分和力量注入自己的传统,创建了一个宏大的家园,把不同的民族汇集于其中。然而,这个罗马世界现在却走到了崩溃的边缘。那些代表着罗马的传统主义和本位主

---

① 参见张晓校:《戴克里先研究》,第 34—35 页。

义的东西,那些体现着罗马人或意大利人在帝国中的统治地位的东西(但罗马的精神和实力已不再与之相适应),现在必须向普遍的同等化趋势让步;其他力量,其他精神必定在罗马人建造的这个家中取得生活的领导地位,将所有已成为毫无用处的家庭纪念品的东西统统抛弃,仅仅保留罗马传统中那些具有普遍价值的内容。①

二、戴克里先君主专制的建立

公元284年,出身低微的高级军官C.瓦勒里·戴克里(C. Valerius Diocle)被军队拥立为元首,并取名C.瓦勒里·奥勒留·戴克里先(C. Valerius Aurelius Diocletianus,284—305年在位)。戴克里先通过征战结束了帝国的分裂,成为帝国唯一的统治者。

面对公元3世纪的危机,戴克里先如同元首制的发明者屋大维一样,在体察旧有政制的不合时宜之后,在罗马帝国建立了君主专制(Dominus),亦称"多米努斯"②或"多米那提制"。对此,吉本评价道:

戴克里先与奥古斯都一样,被视为新帝国的奠基者,就像凯撒的养子是一位极其出色的政治家,绝非统兵征战的勇将。他们能用策略获得成果,尽可能不使用武力。③

---

① [意]朱塞佩·格罗索:《罗马法史》,第310页。
② "多米努斯"最初不是指统治全国的一国之君,而只是表示对自己家养奴隶握有绝对权力的主人。后来,Dominus Noster的称谓进入了正式法令和公共纪念碑的铭文之中,成为常见的对最高统治者的谄谀之词。参见李雅书、杨共乐:《古代罗马史》,第252页下注。
③ [英]爱德华·吉本:《罗马帝国衰亡史Ⅱ》,第389页。

为了恢复帝国中央的权力,加强以皇帝为中心的帝国权威,防止行省的分裂主义倾向,抵御外族的入侵,戴克里先在帝国治理原则上用君主专制取代了元首制,①不仅在名义上,而且在实质上成了专制君主。

首先,在称号上和仪式上,戴克里先抛弃了元首制时期还留存的共和政制的残余,不再宣称自己是第一公民,而是主宰罗马世界一切的君主。除他之外的一切罗马人,对他而言都是卑躬隶属意义上的存在。另外,他还通过极具东方特色的礼仪来凸显自己专制君主的地位。对此,古罗马史学家尤特罗庇乌斯(Eutropius,约320—387)记载道:

> 他(戴克里先——引者注)首次为罗马帝国创制了宫廷的礼仪规范以取代罗马人的传统自由,他下令让自己如神明一般受到膜拜,而在他之前的所有君主则只接受他人的致敬。他还用珠宝装饰自己的衣服和鞋子,而在此前,作为皇权的标志只是紫袍罢了,其余的都一如凡民。②

戴克里先改变了元首制时期元首身穿一袭紫袍抛头露面的朴素、亲民传统,选择公开效仿萨珊波斯君主,头戴王冠,身穿有着丝金和珠宝的紫袍,并要求臣下觐见时行跪拜吻袍之礼,远离臣民,行事诡秘。对此,科瓦略夫评论说:

---

① 尽管君主专制是戴克里先开创的,但蒙森指出戴克里先并不是使用"Dominus"的第一人,之前的奥勒里安(Aurelian,270—275年在位)就曾经使用过这一名号。See Theodor Mommsen, *A History of Rome under the Emperors*, English translation by Clare Krojzl, Taylor & Francis e-Library, 2005, p. 321.

② [古罗马]尤特罗庇乌斯:《罗马国史大纲》,谢品巍译,上海人民出版社2011年版,第106—107页。

这全部的宫廷礼节是追求双重的目的:一方面来说,给元首本人环绕上一层超人伟大的圣光,在他和世间普通人之间掘一道鸿沟;另一方面是警卫元首使不致遭受在3世纪中间如此频繁的暗害行为。①

此种外在威严仪式的另一重要作用在于"将皇帝的人格提升到超越俗众的状态,并且基于并无凡人能够取而代之的预设,借此以抵御推翻他的企图"②。尽管元首政制的实质也是君主制,但戴克里先开创的君主专制与屋大维元首制最大的不同在于:"奥古斯都的目的是要尽力遮盖掩饰,戴克里先是要全力展现唯恐不被人知。"③

其次,戴克里先还宣扬一种"君权神授"的观念,将自我界定为罗马的主宰者和神。这一改变意味着戴克里先认为:

君主不再由选举产生,不再强调"君权取自于民"的原则,而强调"君权受命于天"。戴克里先自称是"众神之父"——朱庇特的儿子,他说他的权力不是得之于元老院或公民大会,而是得之于"天"。④

应该说,戴克里先的这一举措在罗马帝国时期并不是首创,因为在"军事混乱时期",奥勒里安曾称自己是太阳神之子,所有罗马人都是其臣

---

① [俄]科瓦略夫:《古代罗马史》,第810页。
② [美]内森·罗森施泰因:《古代中国与罗马的战争、国家结构与军事机构演变》,第51页。
③ [英]爱德华·吉本:《罗马帝国衰亡史Ⅱ》,第423页。
④ 袁波:《试析戴克里先的行政管理模式》,载《青岛大学师范学院学报》2009年第3期,第82页。

民。① 但是,他将君权披上神圣外衣,显然不仅仅是为了增强其合法性基础,也是为了打破元首制时期军队拥立元首的弊端。如果君主是神的化身,那么君主的选任既不应由元老院和人民决定,也不应由军队拥立。于是,戴克里先通过"君权的神圣化为从政治体制上解决帝国统一的问题和结束军事混乱提供了基础"②。

再次,在对待元首制时期遗存的共和制元素上,戴克里先彻底终止了与它们的"合作关系",让它们仅成为一种历史上的记录。一些古代的民选执法官,如执政官和裁判官,尽管在形式上还存在,但他们最多只有纯粹的象征意义。对此,有论者指出:

> 对执政官职位的追求只是因为执政官仍然可以给其任职的那一年命名,而裁判官的职能已经是组织竞技表演了。③

而作为罗马政制独特标志的元老院,在戴克里先的政制设计里彻底失去了位置,其仅剩的咨询功能被戴克里先的君主顾问委员会所吸收。对于元老院在君主专制下的惨淡命运,吉本这样说道:

> 多少年来元老院一直就是权柄的根源,又是运用权势的工具,终于遭到敬而远之的待遇,落得无疾而终的下场。既然已经与帝国官廷和权力机构失去任何联系,就只会被视为卡皮托山上一个可敬而无用的古迹。④

---

① See Theodor Mommsen, *A History of Rome under the Emperors*, English translation by Clare Krojzl, Taylor & Francis e-Library, 2005, p. 321.
② Stephen Williams, *Diocletian and Roman Recovery*, Merhuen, 1985, p. 69.
③ [意]马里奥·塔拉曼卡主编:《罗马法史纲》下卷,第614页。
④ [英]爱德华·吉本:《罗马帝国衰亡史Ⅱ》,第420页。

此外，戴克里先常年驻跸于远离罗马城的尼科米底亚，"在空间上疏远了罗马传统政治的根据地罗马城，彻底规避对其君主制制约的可能"①。

最后，从结果上看，君主的权力在法理上已经不受限制。一方面，从立法权上讲，除了近卫军长官的指令以外，君主的谕令可以被认定为这一时期法律唯一的权威性渊源，而"国家的其他机构（民众大会、裁判官和元老院）的规范性活动早已式微了。皇帝谕令不再像元首制时期那样仅仅是'拥有法律效力'（legis vicem obtinent），②跟晚期法学一样，在后古典时期皇帝文书署本身的用语里面，它们被直接定义为'法律'③（lex）"④。申言之，在元首制初期，元首的谕令并不能直接生效，元首本人或代表还需要到元老院发表演说，谕令经元老院批准后才能成为法律。⑤ 后来，在公元69年底的《韦斯巴芗谕令权法》中，人民授予了元首谕令权，于是"元首决定的事也有法律效力"⑥。到了君主专制时期，君主"高于所有法律"，"他有完全的权力在任何时候改动现行的立法制度，废除正在生效的法律或者引入新的法律"⑦。对此，有论者指出：

---

① 张晓校：《戴克里先研究》，第28页。
② "君主谕令（constitutio principis）是由皇帝通过裁决、告示或者诏书制定的。毫无疑问，它具有法律的效力，因为皇帝本人根据法律获得治权（imperium）。"[古罗马]盖尤斯：《盖尤斯法学阶梯》，第2页。
③ "法律"（lex）这个术语，在共和国和元首制时期仅仅指代民众大会制定的法律，到了君主制时期则变成"君主谕令"的同义词。
④ [意]马里奥·塔拉曼卡主编：《罗马法史纲》下卷，第646—647页。《学说汇纂》（D.1.4.1.1.）载："因此，所有皇帝所签署的书信中规定的，或者通过案件审理后决定的，或者没有通过专门的诉讼程序所宣布的，或者是通过告示而确定的规则，都构成了法律，这就是我们一般所说的'谕令'。"《学说汇纂》第1卷〔正义与法·人的身份与物的划分·执法官〕，第85页。
⑤ 参见徐国栋：《帝政分权时期的罗马立宪君主制》，第80页。
⑥ "但元首决定的事也有法律效力，因为人民已通过颁布关于其谕令权的王权法，把自己的一切谕令权和权力授予给他和其个人。"I.1,2,6.转引自徐国栋：《优士丁尼〈法学阶梯〉评注》，第45页。
⑦ [意]马里奥·塔拉曼卡主编：《罗马法史纲》下卷，第647页。

第九章 元首制的危机与君主专制的建立

所有这些广泛的权力被集中于一人身上,却并没有任何人民意愿作为基础,尽管在优士丁尼的《学说汇纂》里面还保留了乌尔比安的一段著名的文字(D.1.4.1pr.),其中宣称在乌尔比安时代就已经存在的一项法律拟制:人民本身通过"君王约法"(lex regia)的途径向皇帝授予他们自己的治权和权力(omnem suum imperium ac potestatem)。①

例如,公元303年,戴克里先和伽勒里乌斯(Galerius,293—311年在位)决定对基督教实行宗教迫害,并未征求西部君主的意见。②

另一方面,从帝国其他方面的权力来看,君主同样享有至上权力。在行政领域,君主是行政首脑。国家的所有官吏都以科层制的方式听命于他,包括行省总督在内的所有高级行政官员和包括军团长官在内的所有军官的任命书,都由君主亲自签署。在司法领域,君主是民事案件和刑事案件的最高裁判者。在财政领域,君主统一了全国的税收,可以课征或者废除税金。君主还拥有军队的指挥权,有权宣战与缔结和平,以及对宗教事务享有最高领导权。③ 此外,他为了监察百官和民众,还设立了"秘密鹰犬部队"——"秘密稽查使"。④

总之,面对公元3世纪帝国的危机,戴克里先不仅恢复了帝国的实力,而且进一步消除了元首政制中的共和制残余,在罗马正大光明地建

---

① [意]马里奥·塔拉曼卡主编:《罗马法史纲》下卷,第647页。《学说汇纂》载:"君主认为好的就具有法律的效力,因为民众根据所通过的一部关于君主治权的君王法,把自己的全部治权和支配权授予给了他,并委托在他身上。"《学说汇纂》第1卷(正义与法·人的身份与物的划分·执法官),第85页。
② Lactantius, *The Manner in which the Persecutors Died*, p.15. 转引自王振霞:《公元3世纪罗马政治与体制变革研究》,第177页。
③ 参见王振霞:《公元3世纪罗马政治与体制变革研究》,第176—183页。
④ 参见张晓校:《戴克里先研究》,第21—22页。

立了君主政制。美国学者内森·罗森施泰因认为,公元3世纪末罗马政制彻底结束了共和政制的元素,主要源于此时的罗马对外遭遇到前所未有的长期军事挑战。与之前共和国时期对外争霸战争中罗马"求助于结盟和扩大公民实体本身"不同的是,罗马这次只能通过彻底变革政制结构来应对"公元3世纪危机"。①

三、 戴克里先的政制改革

从历史渊源上看,学界普遍认为戴克里先建立君主专制是受到东方专制主义的影响,但有论者也认为,戴克里先创立的"君主专制与东方专制主义明显不同。戴克里先是获得了元首制时期元首所不具备的诸多绝对性的权力,但同时也受到法律与过往罗马政制设置的限制"②。因此,戴克里先的政制改革也是在此种背景下展开的。

(一)"四帝共治"

前已述及,奥古斯都设计的元首制无法应对"公元3世纪危机"。于是,公元293年5月1日,戴克里先在继承罗马共治传统的基础上,开始采用"四头制",对帝国进行"四帝共治"。③

为了适应军政统治的需要,公元285年,戴克里先先是任命他的战

---

① 参见[美]内森·罗森施泰因:《古代中国与罗马的战争、国家结构与军事机构演变》,第30—40页。
② Stephen Williams, *Diocletian and Roman Recovery*, Merhuen, 1985, p. 145.
③ 实际上,共治传统在元首制时期一直存在。有研究者指出,在"公元3世纪危机"前出现过三次"二人共治",之后则频繁出现。公元283年卡路斯(Carus,282—283年在位)被军队拥立后,任命自己的两个儿子努末里亚(Numerian,283—285年在位)和卡里努斯为自己的助手,封他们为"凯撒",实行"三人共治"。参见张晓校:《戴克里先研究》,第38—39页。

第九章 元首制的危机与君主专制的建立

友马克西米安(Maximian,285—305年在位)为"凯撒",让他负责高卢和日耳曼的军事行动;公元286年又提升他为"奥古斯都",使他获得"副帝"身份。但两人之间,戴克里先保留了政治领导和军事指挥上的更高权力,戴克里先拥有主神朱庇特之子(Iovius)的尊号,而马克西米安则得到了赫拉克勒斯(Herculius)之子的称号。由于两人共治仍无法减轻"奥古斯都"的军政负担,公元293年,戴克里先决定任命伽勒里乌斯和君士坦提乌斯(Constantius,293—306年在位)2人为"凯撒",分别为自己和马克西米安的助手,实行"四帝共治"。

戴克里先负责帝国的东部,马克西米安负责西部。在他们内部,每一位"凯撒"拥有属于各自"奥古斯都"负责领域的一部分,帝国实际上被分为4个大军政区,其大致区域划分是:伽勒里乌斯分得巴尔干地区,取Simium(现塞尔维亚的斯雷姆斯卡米特罗维察)为都城,剩下的小亚细亚、叙利亚、巴勒斯坦、埃及归戴克里先,取Nicomedia(现土耳其的伊兹米特)为都城;君士坦提乌斯分得高卢、西班牙和不列颠,取Augusta Treverorum(现德国的特里尔)为都城,剩下的意大利和阿非利加归马克西米安,取Mediolanum(现意大利的米兰)为都城。①

为了维系"四帝共治"的和谐关系,他们之间不仅形成效忠关系,而且两位"奥古斯都"还将自己的女儿分别嫁给对应的"凯撒",形成亲缘—政治联盟。四帝之间有着严格的等级。② 一方面,两位"奥古斯

---

① Aldo Petrucci, *Corso del diritto pubblico romano*, Giappichelli, 2012, p. 164. 转引自徐国栋:《行省→省(郡)→总督区→军区——罗马帝国行政区划的变迁及其意义》,第161—162页。
② 有论者认为,从公元293年发行货币上四个人的形象以及今天矗立在意大利威尼斯圣马可广场的四人雕像可以看出四帝之间的地位高低。如威廉姆斯(Williams)指出:"两个奥古斯都都是双臂,头却只有一个。"Stephen Williams, *Diocletian and Roman Recovery*, Merhuen, 1985, p. 49.

都"的权力高于"凯撒",没有"奥古斯都"的特殊授权,"凯撒"不参与国家决策;另一方面,戴克里先作为"长者奥古斯都"(Senior Augustus),可以超越自己负责的区域,在帝国任何部分做出决议,并直接与其负责区域以外的高级官员通信。① 在戴克里先"坚强而技巧的手腕"下,"四帝共治"运行良好。对此,吉本评价道:

> 每人在统辖范围都有最高的权力,四位君主的联合治权及于整个帝国,每一位随时准备为共治者提供意见或亲临效力。两位身居高位的凯撒尊重两位皇帝的权威,三位较年轻的君王,都能以感激和顺从的言行,毫无例外地承认成全他们的再生之父。彼此之间没有发生猜忌的权力之争,团结合作表现非常奇特的和谐景色,可以比拟为演奏一段协奏曲,完全依靠首席乐师高明的技巧,引导着整个乐曲能够流畅进行。②

一方面,"四帝共治"能够使帝国的防卫得到有效保障,克服"军事混乱时期"元首被军队随意杀戮取代的窘境。"四帝共治"的设计使得任何军营叛乱在一天之内都无法同时杀死四个分散于各地的"奥古斯都"和"凯撒"。对此,有论者指出:

> 这种被称为四帝共治的,在四个统治者之间分权的局面,比单一皇帝制允许对边防实行更为密切的监控;并且因为每个皇帝控制着自己的军队,任何边境的军事紧急情况都能更迅速和有效地

---

① 参见王振霞:《公元3世纪罗马政治与体制变革研究》,第117—118页。
② [英]爱德华·吉本:《罗马帝国衰亡史Ⅱ》,第393页。

解决。但是,这种政体不仅实现了对外敌入侵的威胁更好的防御,同样重要的是,它还产生了结束持续多年的内战的可能,因为一个潜在的篡位者此时面对着不仅是推翻一个统治者的挑战,而且还要面对他的三个同僚,否则无法稳固其权力。①

另一方面,"四帝共治"这一政制设计在功能上还包含着一种皇位继承制度,②即在"奥古斯都"主帝去世的时候,他自己的"凯撒"副帝就自动接替他,在"凯撒"自己成为"奥古斯都"主帝之后,再为自己任命一位"凯撒"副帝。③ 戴克里先试图通过这样一种兼具防卫和分权的方式,结束军队动辄杀戮元首的历史,为帝国确立相对明确的皇位继承制度,这不能不说是一种政制发明。对此,吉本认为"四帝共治"不是戴克里先"临时权宜之计,反认为是治理国家的根本大法"④。

"四帝共治"的政制设计一定程度上兼顾了维护君权和军事防卫的双重目标,同时也在客观上对公元3世纪以后东部行省地位提升的现实给予了正视。这一设计消除了地方行省的分离势力,使帝国恢复了控制力,并实现了稳定。

(二)"四帝共治"下的行省重组

作为"四帝共治"的自然延伸,戴克里先需要对元首制时期的行省

---

① [美]内森·罗森施泰因:《古代中国与罗马的战争、国家结构与军事机构演变》,第50页。
② See A. H. M. Jones, *The Later Roman Empire 284-602: A Social Economic and Administrative Survey*, Vol. Ⅰ, Blackwell, 1964, p.41.
③ 参见[意]马里奥·塔拉曼卡主编:《罗马法史纲》下卷,第612页。
④ [英]爱德华·吉本:《罗马帝国衰亡史Ⅱ》,第423—424页

制度重新进行设定。公元 287 年,他取消了元首制时期元老院行省和元首行省的区分,①将所有行省都划归由君主管辖。②

与此同时,一方面,他"缩小"行省,将旧的行省分割成更小的管理单位。公元 290 年以后,他先把帝国原有的 55 个行省划分为 101 个省。③ 另一方面,他又在省之上设立 12 个行政区,东方 6 个,西方 6 个。两者结合后,罗马帝国的行政区域划情况具体如下:④

(1) 东方行政区包括 17 个省。它们是:上利比亚(Libya Superior)、下利比亚(Libya Interior)、特巴伊斯、约维亚埃及(Aegyptus Iovia)、赫库里亚埃及(Aegyptus Herculia)、(新)阿拉伯、阿拉伯(Arabia)、黎巴嫩的奥古斯塔(Augusta Libanensis)、巴勒斯坦(Palaestina)、腓尼基叙利亚(Phoenica)、天上叙利亚(Syria Coele)、幼发拉底的奥古斯塔(Augusta Euphratensis)、西里西亚(Cilicia)、依扫利亚(Isauria)、塞浦路斯(Cyprus)、美索不达米亚(Mesopotamia)、奥斯罗埃勒(Osrhoene)。

(2) 黑海行政区包括 7 个省。它们是:比提尼亚(Bithynia)、卡巴多恰(Cappadocia)、加拉太(Galatia)、帕弗拉号尼亚(Paphlagonia)、迪奥斯本都(Diospontus)、泊勒莫尼亚库斯本都(Pontus Pole-

---

① Stephen Williams, *Diocletian and Roman Recovery*, Merhuen, 1985, p. 109.
② 蒙森指出,在元首制时期,元老院行省数量一直呈下降趋势,到戴克里先时代仅剩下亚该亚、亚细亚和阿非利加三个元老院行省。See Theodor Mommsen, *A History of Rome under the Emperors*, English translation by Clare Krojzl, Taylor & Francis e-Library, 2005, p. 310.
③ 需要说明的是,学界关于戴克里先所设置的新行省数量是存在争议的,最少认为有 96 个,最多认为有 120 个。参见张晓校:《戴克里先研究》,第 98—99 页。
④ 引文括号内部分行省的拉丁文来自马修·布森(Matthew Bunson)的整理,布森整理的行省数目与罗斯·瑞斯(Rose Rees)的整理有些许出入。See Matthew Bunson, *Encyclopedia of the Roman Empire*, New York, 2002, p. 175. 转引自张晓校:《戴克里先研究》,第 101 页。

moniacus)、小亚美尼亚(Armenia Minor)。

(3)亚细亚行政区包括9个省。它们是:(利奇亚与)庞弗利亚(Lycia and Pamphylia)、第一弗里几亚(Phrygia Ⅰ)、第二弗里几亚(Phrygia Ⅱ)、亚细亚(Asia)、李迪亚(Lydia)、卡利亚(Caria)、英苏勒、皮西迪亚(Pisidia)、赫勒斯滂(Hellespontus)。

(4)色雷斯和下美西亚行政区包括6个省。它们是:欧罗巴(Europa)、罗道普(Rhodope)、色雷斯(Thrace)、赫米蒙杜斯(Haemimontus)、席提亚(Scythia)、下莫埃西亚(Moesia Ⅱ)。

(5)马其顿和亚该亚行政区包括11个省。它们是:地中海的达契亚、滨河的达契亚、上莫埃西亚(Moesia Ⅰ)、达尔达尼亚(Dardania)、马其顿(Macedonia)、塞萨利亚、亚该亚(Achaea)、普雷瓦利斯(Praevalitana)、新埃皮鲁斯(Epirus Vetus)、老埃皮鲁斯、克里特。

(6)潘诺尼亚行政区包括7个省。它们是:下潘诺尼亚(Pannonia Ⅱ)、萨文西斯(Savia)、达尔马提亚(Dalmatia)、瓦雷利亚、上潘诺尼亚(Pannonia Ⅰ)、沿河的诺里肯(Noricum Ripense)、地中海边的诺里肯(Noricum Mediterraneum)。

(7)不列颠行政区包括4个省。它们是:第一不列颠(Britannia Ⅰ)、第二不列颠(Britannia Ⅱ)、恺撒的马克西姆(Maxima Caesariensis)、恺撒的弗拉维亚。

(8)高卢行政区包括8个省。它们是:第一比利时(Belgica Ⅰ)、第二比利时(Belgica Ⅱ)、第一日耳曼(Germania Ⅰ)、第二日耳曼(Germania Ⅱ)、塞广尼亚(Sequania)、第一卢古都南西斯(Lugdunensis Ⅰ)、第二卢古都南西斯(Lugdunensis Ⅱ)、阿尔卑斯山麓。

(9)维也纳行政区包括7个省。它们是:维也纳(Viennensis)、第一纳尔波(Narbonensis Ⅰ)、第二纳尔波(Narbonensis Ⅱ)、诺维姆波普利、第一亚奎坦尼亚(Aquitanica Ⅰ)、第二亚奎坦尼亚(Aquitanica Ⅱ)、海滨阿尔卑斯(Alpes Maritimae)。

(10)意大利行政区包括12个省。它们是:威内齐亚和伊斯特里亚(Venetia and Istria)、艾米里亚和利古里亚(Aemilia and Liguria)、弗拉米尼亚(Flaminia)和皮切努姆、图霞和翁布里亚(Tuscia and Umbria)、拉丁姆和康帕尼亚(Campania)、阿普利亚和卡拉布里亚、卢坎尼亚、西西里(Sicilia)、撒丁(Sardinia)、科西嘉(Corsica)、西阿尔卑斯、雷齐亚(Raetia)。

(11)西班牙行政区包括6个省。它们是:贝提卡(Baetica)、卢西塔尼亚(Lusitania)、迦太基(Carthaginiensis)、噶勒恰(Gallaecia)、塔拉科(=近西班牙Tarraconensis)、以汀吉斯为首府的毛里塔尼亚(Mauretania Tingitana)。

(12)阿非利加行政区包括7个省。它们是:择乌吉他那、比查切纳(Byzacena)、特里波利(Tripolitania)、以西尔塔为首府的努米底亚(Numidia Cirtensis)、军人的努米底亚(Numidia Militana)、以恺撒利亚为首府的毛里塔尼亚(Mauretania Caesariensis)、毛里塔尼亚/图布苏克齐塔纳(Mauretania Tabia)。①

戴克里先"缩小"与"拆分"行省主要是为了防止行省对于帝国中央的威胁,将其"切成碎片"有利于帝国对于行省的控制。经过改革,之

---

① Rose Rees, *Diocletian and Tetharchy*, Edinburgh University Press, 2004, pp. 171ss. 转引自徐国栋:《行省→省(郡)→总督区→军区——罗马帝国行政区划的变迁及其意义》,第162—163页。另见[英]约翰·瓦歇尔:《罗马帝国》,袁波、薄海昆译,青海人民出版社2010年版,第265页。

第九章 元首制的危机与君主专制的建立

前那种拥有三四万军队规模的庞大行省不复存在。① 同时,原来的行省有些地域过大,行省总督一人无法正常应对诸多公务,如亚细亚行省总督要负责大约 250 座城市的管理工作。② 加之戴克里先在任时进行了税制改革,如果行省规模太大,将不利于完成收税。至于 12 个行政区的设置原因,蒙森认为可能与近卫军长官职权增多有关。③

从这一新的行省区划中可以看出,随着其他行省的崛起,罗马、意大利已经丧失了优势地位和特权,降格为一般意义上的帝国行政单位。罗马也丧失了首都地位,与阿纳托利的安条克(Antioch)、埃及的亚历山大等特大城市平级。同时,罗马、意大利在税收方面的特权也被取消,与其他地方适用同样的新税制。④ 对此,有论者指出:

> 作为帝国政治中心的罗马和意大利的衰落已经开始了,这也是事实。如果按照人们常说的,罗马及其领土还保留着一定程度的行政自治权的话,那么这座城市也已经永远地失去了它作为帝国王庭的资格。实际上,戴克里先更青睐帝国东部的行省,而西部的统治者马克西米安也选择米兰作为首都。此外,随着行政上的改革,意大利不再是城市国家和具有特权的领土,而是跟帝国的其他部分一样划分成各个专员区和行省;意大利土地——最初似乎只位于意大利北部地区——也被课以赋税,以至于它们的所有权人(domini)相对于行省土地占有人(possessores)最初具有的特权

---

① 参见[英]安德林·戈德斯沃斯:《非常三百年——罗马帝国衰落记》,郭凯生、杨抒娟译,重庆出版社 2010 年版,第 126 页。
② See Stephen Williams, *Diocletian and Roman Recovery*, Merhuen, 1985, p. 105.
③ See Theodor Mommsen, *A History of Rome under the Emperors*, English translation by Clare Krojzl, Taylor & Francis e-Library, 2005, p. 313.
④ 参见厉以宁:《罗马—拜占庭经济史》上册,第 291—293 页。

地位也明确地减少了。①

戴克里先的行省重组"在单一国的框架内,各构成行政区划单位是平等的,不存在宗主国、统治民族",因而"罗马由一个帝国转化为一个单一国"。②

在新的行省区划中,原先的行省被 12 个行政区所取代,改革后 101 个省实际上变成了县。③ 其中,12 个行政区部分由近卫军长官代理④负责,部分受前述近卫军长官控制。蒙森认为,12 个行政区中 4 个属于帝国中心地带的行政区由近卫军长官负责,而其他边缘地区则由近卫军长官代理管理。⑤ 他们之间不是隶属关系,而是上下级关系,都由君主任命,职责是监督各县首长,有权对各县首长在第一审当中做出的民事和刑事判决进行上诉审审判。

各县首长则称谓不一。多数时候,由骑士阶层的总督⑥来负责;在意大利则被称为督察官⑦;在非洲和亚洲,则是由元老议员阶层的执政官⑧

---

① ［意］马里奥·塔拉曼卡主编:《罗马法史纲》下卷,第 614—615 页。
② 参见徐国栋:《行省→省(郡)→总督区→军区——罗马帝国行政区划的变迁及其意义》,第 160—161 页。
③ 按照日本学者盐野七生的说法,戴克里先后来划分的"provincial",虽然与元首制时期的行省在字面上是一样的,但无法再翻译为行省。从现代意大利的制度来看,这个名词应当相当于"县"比较恰当。参见［日］盐野七生:《罗马人的故事XIII:最后一搏》,计丽屏译,中信出版社 2015 年版,第 62 页。
④ 这里的"近卫军长官代理"也被王以铸先生翻译为"同近卫军长官",周杰博士翻译为"专员",席代岳将其翻译为"副统领或统领代表"。参见［俄］科瓦略夫:《古代罗马史》,第 813 页;［意］马里奥·塔拉曼卡主编:《罗马法史纲》下卷,第 613 页;［英］爱德华·吉本:《罗马帝国衰亡史Ⅱ》,第 663 页。
⑤ See Theodor Mommsen, *A History of Rome under the Emperors*, English translation by Clare Krojzl, Taylor & Francis e-Library, 2005, p.339.
⑥ 王以铸先生将其翻译为"镇守使"。
⑦ 王以铸先生将其翻译为"指导官"。
⑧ 王以铸先生将其翻译为"同执政官",但代指的是"proconsul"。参见［俄］科瓦略夫:《古代罗马史》,第 813 页。

治理。这三者之中,总督的级别最低,执政官次之,督察官级别最高,享有"大名鼎鼎的人"这一荣誉称号。①

此外,戴克里先在骑士阶层总督的省还确立了"军政分离"原则,②以改变元首制时期时常发生的行省总督起兵造反、干预元首选任的情况。戴克里先对这些省的军权和民政大权做了明确的区分,其中省总督主管行政、司法和财政工作,而军权则交由享有几个省军事指挥权的元帅负责。行省的分化削弱了各个行省的财力和军力,再加上"军政分离",使得无论是只有民政大权的总督,还是仅有军事指挥权而无地方财力、人力支持的元帅,都无法与君主对抗。

综上,经过戴克里先的行省重组,罗马行省体制大致如下:四帝—4个近卫军长官—12个行政区近卫军长官代理—101个省的总督、督察官和执政官。其中总督所辖省的军权被元帅掌控。

(三)"四帝共治"下的官制

君主专制的建立使得戴克里先治下官制的科层制色彩更加鲜明,体现在中央官员和地方官员两大层面。

就中央官员而言,它们主要包括近卫军长官、两位财政大臣以及宫廷文秘部门的首脑等。

首先,与元首制时期一样,近卫军长官仍是帝国中央官制中的最高官职,拥有包括军事、司法、财政和民政上的广泛权力。申言之,近卫军长官首先拥有所辖大区内行政区和省的监管权与控制权;他的任务往

---

① 参见徐国栋:《行省→省(郡)→总督区→军区——罗马帝国行政区划的变迁及其意义》,第164—165页。
② 需要说明的是,戴克里先对于地方"军政分权"并未彻底贯彻,囿于局势,仍有一些省的首长享有统帅军队的权力。参见王振霞:《公元3世纪罗马政治与体制变革研究》,第129页。

往还包括向这些下级行政区首脑转达君主下达的谕令。同时,近卫军长官在与君主谕令不冲突的情况下,还有权发布具有法律效力的一般性规则,并以君主的身份行使司法权,进行上诉审以反对省级首脑发布的判决。① 尽管戴克里先也深知元首制时期近卫军长官经常左右元首的选任,但囿于客观形势,他并未取消此官职。戴克里先这样做的目的是通过提升近卫军长官的民政权力来弱化其军事权力,使之彻底变为帝国的行政官吏。② 对于这一变化,蒙森评价道:"原先那个享有无限权力的副皇帝(deputy-Emperorship)身份被废弃了。"③此外,戴克里先还通过远离罗马城的策略边缘化罗马近卫军长官,变相地改变之前他们随意左右元首更迭的乱象。

其次,在财政方面,君主的两位财政大臣是财务管账吏和私人事务官。前者的职责是通过财政代理和各省首长征收货币税、重要的关税、自由捐献和王冠金,并管理铸币厂、供应金属的矿山、君主的衣柜以及频繁进行的现金赏赐;后者则通过地区长官及其下属财政代理征集地税,管理君主的庞杂地产和被没收的财产。④

再次,中央文秘部门还设有档案官、书信官和诉讼官。这些宫廷文秘官是在前述元首制时期宫廷办公室中的档案吏、书信吏和诉讼吏的基础上发展起来的。档案官、书信官和诉讼官之间虽然没有十分明显的权限划分,但都是辅助君主处理司法实务的。其中档案官侧重起草

---

① 近卫军长官不能反对近卫军长官代理发布的判决,这些判决需要直接交给君主复审。参见[意]马里奥·塔拉曼卡主编:《罗马法史纲》下卷,第655—656页。
② See Theodor Mommsen, *A History of Rome under the Emperors*, English translation by Clare Krojzl, Taylor & Francis e-Library, 2005, p.340.
③ Theodor Mommsen, *A History of Rome under the Emperors*, English translation by Clare Krojzl, Taylor & Francis e-Library, 2005, p.340.
④ 参见王振霞:《公元3世纪罗马政治与体制变革研究》,第137页;另见[英]约翰·瓦歇尔:《罗马帝国》,第227—228页。

批复,书信官侧重处理法官咨询,诉讼官侧重准备司法审判。①

最后,元首制时期存在的元首顾问委员会,在戴克里先的中央官制中仍然存在,并具有了"枢密院"的称呼。但戴克里先时期的枢密院与前述元首顾问委员会类似,仍是一个非正式的团体,其成为君主政制的正式机构是在君士坦丁(Constantinus,306—337年在位)统治时期。

就地方官员而论,罗马帝国地方的官员主要有罗马的城市行政长官、12个行政区近卫军长官代理、100多个行省总督和元帅。

首先,戴克里先官制改革后,仍在罗马城方圆100千步长(约合160千米)以内的区域保留了奥古斯都时期创设的直接听命于君主的城市行政长官。罗马城市行政长官地位介乎近卫军长官和近卫军长官代理之间,属于高级贵族的领军人物。对于这一特殊的地方性官职,有论者颇为详细地将其权力记述如下:

> 他(城市行政长官——引者注)对公共秩序的监管和罗马城市的行政管理拥有普遍的权力,他能够通过较低等级的官吏来行使权力,比如粮食供应长官和城市治安长官(他们也要追溯到元首制时代),以及负责城市给养、主管水务和港口等项目的保佐官(curatores)。无论在民事领域还是刑事领域,他的司法权力都是巨大的。除了在第一审拥有普遍的司法管辖权以外,城市行政长官还有权对上诉案件进行审判,不仅限于那些其辖区内比他低的法官(比如粮食供应长官)判决的案件:在这种情况下,他的司法权就延伸到十万步长的地域范围以外。②

---

① 参见王振霞:《公元3世纪罗马政治与体制变革研究》,第136页。
② [意]马里奥·塔拉曼卡主编:《罗马法史纲》下卷,第654页。

其次,经过戴克里先改革,帝国疆域为配合"四帝共治",被分为4个大区,每个大区都由近卫军长官统治。每个大区又被分为若干个行政区,共12个,大部分由近卫军长官代理负责。相对于近卫军长官,近卫军长官代理具有一定独立性。例如,近卫军长官代理发布的判决不是交由近卫军长官复审,而是需要送到君主面前。同时,近卫军长官代理与近卫军长官一样,有权对所辖省首脑第一审中所做出的民事和刑事的判决进行上诉审。上诉人可以有选择地将判决交由他们当中任意一个官员进行复审,区别仅在于:近卫军长官上诉审后,做出的是终局性判决;而对于近卫军长官代理做出的判决,上诉人还可以将其交由君主进行最终裁决。此外,近卫军长官代理对所辖省的财政税收也有监管权力,他直接听命于上文提及的财务管账吏和私人事务官。①

最后,12个行政区又被分为100多个省,或由总督,或由督察官,或由执政官治理。这些省的首脑负责辖区内的所有行政事务,维持驿道的运转和公共工程的修建,维持辖区的秩序;对辖区内的民事和刑事纠纷享有初审权;决定所辖省的各个城市应缴赋税的金额,并向近卫军长官代理负责。

如果说"四帝共治"有助于加强帝国的稳定的话,那么,硬币的另一面则是"冗员滋生、负担沉重"的罗马官僚体系也随之扩散。戴克里先的官职因为马克西米安被授予"奥古斯都",被分割为东、西两套班子,而且至少有一些特定的职务随着两位"凯撒"副帝的设置,又进一步被划入了4个不同的行政管理体系。另外,省数量的激增及其所带来的公职数量和职员数量的增长,也在很大程度上扩大了官僚体系的规模。据估计,管理如此辽阔的罗马帝国,至少需要3万名行政人员,但这只

---

① 参见[意]马里奥·塔拉曼卡主编:《罗马法史纲》下卷,第656页。

第九章　元首制的危机与君主专制的建立

是一个保守的数目。① 对此,吉本指出:

> 戴克里先的体系还有一个重大的缺失,就是政府机构的扩大以致支出增加,结果是加重赋税,人民生计受到更大的迫害。当年奥古斯都和图拉真的皇室家庭,非常简单由奴隶和自由奴构成,一样有崇高的地位,他们感到非常满足。现在完全改观,帝国在不同的地方建立四个规模宏大的朝廷,这样多的罗马国君在追求虚荣,一味讲究廷仪的排场和生活的奢侈,要与波斯国王一比高下。众多的大臣、高级官员、一般官吏和各种奴仆,充满政府的各级单位,与过去相比人数成倍增加,当时就有人说道:"征收的比例超过负担的能力,行省便会感受赋税的沉重压力。"从此时开始到帝国灭亡为止,随时可听到哀鸣和怨恨的声音。②

但无论如何,戴克里先作为一个胆大的革新者,面对公元 3 世纪以来罗马帝国出现的危机,像约 300 年前的奥古斯都一样,运用自己非凡的政治智慧,适时地对罗马政制进行了调整,维系了帝国的稳定和边境的安全。他把帝国、行省、一切行政和军事机构全部分割成了小块,这些小块犹如庞大机器下的轮子,尽管轮子的增多一定程度上减缓了帝国机器运行的速度,但却使其运行起来更为安全、更为稳固。

---

① 参见[英]约翰・瓦歇尔:《罗马帝国》,第 227 页。
② [英]爱德华・吉本:《罗马帝国衰亡史Ⅱ》,第 424 页。

第十章　君主专制的完善与变化

很多学者都指出,戴克里先的"四帝共治"的前提条件是虚幻的,它幻想两位"奥古斯都"之间存在尽善尽美的和谐以及帝国的顶端有像戴克里先这样的存在,①但如果上述虚幻的条件不存在了,帝国就会表现出动荡与分裂。对此,琼斯指出:"戴克里先的'四帝共治'之所以能够使帝国维系 20 年的和平,主要源于他个人的出众的威望和能力。"②

公元 305 年 5 月 1 日,戴克里先和马克西米安按照早先的协议,分别在尼科米底亚和米兰同时辞去帝位。戴克里先在开创君主专制后,主动"离职",自愿交出权力。对于此举,古罗马史学家尤特罗庇乌斯说道:

> 自罗马帝国缔造起来之后,一切皇帝之中惟有他一人,自愿从权力的巅峰隐退到普通臣民的生活状态与社会身份当中,这需要他拥有非同寻常的美德。③

两帝退位后,两位"凯撒"即君士坦提乌斯和伽勒里乌斯递补,同时获得"奥古斯都"头衔,分掌西部和东部,并分别任命瓦勒里·塞维鲁

---

① 参见[意]朱塞佩·格罗索:《罗马法史》,第 311 页。
② A. H. M. Jones, *The Later Roman Empire 284-602: A Social Economic and Administrative Survey*, Vol. I, Blackwell, 1964, p. 42.
③ [古罗马]尤特罗庇乌斯:《罗马国史大纲》,第 107 页。

(Valerrius Severus,305—307年在位)和马克西米诺·达亚(Massiminus Daia,305—313年在位)为"凯撒"副帝,开启第二轮"四帝共治"。

然而,一年两个月之后,随着君士坦提乌斯去世,不列颠军团官兵推举其长子君士坦丁为"正帝",率先打破戴克里先创立的"四帝共治"制,由此引发5次帝国内战,内部混乱和倾轧长达18年之久,其间甚至出现"六帝共存"的乱象。①

公元324年,君士坦丁打败了李锡尼(Licinius,308—324年在位),结束了"两帝共治",②成为帝国唯一的君主。学术界通常也将君士坦丁时期作为拜占庭帝国历史的开端。③ 有论者认为,拜占庭帝国在宗教、政治、经济和文化社会上具有许多新的特征,区别于先前的罗马帝国,东地中海世界也由此与古代相区隔,进入到一个新的时代。④

君士坦丁大帝统一罗马后,沿着40年前戴克里先创立君主专制的

---

① 公元306年7月君士坦提乌斯去世后,其长子君士坦丁在不列颠被军队推选为皇帝,破坏了第二轮"四帝共治"。后东方正帝伽勒里乌斯提出妥协方案,同意君士坦丁继任西方副帝,与西方正帝塞维鲁、东方正帝伽勒里乌斯、东方副帝达亚开启第三轮"四帝共治"。然而,公元306年10月28日,君士坦提乌斯次子马克森提乌斯(Massenzius,306—312年在位)在罗马被元老院任命为皇帝,并在公元307年2月杀害西方正帝塞维鲁。公元308年,东方正帝为维系"四帝共治",在卡农图姆召开"首脑会议",决定由李锡尼填补塞维鲁出任西方正帝,并与君士坦丁、伽勒里乌斯和达亚开启第四轮"四帝共治"。公元311年5月,东方正帝伽勒里乌斯去世,西方正帝李锡尼接替其成为东方正帝,但西方副帝君士坦丁和东方副帝达亚都没有变化,"四帝共治"变成了"三帝共治"。公元312年10月,君士坦丁在米里维桥战役中打败马克森提乌斯,并荣升为西方正帝。参见[日]盐野七生:《罗马人的故事XIII:最后一搏》,第119—156页。
② 公元313年3月,东方正帝李锡尼打败了东方副帝达亚,同年8月达亚被杀,"三帝共治"状态变成了"两帝共治"。
③ 如徐家玲教授认为开始的时间应定在君士坦丁打败李锡尼的公元324年,而陈志强先生则将时间定在君士坦丁大帝建新都君士坦丁堡的公元330年。参见徐家玲:《拜占庭的历史分期与早期拜占庭》,载《东北师大学报(哲学社会科学版)》1999年第6期;陈志强:《关于拜占庭史起始年代问题》,载《南开学报》1987年第4期。
④ 参见武鹏:《东地中海世界的转变与拜占庭帝国的奠基时代(4—6世纪)》,北京大学出版社2020年版,第200—201页。

方向继续前进,并将这一事业彻底完成。

一、君士坦丁对君主专制的完善

(一)"四帝共治"的废除与皇位血亲继承制的确立

戴克里先创设的"四帝共治"在其隐退后,由于帝国顶端缺乏像他那样的权威角色,实际上并未得到很好的运行,帝国为此遭受了长达18年的内乱。早已洞悉"四帝共治"弊端的君士坦丁统一权力后,决定废除"四帝共治",建立真正的王朝继承制。

君士坦丁大帝之所以废除戴克里先这种通过"四帝共治"实现的皇位继承制,主要是因为该制度自身有着比较严重的缺陷。一方面,"四帝共治"的初衷本是满足帝国的军事防御和行政管理需要,将君权分散,①但这一务实的做法却与君主政制的集权初衷相违背。戴克里先在位时,可以凭借自己的威望平衡其他君主,保证它的实施。但他退位后,情况立马就发生了改变。他试图将20年在位期设定为君主的"顶点和安全控制阀",②保证"四帝共治"的收养继承制度能够延续,但结果却事与愿违。对此,有论者指出:

---

① 对此,雅各布·布克哈特(Jacob Burckhardt)说道:"戴克里先开出对症药方:用继承人和同僚把自己环绕起来。对篡位者而言,野心要攻击的目标变远了,军营叛乱和成功率降低了。因为如果皇帝或凯撒中只有一人倒下,如果一次阴谋不能在一天之内成功除去并杀死两位或四位统治者——他们可能分别驻在尼科米底亚、亚历山大里亚、米兰和特里尔,那么无情的复仇者将伺机借助个别暴力行为。所有聪明人会立即明白自己必须追随哪一方;他们无需再在欠考虑的恐惧中投入由军人起首的偶然选择而引发的刀光剑影。戴克里先措施的另一大好处是分散了行政负担。现在,行政事务可以在深思熟虑之后从容应对,并可以按照既定的公共规划顺利实施。"[瑞士]雅各布·布克哈特:《君士坦丁大帝时代》,宋立宏、熊莹、卢彦名译,上海三联书店2017年版,第29页。

② 参见[瑞士]雅各布·布克哈特:《君士坦丁大帝时代》,第32页。

这种以皇帝自愿退位为制度的运作设置安全阀的做法完全依赖于在位皇帝个人的意愿,并无法律、传统或其他任何具有束缚力的保证。这就决定了这一所谓20年任期制的不可依赖性与不可靠性,而通过任期制对皇帝加以限制本身也与加强皇权独裁的其他措施与整体趋势相抵牾。四帝共治制迅速垮台的根本原因正是加强皇权独裁的趋势与皇权多元化之间存在着难以调和的矛盾。[①]

另一方面,"四帝共治"这种收养继承制虽然在一定程度上契合了奥古斯都元首制时期的收养制度,但却与后来整个元首制时期皇位继承呈现出的血亲继承发展趋势相背离。据学者的研究,整个元首制时期,除去篡位者以及王朝结束后由军队或元老院选择的元首以外,血亲继承在实践中发生的频率远远超过了收养继承。[②] 该研究结论如下:

> 除提比略、图拉真、哈德良、安敦尼与马可·奥里略(马尔库斯·奥勒留——引者注)之外,其他继承者均为皇帝血亲。即使在收养继承者中,哈德良本人实际上也是图拉真的远亲,而提比略和马可·奥里略也以女婿的身份成为皇族成员。只要有可能,皇帝们一般倾向于从家族内部选择自己的继承人,建立血亲王朝的统治。[③]

元首制时期皇位的血亲继承制之所以能够在事实上胜过收养继承制

[①] 董晓佳:《浅析拜占廷帝国早期阶段皇位继承制度的发展》,载《世界历史》2011年第2期,第89页。
[②] 对此,董晓佳教授做了列举和统计,参见董晓佳:《浅析拜占廷帝国早期阶段皇位继承制度的发展》,第89页。
[③] 董晓佳:《浅析拜占廷帝国早期阶段皇位继承制度的发展》,第89页。

度,一是因为血亲继承更加契合帝国时代权力集中的客观需要,减少皇位继承的不确定性;二是因为血亲继承客观上能够确保军队薪给的稳定性,更加符合军队的利益。①

君士坦丁一改帝国任命皇位继承的"拟制血亲制度",抛弃在位君主收养养子的传统,开始任命自己的儿子为继任者。公元317年3月,他任命君士坦丁二世(Constantinus Ⅱ,337—340年在位)为"凯撒",②掌管西班牙、高卢和不列颠;公元324年11月,他任命君士坦提乌斯二世(Constantins Ⅱ,337—361年在位)为"凯撒",管理叙利亚、埃及等地;公元333年12月,他任命君士坦斯(Constans,337—350年在位)为"凯撒",治理意大利、伊利里亚和北非。③ 对此,有论者评价说:

> 君士坦丁的做法是将皇权当作皇帝个人的私有权利,皇帝不再是帝国公民的公仆,因此,皇权可以也必须像私人财产一样传给具有血缘关系的后代。④

实际上,经过君士坦丁大帝的改变,君主政制时期皇位的血亲继承制被真正地确立下来。之后的瓦伦提尼安王朝和狄奥多西王朝均延续了这一做法。瓦伦提尼安(Flavius Valentinianus,364—375年在位)在担任君主后3年,就指定其年仅9岁的长子格拉提安(Gratianus,375—383

---

① 参见[英]迈克尔·格兰特:《罗马史》,第277页。
② 同时被任命为"凯撒"的还有君士坦丁的长子克里斯普斯(Crispus),但后因君士坦丁怀疑自己的长子与其继母福斯塔有染,就秘密处死了他们。参见[东罗马]佐西莫斯:《罗马新史》,谢品巍译,上海人民出版社2013年版,第54页。
③ 参见[俄]科瓦略夫:《古代罗马史》,第821页。
④ 陈志强:《拜占庭帝国史》,商务印书馆2017年版,第64页。

年在位)为"共治君主","以免国家因他的不幸而陷入危机"。① 狄奥多西一世(Teodosio Ⅰ,379—395 年在位)继位 4 年后,就立长子阿卡丢(Arcadius,395—408 年在位)为"共治君主"。即使一个王朝基于特殊原因而出现断嗣情况,被选任的君主大都也会以联姻的方式与前一王朝发生血缘上的关联,以维系这种血亲继承制。例如,君士坦提乌斯二世之女君士坦提娅(Constantia)是瓦伦提尼安之子格拉提安之妻;瓦伦提尼安之女伽拉(Galla)则是狄奥多西一世之妻。通过这两段婚姻,瓦伦提尼安王朝和狄奥多西王朝均与君士坦丁王朝确立了血缘上的联系,他们都可以声称是合法继承了君士坦丁大帝的地位。②

(二) 四大区的建立与单一国体制的形成

为了实现皇位血亲世袭继承制的目标,君士坦丁大帝将罗马帝国分为 4 个大区:东部的东方大区和伊利里亚大区(也译作"伊利里库姆大区"),以及西部的意大利大区和高卢大区。为了保证这种王朝继承制的实现,防止近卫军长官对于君主选任的干预。公元 312 年,在米里维桥(Milvian Bridge)战役中打败马克森提乌斯(Massentius,306—312 年在位)的君士坦丁,首先废除了有 338 年历史的近卫军制度,不仅遣散了近卫军,拆毁了近卫军作乱的根据地——近卫军军营,而且剥夺了近卫军长官的军权。③

与此同时,君士坦丁于公元 318 年将过去"四帝共治"时的大致区域改为 4 个大区,大区负责人采用过去近卫军长官所使用的"praefecti

---

① 参见[东罗马]佐西莫斯:《罗马新史》,第 109 页。
② 参见董晓佳:《浅析拜占廷帝国早期阶段皇位继承制度的发展》,第 92 页。
③ See Theodor Mommsen, *A History of Rome under the Emperors*, English translation by Clare Krojzl, Taylor & Francis e-Library, 2005, p.339.

praetorio"名称,"praefecti praetorio"由于有了新的意义,因而被译为"大区长官",地位相当于过去的正帝或副帝的角色。① 对于此变化,吉本说道:

> 从塞维鲁(Severus)到戴克里先的统治时期,护卫和皇宫、法律和财政、军队和行省全部都置于他们的监督之下。他们就像东方帝国的"首相"(Vizirs),一手握着皇帝的玉玺,一手举起帝国的旗帜。统领永远抱有强大的野心,有时对侍奉的主人构成致命的威胁,一般都受到禁卫军官兵的支持。性质傲慢的军队在实力被戴克里先削弱,最后终于被君士坦丁制服,仍能保住官职的统领,毫不费力当做皇帝的侍臣,安置在发挥作用而又恭顺臣服的地位。禁卫军统领不再对皇帝的人身安全负责,失去对整个宫廷各个部门一直拥有和行使的司法权力。他们不再直接指挥罗马军队的精锐选锋,或在战时负责冲锋陷阵,君士坦丁立即剥夺统领的军队指挥权。最后通过一项奇妙的转变,皇帝卫队的队长全部转任各行省的行政长官。②

经过改革,近卫军长官变成了大区长官,他们通常不再是君主的随从人员,而被安排到帝国确定区域,成为"封疆大吏"。

君士坦丁在戴克里先设立 12 个行政区的基础上,结合上述四大区的设置,增加 2 个行政区,重新将罗马帝国具体规划为:(1)东方大区所辖 5 个行政区,即埃及行政区、东方行政区、黑海行政区、亚细亚行政

---

① 参见徐国栋:《行省→省(郡)→总督区→军区——罗马帝国行政区划的变迁及其意义》,第 168—169 页。
② [英]爱德华·吉本:《罗马帝国衰亡史Ⅱ》,第 658 页。

区、色雷斯行政区;(2)伊利里亚大区所辖2个行政区,即达契亚行政区、马其顿行政区;(3)意大利大区所辖3个行政区,即罗马城以南的意大利行政区、供粮意大利行政区、阿非利加行政区;(4)高卢大区所辖3个行政区,即七省行政区、西班牙行政区、不列颠行政区。[①]

前文已述,戴克里先在"四帝共治"下对行政进行了重组,初步将"罗马由一个帝国转化为一个单一国"。君士坦丁大帝虽废除了"四帝共治",但仍在构建四大区基础上,继续戴克里先的事业,帝国被进一步整合成一个单一制国家。

君士坦丁在戴克里先12个行政区、101个省的基础上,结合"四大区",重新将帝国均质化地分为121个省:

(1) 东方大区:

埃及行政区包括9个省,它们是:第一埃及、第二埃及、第一奥古斯塔、第二奥古斯塔、埃及的阿尔卡迪亚、上特巴伊斯、下特巴伊斯、上利比亚、下利比亚。

东方行政区包括15个省,它们是:第一西里西亚、第二西里西亚、依扫利亚、塞浦路斯、叙利亚、宜人的叙利亚、幼发拉底叙利亚、奥斯罗埃勒、美索不达米亚、腓尼基、黎巴嫩腓尼基、第一巴勒斯坦、第二巴勒斯坦、宜人的巴勒斯坦、阿拉伯。

黑海行政区包括10个省,它们是:比提尼亚、第一加拉太、宜人的第二加拉太、帕弗拉戈尼亚、第一卡巴多恰、第二卡巴多恰、赫勒诺本都、泊勒莫尼亚库斯本都、第一亚美尼亚、第二亚美尼亚。

[①] 参见徐国栋:《行省→省(郡)→总督区→军区—罗马帝国行政区划的变迁及其意义》,第169—170页。

亚细亚行政区包括 11 个省，它们是：亚细亚、赫勒斯滂、庞菲利亚、卡利亚、李迪亚、李奇亚、李考尼亚、皮西迪亚、巴卡齐亚那弗里几亚、宜人的弗里几亚、英苏勒。

色雷斯行政区包括 6 个省，它们是：欧罗巴、色雷斯、赫米蒙杜斯、罗道普、梅西亚、席提亚。

（2）伊利里亚大区：

达契亚行政区包括 5 个省，它们是：地中海边的达契亚、第一莫埃西亚、普雷瓦利斯、达尔达尼亚、滨河的达契亚。

马其顿行政区包括 7 个省，它们是：第一马其顿、宜人的第二马其顿、塞萨利亚、老埃皮鲁斯、新埃皮鲁斯、亚该亚、克里特。

（3）意大利大区

罗马城以南的意大利行政区包括 9 个省，它们是：康帕尼亚、托斯堪尼亚和翁布里亚、罗马城以南的皮切努姆、阿普利亚和卡拉布里亚、布鲁奇亚和卢坎尼亚、萨姆钮姆、瓦雷利亚、西西里、撒丁和科西嘉。

供粮意大利行政区包括 15 个省，它们是：威内齐亚和伊斯特里亚、科奇厄、利古里亚、艾米利亚、弗拉米尼亚和供粮的皮切努姆、西阿尔卑斯、第一雷齐亚、第二雷齐亚、达尔马提亚、地中海边的诺里肯、滨河的诺里肯、第一潘诺尼亚、第二潘诺尼亚、萨维亚、滨河的瓦雷利亚。

阿非利加行政区包括 6 个省，它们是：执政官级别的阿非利加、比查切纳、以塞提夫为首府的毛里塔尼亚、以恺撒利亚为首府的毛里塔尼亚、努米底亚、特里波里。

（4）高卢大区：

七省行政区包括 16 个省，它们是：第一卢古都南西斯、第二卢

第十章　君主专制的完善与变化

古都南西斯、第三卢古都西斯、第一比利时、第二比利时、第一日耳曼、第二日耳曼、阿尔卑斯山麓、大塞广尼亚、维也纳、滨海阿尔卑斯、第一阿奎塔尼亚、第二阿奎塔尼亚、诺维姆波普拉纳、第一纳尔波、第二纳尔波。

西班牙行政区包括 7 个省,它们是:贝提卡、巴雷阿里、迦太基、塔拉科、噶勒恰、卢西塔尼亚、以汀吉斯为首府的毛里塔尼亚。

不列颠行政区包括 5 个省,它们是:恺撒的马克西姆、第一不列颠、第二不列颠、恺撒的弗拉维亚、瓦雷利亚。①

与戴克里先"四帝共治"下的行省重组相比,君士坦丁新的划分更加合理、科学。例如,他将过去地处非洲的一些省排除出东方行政区,让新的东方行政区只包括亚洲的省份。此外,鉴于埃及省的重要地位,他将埃及从东方行政区独立出来,设为单独行政区。②

在上述 121 个均质化的省之下,在帝国西部和埃及的下一级行政设置是区。区要么由区长治理,要么指派邻近的城市的议长治理,并对所在省首脑负责。此外,在帝国西部,部分农村属于城市的附属,由村落构成,其首长为村长。而在除埃及以外的帝国东部,似乎缺少省与村落之间的中间环节。③

总之,君士坦丁虽然在形式上废除了"四帝共治",设了四大区,

---

①　当然,这样的区划也不是一成不变的。在君士坦丁之后,帝国的区划也改革了几次,一些省和行政区被重新组合,如伊利里亚大区被废除并改革,后在东方和西方数次易手。参见徐国栋:《行省→省(郡)→总督区→军区——罗马帝国行政区划的变迁及其意义》,第 170—171 页。
②　关于君士坦丁新区划与戴克里先时期的具体不同,参见徐国栋:《行省→省(郡)→总督区→军区——罗马帝国行政区划的变迁及其意义》,第 171—172 页。
③　关于帝国省以下行政设置的具体情况,参见徐国栋:《行省→省(郡)→总督区→军区——罗马帝国行政区划的变迁及其意义》,第 165—168 页。

但在实际上仍然延续了自戴克里先开始的将行省由附属于罗马、意大利的殖民地改造为帝国均质化组成部分的事业。经过君士坦丁大帝进一步的改造，罗马帝国形成了"君主—四大区—12个行政区—121个省—区（Pagus）/市—村（Vicus）"六级行政体系，"行政实现了一元化，不复有自由市（如雅典、斯巴达）、同盟国（如亚美尼亚）、自治市（被罗马人征服但被授予自治权的城市）、殖民地（罗马人移居形成的城市）等体制外行政当局，也不复有意大利这样的特权性的行政区，罗马帝国被整合成了一个单一国，实现了罗马帝国国民的平等"①。

单一国体制建立的直接后果就是，帝国的司法体系有了明确的审级，形成了"五级三审制"。就民事案件来说，帝国内部的第一审级是区，由执法两人团负责审理小案；第二审级是省，由省的首长和助审官来负责，前者审理300金币以上金额的案件，后者则审理这一数目以下的案件；第三审级是行政区，由近卫军长官代理负责，既审上诉案件，也审一审案件；第四审级是四大区，由大区长官负责，只审理上诉案件；第五审级是君主，通常只审理上诉案件。刑事案件上诉程序基本等同于上述有关民事案件的规定。一般来说，当事人对一审判决不服，可在宣判后2日或3日内，按照上述规定程序上诉，并以2次为限，三审判决为终局判决。②

---

① 徐国栋：《行省→省（郡）→总督区→军区——罗马帝国行政区划的变迁及其意义》，第173页。
② 后来，优士丁尼废除了行政区一级，罗马诉讼程序由"五级三审制"变为"四级三审制"。参见徐国栋：《行省→省（郡）→总督区→军区——罗马帝国行政区划的变迁及其意义》，第174页。

(三) 君士坦丁时期官制的变化

君士坦丁时期的官制大体上继承了戴克里先时期的官制,仍分为中央和地方两大类。与元首制时期奥古斯都重用骑士阶层不同的是,君士坦丁大帝再次允许元老院阶层进入到罗马的官制之中。对此,有论者说道:

> 他彻底修改了超过 300 年历史的行政管理政策。尤其是之后的总督常选自非常古老且有名望的家族,这些人在担任公职之前鲜有实践经验。君士坦丁甚至更近一步,在君士坦丁堡(Constantinople)奠定了帝国东部新的元老院的基础。①

在中央官制中,君士坦丁大帝除了将近卫军长官改造为具有"封疆大吏"色彩的大区长官以外,在戴克里先时代设立财务管账吏、私人事务官以及中央文秘部门设立档案官、书信官和诉讼官的基础上,对中央官制进行了新的整合。

首先,君士坦丁大帝在中央官制中建立了位阶制度。他将帝国中央政府任职的要员都称为"显贵",具体分为三个等级:

> 其一为建有功勋者(Illustrious),可以称之为"特勋阶";其二为德高望重者(Spectabiles)或众望所归者(Respectable),可称为"卿相阶";其三为世家出身者(Clarissimi)或者获得官位者(Honoura-

---

① [美]沃尔特·沙伊德尔编:《古代中国与罗马的国家权力》,第 204 页。

ble),可称之为"士尉阶"。①

其中,"特勋阶"只限于如下四种人:

一、执政官和大公;二、禁卫军统领,包括罗马和君士坦丁堡的郡守;骑兵和步兵的主将;以及四、皇宫中侍奉皇帝负有神圣职责的七位大臣。②

吉本认为,君士坦丁大帝设置上述位阶制度的原因有二:一是因为罗马人"在不知不觉中被亚洲宫廷讲究场面和装模作样的恶习败坏殆尽";二是因为下级服从上级这样严格的等级制度"有利于维护现有政权能够长留久治"。③

其次,君士坦丁大帝将所有中央官制中的官员称为"随从官"。之所以有这样的称谓,主要是因为这些官员常驻君主住所附近,要随君主转移而转移。这些中央的随从官主要包括4个主要的民政大臣、大区长官、步兵长官、骑兵长官、大内总管和首席秉笔大臣等。

其中,4个主要的民政大臣是:宫廷办公室主任、圣殿执法官、帝国财政官和私人管家。4个机构的工作具体由148名秘书分担。④

宫廷办公室主任⑤是君士坦丁设置的,主持君主的办事处(具有秘书处的意思),负责管理各文秘部门主管官员,如被委任起草敕批

---

① [英]爱德华·吉本:《罗马帝国衰亡史Ⅱ》,第652—653页。
② [英]爱德华·吉本:《罗马帝国衰亡史Ⅱ》,第653页。
③ 参见[英]爱德华·吉本:《罗马帝国衰亡史Ⅱ》,第651页。
④ 参见[英]爱德华·吉本:《罗马帝国衰亡史Ⅱ》,第677—678页。
⑤ 席代岳先生将其翻译为"御前大臣"。参见[英]爱德华·吉本:《罗马帝国衰亡史Ⅱ》,第677页。

的档案馆主任、被委托负责君主通信往来以及与外国使团和请求指示的官吏进行接触的书信吏、负责对提交到君主法庭案件进行听训的诉状受理官、负责对君主特许的接见活动进行管理的接待官。此外,宫廷办公室主任还承担对御林军的领导职责以及对情报局①部队的领导,并被特别委托对公共驿站、武器制造和帝国边区的防卫进行监管。② 该官职在君士坦丁时期属于前文提及的"卿相阶",但到了公元4世纪末,则成为帝国最高的"特勋阶"。

圣殿执法官也是君士坦丁大帝设立的一位民政大臣,主要为君主提供法律方面的服务,因而也可以被认为是帝国的"司法部长"。这一官职的主要工作是帮助君主拟定谕令以及对写给最高统治者的辩护词进行回复,同时在君主的授权下获得对某些诉讼程序的司法权。圣殿执法官没有属于自己的官署,但可以使用听命于宫廷办公室主任的档案官主任、书函吏和诉状受理官的职员。与前述宫廷办公室主任一样,由于该官职在君主中央行政官制中的重要性,在君士坦丁时期属于"卿相阶",在公元4世纪后半叶以后,该官职由"卿相阶"上升到"特勋阶"。③

君主在中央的4个民政大臣中,宫廷办公室主任和圣殿执法官享有较大权威,帝国财政官和私人管家享有较小权威。

帝国财政官④大约是在公元4世纪中叶以后,取代了戴克里先时期的财务管账吏,在实际上成为帝国的"财政和国库部长"。这一官职的工作大致有四:第一,通过听命于他的财政吏和现金吏,在各行政区收

---

① 张晓校教授将其翻译为"秘密稽查使"。参见张晓校:《戴克里先研究》,第21页。
② 参见[意]马里奥·塔拉曼卡主编:《罗马法史纲》下卷,第650—651页。
③ 参见[意]马里奥·塔拉曼卡主编:《罗马法史纲》下卷,第651页。
④ 席代岳先生将其翻译为"司库大臣"。参见[英]爱德华·吉本:《罗马帝国衰亡史Ⅱ》,第680页。

取现金税;①第二,有权代表君主进行审判,享有财税领域的司法权;第三,享有国库的管理权;②第四,有权掌控国家的铸币所、矿山和工厂,并在商务官的协助下,主管对外贸易。公元4世纪末,这一官职也进入"特勋阶"。③

与帝国财政官相类似的是,私人管家④也在公元4世纪取代了戴克里先时代的私人事务官。私人管家的权力主要有:第一,管理君主私产中大片地产的权力,在某个时期还享有主管君主财产中财务的权力;⑤第二,把那些被判罚者的财产、盗赃物、因缺少继承人而闲置的财物,以及因不配受领而从继承人那里扣除的财产,都充入君主私产中的权力;第三,财税领域被授予的司法权。⑥

君士坦丁大帝中央官制中的随从官,除了上述4个民政大臣以外,意大利大区和东方大区的大区长官因常驻在各自皇室附近,所以也属于这一范围。他们在地位上也属于"特勋阶"。此外,同属于随从官的步兵长官和骑兵长官,因常驻君主住所附近,地位很高,属于"特勋阶"。他们在中央官制中仅次于意大利大区和东方大区的大区长官。⑦

除去上面论及的这些随从官,作为宫廷内侍,宦官出身的大内总

---

① 实物税的征收则属于大区长官的职责范围。
② 此时的国库已经取代元首制时期的金库,成为国家的资金库存,用于执行公共开支,如向军人和民政职员支付工资。
③ 参见[意]马里奥·塔拉曼卡主编:《罗马法史纲》下卷,第652页。
④ 席代岳先生将其翻译为"内务大臣"。参见[英]爱德华·吉本:《罗马帝国衰亡史Ⅱ》,第680页。
⑤ 关于君主私产和君主财产的区别以及分化的原因,参见[意]马里奥·塔拉曼卡主编:《罗马法史纲》下卷,第574—575页。
⑥ 参[意]马里奥·塔拉曼卡主编:《罗马法史纲》下卷,第652页。
⑦ 公元5世纪以后,军队的最高指挥权被统一交付给全权军团长官。参见[意]马里奥·塔拉曼卡主编:《罗马法史纲》下卷,第652—653页。

管①也是非常重要的。由于这一官职会与君主频繁接触,因而其权力越来越大。同时,作为君主的秘书团队,首席秉笔大臣、军士长官和文员也属于随从官。②

最后,君士坦丁大帝在中央官制中最为重要的调整还在于明确将戴克里先时期的君主顾问委员会改造为君主枢密院。君主枢密院的成员被称为"枢密院官",他们就是前文提及的帝国中央官制中那些最为重要的大臣和随从官,如宫廷办公室主任、圣殿执法官、帝国财政官、私人管家、大区长官、殿前步兵及骑兵长官以及主要办公室首脑和首席秉笔大臣等。当然,君主枢密院成员也不是完全固定不变的,君主可以通过指定的方式补充成员。

君主枢密院是由君主自己主持的,枢密院的主要工作是围绕接待外交使团,或商讨以请愿意见为中心的政治问题和聚焦阅读法律草案的立法性问题,为君主提供协助和参谋。此外,君主枢密院还充当了帝国的高级法院,享有司法权,负责审阅君主的判决。不过,随着时间的推移,君主枢密院除了在司法审判上继续发挥其功能以外,其协助和参谋的功能日渐减退,到了公元5世纪以后,实际上已经变成了"特勋阶"的大会。③

此外,君士坦丁大帝对于帝国中央官制带来的变化,还应包括他于公元330年5月11日在拜占士(Byzas)的诞生地④为帝国建造了一个

---

① 席代岳先生将其翻译为"侍寝大臣"。参见[英]爱德华·吉本:《罗马帝国衰亡史Ⅱ》,第677页。黄风教授将其翻译为"圣室长官"。参见[意]朱塞佩·格罗索:《罗马法史》,第313页。
② 参见[意]马里奥·塔拉曼卡主编:《罗马法史纲》下卷,第653页。
③ 参见[意]马里奥·塔拉曼卡主编:《罗马法史纲》下卷,第650页。
④ 拜占士,传说是公元前656年建立拜占庭城的希腊航海家,被当作海神之子。参见[瑞士]雅各布·布克哈特:《君士坦丁大帝时代》,第306页下注。

新首都——君士坦丁堡(Constantinopolis)①,并为之设立元老院,以及他的儿子君士坦提乌斯二世(Constantins Ⅱ,337—361年在位)为管理这个城市而设立类似于罗马城市行政长官的城市行政长官。至此,罗马帝国在罗马和君士坦丁堡各设有一个元老院。与罗马元老院在君主专制以后衰落的事实相一致的是,君士坦丁堡元老院在立法领域的影响力几乎不存在,多数时候仅限于对被指定给它的那些君主谕令加以审读和在欢呼通过之后发布公告。② 当然,也有论者认为,君士坦丁堡元老虽未摆脱"仆臣化"倾向,但在东罗马帝国政制中也发挥了一定的作用。例如,在皇位空缺时,可以参与讨论继承人问题。此外,还有一些咨政、司法和外交等功能。③ 至于君士坦丁堡的城市行政长官,其地位属于"特勋阶",被认为地位仅次于大区长官,有权主持元老院并对元老院议员有司法权,以及掌控他们的赋税履行情况。④ 无论是在行政领域还是私法领域,其权力仅限于城市,而不包括周围的地域,该官职的具体权力类似于前述罗马城市行政长官。

总之,通过君士坦丁大帝的革新,帝国中央的官职层级性更加鲜

---

① 君士坦丁选择君士坦丁堡作为新首都的原因在于:"作为罗马帝国最重要的军事基地之一,拜占庭既将伊利里亚军团运往东方——征服东方的功劳应该算到他们头上,也将来自亚洲战场的兵种引入西方。拜占庭是抵御东日耳曼民族入侵的要塞,是连接爱琴海两侧的帝国所有行省的大都,也是维持东西世界均衡的海上力量。现在的皇帝无须理会罗马人的古老传统和诉求——这些都让前任们不堪重负。这位皇帝的支持者们组成了相对对立的共同体(基督教——引者注),而这座新的国都也相当于他一手打造的胜利纪念碑。"[德]利奥波德·冯·兰克:《世界史·古罗马帝国、君士坦丁堡的帝国和罗曼—日耳曼王国的起源》第四卷第2册,陈笑天译,吉林出版集团股份有限公司2017年版,第270页。

② 参见[意]马里奥·塔拉曼卡主编:《罗马法史纲》下卷,第650页。

③ 参见武鹏:《东地中海世界的转变与拜占庭帝国的奠基时代(4—6世纪)》,第99—101页。

④ 在此时期,元老院议员的身份是需要承担赋税负担的。如担任裁判官(承担组织竞技的义务),需要交纳一种特殊的土地税(follis 或 gleba 或 glebalis collatio),每5年或每10年向君主交纳一次特殊的贡赋。参见[意]朱塞佩·格罗索:《罗马法史》,第291页。

明,依附性更加明显。与此同时,在"戴克里先—君士坦丁"的改造下,庞大的帝国官僚系统已经彻底取代了之前罗马共和官制那种民主制的特征,官员不再是罗马公民的代表,而是君主的官僚,一种类似于中国帝制下的官僚政制特征凸显出来。奥地利学者沃尔特·施德尔(Walter Scheider)甚至认为,公元4世纪成熟期的罗马帝国出现了与东方汉帝国的相似性。[①] 同时,罗马帝国的官制出现了事务与政务的分类、皇家与国家的分离,一种真正符合帝国制度的官制基本形成。

(四) 君士坦丁对基督教的承认与利用

尽管在官制改革和行省改革方面,君士坦丁延续了戴克里先的做法,但是在对待基督教问题上,两人的做法却是对立的。这里需要说明的是,与过去罗马人把神比附于人的灵魂或自然的力量不同的是,基督教"是一种更高级和更少物质特征的信仰","现在,神在人们看来是一位完全的陌生者,他本性上既超越人的本质也超越世界的所是"[②]。

戴克里先在创建君主专制时期虽然已经出现了"君权神授"的现象,但是却没有将这个"神"定义为"基督",而是选择了罗马传统中的"诸神"。如他将罗马旧神朱庇特和赫拉克勒斯当作君主的主要保护神和君主合法性的来源。不过,伴随着帝国上层以及军队信仰基督教的人越来越多,并在实质上影响了帝国政制,戴克里先在东方副帝伽勒里乌斯的"鼓动"下,于公元303年2月23日开始放弃之前宗教宽容的态

---

① 参见[奥]沃尔特·施德尔:《从"大融合"到"初次大分流":罗马与秦汉的国家构造及其影响》,载[奥]沃尔特·施德尔:《罗马与中国:比较视野下的古代世界帝国》,李平译,江苏人民出版社2018年版,第17—18页。

② [法]库朗热:《古代城邦——古希腊罗马祭祀、权利和政制研究》,第361页。

度,先后发布 4 道敕令①,持续十年迫害基督教徒。② 然而,帝国的大规模的迫害活动并没有达到预期的效果,对基督教的镇压使得社会秩序愈加不稳。东方副帝伽勒里乌斯后来也承认迫害基督教的策略遭到了失败,并发布了宽容敕令,允许基督徒重建教堂、进行集会。③ 戴克里先的英明之处是他已经注意到了宗教对于君主政制的积极意义,但是,局限在于他没有选择更能适应未来帝国新需要的基督教,而是继续沿用早已不适合现实发展的传统多神教。

在这一问题上,君士坦丁大帝就比戴克里先看得透彻。一方面,他继承了戴克里先运用宗教强化君主政制的做法;另一方面,他选择了更符合帝国实际需要的基督教而不是多神教去实现目标。于是,帝国在君士坦丁的统治下,由多神信仰的旧帝国逐渐演变为一神教的基督帝国,原本对立的两大世界完成了"和解"。④ 对此,科瓦略夫指出:

> 君士坦丁是一位现实的和有远见的政治家。他清楚地懂得,未来是属于基督教的。他看得很清楚,一个小小的流派变成了怎样的一支力量。君士坦丁是戴克里先的直接继承者,是君主制的

---

① 这 4 道敕令内容大致如下。第一道敕令:命令推倒教堂、焚烧《圣经》,责令那些信仰基督教并担任高级官员者放弃信仰,否则使其失去权力。第二道敕令:抓捕所有神职人员。第三道敕令:规定监狱中的信徒如果献祭,就可获得自由,否则要遭受折磨。第四道敕令:恢复戴西乌斯时期(Decius,249—251 年在位)全面迫害政策,命令全体基督徒向罗马的神祇献祭。参见王振霞:《公元 3 世纪罗马政治与体制变革研究》,第 156—157 页。
② 参见[英]爱德华·吉本:《罗马帝国衰亡史Ⅱ》,第 607—621 页。
③ 参见张晓校:《戴克里先研究》,第 218—219 页。
④ 德国 19 世纪最伟大的史学家利奥波德·冯·兰克(Leopold von Ranke)曾说,只有亚历山大和君士坦丁配得上"大帝"这个名号,因为后者实现了世俗世界和精神世界的统一,"基督教在实现充分内在发展的同时向外扩散",帝国在君士坦丁的帮助下摆脱了民族性的局限。参见[德]利奥波德·冯·兰克:《世界史·古罗马帝国、君士坦丁堡的帝国和罗曼—日耳曼王国的起源》第四卷第 2 册,第 245—266 页。

第十章 君主专制的完善与变化

完成者,他为君主制寻求了理论的根据。新的王国当然是"神赐"的王国。但是希腊罗马万神殿的那些旧神显然是不适于这个角色的:它们是不可挽回地衰朽下去了。统一的地上之神、罗马元首的专制的、不用任何共和的幻象来掩饰的政权当然会受到统一的上天的元首、基督教的上帝的同样的专制政权的批准的。①

按照学界一般的说法,君士坦丁大帝之所以承认基督教,源于他对基督真诚的信仰。对此,吉本说道:

> 他(君士坦提乌斯——引者注)那幸运的儿子(君士坦丁——引者注)继位伊始便宣布保护教会,后来终于名副其实成为第一位基督徒皇帝。君士坦丁改信基督教的动机,由于情况复杂,可以归之于仁慈的天性、他的政策和信念,或者出于忏悔。在他和其子强有力的影响之下,使基督教成为罗马帝国主要宗教。……现在只需要说明一点,君士坦丁的每一次胜利,都使教会得到安慰和恩赐。②

然而,新近一些论者认为,如果只将君士坦丁大帝选择基督教的原因归结于信仰,事实上无法解释为何他在选择基督的同时一直没有放弃罗马多神教"大祭司"的头衔。因此,有论者认为,君士坦丁大帝之所以承

---

① [俄]科瓦略夫:《古代罗马史》,第823—824页。
② [英]爱德华·吉本:《罗马帝国衰亡史Ⅱ》,第619—620页。

认基督教,"最根本的动机还是从国家角度来考虑的"①。

具体来说,君士坦丁大帝对于基督教的利用,分为了三个阶段:(1)公元306—312年,在巩固君主地位和增强"割据"实力阶段,为了减少政治威胁,稳定脆弱的政治地位,他宽容基督教;(2)公元312—324年,在扩张势力进而统一帝国阶段,为了扩大政治联盟,瓦解敌人,在内战中获得胜利,他支持基督教;(3)公元324—337年,在统一后强化中央君主政制阶段,为了缓和各种矛盾,强化专制君主的精神统治,维护君士坦丁王朝的长治久安,他控制基督教。②

公元306年7月25日,君士坦提乌斯去世。君士坦丁虽被军队推举为君主,但这明显违背了戴克里先设立的"四帝共治"制度,加之其控制的高卢地区比起其他3个大区力量较弱,地位并不稳固。于是,君士坦丁为了自保,需要依靠基督教充实自己的实力。因为这一时期,大批信仰基督教的阿利乌(Ario)教派③的哥特人进入帝国军队,成为君士坦丁军事力量的重要组成部分。君士坦丁及其父亲虽然不敢公然地拒绝戴克里先的宗教政策,但指示部下尽量避免流血事件的发生,并推行以保护基督教为主的宗教宽容政策,以稳定军心、民心,巩固地位,等待机会。

公元312年10月,君士坦丁在罗马附近的米里维桥打败马克森提乌斯,荣升西方正帝。为了获得这场战役的胜利,君士坦丁一方面利用

---

① [美]M.罗斯托夫采夫:《罗马帝国社会经济史》,马雍等译,商务印书馆1985年版,第695页。
② 参见陈志强、马巍:《君士坦丁基督教政策的政治分析》,载《南开学报》1999年第6期,第134页。
③ 阿里乌派的奠基人是亚历山大城的阿里乌斯,他的学说的本质在于,神子是神父创造的,因此比神父地位要低,而正教教派则坚持"三位一体"说,认为三位一体中的神是同体的、永恒的,因而是平等的。

第十章 君主专制的完善与变化

基督教攻击马克森提乌斯,指责他迫害基督教的暴行,营造其违背上帝意旨必遭惩罚的舆论;另一方面还"编造"上帝显灵的说法,①并将军旗改成十字架的标志,②鼓舞士气。对此,古罗马教会史学家尤西比乌斯③(Eusebius,264—340)曾记载:

> 大约在正午时分的时候,日头即将由东边转向西边,他说他亲眼看到,在搁置着太阳的天空上,有一个十字架形状的饰物从亮光中生成,饰物上附有一组文字"凭此克敌"(By this conquer)。他以及他所指挥的和正在赶赴某次战役的士兵,对于该景色都感到非常惊讶。他们一起见证了这个神迹。他说,他质问自己:这一现象到底意味着什么;他一直在苦思冥想,直至深夜。在他睡着之后,上帝的基督带着中午时天空中所显现的饰物出现在他的面前,敦促他为自己制作一套天空中所显现的饰物的副本,利用它来作为防范敌人进攻的庇护物。④

---

① 关于这次神迹的最早记载见于与君士坦丁同时代的基督教徒拉克坦提乌斯(Lactantius)的作品,他在其著作《基督教迫害者之覆灭》(*De Mortibus Persecutorum*)中谈到了君士坦丁在梦中接到一个警告,要他在其护甲上刻上基督圣符的标记。但拉克坦提乌斯并没有提到传说中君士坦丁所看到的天象。参见[美]A. A. 瓦西列夫:《拜占庭帝国史》,徐家玲译,商务印书馆 2019 年版,第 81 页。

② 君士坦丁的军旗被称为"labarum",是一个由希腊字母 X 和 P 重叠组成的图案。据考证,X 可能是高卢古代某种宗教的象征,代表着太阳或者雷电,P 则意味着太阳神的鞭子。参见[美]约翰·伊地:《君士坦丁皈依基督教》,罗伯特·克莱格出版公司 1977 年版,第 34 页。转引自陈志强:《拜占庭帝国史》,第 73 页。

③ 尤西比乌斯曾任巴勒斯坦的凯撒里亚(Caesares)的主教,属于阿利乌派。其著作《教会史》(*Historia Ecclesiastica*)开教会史先河。参见刘津瑜:《罗马史研究入门》,第 81—82 页。

④ [古罗马]尤西比乌斯:《君士坦丁传》,林中泽译,商务印书馆 2018 年版,第 186—187 页。

据说,君士坦丁还因此改变了信仰。兰克提醒我们,这里的关键不在于让他转向基督教的神迹,真正的神迹是:

> 正是一位罗马皇帝从帝国官方宗教向一神论的转变,即便事实在那些象征着传统罗马信仰观念的占卜师们不断警告他的情况下。君士坦丁已经抛弃了个别的神明,他信仰的是以十字为标志的万有之神(Gott des Alls)。这场战争实质上变成了一神论的基督教和多神论的卡比托利欧诸神之间争取未来的生死之争。①

在战胜了马克森提乌斯之后,君士坦丁与同样在东方打败政敌达亚的东方正帝李锡尼一起,于公元313年3月颁布《米兰敕令》(Editto di Milano),承认基督教的合法地位,并停止一切宗教迫害。② 实际上,

---

① [德]利奥波德·冯·兰克:《世界史·古罗马帝国、君士坦丁堡的帝国和罗曼—日耳曼王国的起源》第四卷第2册,第250页。

② 关于《米兰敕令》的内容,古罗马教会史学家尤西比乌斯在其《教会史》中有详细的记载:"鉴于不能否定信仰自由,每人都应有权根据自己的信念和愿望奉信自己选择的宗教,我们早已下令要求允许基督教徒(及其他人等)保留自己的信仰和教派……我,君士坦丁奥古斯都和我,李锡尼奥古斯都选定吉日在米兰聚会讨论一切有关公益和安全的大事。在一切有利于万民的大事中,我们认为首先应作出规定保证尊重对神的信仰,就是给基督教徒及其他一切人以无限制的权利去按自己的意愿和方式信仰宗教,俾使天上的一起神祇都受到应有的崇拜,从而对我们和我们治下众人普世恩泽。因此,从有利而且明智的角度出发,我们决定采取下述政策,具体说,即我们认为无论何人都不应被拒绝其虔信基督教或者其他他认为对自己最合宜的宗教的权利。这样,我们以开明思想予以崇敬的最高神祇将普降幸福于万民。因此特通知阁下,我们的意愿是将前次送达阁下的有关基督教徒的信件中所含规定完全作废。现在凡愿接受基督教徒方式信仰者应自由无条件地保留其信仰,不受任何干扰和干预。这一切,我们愿明白无误地讲清以便阁下获悉我们已经给所谓'基督教徒'以自由信奉其宗教的绝对权利。通过了解我们颁给所涉之人以此种特惠,阁下可理解对于其他人也应该颁给同样的自由和不受限制的宗教信仰,这是与我们时代的和平精神相一致的,即每人都有无限的信奉自己所选择的宗教之自由。这样做是为了表白我们无意贬低任何形式的崇拜和信仰。此外,特别关于基督教,我们决议应规定下列条款:关于他们经常集会的场所,我们向你们下达的前信中,曾提到一条既定政策。现在重申,无论何人前次购得此种场所,或由国库出款,或用其他款项,均应将该场所交还给基督徒,(转下页)

第十章 君主专制的完善与变化

对于基督教的宽容，早在公元313年东方正帝伽勒里乌斯在《伽勒里乌斯敕令》(Editto Galerio，亦称《容忍敕令》)中就已经做出。① 两个敕令的区别在于：《伽勒里乌斯敕令》重申了戴克里先宗教改革的原则和多神论的统治地位，并强调承认基督教是君主的仁慈之举；而《米兰敕令》则将基督教和传统宗教的信徒放在了平等的位置。② 但也有论者认为，君士坦丁与李锡尼于公元313年在米兰颁布的文件不是敕令，而是"致小亚细亚及整个东方行省省督的信，用以解释并指教他们应如何对待

(接上页)不得要求付款或任何补偿，不得作弊或有任何含糊。如有人作为接受礼物而获得此种场所，他们同样应将原地点尽快交还给基督教徒。此外，如购有此种地点或作为礼物接受此种地点之人提出申请要求特惠，那就请他们向各大区副首长（近卫军长官代理——引者注）提出申请以便我们考虑他们的要求看是否应给以特惠。所有这一切都应在你们的干预下立即迅速转交给基督教组织不得有误。再者这些所谓基督教徒不仅拥有其经常聚会的场所，而且还拥有一些不属于个人而属其集体，即教会所有的财产。对此，我们应依我们上面所提之法令，毫不含糊而且无争议地归还给基督教徒，即还给他们的组织或集体。当然，依照上述规定，凡无偿交还教产者将会由我们捐款给予补偿。在此诸事务上希你们能以最有效手段进行干预，力求此项指示迅速全部付诸实施以维护上述基督教组织之利益，并使我们的仁政在公共和平治安上得以体现。至此，如前所述，我们在许多事情上已享受到天赐恩惠将继续长存并使我们和万民共同繁荣昌盛。鉴于此法令及仁政应公布于万民，希你们广发告示，将此文件四处张贴，以求家喻户晓，千万不要使我们的仁政掩埋于默默无闻之中。"[古罗马]尤西比乌斯：《教会史》卷10，第5章。转引自李雅书、杨共乐：《古代罗马史》，第258—259页。

① 吉本在《罗马帝国衰亡史》中曾记载了该敕令的内容："我们夙夜匪懈维护帝国的统一和安全，依据罗马古老的法律和公认的准则，时刻不忘改正各阶层犯下的错误。特别希望受到蒙骗的基督徒，虽然在帝国各行省组成社团，还能回到合乎理性和自然的道路，不要背弃祖先建立的宗教和仪式，不要厌绝古代遗留的规章和典范，完全任凭自己胡思乱想，毫无依据编造荒唐的法条和谬论。我们前此颁布意在敦促大家崇敬诸神的诏书，已经使许多基督徒陷入危险和苦难，其中许多人丧失性命，还有更多的人始终坚持渎神的愚蠢做法，至今不能参加任何正常的公众宗教活动。为此我们本着宽大为怀的宗旨，决定对那些不幸的人法外开恩，今后将允许他们自由表达个人的意念，只要永矢勿谖已公布的法律，对政府抱持应有的尊敬，便可以毫无畏惧和不受干扰在宗教场所集会。我们即刻颁发另一道诏书，将旨意告知各级法院法官和地方行政官员，希望得到宽容的基督徒在他们崇拜的神前祷告，勿忘为个人与共和国的安全和繁荣祈福。"[英]爱德华·吉本：《罗马帝国衰亡史Ⅱ》，第622—623页。

② 参见[德]利奥波德·冯·兰克：《世界史·古罗马帝国、君士坦丁堡的帝国和罗曼—日耳曼王国的起源》第四卷第2册，第251页。

基督徒"①。

但是,公元314年君士坦丁和李锡尼之间战争的爆发,使得基督教再一次成为帮助君士坦丁完成伟业的"制胜砝码"。在齐巴拉(Cibala)战役后,李锡尼元气大伤,被迫求和,并将失败归结为治下东部地区基督徒对君士坦丁一统天下的支持。于是,他将有政治野心的基督徒赶出王宫,剥夺他们在军中的职务,并要求所有官员献祭,否则将被解职。据尤西比乌斯的记载,许多基督徒被利剑刺得千疮百孔,不少人被扔进大海喂鱼,帝国东部的教堂大部分被捣毁或关闭。② 君士坦丁以惩罚"强迫基督徒献祭的人"③为借口,向李锡尼宣战。因此,战争不是君士坦丁为了一己之权力,而是为了保卫基督教的圣战,其本人也化身为东方基督教徒的"解放者"。公元323年7月3日,君士坦丁在阿德里亚堡(Hadrianople)战役中打败李锡尼,完成了帝国的统一。

君士坦丁在公元324年完成统一后,一方面,在东方弥补李锡尼曾经给基督教带来的损失,继续向基督教示好,巩固自己的统治。他恢复了主教和其他神职人员的自由,废除了教徒们的徭役,归还被处决者的财产。凡是霸占基督徒财产不予归还者,都要面临重刑。如果无继承者领取死者被充公的财产,则将财产归还死者所在教会。因为信仰差异而被开除军籍者,要么官复原职,要么光荣退伍。君士坦丁从基督徒中任命行政官员,并禁止其中的非基督徒进行祭祀。④ 与此同时,君士坦丁在选择帝国新首都时,再次祭起了基督上帝的旗号,宣称他是按照

---

① [美]A. A. 瓦西列夫:《拜占庭帝国史》,第84—85页。
② 参见[古罗马]尤西比乌斯:《教会史》卷10,第8章第12节—第9章第3节。转引自陈志强:《拜占庭帝国史》,第76页。
③ 转引自陈志强:《拜占庭帝国史》,第76页。
④ 参见[德]利奥波德·冯·兰克:《世界史·古罗马帝国、君士坦丁堡的帝国和罗曼—日耳曼王国的起源》第四卷第2册,第258页。

"上帝的旨意"亲自跑马圈定新首都的城址,并对众人说:"我还得继续前进,直到引导我的神灵(上帝)叫停为止。"①为了体现他对基督教的认同,新建成的君士坦丁堡中心广场上耸立的君主雕像的右手,不仅持有象征统治世界的地球,还有象征"君权神授"的十字架。②

另一方面,为了维系、巩固帝国的统治,他在继续支持基督教的同时,还利用其他宗教形式拱卫其统治。对此,有论者指出:

> 无论是主张三位一体信条的基督教正统派,还是主张基督神性高于人性的阿里乌派,甚至多神教派,只要拥护君士坦丁王朝的统治,只要效忠皇帝本人,都将获得他的保护和重用。③

可见,君士坦丁关心的不是基督教信仰本身,而是他的权力,政治的需要始终是他对基督教态度的出发点。例如,为减少因基督教神学争论而造成的社会分裂,君士坦丁在尼西亚(Nicea)宗教会议上宣判阿里乌派为异端后不到3年,就暗中解除了对该派的迫害,并让阿里乌派领袖尤西比乌斯重登"大教长"④宝座,阿里乌斯本人也成为基督教的英雄。同时,处于王朝中央集权阶段的君士坦丁在大力扶植基督教的同时,也开始在一定程度上恢复罗马传统宗教的地位。他颁布法令允许多神教定期举行肠卜祭祀活动。君主的纹章上铸有主神、太阳神、大力神等罗马传统神祇的图像和象征。帝国各地的多神教神庙不仅享有大量的财富,而且享有帝国的馈赠和特权,其信徒仍可以公开举行传统宗教仪式和

---

① [英]爱德华·吉本:《罗马帝国衰亡史Ⅱ》,第640页。
② 转引自陈志强:《拜占庭帝国史》,第79页。
③ 陈志强:《拜占庭帝国史》,第79页。
④ 天主教的最高首脑称"教皇",而东正教的首脑则称"大教长"或"牧首"。

祭祀活动。① 君士坦丁大帝之所以在临终时才接受尼科米底亚主教的洗礼,也是因为他担心如果提前公开表明自己的宗教倾向,不仅无法成为凌驾于宗教之上的君王,而且会使君权在客观上受到教权的制约,而这些都与他完善君主政制的宗旨相违背。

总之,正如上文所论述的那样,君士坦丁大帝在戴克里先的基础上,继续将君主政制向前推进,并做得更加务实。对此,有论者以两人对待基督教态度为例,说明了这一点:

> 君士坦丁对基督教的态度尤其证明了他的现实主义态度和大政治观。跟戴克里先一样,他也是旨在对国家权威加以维护,对于这个国家而言,基督教能够表现为是一种分裂势力;他排除了戴克里先的那种实际上徒劳无功的迫害,更青睐于联合政策,引导基督徒与国界和解共存,但同时又把他们置于控制之下。他在宗教领域的大量干预手段全部都正好表现出把基督教吸引到国家轨道上来的意图,并且使之受制于皇帝的权威。②

二、君士坦丁之后君主专制的变化

"戴克里先—君士坦丁"君主政制的方向和成果,基本上被后来的君主们所坚持。后来罗马诸位君主所能做的,就是在两位君主政制设计的基础上进行微调。

---

① 参见陈志强:《拜占庭帝国史》,第79—80页。
② [意]马里奥·塔拉曼卡主编:《罗马法史纲》下卷,第625—626页。

第十章　君主专制的完善与变化

（一）君士坦丁之后帝国君主的更迭

公元337年，君士坦丁大帝在病故之前，在尼科米底亚行宫为二儿子君士坦丁二世（Constantinus Ⅱ,337—340年在位）、三儿子君士坦提乌斯二世（Constantius Ⅱ,337—361年在位）和四儿子君士坦斯（Constans,337—350年在位）划定了各自的势力范围，并在政治和宗教上教导他们。君士坦丁二世继承他祖父那一份，控制不列颠、高卢和西班牙地区；君士坦提乌斯二世控制色雷斯、西亚和黑海地区；君士坦斯控制意大利、非洲、达契亚和马其顿等地区。① 但是，新的王朝继承制度以及君士坦丁大帝的安排，并没有真正解决帝国政制稳定问题。

公元337年5月22日君士坦丁大帝在尼克米底亚驾崩后，帝国纷争再起。君士坦斯于公元340年打败并杀害二哥君士坦丁二世后，统治整个西方；君士坦提乌斯二世也在清理了君士坦丁大帝两个侄儿达尔马提乌斯（Dalmatius）和汉尼拔利亚努斯（Hanniballianus）后，②独霸东方。公元350年，西方的起义让君士坦斯殒命，君士坦提乌斯二世成为帝国唯一的君主。他任命堂弟加卢（Gallus）为"凯撒"副帝，后于公元355年又以自己同父异母的弟弟尤里安（Giulianus,361—363年在位）代替了被处死的加卢。公元361年，君士坦提乌斯二世在奇里齐亚（Cilicia）去世，尤里安成为君士坦丁王朝最后一位君主。

公元363年，尤里安在远征波斯进攻战中，被狂热的基督徒从背后

---

① 参见［古罗马］尤西比乌斯：《君士坦丁传》，第339—340页。
② 达尔马提乌斯被君士坦丁大帝于公元335年9月任命为"凯撒"，负责色雷斯、马其顿、伊利里亚和亚该亚（连同希腊）。之后，汉尼拔利亚努斯被任命为"王中之王和本都诸国之王"。他们控制希腊、马其顿和亚美尼亚等地。参见［瑞士］雅各布·布克哈特：《君士坦丁大帝时代》，第253页。

杀死。军队选择卓维安(Giovianus,363—364年在位)为继承人,但卓维安在与波斯人匆匆缔结和平后就去世了。公元364年,军队又推选潘诺尼亚行省的将领瓦伦提尼安(Valentinianus,364—375年在位)为君主,瓦伦提尼安在1个月后任命其弟瓦伦斯(Valens,364—378年在位)为君主统治东方,与他进行共治。公元375年,瓦伦提尼安在指挥对付奎阿狄人和萨马提亚人的战斗中病亡,其子格拉提安继位。东方君主瓦伦斯于公元378年被因受到匈奴人威胁而越过多瑙河的哥特人打败,于亚德里亚堡被杀害。格拉提安于公元379年1月19日任命年轻将军狄奥多西一世为"奥古斯都",把帝国东方加上达契亚和马其顿的一些大区一起交给他统治。公元383年,驻守不列颠的军团司令马尼奥·马西莫(Magnus Massimus)举兵造反,格拉提安被杀,其弟瓦伦提尼安二世(Valentinianus Ⅱ,383—392年在位)继位,成为西部形式上的君主,但也在公元392年被自己的军团长官法兰克人阿尔博迦斯特(Arbogaste)在维也纳杀害。于是,从公元392年开始,狄奥多西一世再一次成为帝国内唯一的君主。①

公元394年,狄奥多西一世在伏里吉多河(Frigido)附近,打败了阿尔博迦斯特和篡位者欧杰尼奥(Eugenius),在完成第二次西征后,于公元395年在米兰与世长辞。临终前,他将帝国交给了两个儿子:阿卡丢负责东部帝国,奥诺里(Onorius,395—423年在位)负责西部帝国。罗马帝国也正是在狄奥多西一世去世的395年彻底分为两个帝国。②

---

① 参见[德]利奥波德·冯·兰克:《世界史·古罗马帝国、君士坦丁堡的帝国和罗曼—日耳曼王国的起源》第四卷第2册,第273—353页。
② 当然,也有论者认为,这两位君主在东、西部的分治是狄奥多西家族为了维持统治的稳定性而做出的安排,罗马帝国始终是一个统一的整体。参见[英]艾维利尔·卡梅伦、彼得·贾恩塞主编:《剑桥古代史》第13卷,剑桥大学出版社1998年版,第111—113页。转引自康凯:《"476年西罗马帝国灭亡"观念的形成》,载《世界历史》2014年第4期,第39页。

第十章 君主专制的完善与变化

狄奥多西一世的两个儿子由于年少继位,性格软弱,西部帝国实际被汪达尔人出身的军团长官斯蒂里科内(Stilichus)掌控,东部帝国则被先后被大区长官鲁菲诺(Rufinus)和大内总管埃特罗皮奥(Eutropius)控制。公元408年,东部帝国君主阿卡丢去世,其年仅6岁的儿子狄奥多西二世(Teodosius Ⅱ,408—450年在位)继位。公元423年,西部帝国的君主奥诺里去世,奥诺里的秘书团队首领、首席秉笔大臣乔瓦尼(Giovanni)被推举为"奥古斯都",但没有获得狄奥多西二世的认同。狄奥多西二世于公元425年宣布奥诺里同父异母的妹妹加拉·普拉奇蒂亚(Galla Placidia)之子瓦伦提尼安三世(Valentinianus Ⅲ,425—455年在位)为"奥古斯都",并将女儿嫁给了他,两个帝国也因此进入了一段关系紧密和友好的时期。

然而,随着蛮族的反复侵扰,西罗马帝国实际上已经处于崩溃的边缘。公元455年,瓦伦提尼安三世死后无子,元老院议员出身的彼特洛尼乌斯·马克西姆斯(Petronius Maximus,455年在位)被推选为君主,但在同年6月2日,汪达尔人发动"罗马浩劫",攻陷罗马城,马克西姆斯也在一次暴动中被激愤的民众所杀。而后阿维图斯(Avitus,455—456年在位)继位,但很快被军官李其梅洛(Ricimerus)废黜。李其梅洛利用手中的军队指挥权,把持了君主的废立,马尤良(Maiorianus,457—461年在位)、利比奥·塞维鲁(Libius Severus,461—465年在位)、安特米(Antemius,467—472年在位)和奥利布留(Olibrius,472年在位)等君主一个个像走马灯式地变换。公元472年8月20日,李其梅洛病逝,利切里奥(Glicerius,473—474年在位)被任命为君主,但东罗马帝国君主利奥一世(Leo Ⅰ,457—474年在位)反对这项任命,支持尤利乌·尼波斯(Giulius Nepos,474—475年在位)继位。然而,这位被任命的西罗马君主尼波斯自始至终没有到过意大利,西罗马帝国内部反东罗马派头目奥内斯特(Oreste),于公元475年10月31日扶助自己的儿子罗慕洛(Romulus,475—476年在位)上台,成为西罗马帝国最后一位君主,①被人冠以"奥古斯都洛"(Augustulus)以示讥讽。②

尽管东罗马帝国的达契亚和伊利里亚地区也先后受到西哥特人与匈奴人的侵扰,但帝国最富庶的小亚细亚、叙利亚和埃及等地得以幸免,加之"戴克里先—君士坦丁"建立的君主政制一直在东方有效运行,因而成功地存活了下来,并一直延续到1453年。公元450年狄奥多西二世去世至公元476年,东罗马帝国的君主依次是:公元450年继位的马尔西安(Marcian,450—457年在位)、公元457年继位的利奥一世(Leo Ⅰ,457—474年在位)、利奥一世的孙子利奥二世(Leo Ⅱ,473—474年在位)以及利奥一世麾下东罗马军团长官泽诺(Zeno,474—491年在位)。

(二) 帝国分裂后君主政制的变化

在君士坦丁大帝贯彻王朝继承制之后,瓦伦提尼安家族和狄奥多西家族都将"子承父业"的皇位血亲世袭制贯彻执行了下来。更为重要的是,由于基督教因素的加入,罗马君主政制的皇位继承制度也增添了神圣的内涵。公元395年,米兰大主教安布罗西乌斯(Ambroasius)在狄奥多西一世的葬礼上说道:

---

① 当然,在西方还有一种观点认为,"西罗马帝国灭亡"这一事件并不存在。参见[美]詹姆斯·哈威·鲁滨逊:《新史学》,齐思和等译,商务印书馆1989年版,第106—133页。

② 当然,有论者认为"公元476年西罗马帝国灭亡"的观念是公元534年东罗马帝国史学家马凯利努斯(Marcellius)在《编年史》(Chronicon)中创造出来的,服务于优士丁尼对哥特人发动战争、收复失地,其本身可能并不符合历史的客观事实。参见康凯:《"476年西罗马帝国灭亡"观念的形成》,第36—46页。

> 伟大的皇帝已离我们而去,所幸他留给我们两位子嗣。吾皇活在这二人之中,也就是活在我们之中。我们不要抱怨他们的年幼;他们和成年人无异,因为军队效忠于他们。①

安布罗西乌斯的话不仅为帝国"子承父业"的合法性进行了说明,强调王位的可继承性,也在一定程度上强化了教会对于国家的权威。

君士坦丁大帝去世后,帝国之政制组织基本得到延续,但伴随着客观情势的改变,也出现了一些变化。

1. 帝国行政区划的变化以及"盟邦"的出现

就帝国行政区划而言,在公元 395 年狄奥多西一世去世时,帝国仍有 116 个省。具体情况如下:

(1) 合并。合并了上特巴伊斯、下特巴伊斯两个省,形成特巴伊斯省。合并第一奥古斯都、第二奥古斯都两个省,形成了奥古斯都省。合并第一埃及、第二埃及两个省,形成埃及省。合并第一卢古都西斯、第二卢古都西斯、第三卢古都西斯三个省,形成卢古都西斯省。

(2) 裁撤。撤掉亚细亚、赫勒斯滂、梅西亚、亚该亚、老埃皮鲁斯、科奇厄、执政官级别的阿非利加、滨海阿尔卑斯 8 个省。

(3) 新增。新增科西嘉一个省,该省以前与撒丁合为一省,现在分开。②

---

① [德]利奥波德·冯·兰克:《世界史·古罗马帝国、君士坦丁堡的帝国和罗曼—日耳曼王国的起源》第四卷第 2 册,第 355 页。
② 徐国栋:《行省→省(郡)→总督区→军区——罗马帝国行政区划的变迁及其意义》,第 175 页。

同时，狄奥多西一世在担任东部帝国君主时，用希腊文的"郡"（eparchy）取代了拉丁词"省"（provincia），称呼帝国东部的省份。

此外，由于蛮族的入侵，在罗马帝国既有行省区划之外，自狄奥多西一世起，"盟友"在帝国内部基于某项条约被安排的特定区域，也成了一种客观的区划存在。这种特殊的行政区划被称为"盟邦"。

公元383年，狄奥多西一世迫于各方压力，与西哥特人达成一项协议，特许他们定居在帝国边境以内，作为结成军事联盟的交换。这一做法改变了自戴克里先以来吸收蛮族人进入罗马军团的模式，[①]而是采取让他们继续听命于自己首领、保留原有社会结构不变的模式。这一做法后来被证明是一个对帝国安全极为有害的决定，并最终导致西罗马帝国的解体。对此，有论者指出：

> 盟友（foederati）被认为是区别于真正的罗马军队的组织成员。正如已经提到，这里涉及的蛮族人是没有获得市民权的，并且保留在自己首领的指挥之下，随着某项条约（foedus）的缔结，他们被安排在特定地区进行防御。公元5世纪，一个个完整的盟邦民族定居在西罗马帝国广泛的领域内，导致帝国被瓜分以及王国的诞生，它们宣布从帝国中独立出去。[②]

2. 帝国官制的变化

就官制而言，中央官职和地方官职在这一时期也出现了一些变化。一方面，就中央官职而言，由于帝国出现了分裂，加之蛮族入侵的

[①] 参见张晓校：《戴克里先研究》，第129—136页。
[②] ［意］马里奥·塔拉曼卡主编：《罗马法史纲》下卷，第657页。

客观情况,帝国晚期还出现了一种与民政官吏等级相平行的独立的军官等级制度。在君主身边,由御林军组成,是君主保卫部队成员,由宫廷办公室主任领导。在中央,由君主亲兵组成,常驻王庭附近,划分为各个军团,由军团长领导。军团长在君士坦丁大帝时分为骑兵长官和步兵长官,到5世纪以后由全权军团长官负责。在地方,由君主的边防军或者巡边军组成,它们由听命于军团长官的将领具体指挥。在西部,最高军事指挥权集中在唯一的全权军团长官手上。全权军团长官在官职地位上与大区长官相当。① 公元5世纪中叶左右,这些全权的军团长官破坏了戴克里先开创的"军政分离"原则,常常集中军事权和政治权,出现了干预皇位继承的现象。"为了确认全权军团长官无限的权力,皇帝更授予他'贵族'(patricius)的荣誉称号。"②

另一方面,就地方官职而论,帝国在维系"君主—四大区—行政区—省—区/市—村"六级行政体系的基础上,大体保持了"君主—大区长官—近卫军长官代理—'省'长—区长/城市议长—村长"六级的官职设置。就倒数第二级的"区/市"而言,西罗马帝国的自治市官员是被赋予行政权以及部分司法权的两人官、市政官和财政官;东罗马帝国的自治市官员则由城市保佐官和平民(或市民)保护人组成。其中,平民(或市民)保护人是公元368年瓦伦提尼安一世为了保护最底层社会成员不受权贵欺压所设的,有治安权、税收清单编制权、监督赋税征收权以及一定民事和刑事案件的司法管辖权。无论是城市保佐官还是平民保护人,都是国家的官吏,而不是自治市的机构人员,因为他们的任命分

---

① 参见[德]利奥波德·冯·兰克:《世界史·古罗马帝国、君士坦丁堡的帝国和罗曼—日耳曼王国的起源》第四卷第2册,第356—357页。
② [意]马里奥·塔拉曼卡主编:《罗马法史纲》下卷,第653页。

别是由君主和大区长官做出的。①

3. 蛮族入侵引发的变化

蛮族入侵也是这一时期促使罗马君主政制变化的一个不容忽视的问题。罗马从一个"七丘之城"发展为一个帝国,靠的是对外军事扩张。罗马人的战略是"只有让野蛮人害怕,才能保持和平,和平是靠不断进攻、不断侵略维持的"②。然而,当进攻者不再是罗马人而是蛮族,情况则发生了变化。

公元 4 世纪,随着属于蒙古利亚人种的匈奴人的大举西迁,哥特人被迫向罗马君主提出请求,进入罗马成为帝国的臣民。君士坦丁大帝就曾依靠哥特人军团击败军事对手李锡尼,同时,他还让哥特人担任罗马军中的重要职务,用哥特人驻守帝国边境,抵御其他蛮族侵入罗马。对此,有论者指出:

> 当罗马帝国一旦重新面对来自寻求迁移到帝国领土边界的部落的军事压力,帝国的西半部分证明了无法征用于反抗或至少控制这些入侵军事行动所需的资源。……皇帝求助于他们,因为鼠疫和其他因素导致了帝国人口下降,使新兵难找到,而空置农田丰富。因此,决定允许野蛮人移民定居在罗马领土以换取其服兵役看起来能够一举两得地解决上述问题。③

而后,狄奥多西一世沿用了这种"怀柔之策"。然而,这套"以夷制

---

① 参见[意]马里奥·塔拉曼卡主编:《罗马法史纲》下卷,第 658—659 页。
② 马克垚:《汉朝与罗马:战争与战略的比较》,北京大学出版社 2020 年版,第 192 页。
③ [美]内森·罗森施泰因:《古代中国与罗马的战争、国家结构与军事机构演变》,第 52 页。

夷"对待蛮族的办法,也给罗马带来一些新的问题。

第一,定居东罗马帝国边境的哥特人对帝国官员的敲诈勒索行为极为反感,埋下了日后仇恨的种子。

第二,进入帝国军政系统的蛮族激起了帝国贵族集团的极大恐惧和不满。① 一封写给罗马君主的信,表明了他们的忧虑:

> 武装的蛮族将使用各种借口窃取权力,并成为罗马公民的统治者。因此,手无寸铁的人们将被迫与装备精良的家伙斗争。首先,这些外国人应被赶出军队指挥岗位和元老阶层。……就是那些长着浅色头发、戴着埃维亚人头饰、原本在私人家中充当佣人的蛮族人竟然成为我们政治生活的统治者,这难道不令人极其惊讶吗?②

第三,在帝国后期,一些蛮族出身的军团长官再现了元首制末期军队干预元首选任的混乱,如西罗马帝国后期具有西哥特人贵族血统的李其梅洛,③实际上左右了帝国西部君主的选任。对此,有论者说道:

> 最终,西方的皇帝们越来越不能控制名义上在他们统治之下的行省,甚至也包括意大利本身,直到最后当前任崩殂时新的皇帝连提名都已经很难产生了。取而代之,在西方的继承国家那里,非

---

① 详见陈志强:《拜占庭帝国史》,第 102—103 页。
② [美]瓦西列夫:《拜占庭帝国史》第 1 卷,威斯康星 1970 年版,第 93 页。转引自陈志强:《拜占庭帝国史》,第 103 页。
③ 参见[英]彼得·希瑟:《罗马帝国的陨落:一部新的历史》,向俊译,中信出版社 2019 年版,第 570 页。

罗马的移民王朝统治最终伪造与古罗马统治阶层在其领土上的关系。①

终于,西罗马帝国在蛮族的反复蹂躏下,在东罗马帝国"祸水西引"的推波助澜下,寿终正寝。公元476年匈奴人阿提拉(Attila)旧部奥内斯特虽扶植其子罗慕洛为"奥古斯都",但由于拒绝给蛮族雇佣军授予土地,军队于是倒戈,转而支持雇佣军首领奥多亚克(Odoacer),奥多亚克废黜罗慕洛,并尊奉东罗马帝国泽诺为帝国唯一皇帝,自愿接受臣属地位。自此,西罗马帝国连名义上的皇帝也没有了。

4. 基督教国家的凸显

随着帝国晚期基督教被定为国教,基督教对罗马君主政制的影响开始显现。至狄奥多西一世时代,罗马帝国已成为一个宗教国家。

尽管君士坦丁大帝通过《米兰敕令》公开支持基督教,并在临终前受洗,但他在公元324年统一帝国后支持多神教的举动,以及继续保有罗马传统宗教最高"大祭司长"头衔的实际行动,表明他没有打算将帝国彻底变为一个基督教国家。其子君士坦提乌斯二世和君士坦斯在其统治时期,继续了其父的宗教策略,但在各自统治地方所坚持的教义是不同的。

在君士坦斯控制的帝国西部,尼西亚会议所确立的"三位一体"说毫无保留地得到了贯彻;在君士坦提乌斯二世统治的东部,"三位一体"说遭到强烈的抵制,阿里乌教派以及众多的追随者被判定为"异端"。公元350年,当君士坦提乌斯二世重新统一帝国后,他甚至在西部的利

---

① [美]内森·罗森施泰因:《古代中国与罗马的战争、国家结构与军事机构演变》,第52—53页。

米里(Rimini)会议和东部的塞劳齐亚(Seleucia)会议上,强迫大家公开支持阿里乌派的观点。

尤里安继位后,甚至采取了与君士坦丁大帝及其继承人完全相反的宗教政策。他不仅秘密接受多神教信仰,公开参加崇拜阿波罗的宗教仪式,试图重建传统宗教,提升非基督教徒的地位,而且还对基督教徒采取了一些歧视性举措。对此,有论者这样描述道:

> 他(尤里安——引者注)沉浸于希腊文化,酷爱古典世界,毫不掩饰对非基督教的同情。因此在成为皇帝之后,他毫不犹豫地采取了有利于传统宗教而不利于基督教的措施:废除对牺牲祭礼的禁令,重建被摧毁的非基督教神庙(由那些曾经因利用其材料而从中获利的人承担费用),同时,由皇帝任命的非基督教传教士起草的谕令受到支持。另外,从君士坦丁时代就赋予基督教会的所有特权都被中断,自然而然也中止了继续扩大。因此,这不能说是一种对基督教真正的迫害行动,相反,这位皇帝展示出对所有信仰的普遍宽容。但很明显,他的政治规划是有利于普遍地回归到非基督宗教的,在他那个年代,非基督教在农村和有教养的阶级里面仍然有广泛的传播。
>
> 尤里安所采取的最严重的针对基督教徒的歧视性措施或许就是,禁止他们在学校讲授语法和修辞,这项禁令的目的在于,使所有志在通过文学教育而从事最高级职业的年轻人听到非基督教导师的言论并汲取他们的思想和教育。[1]

---

[1] [意]马里奥·塔拉曼卡主编:《罗马法史纲》下卷,第628页。

尤里安反基督教的做法，最终使他在公元363年春远征波斯的一场战争中，被狂热的基督徒从背后刺杀身亡，并得到"背教者"（Apostata）的称号。格拉提安统治时期，尽管古罗马多神教祭司集团的各项特权已经被取消，但多神教信仰依然流行，元老院议事大厅依然供奉着古代罗马的神祇。

狄奥多西一世统治后，为了改变帝国对于宗教问题上忽左忽右的态度，以及对待基督教内部教派上的分歧，一方面清除多神教残余，另一方面明确支持以《尼西亚信经》（*Symbolum Nicaenum*）中"三位一体"说为信仰的正统教派。

就前一方面而言，他于公元380年颁布《色萨利告示》（editto di Tessalonicia），宣布基督教为帝国官方宗教。该谕令后收录在狄奥多西二世于公元439年生效的《狄奥多西法典》[①]（Codex Theodosianus）第16卷"宗教法"之中。文载：

> 我们的愿望是所有生活在我们仁慈管理下的人民都信仰这样一种宗教，该宗教是由上帝派遣使徒圣彼得带给罗马人的，而他对于这一信仰直至今日依然清晰可见。显然，这种信仰受到的马修斯教皇和代表基督教最高威严的亚历山大主教彼得的支持；也就是说，根据基督教教义和福音书，我们应该相信三位一体的唯一真神，即圣父、圣子和圣神。[②]

[①] 有关《狄奥多西法典》的详细介绍，参见［英］艾弗尔·卡梅伦、布莱恩·沃德-帕金斯、密西尔·怀特比编：《剑桥古代史·第14卷：帝国及其继承者，425—600年》，祝宏俊、宋立宏等译，中国社会科学出版社2020年版，第285—289页。

[②] 《狄奥多西法典》（CTh. 16. 1. 2.）。转引自黄美玲：《〈狄奥多西法典〉：技术要素与政治意义》，载《华东政法大学学报》2017年第6期，第145页。

同时,在该法典中还有全面禁止多神教徒举行崇拜活动的规定,并强制地方官员必须严惩此类活动。文载:

> 凡宰杀牺牲并通过观察动物内脏占卜者,以重罪论处……凡焚香供奉偶像或献祭者,则犯背教罪,将会被没收家产……凡为公开献祭者提供场所者,若因疏失所致,则罚款25镑黄金。若是共谋,则与前者同罪……若是地方官员因为失察没有及时对这些人进行处罚,则罚款30镑黄金,他的下属也要接受相同的惩罚。①

接着,他于公元388年完成第一次西征。平定马尼奥·马西莫叛乱后,他亲自参加在米兰召开的元老院,并成功说服元老们以多数票否定了以朱庇特为主神的多神教崇拜,促使帝国各地贵族放弃旧信仰。② 公元391年,他在米兰发布谕令,禁止了非基督教崇拜。此外,他还派遣东方大区的大区长官基奈尤斯(Cynegius)和西部重臣卓维乌斯(Jovius)作为特使巡视帝国,强制关闭所有多神教神庙。③

就后一方面来说,他于公元380年罢免了阿里乌教派领袖君士坦丁堡大教长的职务,任命正统教义捍卫者纳齐安城(Nazianz)人格列高利(Gregor)代替之。公元381年,他公开支持正统的"三位一体"说,并镇压了阿里乌派教徒在安条克发动的起义;同年5月1日,他下令召开

---

① 《狄奥多西法典》(CTh. 16. 10. 12.)。转引自武鹏:《东地中海世界的转变与拜占庭帝国的奠基时代(4—6世纪)》,第36页。
② 参见[日]盐野七生:《罗马人的故事XIV:基督的胜利》,计丽屏译,中信出版社2015年版,第254页。
③ 如埃及著名的亚历山大城的塞拉皮斯神庙(Serapeum of Alexandria)于公元390年被拆毁,历史悠久的古希腊德尔菲神庙关闭于公元394年,始于公元前776年古希腊世界的奥林匹克运动会也在公元393年停办。

第二次基督教大公会议,再次承认和肯定了尼西亚会议决议的正统地位,宣布了一批违背正统教义的教派为异端,并确立了君士坦丁堡教会仅次于罗马教廷的地位。①《狄奥多西法典》在"关于异教派"(de haereticis)的标题下,包含了66道针对异端教派处罚的谕令。②

更为重要的是,基督教在罗马帝国战胜异教并统一正统教义后,开始将斗争的矛头指向君权。米兰大主教安布罗西乌斯在很多事例上不仅让狄奥多西一世做出了忏悔,而且还树立了一种教权凌驾于君权的观念。③ 显而易见的是,基督教对罗马君主政制带来了新的元素和变化,罗马的法律也出现了"基督教罗马法"的倾向。④ 例如,在《狄奥多西法典》收录的2516条谕令中,"均出自基督教皇帝之手。而其中仅有四条谕令援引或者提及非基督教皇帝所颁布的谕令"⑤。公元457年,在利奥一世皇帝的登基仪式上,基督教第一次增加了"涂油加冕礼",利奥一世也成了由君士坦丁堡大教长加冕的第一位拜占庭皇帝。至此,"君权神授"的仪式成为拜占庭皇帝遵循的神圣传统。⑥

但与此同时,信仰基督教的罗马帝国已经不再是那个以"宽容"为精神的罗马,"基督教只能改变罗马,不能拯救罗马"⑦。公元393年,被教会控制的罗马元老院宣判天神朱庇特有罪,帝国境内为数众多的图书馆被陆续关闭,因此有人将这一年称为"希腊与罗马文明正式终结的一年"。

---

① 参见陈志强:《拜占庭帝国史》,第96—98页。
② 参见[意]马里奥·塔拉曼卡主编:《罗马法史纲》下卷,第670页。
③ 具体事例参见[日]盐野七生:《罗马人的故事XIV:基督的胜利》,第256—261页。
④ 参见[意]朱塞佩·格罗索:《罗马法史》,第319页。
⑤ Edoardo Volterra, *Sul contenuto del Codice Teodosiano*, in B. I. D. R, 1981, p.97. 转引自黄美玲:《〈狄奥多西法典〉:技术要素与政治意义》,第145页。
⑥ Evagrius Scholasticus, *The Ecclesiastical History of Evagrius Scholasticus*, Ⅱ.9. 转引自武鹏:《东地中海世界的转变与拜占庭帝国的奠基时代(4—6世纪)》,第80页。
⑦ 易中天:《两汉两罗马》,浙江文艺出版社2020年版,第142页。

5. 社会阶层固化引发的变化

由于奴隶制经济的衰退以及帝国晚期监管制度的加强，社会阶层逐渐固化，罗马君主政制封闭化程度也日益加深。

帝国晚期由于对外军事征服的减少，奴隶的数量大幅下降，以奴隶为主要劳动力的奴隶制经济走向衰落。① 奴隶制的衰落直接导致对自由劳动力需求的增长，于是，被束缚在土地上的佃农阶级②作为替代者出现。对此，安德森指出：

> 所有者们逐渐停止直接供养为数众多的奴隶，转而将他们安置在小块土地上，让他们自己养活自己，而地主则收取剩余价值。地产的构成趋向于将土地分割成中心家庭农场的形式，仍然使用奴隶劳动，周围是依附民租佃耕种的大片土地。③

然而，蛮族的入侵以及过重的赋税，使得他们经常放弃土地逃向城市。为了稳定帝国的税源，戴克里先禁止佃农抛弃土地，君士坦丁大帝则发布敕令，牢牢将佃农及其后代"绑定"在土地上。公元332年，君士坦丁大帝的敕令规定：

> 任何人，如果在他的地产内找到了别人的佃农，不但应把佃农

---

① 实际上，奴隶制枯竭的问题在元首制时期已经发生。图拉真时期之后，帝国基本上就放弃了对外征战，于是，战俘作为奴隶之源就不可避免地枯竭了。取而代之的奴隶贸易并不能很好地解决这一问题。参见[英]佩里·安德森：《从古代到封建主义的过渡》，第48—49页。

② 有学者将其翻译为"隶农"，认为其来源有三：破产的贫困自由民、获得部分解放的奴隶以及移居在帝国空地上或荒地上的日耳曼人。参见杨共乐：《罗马法史纲要》，第244—248页。

③ [英]佩里·安德森：《从古代到封建主义的过渡》，第58页。

送还原来的地方,而且应该负担佃农在那个期间(即归他所有的期间)的人头税。①

佃农被束缚在土地上,其地位非常类似于之前的奴隶,其身份是土地上的奴隶。对此,《优士丁尼法典》写道:

> 狄奥多西、阿卡丢和奥诺里皇帝致大区长官鲁菲诺:那些履行了纳税义务的佃农(colonus)也不能游荡和随意外出,他们仍受籍贯地法的约束。虽然他们的地位与生来自由人相似,但仍被视为自己出生地的奴隶,他们无权随意外出或改变住地。土地所有主行使自己的权力,就像庇主或者虽与其分离但没嫁给其他地位较低的人时,他们就是"最贤明者"。②

在君主的谕令中,佃农不仅经常和奴隶一起被提到,还与自由人相对。对此,有论者指出:

> 从形式上看,佃农的确是自由人,但是如果他们抛弃土地,就可能被所有主通过一种具有实物特点的诉讼追回(这就如同奴隶一样);如果土地被出卖,定居在上面的佃农也要被出卖给土地本身的购买者——他们几乎就是土地的附庸。③

---

① 转引自厉以宁:《罗马—拜占庭经济史》上册,第313页。
② 《优士丁尼法典》(C.11.52.1.1.)。转引自[意]桑德罗·斯奇巴尼选编:《民法大全选译·人法》,第67—68页。
③ [意]马里奥·塔拉曼卡主编:《罗马法史纲》下卷,第666页。

第十章 君主专制的完善与变化

与佃农一样受到帝国严密监管的,还有城市中从事某种公共服务的人,如面包师、船夫、矿工和手工业者等。根据戴克里先开始的"户籍制度"改革,他们被牢牢地束缚在各自的行业协会里面。帝国晚期这种固化职业的监管方式在军队、市议员等职业中得到扩展。"公元4世纪的帝国立法多次批准这些从业者的人身(还有财产)要永久地束缚在他归属的行会当中,这些约束还延伸到他的子嗣身上,他们从出生的时候就被登记在行会里。"①

然而,帝国对于佃农以及某些行业协会成员这种半奴役状态的监管,实际上并没有挽救帝国财政危机,反而固化了社会的结构,打压了社会的活力。对此,有论者指出:

> 监管制度对于阻止西罗马帝国经济危机和军事颓势的恶化而言,表现得完全无能为力。反而,涉及经济方面的时候,它还表现出恰恰相反的消极方面,共同作用于加深这场危机。由于阶级和职业世袭制原则的普遍化,帝国晚期的社会环境实际上表现为一种封闭的阶层制度,相互之间不可融通。这种制度注定不仅会导致个人自由被消灭,而且在劳动和生产领域压抑个人的首创性。②

因此,问题的关键并不在于佃农和某些行业协会成员所构成的罗马帝国"下等人"逃避应为帝国负担的责任和义务,而在于那些在经济上并不从事生产却享有诸多特权,对帝国免于承担任何负担且世袭罔替,由元老院议员阶层、帝国官僚和基督教教士所构成的"上等人"。

---

① [意]马里奥·塔拉曼卡主编:《罗马法史纲》下卷,第665页。
② [意]马里奥·塔拉曼卡主编:《罗马法史纲》下卷,第643页。

一方面，这些帝国的"上等人"地位高，不仅不从事具体的生产活动，而且还"变本加厉地对国家预算施加影响，由于他们大量的特权，成功地逃避了缴纳跟他们的贡献能力相适应程度的赋税"。元老院议员虽需承担专属于他们的年金，但却可以免除正常的赋税、人身劳役和自治市捐税。老兵可以被豁免承担人头税，如果是土地所有者，还可以免除自治市捐税。神职人员享有广泛的财税豁免权。① 另一方面，享有各种特权的"上等人"不断聚敛财富，成为大土地所有者，居住在远离罗马的庄园，不仅无心积极参与政治生活，还通过对佃农的使用，在客观上抑制了国家兵源。他们在自己的领地上以一种封闭的、自给自足的经济，客观上把中世纪封建领主庄园制提前了。②

这种典型奴隶制经济遭到破坏，导致大地产变得更加普遍和广泛。帝国的"上等人"对于"下等人"的压榨，引发税收减少以及国家动员能力减弱。这在帝国的西部体现得更为明显。可以说，封闭的阶层和世袭制度以及各个社会阶层之间存在的失衡，共同推动了蛮族入侵下的西罗马帝国走向解体。对于社会阶层固化所引发帝国政制的变化，有论者精辟地总结道：

> 在西罗马，政治分裂和衰落的一个重要因素是元老院贵族的封建化。正如已经提到的，在这个阶层最富有的人当中，有很多人更喜欢定居在自己的庄园里面，远离公共生活。他们对国家免于承认任何负担——作为元老院议员，他们并不参加元老院，也不在军队服役——而只向佃农和流民提供保护，这些流民来自城市或

---

① 参见[意]马里奥·塔拉曼卡主编：《罗马法史纲》下卷，第662—663页。
② 参见厉以宁：《罗马—拜占庭经济史》上册，第315页。

第十章 君主专制的完善与变化

者农村,要么是因为遭遇不幸,要么是为了逃避继位沉重的义务(munera),而定居在庄园主的土地上。大所有主们攫取了针对他们征税的权力,因此僭取了帝国征税官的职能;此外,他们对佃农的使用是为了不向国家上交兵源,而这对于加强军队而言却是极为不利的。实际上,他们是按照封建领主身份来行动的,对帝国的利益毫不关心,这也证实了,在这个时候,中央权力走向衰败的趋势。

但是,导致西罗马垮台的决定性因素是这样一个事实:帝国的这个部分在经济上更加脆弱,而且在军事上更加暴露于蛮族人的入侵之下。与此相反,东罗马则更加富庶而且有更大的物质和人员储备,这些都是西罗马缺乏的;而且从战略角度来看,它也更加容易防守。①

---

① [意]马里奥·塔拉曼卡主编:《罗马法史纲》下卷,第646页。

结　论

对于罗马政制史的研究，一个最为核心的问题是政治与法律的关系。关于政治和法律之间的关系问题，学界大体上有两种彼此对立的观点。一种观点认为，法律与政治具有统一性，法律不过是政治的一种延伸，是执行政治决策的一种方式；另一种观点则认为，法律具有独立于政治的价值，政治应当受制于法律的统治。①

如前所述，如果我们将罗马政制界定为法律系统之内的公法的话，那么，按照法律与政治具有统一性的观点，罗马政制史就等同于罗马政治史，罗马涉及法律方面的政治设置，基本没有什么独立的价值，只是罗马政治的执行方式或运行载体。如果这样的推论不能让我们满意的话，那么，坚持法律高于政治并应规训政治的立场，同样无法获得我们的认同。因为罗马政制史的历程表明，后一种观点并不总是符合历史的实际。因此，政治决定法律，或者法律决定政治，抑或是两者是统一的，都不能很好地解释罗马政制史中政治和法律的关系问题。如果我们换一种视角，利用卢曼"自创生"系统论看待此问题，或许该问题就能得到更好的解决。

根据卢曼的理论，将政治和法律"捆绑"在一起的思考，往往简化了两者之间复杂的关系。一方面，政治和法律应分属于不同的社会系统，

---

① 详见［德］尼可拉斯·鲁曼：《社会中的法》，第461页。

有着自己独特的"二元符码",在社会中发挥着不同的功能;①另一方面,政治与法律两个相互独立的"子系统"彼此互助,法律系统为政治系统提供"普遍性的规范性期待"②,将政治合法化,同时,政治系统又以其特有的权力,为法律系统的实施提供最终的保障。因此,政治系统和法律系统既各自"封闭运行",又彼此"认知开放",二者不断分化与互助,处于一种"结构耦合"关系之中。对此,卢曼说道:

> 在规范形式中被设定的法律与政治的分化,可算是规范形式所带来的最重要后果之一,法律之功能也是在此形式中获得满足。这两个系统彼此间的交互依存性非常明显,这使得人们很难辨认出功能上的分化。法律为了使自身能够贯彻执行,必定有赖于政治,如果它不具有贯彻执行的希望,那么也就不会出现能够对所有人均产生说服力的(被预设的)规范稳定性。在政治这方面,则需要运用法律,使攫取政治上集中性的力量的途径,变得多样。然而,此种相互协力,正好就预设了各个系统的分化。③

具体结合罗马政制史来看,在罗马政制史的第一个阶段,即军事民主制时期,由于这一时期属于卢曼所说的"片段式分化"阶段,罗马的法律和政治还未从氏族体制中独立分化出来。因此,在实践中,政治也好,法律也罢,仍旧从属于社会之中,并在很大程度上受制于原始民主遗风的影响。例如,库里亚民众大会既可以被认为是一种政治组织,也可以被看作是法律组织,还可以被理解为是一种军事组织,甚至是宗教

---

① 参见[德]尼可拉斯·鲁曼:《社会中的法》,第461页。
② [德]尼可拉斯·鲁曼:《社会中的法》,第170页。
③ [德]尼可拉斯·鲁曼:《社会中的法》,第173页。

组织。"战时并肩作战,和平时同祭一坛。"①作为这种特点的延续,一些看似法律性的规定,如确认和授权罗马"王"权力的《关于谕令权的库里亚法》,从根本上讲也是部落民主制的一种外在表达。

政治和法律关系在罗马政制史的第二个阶段,即罗马从军事民主制向共和政制过渡时期,亦即卢曼所说的"阶层式分化"阶段,出现了最初的变化。一方面,在经过塞尔维改革、罗马进入城邦国家体制后,法律和政治在国家这个"结构耦合"②中有了分化的空间和可能。对此,卢曼指出:"国家概念成了一个人为技术性的括弧,把政治系统与法律系统当中那些在固有动态性上表现出来的事物,都放了进来。"③另一方面,在法律和政治各自分化的过程中,"结构耦合为上级阶层赋予了优先地位"④。这即是说,在存在上下分层的社会里,政治往往强势于法律,掌握政治优势地位的人,常常在法律的制定或适用中享有更多的权力和更高的地位。换言之,此时的法律与政治的"结构耦合"还未真正形成,政治对于法律的影响或者说干预,还比较明显和直接。

但是,随着罗马政制史第三阶段即成熟的共和政制的到来,罗马初步进入了"功能式分化"的阶段。这时罗马的法律系统和政治系统成为

---

① [法]库朗热:《古代城邦——古希腊罗马祭祀、权利和政制研究》,第118页。
② "结构耦合"是卢曼"自创生"系统论一个重要概念。卢曼在强调"自创生"系统运作上非封闭性的同时,也关注各"自创生"系统与外部环境之间的关系。"结构耦合"这一概念,就是卢曼针对"系统与环境之关系"而提出的。它的大致含义是,"一个系统持续地以它的环境的某些特质为前提,并且在结构上信赖于此"所产生的形式。它要么表现为一种结构为两个系统所使用,要么表现为一种事物在两个系统中出现。"结构耦合"概念的意义在于:一方面,它限制并减轻了环境对系统的影响;另一方面,它提升了系统对环境所产生的特定"激扰"的敏感度,甚至会产生某种"共振"。"结构耦合"既使得诸系统相互分离,又使其相互联结。在实际中,"结构耦合"使系统与环境在"封闭运行"和"认知开放"之间成为可能。参见[德]尼可拉斯·鲁曼:《社会中的法》,第490—491页。
③ [德]尼可拉斯·鲁曼:《社会中的法》,第462页。
④ [德]尼可拉斯·鲁曼:《社会中的法》,第496页。

各自独立的"子系统"。法律系统以"合法/不合法"的"二元符码"进行沟通,以形成"普遍性的规范性期待"为功能;政治系统则通过"有权/无权"的"二元符码"进行沟通,并以"形成与贯彻有集体约束力的决定"为功能。前者着眼于以"合法/不合法"的语言所转译的规范性判断,后者则关注权力的分配与支配关系的形成。罗马政制所确立的法律规则能够很明显地区分出"合法/不合法"。民选官职的选任,各类民众大会的投票规则以及元老院的运作,无不受到明确规则的指引。同样,执政官或平民保民官若想将自己的政治主张转变为法律,必须按照法律系统特有的"符码"和"纲要",通过民众大会进行转换。独裁官在6个月内不受"治权"限制的政治决策行为,也必须受制于有关独裁官法律制度的内容,而不能随意突破。

卢曼的"自创生"系统论包含了双重视角。一种视角是上面提到的"子系统"通过"异己指涉",将外部指认为"环境"。分化出的政治系统和法律系统,彼此都是对方的"环境",而非各自"系统"内部的组成部分。另一种视角则是两者所具有的"结构耦合"关系。"环境"会对"系统"产生"激扰","系统"通过封闭运行的运作方式,对来自"环境"的"激扰"做出自主调试。但是,这些来自"环境"的"激扰"并不必然引发"系统"的改变,因为"系统"改变与否完全取决于自身的运作。对此,卢曼指出:"系统无法在环境中运作,亦即,它无法透过自身之运作而使自己与其环境联结在一起。"①实际上,罗马政制史的第四个阶段即共和政制崩溃阶段,就属于后一种视角。

在共和政制崩溃时期,在政治系统方面,面对公元前2世纪中叶以来"共和政制的危机",政治家们都试图通过自己的方式对罗马进行政

---

① [德]尼可拉斯·鲁曼:《社会中的法》,第490页。

治改革。然而，他们的做法却不尽相同。在前一阶段，属于新贵阶层的格拉古兄弟、作为"平民派"代表的格劳恰和萨图尔尼诺以及代表元老院贵族的小德鲁索，还大致能够在尊重法律系统的范围内，利用政治系统与法律系统存在的"结构耦合"形式，进行沟通。在后一阶段，苏拉、恺撒等政治强人利用手中的军事权力，破坏了政治系统和法律系统的"耦合结构"，直接将政治系统的主张导入法律系统，其结果是出现了卢曼所说的"系统/环境"的"腐化的状态"。

> 一旦法律系统在毫无限缩的情况下，暴露于其全社会环境的压力之前，它就无法使其自身专注于特定的干扰。所有可想象的压力，都会使法律变形，换言之，它们有可能忽略法律、规避现行有效之法，也有可能在某些情况中，诱发系统将法解释为不法，或将不法解释为法。在全社会的诸多此系统彼此间的关系中，倘若缺少结构耦合，那么现代语言使用方式意义下的法律，就会停留在腐化的状态。①

罗马共和政制也正是在上述这种"系统/环境"的"腐化的状态"中走向了终结。

罗马之所以被界定为"帝国"，按照德国学者赫尔弗里德·明克勒（Herfried Münkler）的说法，是因为"一个帝国必须至少经历了一个兴衰周期，并开始一个新的周期"②。在罗马共和国晚期出现的"系统/环境"的"腐化的状态"，随着屋大维的掌权，亦即罗马政制史第五个阶段

---

① ［德］尼可拉斯·鲁曼：《社会中的法》，第494页。
② ［德］赫尔弗里德·明克勒：《帝国统治世界的逻辑：从古罗马到美国》，第8页。

元首制时期的到来,不仅得到了有效的遏制,而且出现了很大的改变。奥古斯都通过寓共和制于君主制的方式发明了元首制,实际上就是重新将罗马法律系统和政治系统拉回到原来彼此分化的轨道上。

一方面,奥古斯都自公元前31年亚克兴海战获胜后,并未像苏拉、恺撒等政治强人那样,随意破坏罗马政制的传统;与之相反,他一直非常谨慎地处理政治系统与法律系统的关系。例如,从公元前31年起,他按照罗马共和宪制的要求,逐年办理连任执政官的手续。后来他在《功业录》中那些谦逊的表达,非常明显地表明,他并未完全视法律系统为"无物",直接将政治系统凌驾于其上。无论奥古斯都这样做的真实原因是什么,他视罗马政制传统为一个不同于政治权力的存在,可以说是毋庸置疑的。

另一方面,奥古斯都在"恺撒遗产"的基础上,通过加强对中央权力的控制,实现了对于帝国的掌控。公元前23年,他通过获得整个帝国范围内的"行省总督治权"和平民保民官的权力,在实质上获得了君主式的权力。前一项权力使得全体行省总督都降格为奥古斯都的副将;后一项权力则使他获得了一种对正常政制具有颠覆性或对抗性的否决权。但是,可以清晰看到的是,奥古斯都并未直接将这两项具有实质君主性的权力直接表达出来,相反,他采取了原属于法律系统的"符码"和"纲要",即通过罗马政制传统中"治权"和平民执政官所享有的否决权的概念,进行了系统转换。同时,这一转换过程体现了自共和国晚期以来,政治系统不断通过"结构耦合"的形式"激扰"法律系统,并最终实现了罗马政制由共和制走向元首制的转换。

反过来,在"自创生"系统论中,政治系统同样也会受到法律系统的"激扰",在"结构耦合"的形式下,按照自身的"符码"和"纲要",对来自法律系统的信息进行沟通和转化,实现法律系统为政治系统提供"普遍性的规范性期待"、将政治合法化的功能。例如,公元 69 年《韦斯巴芗谕令权法》这部元首制时期重要的宪制性法律,不仅"揭明了皇权与民权的传袭关系","得出君权民授的结论",而且"对于皇帝享有的权力采取了明示主义",道明了元首"未经授予的权力不得行使"的立场。①

卢曼的"自创生"系统论,并不只发生在政治系统和法律系统之间,当其他社会系统利用"结构耦合"对政治系统产生"激扰"时,政治和法律的关系也会发生改变,甚至会使两者关系退化到分化之前的状态。这实际上就是罗马政制史的第六个阶段,即君主专制时期。

这一阶段,罗马的政治系统先是在"公元 3 世纪危机"的"激扰"下,通过戴克里先君主专制的建立予以回应。君主专制的建立必然会弱化"法律系统"自主化的空间,因此,法律系统注定无法良好地"封闭运行"。

更为严重的是,公元 4 世纪中叶以后,尤其是公元 395 年狄奥多西一世去世、帝国分裂后,罗马的政治系统由于受到"军事系统"蛮族的军事压力以及"经济系统"奴隶来源枯竭所引发的诸问题的影响,控制力明显减弱。西部帝国的政治系统甚至失去了维系社会和平的基本能力。在此情况下,基于卢曼"自创生"系统论中法律系统和政治系统之间所具有的"交互寄生"关系,当其中一个系统出现问题时,两个系统的"成长"都会受到影响。对此,卢曼指出:

> 无论是政治系统或者法律系统,只要其中一者缺少了另一者,那么它们就不会是它们现在所是的样子。……政治与法律所具有的一种交互寄生的关系。在法律当中,法与不法的差异被符码化,

---

① 参见徐国栋:《帝政分权时期的罗马立宪君主制》,第 85 页。

并得到管理,而政治系统也由于这件事情是发生在它自己以外的地方,从中获益。反过来看,法律系统也从下面这件事情中获益:和平、具明确意涵并且被固定下来的权力差异,以及随着此项差异而形成的、决定之可强制实现等事情,都是在其他地方,亦即在政治系统中,获得确保。在这里,"寄生的"这个字眼所指的不过就是,在各种外在的差异上获得成长的可能性。①

因此,当罗马的政治系统受损甚至退化时,罗马的法律系统不仅不会趁机得到更高的地位,发挥更重要的作用,反而会相应地受到损害;不仅无法获得"封闭运行"的空间,反而会丧失自主处理外部"激扰"的能力,甚至退化到"功能式分化"之前的状态。

从以上卢曼"自创生"系统论角度看待罗马政制史的发展,我们大致可以得出如下三点结论:

第一,罗马政制并不存在一种永恒或者理想中"至善"的形式。从属于法律系统的罗马政制,不可避免地会与其他社会"子系统"发生沟通,进而不断进行"变异—选择—再稳定"的演变。过去学界普遍认为,罗马帝国的衰亡很大程度上是因为罗马政制背离了共和政制的设置与传统。实际上,共和政制时期之所以被很多学者所推崇,很大程度上是因为那时的罗马法律系统与其他社会"子系统"达到了"封闭运行,认知开放"的良好状态。真正促使罗马强大的并不是共和国时期混合政制的平衡关系,而是罗马在更大的结构框架中实现了社会的功能分化,并按照其背后的运作逻辑适时地进行"沟通"。如果认同了这一点,我们

---

① [德]尼可拉斯·鲁曼:《社会中的法》,第468—469页。

就可以解释为什么元首制初期及"五贤帝"时期①的罗马与君主专制的"戴克里先—君士坦丁"时期的罗马一样强大,为什么吉本将罗马衰亡的原因归结为奥古斯都独裁体制的建立,而帝国在这种体制下却"能存在如此长久"。因此,罗马政制并不存在混合政制更优,贵族制尚可,君主制次之这样的制度位阶,相反,一种能够综合社会各个子系统稳定、平衡、灵活、能动的政制才是最为根本性的。罗马政制的宝贵历史资源,并不属于某个特定的时期,而应属于其背后无形中所达致的这套"自创生"系统。当然,这并不意味着这套"自创生"系统是永不凋零的,当这套系统"沟通"机制受损,系统存在的"功能分化式社会"发生变化时,其一样会失效。因此,"自创生"系统论视野下的罗马政制史表明,如何维系全社会系统的功能分化,实现"系统/环境"结构耦合的有效"沟通",才是一国政制发展之根本所在。②

第二,罗马政制的良善发展,一方面有赖于政治系统与法律系统的相互分离,另一方面也需要两大系统保持一种非线性的"结构耦合"的关系。上述罗马政制的历史发展表明:罗马政制既不是罗马"政治系统"的"延伸物",也不是罗马政治必须时刻遵循、固守不变的"常经"。相反,两者在罗马历史的发展过程中,是相互独立于对方的"子系统",享有各自不同的"符码"和"纲要",并在罗马社会中发挥着不同的功能与作用。

---

① 英国学者爱德华·吉本甚至说,"五贤帝"时期是人类文明最伟大的时代。他说道:"若要指出世界历史中哪一个时期,人类最为繁荣幸福,我们将毫不犹豫说是从图密善被弑到康茂德登基。幅员辽阔的罗马帝国受到绝对权力的统治,其指导方针是德行和智慧。四位皇帝一脉相传,运用恩威并济的手段,统制部队使之秋毫无犯,全军上下无不心悦诚服。在涅尔瓦、图拉真、哈德良和两位安东尼小心翼翼的维护下,文官政府的形式得以保持。他们喜爱自由的形象,愿意成为向法律负责的行政首长,在他们统治下的罗马人享有合理的自由,已经恢复共和国的荣誉。"[英]爱德华·吉本:《罗马帝国衰亡史Ⅰ》,第90页。
② 有关系统论视野下的现代宪法学分析,参见陆宇峰:《系统论宪法学新思维的七个命题》,《中国法学》2019年第1期。

显而易见的是,但凡罗马政制良善之时,都是两大系统恪守自己的边界、遵循"运行封闭"逻辑之时。要言之,这种封闭性正是促使政治和法律彼此分化与发展的基础。两大系统彼此基于"结构耦合"所产生的变化,其前提也正在于此,即"认知开放是以运行封闭为基础的"。

与此同时,我们必须认识到,在罗马政制史的发展过程中,罗马政治系统并不是作为其对立面存在的,相反,它们之间呈现出一种"互生寄存"的关系。一方面,罗马政制的发展与演进离不开政治系统不断的"激扰"。罗马政制正是在此过程中不断"换代升级",为后世西方公法之发展留下诸多理论资源。另一方面,罗马政制的维系也离不开政治系统所营造的和平与稳定的秩序空间。罗马政制正是在此宽松环境里不断"积累素材",为后世西方公法之发展留下丰富的实践经验。因此,一国政制之良善,既不是一味强调法律至上所能达致的,也非一味讲求政治挂帅就能实现的,而是两者既相互尊重、各司其职,又相互耦合、互生寄存的结果。

第三,对于罗马政制史的研究,我们提倡一种"自创生"系统论的新视角。尽管过去那种单一视角、带有"决定论"或"规律性"的研究以及当下仍在流行的各种碎片化倾向或者拼接碎片化的研究,对于我们了解罗马政制史仍具有重要的意义和价值,但是一种在整体意义上打通罗马政治、军事、经济、法律、宗教、文化等诸系统的多维度研究,或许更为重要。因为罗马社会任何一个系统的变动,显然不是某一个或某几个系统影响的结果,相反,不同系统不仅"激扰"别的系统,同时也受到其他系统的"激扰"。唯有坚持"自创生"系统论的视角,才能相对客观地描述这种历史状态。卢曼"自创生"系统论视域下罗马政制史研究的意义在于:它不仅让各种"线性化"历史结论产生了相对"虚化"的效果,而且使各种碎片化的解读和拼接获得了相对稳定的逻辑结构。

参考文献

一、史料类

[古希腊]波利比乌斯:《罗马帝国的崛起》,翁嘉声译,广场出版 2012 年版。

[古希腊]波利比乌斯:《波利比乌斯论混合政体:〈通史〉第六卷全文移译》,杨之涵译,载《北大法律评论》第 19 卷第 1 辑,北京大学出版社 2019 年版。

[古希腊]普鲁塔克:《希腊罗马名人传》,席代岳译,吉林出版集团有限责任公司 2013 年版。

[古罗马]阿庇安:《罗马史》,谢德风译,商务印书馆 2016 年版。

[古罗马]埃利乌斯·斯巴提亚努斯等:《罗马君王传》,谢品巍译,浙江大学出版社 2017 年版。

[古罗马]奥卢斯·革利乌斯:《阿提卡之夜》6—10 卷,周维明、虞争鸣等译,中国法制出版社 2018 年版。

[古罗马]盖尤斯:《盖尤斯法学阶梯》,黄风译,中国政法大学出版社 2008 年版。

[古罗马]李维:《自建城以来(第一至十卷选段)》,[意]桑德罗·斯奇巴尼选编,王焕生译,中国政法大学出版社 2009 年版。

[古罗马]李维:《建成以来史(前言·卷一)》,[德]穆启乐等译,上海人民出版社 2005 年版。

[古罗马]李维:《自建城以来(第二十至三十卷选段)》,[意]桑德罗·斯奇巴尼主编,[意]乔万尼·罗布兰诺选编,王焕生译,中国政法大学出版社 2015 年版。

[古罗马]李维:《自建城以来(第三十一至四十五卷选段)》,[意]桑德罗·斯奇巴尼主编,[意]乔万尼·罗布兰诺选编,王焕生译,中国政法大学出版社 2018 年版。

[古罗马]苏维托尼乌斯:《罗马十二帝王传》,张竹明、王乃新、蒋干等译,商务印

书馆 2018 年版。

[古罗马]塔西佗:《塔西佗〈编年史〉》,王以铸、崔妙因译,商务印书馆 1997 年版。

[古罗马]塔西佗:《历史》,王以铸、崔妙因译,商务印书馆 2017 年版。

[古罗马]瓦罗:《论农业》,王家绥译,商务印书馆 1981 年版。

[古罗马]西塞罗:《论共和国(附〈论法律〉)》,李寅译,译林出版社 2013 年版。

[古罗马]优士丁尼:《学说汇纂》第 1 卷(正义与法·人的身份与物的划分·执法官),罗智敏译,[意]纪蔚民校,中国政法大学出版社 2008 年版。

[古罗马]尤特罗庇乌斯:《罗马国史大纲》,谢品巍译,上海人民出版社 2011 年版。

[古罗马]尤西比乌斯:《君士坦丁传》,林中泽译,商务印书馆 2018 年版。

[东罗马]佐西莫斯:《罗马新史》,谢品巍译,上海人民出版社 2013 年版。

[意]桑德罗·斯奇巴尼选编:《民法大全选译·人法》,黄风译,中国政法大学出版社 1995 年版。

[意]桑德罗·斯奇巴尼选编:《民法大全选译·公法》,张礼洪译,中国政法大学出版社 1999 年版。

林志纯主编:《世界史资料丛刊·上古史部分·罗马帝国时期》(上),李雅书选译,商务印书馆 1985 年版。

林志纯主编:《世界史资料丛刊·上古史部分·罗马共和国时期》(上),杨共乐选译,商务印书馆 1997 年版。

林志纯主编:《世界史资料丛刊·上古史部分·罗马共和国时期》(下),杨共乐选译,商务印书馆 1998 年版。

杨人楩主编:《世界史资料丛刊初集·罗马共和国时期》,任炳湘选译,生活·读书·新知三联书店 1957 年版。

二、著作类

[奥]沃尔特·施德尔:《罗马与中国:比较视野下的古代世界帝国》,李平译,江苏人民出版社 2018 年版。

[德]狄奥多·蒙森:《罗马史:从起源、汉尼拔到凯撒》,孟祥森译,太白文艺出版社 2018 年版。

［德］恩格斯:《家庭、私有制和国家的起源》,人民出版社2003年版。

［德］Georg Kneer、Armin Nassechi:《卢曼社会系统理论导引》,鲁贵显译,巨流图书公司1998年版。

［德］贡塔·托伊布纳:《法律:一个自创生系统》,张骐译,北京大学出版社2004年版。

［德］哈特温·布兰特:《古典时代的终结:罗马帝国晚期的历史》,周锐译,上海三联书店2018年。

［德］赫尔弗里德·明克勒:《帝国统治世界的逻辑:从古罗马到美国》,阎振江、孟翰译,中央编译出版社2008年版。

［德］利奥波德·冯·兰克:《世界史·古罗马帝国、君士坦丁堡的帝国和罗曼—日耳曼王国的起源》第四卷第2册,陈笑天译,吉林出版集团股份有限公司2017年版。

［德］穆启乐、闵道安主编:《构想帝国:古代中国与古罗马比较研究》,李荣庆、刘宏照等译,复旦大学出版社2013年版。

［德］穆启乐:《古代希腊罗马和古代中国史学:比较视野下的探究》,黄洋编校,北京大学出版社2018年版。

［德］尼可拉斯·鲁曼:《社会中的法》,李君韬译,五南图书出版股份有限公司2009年版。

［德］特奥多尔·蒙森:《罗马史》,李稼年译,商务印书馆2017年版。

［德］乌维·维瑟尔:《欧洲法律史》,刘国良译,中央编译出版社2016年版。

［俄］科瓦略夫:《古代罗马史》,王以铸译,上海书店出版社2007年版。

［法］菲利普·内莫:《罗马法与帝国的遗产——古罗马政治思想史讲稿》,张竝译,华东师范大学出版社2011年版。

［法］库朗热:《古代城邦——古希腊罗马祭祀、权利和政制研究》,谭立铸等译,华东师范大学出版社2006年版。

［法］雷蒙·布洛克:《罗马的起源》,张泽乾译,商务印书馆1998年版。

［法］孟德斯鸠:《罗马盛衰原因论》,许明龙译,商务印书馆2016年版。

［美］A. A. 瓦西列夫:《拜占庭帝国史》,徐家玲译,商务印书馆2019年版。

［美］爱德华·勒特韦克:《罗马帝国的大战略:从公元一世纪到三世纪》,时殷宏、惠黎文译,商务印书馆2008年版。

［美］拉姆塞·麦克莫兰:《腐败与罗马帝国的衰落》,吕厚量译,中国方正出版社

2015年版。

[美]理查德·J. A.塔尔伯特:《罗马帝国的元老院》,梁铭雁、陈燕怡译,华东师范大学出版社2018年版。

[美]M.罗斯托夫采夫:《罗马帝国社会经济史》,马雍等译,商务印书馆1985年版。

[美]M.罗斯托夫采夫:《罗马》,邹芝译,上海人民出版社2014年版。

[美]腾尼·弗兰克:《罗马帝国主义》,宫秀华译,上海三联书店2012年版。

[美]沃尔特·沙伊德尔编:《古代中国与罗马的国家权力》,杨砚等译,生活·读书·新知三联书店2020年版。

[日]本村凌二:《地中海世界与罗马帝国》,庞宝庆译,北京日报出版社2020年版。

[日]盐野七生:《罗马人的故事Ⅰ:罗马不是一天建成的》,计丽屏译,中信出版社2015年版。

[日]盐野七生:《罗马人的故事Ⅲ:胜者的迷思》,计丽屏译,中信出版社2015年版。

[日]盐野七生:《罗马人的故事Ⅳ:恺撒时代(上)》,计丽屏译,中信出版社2015年版。

[日]盐野七生:《罗马人的故事Ⅴ:恺撒时代(下)》,计丽屏译,中信出版社2015年版。

[日]盐野七生:《罗马人的故事Ⅵ:罗马统治下的和平》,计丽屏译,中信出版社2015年版。

[日]盐野七生:《罗马人的故事ⅩⅢ:最后一搏》,计丽屏译,中信出版社2015年版。

[日]盐野七生:《罗马人的故事ⅩⅣ:基督的胜利》,计丽屏译,中信出版社2015年版。

[瑞士]雅各布·布克哈特:《君士坦丁大帝时代》,宋立宏、熊莹、卢彦名译,上海三联书店2017年版。

[匈]埃米尔·赖希:《希腊—罗马典制》,曹明、苏婉儿译,上海三联书店2020年版。

[意]弗朗切斯科·德·马尔蒂诺:《罗马政制史》第1卷,薛军译,北京大学出版社2009年版。

[意]弗朗切斯科·德·马尔蒂诺:《罗马政制史》第2卷,薛军译,北京大学出版

社2014年版。

[意]马基雅维利：《论李维罗马史》，吕健忠译，商务印书馆2018年版。

[意]马里奥·塔拉曼卡主编：《罗马法史纲》上下卷，周杰译，北京大学出版社2019年版。

[意]朱塞佩·格罗索：《罗马法史》，黄风译，中国政法大学出版社2018年版。

[英]A.E.阿斯廷、F.W.沃尔班克等编：《剑桥古代史·第8卷：罗马与地中海世界至公元前133年》，陈恒等译，中国社会科学出版社2020年版。

[英]爱德华·吉本：《罗马帝国衰亡史Ⅰ》，席代岳译，吉林出版集团有限责任公司2016年版。

[英]爱德华·吉本：《罗马帝国衰亡史Ⅱ》，席代岳译，吉林出版集团有限责任公司2016年版。

[英]艾弗尔·卡梅伦、布莱恩·沃德-帕金斯、密西尔·怀特比编：《剑桥古代史·第14卷：帝国及其继承者，425—600年》，祝宏俊、宋立宏等译，中国社会科学出版社2020年版。

[英]安德林·戈德斯沃斯：《非常三百年——罗马帝国衰落记》，郭凯生、杨抒娟译，重庆出版社2010年版。

[英]安德鲁·林托特：《罗马共和国政制》，晏绍祥译，商务印书馆2014年版。

[英]安东尼·艾福瑞特：《罗马的崛起：帝国的建立》，翁嘉声译，中信出版社2019年版。

[英]巴里·尼古拉斯：《罗马法概论》，黄风译，法律出版社2000年版。

[英]彼得·希瑟：《罗马帝国的陨落：一部新的历史》，向俊译，中信出版社2019年版。

[英]F.W.沃尔班克、A.E.阿斯廷等编：《剑桥古代史·第7卷：罗马的兴起至公元前220年》第2分册，胡玉娟、王大庆等译，中国社会科学出版社2020年版。

[英]H.F.乔治维茨、巴里·尼古拉斯：《罗马法研究历史导论》，薛军译，商务印书馆2013年版。

[英]罗纳德·塞姆：《罗马革命》，吕厚量译，商务印书馆2016年版。

[英]玛丽·比尔德：《罗马元老院与人民：一部古罗马史》，王晨译，民主与建设出版社2018年版。

[英]迈克尔·格兰特：《罗马史》，王乃新、郝际陶译，上海人民出版社2011年版。

参考文献

[英]佩里·安德森:《从古代到封建主义的过渡》,郭方、刘健译,上海人民出版社 2016 年版。

[英]汤姆·霍兰:《卢比孔河:罗马共和国的衰亡》,杨军译,中信出版社 2016 年版。

[英]特威兹穆尔:《奥古斯都》,王以铸译,商务印书馆 2010 年版。

[英]约翰·瓦歇尔:《罗马帝国》,袁波、薄海昆译,青海人民出版社 2010 年版。

蔡丽娟:《李维史学研究》,商务印书馆 2014 年版。

陈可风:《罗马共和宪政研究》,法律出版社 2004 年版。

陈志强:《拜占庭帝国史》,商务印书馆 2017 年版。

宫秀华:《罗马:从共和走向帝制》,高等教育出版社 2006 年版。

何立波:《罗马帝国元首制研究——以弗拉维王朝为中心》,首都经济贸易大学出版社 2016 年版。

何立波:《从奥古斯都到戴克里先:罗马元首制的形成与嬗变》,首都经济贸易大学出版社 2020 年版。

胡玉娟:《古罗马早期平民问题研究》,北京师范大学出版社 2002 年版。

黄美玲:《法律帝国的崛起:罗马人的法律智慧》,北京大学出版社 2019 年版。

贾文范:《罗马法》,朱正远、徐国栋点校,清华大学出版社 2019 年版。

李零:《波斯笔记》,生活·读书·新知三联书店 2020 年版。

李雅书、杨共乐:《古代罗马史》,北京师范大学出版社 2010 年版。

厉以宁:《罗马—拜占庭经济史》上册,商务印书馆 2015 年版。

李忠夏:《宪法变迁与宪法教义学:迈向功能分化社会的宪法观》,法律出版社 2018 年版。

刘津瑜:《罗马史研究入门》,北京大学出版社 2020 年版。

罗三洋:《罗马的黑人皇帝》,台海出版社 2016 年版。

马克垚:《汉朝与罗马:战争与战略的比较》,北京大学出版社 2020 年版。

苏力:《大国宪制:历史中国的制度构成》,北京大学出版社 2018 年版。

杨共乐:《罗马史纲要》,商务印书馆 2015 年版。

王振霞:《公元 3 世纪罗马政治与体制变革研究》,社会科学文献出版社 2014 年版。

徐国栋:《罗马法与现代意识形态》,北京大学出版社 2008 年版。

徐国栋:《罗马公法要论》,北京大学出版社 2014 年版。

徐国栋:《罗马的第三次征服:罗马法规则对现代公私法的影响》,中国法制出版社 2016 年版。

徐国栋:《〈十二表法〉研究》,商务印书馆 2019 年版。

徐国栋:《优士丁尼〈法学阶梯〉评注》,北京大学出版社 2011 年版。

汪洋:《罗马法上的土地制度——对罗马土地立法及土地归属与利用的历史考察》,中国法制出版社 2012 年版。

武鹏:《东地中海世界的转变与拜占庭帝国的奠基时代(4—6 世纪)》,北京大学出版社 2020 年版。

杨俊明:《古罗马政体与官制史》,湖南师范大学出版社 1998 年版。

施治生、刘欣如主编:《古代王权与专制主义》,中国社会科学出版社 1993 年版。

施治生、徐建新主编:《古代国家的等级制度》,中国社会科学出版社 2003 年版。

施治生、郭方编:《古代民主与共和制度》,中国社会科学出版社 2007 年版。

张晓校:《罗马近卫军史纲》,中国社会科学出版社 2019 年版。

张晓校:《戴克里先研究》,中国社会科学出版社 2020 年版。

易中天:《两汉两罗马》,浙江文艺出版社 2020 年版。

H. M. Jones, *The Later Roman Empire 284–602: A Social Economic and Administrative Survey*, Vol. Ⅰ, Blackwell, 1964.

H. M. Jones, *The Later Roman Empire 284–602: A Social Economic and Administrative Survey*, Vol. Ⅱ, Blackwell, 1964.

Harriet Flower, *Roman Republics*, Princeton University Press, 2010.

L. Homo, *Roman Political Institutions: From City to State*, Routledge, 1966.

S. Williams, *Diocletian and Roman Recovery*, Merhuen, 1985.

Theodor Mommsen, *A History of Rome under the Emperors*, English translation by Clare Krojzl, Taylor & Francis e-Library, 2005.

三、论文类

陈志强:《关于拜占庭史起始年代问题》,载《南开学报》1987 年第 4 期。

陈志强、马巍:《君士坦丁基督教政策的政治分析》,载《南开学报》1999 年第 6 期。

董晓佳:《浅析拜占廷帝国早期阶段皇位继承制度的发展》,载《世界历史》2011 年第 2 期。

冯定雄:《特奥多尔·蒙森与罗马史研究》,载《史学月刊》2011 年第 6 期。

高全喜:《波利比乌斯〈通史〉的罗马混合宪制论》,载《清华法学》2019 年第 1 期。

高全喜:《波利比乌斯:一部人类的普遍史》,载《读书》2019 年第 1 期。

高杨:《"奥古斯都门槛"与罗马元首制》,载许章润、翟志勇主编:《历史法学》第 9 卷,法律出版社 2015 年版。

高杨:《从独裁官到元首制——奥古斯都的政治遗产》,载强世功主编:《政治与法律评论》第 7 辑,法律出版社 2016 年版。

顾忠华:《引介卢曼——一位二十一世纪的社会学理论家》,载[德]Georg Kneer、Armin Nassechi:《卢曼社会系统理论导引》,鲁贵显译,巨流图书公司 1998 年版。

胡玉娟:《古罗马等级制度中的显贵》,载《世界历史》2002 年第 3 期。

黄美玲:《〈狄奥多西法典〉:技术要素与政治意义》,载《华东政法大学学报》2017 年第 6 期。

康凯:《"476 年西罗马帝国灭亡"观念的形成》,载《世界历史》2014 年第 4 期。

孔元:《混合政体与罗马帝国的崛起——对波利比乌斯〈历史〉的一种解读》,载强世功主编:《政治与法律评论》第 7 辑,法律出版社 2016 年版。

李大维:《公元 1—2 世纪罗马帝国的巡察机制》,载《安徽史学》2017 年第 5 期。

李思达:《用虚构神话和传说掩盖住真相:后世创造出的早期罗马建城史》,载《国家人文历史》2020 年第 18 期。

鲁楠、陆宇峰:《卢曼社会系统论视野中的法律自治》,载《清华法学》2008 年第 2 期。

陆宇峰:《"自创生"系统论法学:一种理解现代法律的新思路》,载《政法论坛》2014 年第 4 期。

陆宇峰:《系统论宪法学新思维的七个命题》,载《中国法学》2019 年第 1 期。

潘岳:《秦汉与罗马》,载《国家人文历史》2020 年第 18 期。

齐云:《罗马的法律中译名的诸问题研究》,载徐国栋主编:《罗马法与现代民法》第 8 卷,厦门大学出版社 2014 年版。

齐云、徐国栋:《罗马的法律与元老院决议大全》,载徐国栋主编:《罗马法与现代民法》第 8 卷,厦门大学出版社 2014 年版。

齐云、徐国栋:《保民官立法撮要》,载徐国栋:《罗马的第三次征服:罗马法规则对现代公私法的影响》,中国法制出版社 2016 年版。

施治生:《从王政到共和国——兼论罗马城市国家的形成过程》,载《世界历史》1987年第4期。

施治生:《王政时代与罗马王权》,载施治生、刘欣如主编:《古代王权与专制主义》,中国社会科学出版社1993年版。

王明毅:《从元首制到君主制——罗马帝国专制主义的确立》,载施治生、刘欣如主编:《古代王权与专制主义》,中国社会科学出版社1993年版。

汪洋:《罗马共和国李其尼·塞斯蒂亚法研究——公元前4—3世纪罗马公地利用模式诸类型》,载《比较法研究》2012年第3期。

夏洞奇:《何谓"共和国"——两种罗马的回答》,载《华东师范大学学报(哲学社会科学版)》2008年第1期。

向东:《共和罗马与人民民主专政》,载何勤华主编:《外国法制史研究》,法律出版社2017年版。

徐国栋:《论平民的五次撤离与消极权的产生》,载徐国栋:《罗马公法要论》,北京大学出版社2014年版。

徐国栋:《帝政分权时期的罗马立宪君主制》,载徐国栋:《罗马公法要论》,北京大学出版社2014年版。

徐国栋:《〈韦斯巴芗谕令权法〉研究》,载徐国栋:《罗马公法要论》,北京大学出版社2014年版。

徐国栋:《罗马刑法中的死刑及其控制》,载徐国栋:《罗马公法要论》,北京大学出版社2014年版。

徐国栋:《行省制度的确立与罗马法》,载徐国栋:《罗马公法要论》,北京大学出版社2014年版。

徐国栋:《罗马混合宪法的希腊起源及其演进》,载徐国栋:《罗马公法要论》,北京大学出版社2014年版。

徐国栋:《行省→省(郡)→总督区→军区——罗马帝国行政区划的变迁及其意义》,载徐国栋:《罗马公法要论》,北京大学出版社2014年版。

徐国栋:《为罗马公法的存在及其价值申辩——代序》,载徐国栋:《罗马公法要论》,北京大学出版社2014年版。

徐国栋:《作为福利国家实践的〈格拉古小麦法〉及其后继者研究》,载徐国栋:《罗马公法要论》,北京大学出版社2014年版。

徐国栋:《家庭、国家和方法论:现代学者对摩尔根、恩格斯——对〈古代社会〉〈家庭、私有制和国家的起源〉之批评百年综述》，载徐国栋：《罗马法与现代意识形态》，北京大学出版社 2008 年版。

徐国栋：《奎利蒂法研究》，载徐国栋：《罗马法与现代意识形态》，北京大学出版社 2008 年版。

徐国栋：《中外罗马法教学比较中的罗马法史课程》，载徐国栋：《罗马法与现代意识形态》，北京大学出版社 2008 年版。

徐国栋：《论西塞罗的 De Re publica 的汉译书名——是〈论宪法〉还是〈论国家〉或〈论共和国〉？》，载徐国栋：《罗马的第三次征服：罗马法规则对现代公私法的影响》，中国法制出版社 2016 年版。

徐家玲：《拜占庭的历史分期与早期拜占庭》，载《东北师大学报（哲学社会科学版）》1999 年第 6 期。

薛军：《罗马公法》，载高鸿钧、李红海主编：《新编外国法制史》上册，清华大学出版社 2015 年版，第 7 章。

晏绍祥：《显贵还是人民——20 世纪初以来有关罗马共和国政治生活特点的争论》，载晏绍祥：《希腊城邦民主与罗马共和政治》，人民出版社 2018 年版。

晏绍祥：《波里比阿论古典罗马共和国政制》，载晏绍祥：《希腊城邦民主与罗马共和政治》，人民出版社 2018 年版。

晏绍祥：《人民大会及其在古典罗马共和国政治中的作用》，载晏绍祥：《希腊城邦民主与罗马共和政治》，人民出版社 2018 年版。

杨共乐：《论共和末叶至帝国初期罗马对行省的治理》，载《北京师范大学学报（人文社会科学版）》2001 年第 2 期。

易宁：《论波利比乌〈历史〉的编纂体例及其思想》，载《史学史研究》1994 年第 2 期。

郑戈：《共和主义宪制的西塞罗表述》，载《中国法律评论》2015 年第 2 期。

张晓校：《罗马帝国近卫军的政治角色》，载《世界历史》2019 年第 5 期。

袁波：《从元首继承制的特点看罗马帝国政体的转变》，载《重庆社会科学》2007 年第 12 期。

袁波：《试析戴克里先的行政管理模式》，载《青岛大学师范学院学报》2009 年第 3 期。

杨馨莹：《〈安东尼努斯敕令〉研究》，载陈景良、郑祝君主编：《中西法律传统》第 15 卷，中国政法大学出版社 2019 年版。

张嘉尹:《法的社会学观察:〈社会中的法〉导论》,载[德]尼可拉斯·鲁曼:《社会中的法》,李君韬译,五南图书出版股份有限公司2009年版。

赵恺:《从拉丁同盟到罗马同盟:罗马在亚平宁半岛的纵横捭阖》,载《国家人文历史》2020年第18期。

[意]皮浪杰罗·卡塔拉诺:《对罗马公法的运用:从卢梭的〈社会契约论〉到德·马尔蒂诺的〈罗马政制史〉》,薛军译,载[意]弗朗切斯科·德·马尔蒂诺:《罗马政制史》第1卷,薛军译,北京大学出版社2009年版。

[意]阿尔多·贝特鲁奇:《罗马宪法与欧洲现代宪政》,徐国栋译,载徐国栋编:《罗马法与拉丁法族——贝特鲁奇教授在华法学传习录》,中国政法大学出版社2014年版。

[意]阿尔多·贝特鲁奇:《宗教和宗教规范对罗马法的影响》,徐国栋译,载徐国栋编:《罗马法与拉丁法族——贝特鲁奇教授在华法学传习录》,中国政法大学出版社2014年版。

[意]阿尔多·贝特鲁奇:《罗马自起源到共和国末期的土地法制概览》,徐国栋译,载徐国栋编:《罗马法与拉丁法族——贝特鲁奇教授在华法学传习录》,中国政法大学出版社2014年版。

[奥]沃尔特·施德尔:《从"大融合"到"初次大分流":罗马与秦汉的国家构造及其影响》,载[奥]沃尔特·施德尔:《罗马与中国:比较视野下的古代世界帝国》,李平译,江苏人民出版社2018年版。

[美]内森·罗森施泰因:《古代中国与罗马的战争、国家结构与军事机构演变》,载[奥]沃尔特·施德尔:《罗马与中国:比较视野下的古代世界帝国》,李平译,江苏人民出版社2018年版。

[德]克里斯丁·维切尔:《〈神圣的奥古斯都功业录〉与罗马帝国》,罗灵江译,载[德]穆启乐、闵道安主编:《构想帝国:古代中国与古罗马比较研究》,李荣庆、刘宏照等译,复旦大学出版社2013年版。

[苏联]乌特钦科:《罗马公民权问题》,何芳济、王阁森校,载中国世界古代史学会编:《古代世界城邦问题译文集》,时事出版社1985年版。

Mason Hammond, "Composition of the Senate, A. D. 68-235", *The Journal of Roman Studies*, Vol. 47, No. 1/2 (1957), pp. 74-81.

附　录

一、奥古斯都至戴克里先的元首和君主概览（公元前27—284）①

历史阶段	元首	统治年限	拥立者	成为元首的地点	统治结束的原因	等级	出生地
朱理亚·克劳迪王朝（公元前27—68）	奥古斯都	公元前27—14	军队	罗马	自然死亡	元老	罗马
	提比留	14—37	元老院和近卫军	罗马	死亡	元老	罗马
	卡里古拉	37—41	元老院和近卫军	罗马	谋杀	元老	罗马
	克劳迪	41—54	近卫军	罗马	谋杀	元老	罗马
	尼禄	54—68	近卫军和元老院	罗马	自杀	元老	罗马
弗拉维王朝（69—96）	韦斯巴芗	69—79	军团	叙利亚	死亡	元老	意大利
	提图斯	79—81	父子继承	罗马	死亡	元老	意大利
	图密善	81—96	兄弟继承	罗马	谋杀	元老	意大利

① 转引自王振霞：《公元3世纪罗马政治与体制变革研究》，社会科学文献出版社2014年版，第86—189页。

(续表)

历史阶段	元首	统治年限	拥立者	成为元首的地点	统治结束的原因	等级	出生地
安敦尼王朝（96—192）	涅尔瓦	96—98	元老院	罗马	自然死亡	元老	意大利
	图拉真	98—117	收养继承	罗马	自然死亡	元老	西班牙
	哈德良	117—138	收养继承	罗马	自然死亡	元老	哈德良
	安敦尼	138—161	收养制度	罗马	自然死亡	元老	意大利
	马尔库斯·奥勒留	161—180	收养制度	罗马	自然死亡	元老	意大利
	康茂德	180—192	父子继承	罗马	被宫廷谋杀	元老	意大利
	培尔提纳克斯	193（3个月）	近卫军和元老院	罗马	被近卫军谋杀	元老	意大利
	朱理亚努斯	193（2个月）	近卫军	罗马	被近卫军谋杀	元老	意大利
塞维鲁王朝（193—235）	塞维鲁	193—211	多瑙河、莱茵军团	伊利里亚和潘诺尼亚	自然死亡	元老	阿非利加
	卡拉卡拉	211—217	父子继承	罗马	被军队谋杀	元老	阿非利加

(续表)

历史阶段	元首	统治年限	拥立者	成为元首的地点	统治结束的原因	等级	出生地
塞维鲁王朝 (193—235)	盖塔	211	父子继承	罗马	被卡拉卡拉谋杀	元老	阿非利加
	马克里努斯	217—218	近卫军	罗马	被军队谋杀	近卫军长官	毛里塔尼亚
	埃拉伽巴路斯	218—222	叙利亚军队	叙利亚	被近卫军谋杀	祭司	叙利亚
	亚历山大	222—235	继承	罗马	被军队谋杀	元老	叙利亚
军事混乱时期 (235—284)	马克西努斯	235—238	军队推选	莱茵河边界	被军队阴谋	骑士	色雷斯
	戈尔第亚一世	238(不到1个月)	起义者推举	阿非利加	死于内战	元老	意大利
	普布利乌斯	238(3个多月)	元老院	罗马	被近卫军谋杀	元老	意大利
	巴尔比努斯	238(3个多月)	元老院	罗马	被近卫军谋杀	元老	意大利
	戈尔第亚三世	238—244	近卫军	罗马	军队暴动	元老	意大利
	菲利普	244—249	东部军队	叙利亚	死于内战	近卫军长官	阿拉伯

(续表)

历史阶段	元首	统治年限	拥立者	成为元首的地点	统治结束的原因	等级	出生地
军事混乱时期（235—284）	戴西乌斯	249—251	美西亚军队	美西亚	死于对外战争	元老	潘诺尼亚
	伽路斯	251—253	多瑙河军队	美西亚	死于内战	元老	
	埃米里亚努斯	253（4个月）	美西亚军队	下美西亚	被军队谋杀	元老	
	瓦勒里安	253—260	元老院和列提亚军队	列提亚	被波斯人俘虏	元老	意大利
	盖勒里努斯	253—268	父子继承	罗马	被军队谋杀	元老	意大利
	克劳迪二世	268—270	军队	米兰	死于瘟疫	骑兵长官	伊利里亚
	奥勒里安	270—275	多瑙河军队	意大利	被军队谋杀	骑兵长官	伊利里亚
	塔西佗	275—276（6个月）	元老院和士兵	罗马	被军队谋杀	元老	罗马
	弗洛里亚努斯	276（几个月）	军队	小亚细亚	被军队谋杀	近卫军长官	罗马
	普洛布斯	276—282	叙利亚和埃及军队	小亚细亚	被军队谋杀	近卫军长官	伊利里亚

(续表)

历史阶段	元首	统治年限	拥立者	成为元首的地点	统治结束的原因	等级	出生地
军事混乱时期（235—284）	卡路斯	282—283	潘诺尼亚军团	列提亚	被近卫军谋杀	近卫军长官	高卢
	努末里亚	283—285	父子继承	列提亚	被近卫军长官谋杀		高卢
	卡里努斯	283—285	父子继承	罗马	死于内战	元老	高卢
戴克里先统治时期（284—305）	戴克里先	284—305	军队	比提尼亚	自动退位	军官	达尔马提亚
	马克西米安	285—305	君主任命	米兰	被处死	军官	潘诺尼亚
	君士坦提乌斯	293—306	君主任命	米兰	自然死亡	军官	伊利里亚
	伽勒里乌斯	293—311	君主任命	潘诺尼亚	自然死亡	军官	多瑙河行省

二、"四帝共治"时期的奥古斯都和凯撒（293—324）

	东方奥古斯都	东方凯撒	西方奥古斯都	西方凯撒
第一轮"四帝共治"（293—305）	戴克里先	伽勒里乌斯	马克西米安	君士坦提乌斯
第二轮"四帝共治"（305—306）	伽勒里乌斯	马克西米诺·达亚	君士坦提乌斯	瓦勒里·塞维鲁
第三轮"四帝共治"（306—307）	伽勒里乌斯	马克西米诺·达亚	瓦勒里·塞维鲁	君士坦丁
第四轮"四帝共治"第一阶段（308—311）	伽勒里乌斯	马克西米诺·达亚	李锡尼	君士坦丁
第四轮"四帝共治"第二阶段（311—312）	李锡尼	马克西米诺·达亚		君士坦丁
第四轮"四帝共治"第三阶段（312—313）	李锡尼	马克西米诺·达亚	君士坦丁	
第四轮"四帝共治"第四阶段（313—324）	李锡尼		君士坦丁	

三、君士坦丁王朝的君主（324—363）

在位时间	君主		
306—337	君士坦丁大帝		
337—340	君士坦丁二世	君士坦提乌斯二世	君士坦斯
340—350	君士坦提乌斯二世		君士坦斯
350—361	君士坦提乌斯二世		
361—363	尤里安		

四、瓦伦提尼安家族的君主（363—395）

在位时间	君主	
363—364	卓维安	
364—375	瓦伦提尼安	瓦伦斯
375—378	格拉提安	瓦伦斯
378—379	格拉提安	
379—383	格拉提安	狄奥多西一世
383—392	瓦伦提尼安二世	狄奥多西一世
392—395	狄奥多西一世	

五、帝国分裂后的君主（395—476）

时间	西罗马帝国君主	东罗马帝国君主
395—408	奥诺里	阿卡丢
408—423	奥诺里	狄奥多西二世
423—425		狄奥多西二世
425—450	瓦伦提尼安三世	狄奥多西二世
450—455	瓦伦提尼安三世	马尔西安
455	彼特洛尼乌斯·马克西姆斯	马尔西安
455—456	阿维图斯	马尔西安
456—457		马尔西安
457	马尤良	马尔西安
457—461	马尤良	利奥一世
461—465	利比奥·塞维鲁	利奥一世
465—467		利奥一世
467—472	安特米	利奥一世
472	奥利布留	利奥一世
472—474		利奥一世
474	尤利乌·尼波斯	利奥一世
474	尤利乌·尼波斯	利奥二世
474—475	尤利乌·尼波斯	泽诺
475—476	罗慕洛	泽诺

后　记

　　日本学者丸山真男曾说:"罗马帝国的历史承载了人类全部的经验。"正是在这种略带宿命论的感召下,笔者一直对古代罗马的政制史念兹在兹。作为罗马政制史的"票友",本人并不是学习罗马法科班出身的,也并未受过太多系统的专业训练,更无法辨识复杂的拉丁文、希腊文和意大利文,但之所以执念于此,主要是因为罗马政制对于现代社会、对于中国、对于法律史学仍具意义。

　　首先,对于现代社会而言,古代罗马政制并不是一个已经消失的存在,相反,那个久远时代的政制设计方案很大程度上仍嵌在现代社会之中,那时已经解决和没有解决的问题仍像梦魇一般困扰着现代社会,那些足以启示后人的历史经验并未给现代社会带来确定的指引。在很大程度上,现代社会中的我们似乎仍旧生活于罗马政制的影响之下。其次,对于中国而言,古代罗马及其背后的政制始终是一种对极的存在,迥异于我们的传统。当然,在很长一段时间里我们对此茫然无知,官方史书也在不经意间将"有类于中国"的"大秦"彻底改为"本中国人也"的表达。实际上,对于这个对极存在的理解可能是中国正确理解全部欧美和基督教文明的绝佳窗口。因为只有知道并试图掌握它们"生成"的"DNA 密码",才能理解它们"子孙"的行为,才有可能做出合理的判断。最后,对于法律史学而言,罗马政制史是其最为重要的内容之一。法律史之所以是法学研究的一个分支,是因为法学发展始终需要来自历史经验面向的支撑和启迪。罗马政制的历史经验构成了当下法学，尤其是宪法学、国际法学、诉讼法学发展的重要基础和源头活水，同时也构成了我们理解罗马私法史不能忽略和无法摆脱的存在。

当然，罗马政制史对于我个人而言，还有一层更为特殊的含义：抗击2020年突如其来的"新冠疫情"。如果没有这场疫情，或许本人根本不会静下心来全身心地撰写这本小书。经过2020年1月底至2月初的恐慌、无助甚至绝望，本人在家里开始琢磨着做点事情。恰好之前给研究生上过有关罗马政制史的课程，于是就有了将课堂讲授内容转化为书面文字的想法。每天专注的写作可以让我暂时忘掉疫情给我心灵造成的损伤。因此，是疫情催生了这本小书，同时也是这本小书让我应对着疫情。非常清晰地记得：去年刚开始撰写此书时，窗外的樱花都已凋零散落；而今年此书杀青之际，那些花儿正含苞待放。那些逝去的人们，那些逝去的历史或许只能通过后人的缅怀和书写才能永久存于人们的心中。多灾多难的人类，这个世界会变得更好吗？

最后，本人因无知而好奇，因好奇而读书，因此，书中错漏之处在所难免，也当然文责自负，并真诚地希望读者不吝赐教。本书为中南财经政法大学研究生特色教材建设项目成果和中南财经政法大学法律硕士教育中心2022年度课程教材建设项目成果，特此说明。

李栋

2021年3月21日

于江（长江）湖（沙湖）之间

图书在版编目(CIP)数据

罗马政制简史 / 李栋著. — 北京:商务印书馆,2022
ISBN 978-7-100-20901-4

Ⅰ.①罗… Ⅱ.①李… Ⅲ.①政治制度史—研究—古罗马 Ⅳ.① D754.69

中国版本图书馆 CIP 数据核字(2022)第 048171 号

权利保留,侵权必究。

罗马政制简史

李 栋 著

商 务 印 书 馆 出 版
(北京王府井大街36号 邮政编码100710)
商 务 印 书 馆 发 行
南京新世纪联盟印务有限公司印刷
ISBN 978-7-100-20901-4

2022年5月第1版　　开本 880×1240　1/32
2022年5月第1次印刷　印张 14½

定价:89.00元